부동산경매와 권리분석

최 준

청목출판사

머리말

어린 시절 우리 집에는 화장실이 없었다. 대신 2차선 도로 건너에 조그마한 화장실을 짓고 자연현상을 해결해야 했다. 그때에는 그것이 그냥 자연스러운 일이었고 화장실은 멀리 있어야 좋은 것이라는 어른들의 말씀이 그대로 진리였다.

그 당시 부모님의 유일한 꿈은 우리 3남매를 건강하게 성장시켜, 대학까지 공부시키는 것이었고, 나의 꿈은 어른이 되면 방이 5개, 화장실이 2개, 옥상이 있는 집을 지어 부모님과 같이 사는 것이었다.

그러나 아버지는 항상 말씀하셨다. "가진다는 것은 조금 더 편리한 것이고, 나눌 수 있는 기회가 있다는 것이지, 그것이 권력도 인격도 아니다."라고.

우리나라에서 집을 소유하고, 자신이 먹을 채소를 기를 수 있는 토지를 가지고 있다는 것은 소시민들의 작은 꿈이라고 할 수 있다. 또한 젊은 시절 열심히 일한 하나의 보상이라 할 수 있다. 그러나 인간의 부(富)에 대한 욕구는 여기에 멈추지 않는 것이 현실이다.

그리하여 최근에는 부(富)를 창출할 수 있는 여러 가지 방법에 관한 연구나 모임이 활발하게 진행되고 있고, 이를 통한 투자 또한 다양하게 이루어지고 있다. 그 중 부동산, 특히 법원경매를 통한 부동산 투자는 최고의 인기를 얻고 있다고 할 수 있다.

불과 몇 해 전에만 해도 부동산경매는 특정인들의 전유물로 인식되어 있었다. 또한 경매를 통한 부동산의 취득은 좋지 않다는 인식이 팽배해 있었다. 그러나 현재에는 적은 자본으로 시중가격보다 저렴하게 부동산투자를 할 수 있다는 점이 부각되어 한 번쯤은 경매법정에 방문하거나 교육기관에서 교육을 받는 것이 보편화되었다.

문제가 되는 것은 대부분의 투자자들이 부동산과 부동산관련법률, 민사집행법에 대한 이해가 부족한 상태에서 경매대상부동산에 대해 투자하려고 하는 것이다. 이러다보니 자연히 이들을 겨냥한 상업적이거나 사기성이 농후한 개인이나 단체가 나타나고, 그 결과 문제가 되고 있다.

부족하더라도 투자자의 입장에서 부동산에 대한 이해와 법률적인 지식을 갖추고 있다면 다양하게 나타날 수 있는 위험으로부터 자신의 재산을 지킬 수 있고, 나아가 부(富)를 창출하는 데 용이하다.

이 책에서는 투자자를 위해 부동산경매절차와 대상물의 권리분석 작업에 필요한 기본적인 법률지식을 소개하였다. 따라서 투자의 전략이나 대상물에 대한 분석을 많이 다루지 않았다.

부족한 점이 많이 있음을 누구보다 잘 알지만, 적어도 이 책을 통해 억울한 일을 피할 수 있는 단 한명의 독자가 존재한다면 하는 바람으로, 법원경매가 특정인들의 전유물이 아니라고 인식할 수 있는 또 한사람의 독자가 있다면 하는 소망으로 감히 이 책을 준비하게 되었다.

지면을 빌어 항상 아들의 건강을 걱정하시는 아버지와 어머니, 많은 시간 함께하지 못했지만 건강하고 당당하게 자라는 아들 한(瀚)이와 딸 윤(贇)이, 늘 곁에서 힘이 되어준 아내 희영(喜永)에게 존경과 사랑을 전한다.

이 책이 나오기까지 끊임없는 기다림을 포기하지 않으신 청목출판사 유성열 사장님과 최명성 이사님께 고개 숙여 감사드린다. 마지막으로 내용에 대한 조언을 아끼지 않고, 교정하는 수고를 마다하지 않은 공인중개사 김미숙님과 하헌철님에게 진심으로 감사의 말씀을 전한다.

2011년 2월

초전벌판이 내려다보이는 곳에서

최 준

차 례

제3부 부동산 경매와 절차의 이해

제4부 부동산 권리분석

제1부

부동산 투자를 위한 기초

제 1 장

부동산 투자에 대한 형식의 변화

제 1 절 부동산의 가격이 저렴한가?

부동산 투자(投資)의 가장 보편적이고 기초적인 모습이 바로 싸게 매입하고, 비싸게 매각하는 것이다. 이는 부동산거래의 전통적인 모습이고 가장 확실한 이익창출의 방법이라 할 수 있다.

그러나 가격이 "저렴한가?" 하는 물음에 대한 해답을 찾기 위해서는 특정한 지역, 즉 투자지역에 대한 시중가격에 대한 상당한 인지가 선행되어야 한다. 주변가격보다 저렴하게 매입한 것이 확실하다면 짧은 시간 내에 수익을 창출할 수 있는 좋은 투자대상을 만난 것이다.

허나 일반 투자자들은 주변시세에 대한 확인과 투자대상 부동산에 대한 가격의 협상이나 상담을 동일인에게서 하고 있다는 것이 아이러니가 아닐 수 없다. 확실한 수익을 보장하는 부동산을 다른 사람에게 권하는 사람이 누가 있겠는가?[1)]

---

1) 부동산투자를 유도하는 보편적인 하나의 수단으로 이용되는 것이 "급매물"이다. 허나 시세에 비해 현저하게 저렴한 가격으로 부동산매물이 나왔다면 아마도 남 주기보다는 대출을 받더라도 자신이 나서서 매입할 것이라는 것은 누구나가 아는 사실이다.
※ 참고로 개발 사업이 한창 진행된 이후에 혹은 개발계획이 실행될 예정이라는 지역을 추천하는 경우, 그 거래에 있어 더욱 신중할 필요가 있다. 이러한 경우 이미 거품이 빠지고 남은, 즉 이미 가격이 하락 국면에 직면한 물건이거나, 계획의 시행이 요원한 물건일

저렴한 부동산을 찾기 위해서는 투자대상지역을 우선적으로 선정하고, 거래의 실질을 확인하기 위해 부지런히 발품을 팔고, 사실관계를 확인해 보는 노력이 필요하다.

일반적으로 최근에는 부동산 법원경매나 공매 혹은, 소위 "급매"의 형식을 제외하면 인근의 거래가격에 비해 저렴한 부동산을 만나는 것은 쉽지 않다. 또한 급매라는 것은 사실상 그 급한 사정을 파악하는 것은 불가능하므로 투자를 권유하는 자의 설명에 의존하여 투자하게 되는데, 부동산의 거래가 개인과 개인 간에 이루어지는 경우에는 예외적일 수 있으나, 과연 이러한 권유를 통해 매입한 부동산이 저렴하게 매입한 것인지는 의문의 여지가 없다고는 하기 어렵다.

최근 개발사업의 확대나 도로의 신설은 부동산가격의 급등을 야기했다. 따라서 부동산 가격의 변동이 하루가 다르게 일어나고 있다. 물론 이러한 분위기가 투자의 호기일 수도 있다. 그러나 이러한 경우의 매수와 매각의 가격 차이에 의한 이익의 창출은 몇 십 년 그 자리에서 생업을 하시다가 우연한 기회에 가격이 높게 형성되어 그간의 노력을 보상받는 분들의 것으로 돌려야 한다.[2)]

매매차익에 의한 이익의 창출은 기본적이며, 가장 확실한 방법이기는 하나, 최근의 동향으로 볼 때, 가장 위험한 투자의 방법인 것도 부정할 수 없다.

그러나 부동산 투자에 처음으로 관심을 가지는 사람의 경우 이러한 투자 방법이 유일할 수밖에 없으며, 어쩌면 자신의 자본을 지키면서 수익을 기대할 수 있으므로 최고의 투자기법이며, 수익의 보증이라고 생각될 수도 있다.

그러나 이를 따져보면 투자자는 투자자금을 가지고 있는 것 외에는 아무런 관심을 두지 않아도 된다는 의미이기도 하며, 다른 노력 없이도 단지 매수와 매도의 반복을 통해 충분한 수익을 기대해도 된다는 것으로 해석될 수 있다. 그렇게 간단하다면 누구나가 다 부동산 부자의 반열에 올라 있을 것이다.[3)]

저렴하게 부동산을 매수할 수 있는 방법으로 가장 선호되고 있는 것은 법원경

가능성이 상당히 높을 수도 있다.

2) "네가 하면 투기, 내가 하면 투자"라는 말이 있다.

3) 물론 과거에는 소수의 투기꾼들에 의한 정보의 독점이나 분위기의 조성을 통해 이것이 가능했다고 한다. 그러나 이제는 그러한 시절은 이미 옛 이야기로 생각하고 잊어야 할 시점이다.

매를 통한 부동산의 취득과 급매물로 시장에 등장한 부동산임을 부정할 수 없다.

법원경매를 통한 부동산의 취득은 일찍이 시세보다 싸게 부동산을 취득할 수 있다는 장점 때문에 많은 관심을 받고 있다. 따라서 몇 차례의 유찰이후에 경매에 참가하여 매수하였다면 소유권을 취득하는 순간에 이미 상당한 수익을 얻은 것이나 다름이 없다고 판단할 수 있다. 그러나 여기에는 몇 가지 확인하여야 할 것이 있다.

우선 몇 차례의 유찰이 진행된 물건이라면 현재의 시장가치가 매수가액보다 낮을 수도 있다는 것이다.[4] 어쩌면 매수가액이 그 지역의 유사한 부동산의 거래기준으로 자리할 수도 있다는 것이다. 둘째, 명도에 필요한 비용과 기타 부대비용[5]에 대한 고려를 하였는지 따져보아야 한다. 결국 나중에 가서야 시중가격보다 많은 비용이 사용되었다고 확인되면 이미 투자는 실패했다고 할 수 있다. 셋째, 수요가 충분하지 않다는 것은 평생 내 것으로 끝날 수도 있는 물건이라 수익성이 보장될 수 없다는 의미이기도 하다.

급매물에 대한 인기 또한 여전히 높다. 특히 급매물의 경우 누구나 접근할 수 없는 불패(不敗)의 투자처라는 인식은 일반인들의 욕구를 자극하기에 충분하다.

급매물은 당연히 시세보다 상당히 저렴할 것이라는 생각은 버려야 한다. 부동산에는 정해진 가격이 존재하지 않는다. 따라서 그 대상물의 가격은 매도인과 매수인의 사정에 따라 얼마든지 변할 수 있다.[6] 급매물에 대한 투자는 우선 그 물건이 왜 싸게 등장했는지 그 이유를 따져 볼 필요가 있다. 예를 들어 많은 부채(負債)를 안고 그 이자(利子)를 감당하기 어려워 내놓은 물건이거나, 자녀들의 교육이나 혼인 등을 이유로 시장에 등장한 물건일지라도 그 사유를 반드시 직접

---

4) 감정평가가액은 사실상 참고사항으로 생각해야 한다.

5) 후에 구체적으로 논하겠지만 경매로 취득한 부동산에는 많은 함정이 존재한다. 선순위임차인의 보증금, 기타 공과금, 공동주택의 경우 공유부분의 관리비, 배당에서 제외된 임차인 등의 소위 '이사비' 등 예측하지 못한 추가비용이 필요할 수 있다.

6) 매도인이 원래 1억원을 매도가로 결정했다가 개인사정으로 8천만원으로 바꾸었다면 급매물로 가격이 낮아진 것일까? 이 경우 통상 같은 지역의 동일한 조건의 부동산가격이 5천만원이라면 8천만원에 매수한 사람은 현명한 투자자라고 할 수 있는가?

확인해 보아야 한다.[7)]

시세의 확인은 여러 경로를 통해서 가능하다. 그러나 시세차익을 통한 이익의 추구를 위해서는 먼저 대상 부동산을 잘 알 수 있는 물건소재지의 부동산중개업소를 가능한 여러 곳 방문해 보는 것이 필요하다. 중개업소를 방문하여 인근의 시세를 물으면 통상적으로 대동소이(大同小異)한 가격이 형성되어 있을 것이다. 그러나 이 때 "얼마에 살 수 있느냐?"의 질문보다는 내가 인근에 유사한 조건의 물건을 가지고 있는데 "얼마를 받을 수 있느냐?"라는 질문을 같이 한다면 상당한 차이가 있다는 것을 확인하게 될 것이다. 물론 여기서의 시세에 대한 판단은 스스로 하여야 한다.

여기에 더하여 최근에는 실거래가액을 등기부를 통해 확인할 수 있다. 따라서 최근 거래가 이루어진 인근의 유사한 부동산이 있다면 등기부를 열람해 보는 것도 좋은 방법일 수 있으며,[8)] 혹 저당권이나 근저당권이 설정된 경우라면 채권금액을 확인하고 여기에서 부동산의 가치를 짐작할 수도 있다.[9)] 또한 최근 쉽게 접할 수 있는 지역정보신문도 한 지역의 부동산 시세 동향을 추측할 수 있는 수단이 되며, 자치단체의 홈페이지에서도 관할구역내의 부동산 거래동향을 알려주기도 한다. 특히 공동주택의 경우 국토해양부의 홈페이지를 통해 아파트 실거래가를 지역별로 조회할 수 있다.

시세차익을 목적으로 하는 부동산의 투자는 개인의 특수한 능력이나 깊이 있는 학습보다는 부지런한 현장답사나 주변에서 얻을 수 있는 자료를 통해 준비하고 투자할 수 있다.

그러나 이러한 투자방법은 자신의 의지(意志)와는 무관하게 막연하게 투자자

---

7) 우리나라는 생각보다 인맥이 중요시되고 있다. 적절히 활용하면 부동산 투자에도 많은 도움이 될 것이다.

8) 물론 소위 '업-계약' 혹은 '다운-계약' 이 존재할 수는 있다. 특히 농지의 경우 이전소유자의 보유기간이 상당히 (적어도 8년 이상) 긴 경우에는 '업-계약서'가 작성되었을 가능성이 상당하다고 할 수 있다.

9) 금융기관에서는 부동산을 담보로 대출을 하는 경우, 통상 부동산의 시중가치의 60-70%를 채권 최고액으로 정하고 있다.

가 자신의 투자금액보다 높은 가격에 부동산을 매수할 수 있는 사람을 기다리는 것이므로 장기간의 자금운용이 필요할 수 있고, 이로 인한 보이지 않는 손실이 발생할 가능성이 상당히 높다.

제2절 부동산의 가격의 상승가능성이 있는가?

시세보다 싼 물건만으로는 막연하게, 가격이 오르기를 기다리는 것은 1차적인 투자기법이라고 할 수 있다. 또한 시장가격에 의한 영향을 절대적으로 받고 있기 때문에 자신의 능력과는 무관하다고 할 수 있다. 즉 투자자의 의사와 무관하게 가격이 상승하기도 하고, 반면 투자자의 희망과는 달리 가격이 폭락할 수도 있다.

그러나 여러 가지의 정보를 통해 장래를 통해 충분한 가격상승이 기대되는 지역을 선점할 수 있다면 이만한 투자방법이 또 있겠는가? 단순 시세차익을 기대하기보다 확실한 가격상승의 가능성을 탐지(探知)할 수 있다면, 적어도 가격상승의 가능성이 조금이라도 높은 부동산을 찾을 수 있다면, 아마도 법원경매의 매물이 수차례 유찰되기를 기다릴 필요도 없고, 현재의 시장가치에 민감해질 이유도 없질 않겠는가?

그렇다면 가격의 상승가능성이 충분한 부동산은 어떻게 찾을 수 있는가?

우선 지역정보에 민감하게 반응하여야 한다. 특히 서울과 수도권 및 대도시를 제외한 기타 시·군의 경우일수록 더욱 더 감응속도가 빨라야 한다. "정보는 곧 재산"이라는 사실을 잊어서는 안 된다.

지역의 부동산 가치는 그 지역의 "정치인들의 입"에 의해 상당부분 좌우된다고 할 수 있다. 따라서 그들의 공약(公約)이나 정책(政策)을 유심히 살펴볼 필요가 있다. 나아가 그냥 웃을 일일지 모르지만 그들이 소유하고 있는 부동산의 위치나 출신지역을 파악하는 것도 하나의 정보가 될 수 있다.

또한, 지역신문을 항상 가까이 하여야 한다. 누구나가 그렇듯 지역에 대한 관심은 그 지역의 사람과 그 지방의 언론이 가장 민감하고, 잘 알고 있다. 중앙언

론에서는 한줄 기사로 무의미에 가까운 것도 지방지에서는 부동산시장을 주도할 수 있는 일면을 장식할 정도의 큰 사건[10](?)일 수 있다. 다시 말해 보다 구체적인 정보를 제공받을 수 있는 수단이 될 수 있다.

둘째, 부동산 관련 주요기관의 홈페이지를 정기적으로 방문하는 것을 즐겨야 한다. 국토해양부, 토지주택공사, 도로공사, 자산관리공사, 산림조합, 산림청, 한국관광공사 등의 홈페이지를 정기적으로 방문하다 보면 의외의 소득이 있다.

셋째, 세상에 동일한 가치(價値)의 부동산은 존재하지 않는다는 사실을 항상 인식하고 있어야 한다. 인접한 땅이라도 그 가치는 다르고, 같은 아파트라도 거래가격이 천차만별이라는 것을 잊어서는 안 된다. 따라서 토지를 대상으로 하는 경우 통행의 용이성이나 전기나 통신설비 설치의 편의정도, 방향, 경사도 등을 세심하게 관찰하여야 하고, 건축물인 경우에 그 용도와 일조(日照), 주변지역의 개발정도 등을 파악하여야 한다.

가격상승이 기대되는 지역의 부동산투자는 비교적 전문적인 지식이 요구되며, 효과도 높다. 그러나 정보의 정확도가 떨어지거나 국가예산의 부족 등은 변수가 될 수 있다.

제3절 부동산가격의 상승을 가능케 할 수 있는가?

1. 투자자 스스로 부동산의 가치를 높일 수 있다면, 시세에 대한 고민이나 정보의 정확도에 대해 비교적 크게 좌우 받지 않는다. 따라서 부동산 투자자의 최종의 목표라고 할 수 있다.

부동산의 가치를 높이고 가격을 상승케 할 수 있는 능력이 있다는 것은 자연상태의 토지를 전용하고, 개발할 수 있는 능력이 있다는 것이다. 또한, 이미 투자자는 민사법상의 권리의 문제를 스스로 판단할 수 있음은 두말할 것 없이, 토지

10) 지방의 부동산 가격 상승요인은 간단한 농로의 개설에서부터 도로의 확장, 주거지역의 개선 등의 소규모의 사업에서부터 관광단지의 개발, 혁신도시 등 국가산업에 이르기까지 다양하다. 상당한 규모의 개발사업이 아닐지라도 충분한 부동산가격의 상승요인이 될 수 있는 곳이 변두리지역이다.

관련 공법에서 규정하고 있는 행위제한, 즉 개발의 허용과 제한에 대한 구체적인 내용을 상당히 깊이 이해하고, 주변지역의 변화가능성을 충분히 예측할 수 있다는 것이다. 또한 가장 적합한 지점에 가장 효율적인(수익성이 충분히 보장되는) 개발을 실행할 수 있는 식견을 가지고 있는 것이다.

만약 개인의 노력을 통해 시세에 비해 현저히 낮은 가격에 부동산을 매입하고, 그 부동산의 인근지역에 개발의 가능성이 높아 가격의 상승가능성이 현저하고, 스스로 최적의 입지를 갖추어 개발할 수 있는 능력이 있다면, 아마 세상 부러워할 것이 없을 것이다.

2. 부동산에 대한 식견을 갖고 전문가적인 능력을 얻기 위해서는 항상 공부하는 자세가 필요하다.

소위 전문가로 통하는 사람들과 계속적으로 친분을 유지하여야 한다. 이들의 한마디가 중요한 정보가 될 수 있고, 살아 있는 지식이 될 수 있기 때문이다.

그러나 이러한 관계를 통해 알게 된 사실은 반드시 진정성의 여부를 확인하기 위해 다른 전문가나 공무원에게 문의해 보아야 한다. 통상 주변에서 전문가로 통하는 많은 사람들은 자신의 개인적인 경험에 의존하여 판단하는 경우가 많다. 따라서 실제와는 다른 편법에 의한 문제해결 방법을 정론이나 합법으로 오인하고 있는 경우가 많아 이를 사실로 받아들이는 것이 오히려 혼란을 가져올 수 있고, 이를 신뢰하고 투자를 하는 경우 해결할 수 없는 문제를 안게 되는 경우도 있다.

다음으로 투자대상지역과 목적물을 정하는 것이 중요하다. 모든 지역의 모든 부동산을 대상으로 투자를 하는 것은 개인의 입장에서 불가능하다.

따라서 우선 투자대상지역을 자신이 비교적 잘 알고 현장에 짧은 시간에 접근할 수 있는 지역을 선정하는 것이 중요하다. 또한 다양한 대상물건 중 상대적으로 적은 비용으로 투자가 가능하거나 환금성이 용이한 것을 선정하는 것이 좋다.

부동산에 대한 공부는 "성인들의 건전한 놀이"라고 정의할 수 있다, 항상 즐거운 마음으로 부동산 투자를 하기 위해서는 "작은 것부터, 쉬운 것부터" 시작하는 것이 중요하다.

현장답사를 통해 투자대상지역의 주변 환경을 면밀히 점검하는 일을 부지런히 해야 한다. 처음 가보는 곳은 방향 감각도 없는 것이 일반적이다. 그런 곳을 투자지역으로 선정했다면 부지런히 발품을 팔고, 인맥도 넓혀 나가야 한다.

현장을 보지 않고 투자하거나, 타인의 정보만을 신뢰하고 투자하는 것은 어리석은 일이다. 투자의 목적물로 정한 다음에는 그 목적물의 특징에 따라 현장답사의 방법과 시간을 정하고 가능한 많은 확인 항목을 정하여 그것에 대한 의문이 해결될 때까지 현장을 찾고, 또 탐문(探問)해야 한다.

대상물에 따라, 대상물건의 무엇에 대한 것이냐에 따라 낮과 밤을 구분하여야 하며, 일반매물이냐, 경매목적물이냐에 따르는 현장 확인의 방법을 달리 해야 한다. 점유자의 특성에 따라 누가 현장에 갈 것인가도 정하는 것이 좋다. 자연스럽게 많은 정보도 얻고, 쉽게 협상될 수 있는 것도 누가 현장에 임하느냐에 따라서 정 반대의 결과가 나올 수도 있다.

예를 들어, 토지나 건물의 외관의 확인을 위해서는 낮에 현장을 방문하여야 한다. 건축물의 성격에 따라 상가의 경우 그 용도에 따라 오전, 오후, 저녁 혹은 출근 혹은 등교시간과 퇴근 혹은 하교시간으로 구분하여 현장을 조사할 수 있어야 한다. 또한 일반 매물은 비교적 실질 조사를 하기에 용이함에 비하여, 경매대상물이 건축물인 경우에는 주변의 지인의 정보를 확보하거나, 특히 공동주택의 경우 관리사무소에서 관련 정보[11]를 미리 확보하고, 인근 중개업소에 방문하여 같은 규모의 물건이 있는지 확인하고 간접적으로 확인하는 방법도 있다. 또한 시골의 주택이 경매목적물인 경우에는 점유자의 연령을 고려하여 적절한 연령에 도달하고 충분한 대화가 가능한 연륜이 있는 사람이 직접 점유자를 만나는 것이 효율적이라 할 수 있다.[12] 명심해야 할 것은 그 지역의 부동산을 얻기보다는 먼저 그 지역 분들의 마음을 얻어야 한다는 것이다.

---

11) 관리비미납액, 현재 점유자의 확인 등

12) 농가의 주택이 경매목적물로 나온 경우, 대부분의 경우 연세가 많으신 어르신들만 집을 지키고 계신다. 이런 경우 머리 까만 젊은 놈이 갑자기 나타나면 보기가 좋지 않고, 어르신들이 놀라실 수도 있다. 어떤 경우는 경매가 진행되고 있다는 사실조차 모르는 경우가 많다. 생각컨대, 시골의 연세 많으신 어르신이 거주하는 단독주택은 가능한 3차에 걸쳐 경매에 참가 하지 말고, 소유자나 점유자 혹은 그들의 가족에게 매입의 기회를 주는 것이 필요하다고 생각된다.

지역정보에 귀를 기울여야 한다. 국가정책에서부터 지역개발에 이르기까지 투자 대상지역과 관련되는 정보는 빠짐없이 점검해 보아야 한다. 이것이 축적되면 다음에 대한 예측이 가능해질 수 있다.

쉬지 말고 공부해야 한다. 부동산에 대한 관심이 단순한 투자에 한정되는 것은 부자의 것이다. 부자는 그렇게 해도 계속 부동산을 통해 수익을 창출할 수 있다. 그러나 우리는 부자가 되기 위해 노력하고 있지 부자가 아니다. 그런데 부동산 투자라는 것은 자칫 사람의 인생을, 가족의 미래를 재단(裁斷)할 수 있을 만큼 위험할 수도 있다.

위험을 피할 수 있는 두 가지 방법은 부동산에 대한 투자를 포기하는 것과 위험을 예측하고 피하거나 극복하는 것이다. 만약 우리가 부동산에 대한 투자를 포기한다면 의미가 없으나 부동산에 대한 유혹을 떨칠 수 없다면, 위험을 극복하기 위해 반드시 그리고 끊임없이 공부하여야 한다.

공부는 책을 통해서, 각종의 강의나 강연을 통해서 실전투자를 통해서 가능하다. 이론만으로는 공허할 수밖에 없다. 이론 없는 실천은 실패의 가능성이 높다. 이론과 실천이 적절히 혼합된 형태의 공부가 실패 없는 부동산 투자를 가능하게 하는 원동력이 될 것이다.

제 2 장

동산과 부동산의 기본적 이해

제 1 절 부동산과 동산의 구분

〈부동산과 동산의 차이〉

	구별기준	부동산	동산
기술적 측면	위 치	고정성(부동성)	유동성(이동성)
	용 도	용도의 다양성	용도의 한계성
경제적 측면	가 치	비교적 크다	비교적 작다
	가격형성	일물일가의 법칙의 적용이 배제된다.	일물일가의 법칙 적용 가능하다
법률적 측면	공시방법 *권리변동	*등기 *등기등록	*점유(사실적 지배) *인도(점유의 이전)
	공신력	불인정	인정(선의취득)
	취득시효	미등기상태로 20년 점유 (등기상태로 10년 점유)	소유의사로 10년점유 (선의 · 무과실로 5년점유)
	용익물권의 설정 담보물건의 설정	*가능 *질권은 설정(×)	*지상권, 지역권, 전세권(×) *저당권의 설정(×) 유치권, 질권의 설정(○)
	무주물의 귀속	국유(민법 제 252조)	선점자의 소유 (민법 제252조)
	강제집행시집행기관	'법원'에서 강제경매, 강제관리	'집행관'의 압류

	부합의 소유권 취득	부동산 소유자 (민법 제256조)	주된 동산의 소유자이거나 공유(민법 제257조)
	환매기간	5년(민법 제591조)	3년(민법 제591조)

민법 제99조는 "토지 및 그 정착물"을 부동산(不動產)이라 하고 있다. 따라서 부동산 이외의 물건 즉 토지와 그 정착물을 제외한 재산을 동산(動產)이라고 할 수 있다.

부동산과 동산의 가장 큰 차이점은 공시(公示)[13] 방법인데 부동산의 경우에는 등기(登記)로써 공시효과를 가지지만 동산은 점유(占有) 혹은 현실적인 인도(引導)로서 공시효과를 가진다.

부동산이란 지리적 위치가 고정되어 이동이 불가능하거나 용이하지 아니한 물적 재산으로 볼 수 있으며, 동산은 토지나 건물의 일부분도 아니고, 토지나 건물에 영구적으로 부착되지 않은 유체물로서, 형상·성질을 바꾸지 않고 움직일 수 있는 모든 재산이다. 그러나 부착물이라도 그 자체나 부동산을 손상시키지 않고 쉽게 분리시킬 수 있다면 동산으로 간주한다.

제 2 절 법률적 개념의 부동산

부동산의 개념과 관련하여 경제적·사회적·제도적인 여러 관점에서 다양하게 정의 되고 있으나 부동산 거래활동과 관련하여 반드시 숙지하여야 하는 것은 법률적인 측면에서의 부동산이라 할 수 있다.

특히 법률적 측면 중에서도 사법적 측면에서의 부동산은 등기 또는 등록이라는 권리관계에 대한 공시수단을 갖추었는지 여부에 따라 한계지운 것이라 할 수 있다.

법률적 관점의 부동산은 민법상의 부동산에 마치 부동산인 것처럼 법정화된

13) 공시(公示)라는 말은 외부에서 어떠한 사실을 인식할 수 있는 표식, 혹은 표시라고 할 수 있는데 이는 권리의 객체가 되는 부동산과 동산에 대한 권리의 변동 혹은 사실관계의 변화 등을 외부에서 인식하게 하는 장치라고 할 수 있다.

공시수단의 유형, 예를 들어 등기 혹은 등록을 갖추어 독립된 거래의 객체로서 인정되는 준부동산(의제부동산)을 합친 것이다.

1. 민법상의 부동산

민법상의 개념으로서 "토지와 그 정착물은 부동산이다."([민법] 제99조 제1항), 라고 규정되어 있고, "부동산 이외의 물건은 동산이다."(동법 제99조 제2항)로 정의된다. 이는 부동산에 관한 일반적인 민법상의 개념이라 할 수 있다.

(1) 토 지

원래 토지는 물리적으로는 무한히 연속되어 구분성이 없다. 그러나 이용관계의 분리나 권리가 미치는 범위를 확정하기 위하여, 혹은 기타 편의상 지표에 인위적으로 선을 그어 구획하고 필지(筆地)[14]마다 지번을 붙여서 부동산 등기부와 토지대장 또는 임야대장에 등록하게 된다.

(2) 정착물

정착물이란 원래는 동산이었으나, 토지에 항구적 목적으로 설치되거나 부착됨에 따라 부동산의 일부가 된 물건이다. 대표적으로 우리가 말하는 건축물이라고 할 수 있으며, 건축물에 부합된 구조물, 수목의 집단도 정착물이라 할 수 있다.

① 토지와 독립된 건물

현행법상 건물은 언제나 독립된 부동산으로 인정되어 토지와는 별도로 등기를 하게 된다. 또한, 건물도 토지와 마찬가지로 물리적으로 1개의 건물이 법률적으로는 여러 건물로 수직 또는 수평으로 구분 소유될 수 있다.[15]

---

14) 필지(筆地)는 토지의 거래단위이며, 소유권이 미치는 범위를 구분한 토지에 관리상의 필요에 의해 일정한 번호를 붙인 것이다. 현행법상 우리나라의 경우 1필지의 토지는 지적법상 하나의 지목(地目)을 가지며, 하나의 지번, 하나의 등기부가 개설된다.(1필 1목 1지번 1등기) 지목은 현재 토지의 이용상황을 고려하여 현행 28개의 지목으로 나누어져 있는데 지목의 이해는 부동산 활용의 기초라고 할 수 있다.

15) 예를 들어 공동주택의 경우 한 동 건물의 일부가 각각의 호, 즉 전유부분으로 분리되어 소유권, 기타 권리의 객체가 된다.

② 토지의 정착물이라도 독립성이 없는 공작물로는 토지의 일부가 되는 담장, 우물, 굴뚝, 문, 축대 등은 토지와 별도로 등기하지 않는다. 이외에 고가도로, 철도, 육교, 도랑, 제방, 다리, 댐 등의 시설물은 모두 포함된다. 이들은 토지라는 주물에 대한 종물관계로서 존재함이 보통이다.

토지의 정착물이라도 입목에 관한 법률을 적용받지 않는 수목의 집단과 매년 경작의 노력을 요하지 않는 나무, 다년생 식물, 농작물 등은 독립성이 없어 토지의 일부에 지나지 않으므로 토지 매매 시 함께 양도된다.

그러나 명인방법(明認方法)에 의하면 독립된 거래의 객체가 될 수 있다.(판례) 허나 가식중인 수목은 토지의 정착물로 파악되지 않고 경작수확물(예: 벼, 감자, 고구마, 옥수수 등)은 동산으로 간주하여 부동산 매매 시 부동산에 포함되지 않는 것이 일반적이다.

③ 정착물은 당사자들 간의 합의나 쓰임새, 관계 등에 따라 주물과 종물로 구분될 수 있다. 현행법상 종물은 주물의 처분에 따르는 것이 일반적이다. 그러나 거래의 당사자 사이에 다른 약정이 있다면 이러한 규정은 적용되지 않고 당사자 간의 합의에 의한다.[16]

2. 준부동산(準不動産) 혹은 의제부동산(擬制不動産)

실생활의 필요에 부응하여 개별법규에 의해 물권의 변동이 있는 경우 등기, 등록 등의 공시방법을 갖춤으로써 부동산에 준하여 취급되는 것을 준부동산 혹은 의제부동산이라고 한다.

준부동산은 문화의 발전이나 기술의 개발 등을 통한 사회의 변화 등에 의하여 그 가치가 비교적 높게 평가되는 동산이나 정책적으로 국가에서 관리할 필요가 있는 것들을 법률적으로 정하여 등기·등록 등의 일정한 공시방법을 갖추게 함으로써 부동산과 유사하게 취급되는 것을 말한다.

선박, 자동차, 항공기, 건설기계 등의 특정의 동산과 동산 및 부동산, 무체재산

16) 법 규정은 그 강행성의 여부에 따라 강행규정(강행법규)과 임의규정(임의법규)로 나눌 수 있는데 강행규정은 당사자의 의사와 관계없이 법률의 규정에 따라 효과가 발생하는 것이고, 임의규정은 법률의 규정과 다른 당사자사이의 합의가 존재하는 경우 법규의 내용을 배제하고 당사지의 의사에 따라 그 효과를 발생케 할 수 있는 것을 이야기한다.

권과 일체로 된 부동산의 집단(공장재단, 광업재단), 입목 및 광업권, 어업권 등의 무체재산권 등을 예로 들 수 있다.

준부동산들은 성질, 경제적 가치, 소재의 확실성, 독점적 성격이 있기 때문에 부동산으로 간주함으로써 생활의 편익성과 관리의 편리성 및 거래의 안정성을 가져올 수 있으며, 부동산중개대상물이 될 수 있는 범위, 저당권설정의 대상, 감정평가의 대상이 될 수 있는 범위 등을 설정하는 개념이다.

(1) 선박(20톤 이상)

20톤 이상의 선박은 선박등기법에 의해 등기를 하기 때문에 준부동산에 포함시킨다. 보존등기를 마친 선박은 소유권과 임차권 및 저당권의 객체가 된다.

최근에는 소형선박저당법에 의해 20톤 미만의 선박도 저당권의 객체가 될 수 있어, 의제부동산이라 할 수 있고, 경매의 대상물로 등장하고 있다.

(2) 자동차, 항공기, 기계장비

도로교통법에 의하여 등록된 자동차, 항공법에 의하여 등록된 비행기, 건설기계관리법에 의하여 등록된 건설기계 등도 부동산과 유사하게 취급되는데, 부동산에 포함된다고 할 수 있다. 또한 각각의 법률에 의해 소유권과 저당권의 객체가 될 수 있다.

(3) 공장재단

공장에 속하는 토지, 공작물, 기계, 기구, 지상권, 전세권, 공업소유권 등의 기업용 재산을 하나의 집합물로 보아 공장 저당법에 의해 소유권보존등기를 하게 되면 한 개의 부동산으로 취급되어 소유권과 공장저당권, 공장재단저당권의 객체가 되는 일체의 집합재산이 공장재단이다.

공장재단을 구성하는 물건은 각각 분리하여 처분할 수 없으며, 제3자의 개별적인 집행도 불가능하다.

(4) 광업재단

광업재단저당법에 의해 광업권과 그에 근거하여 광물을 채굴, 취득하기 위한 여러 설비와 이에 부속하는 사업의 설비로 구성되는 일단의 기업재산에 대하여 소유권보존등기를 하였을 때에는 광업재단도 한 개의 부동산으로 취급되어 소유권과 저당권의 객체가 된다.

따라서 재단을 구성하는 개별재산을 분리하여 처분할 수 없다.

(5) 입목

수목은 본래 그것이 부착하고 있는 토지의 정착물로서 독립한 물건이 되지 못한다. 그러나 입목에 관한 법률에 의하여 입목등기부에 소유권보존등기를 마친 입목은 토지와 별개로 소유권과 저당권의 객체가 된다.

(6) 광업권

광업권은 채광권과 채굴권으로서, 광업법에 의하여 물권으로 법정되며 면허를 취득하여 광업원부에 등록함으로써 저당권의 객체가 된다.

(7) 어업권

어업권은 수산업법에 의하여 면허·허가를 받아 어업원부에 등록함으로써 일정한 공유수면에서도 수산 동·식물을 독점적·배타적으로 체포·포획·양식할 수 있는 권리이다.

어업권도 물권으로 간주되며 민법의 토지에 관한 규정이 준용된다.

제 3 장

부동산의 분류 및 유형

제1절 토지의 분류

토지는 흔히 '네 것, 내 것' 하면서 소유에 관한 다툼을 하기도 하지만, 엄밀히 말해 대한민국의 영토이다. 따라서 대한민국의 토지정책의 영향을 받지 않을 수 없고, 비록 개인의 소유이기는 하나 소유자의 의사대로 활용할 수 없는 것이 현실이다.

토지는 법률, 관리, 현황, 평가 등의 목적에 따라 여러 가지로 분류될 수 있는데, 이하에서는 대략적인 이해를 돕기 위해 법률상, 평가상의 분류를 소개하기로 한다.

1. 국토의 계획 및 이용에 관한 법률상의 분류[17)]

국토의 계획 및 이용에 관한 법률에 의하면 전국을 크게 용도지역, 용도지구, 용도구역으로 나누어 지정해 관리하도록 하고 있다. 이러한 이유는 국토를 효율

17) 토지의 지목과 더불어 토지의 공법상의 용도는 토지의 "팔자"를 좌우한다고 할 수 있다. 통상의 경우 용도에 대한 이해를 가볍게 여기는 경우가 있는데 이는 큰 잘못이다. 토지의 활용을 토지의 가치와 관련하여 이해할 수 있는 사람이 부동산의 고수라고 할 수 있다. 그러나 토지의 공법상의 규제를 모두 이해하는 것은 불가능하다고 할 수 있으므로 정부정책의 변화와 끊임없는 공부가 필요하다 할 수 있다. 좀더 자세한 내용은 후술하기로 한다.

적으로 이용・관리하기 위해서이다.

따라서 각 지역별로 건축할 수 있는 건축물의 종류와 건폐율과 용적률을 다르게 규정하고 있다. 다시 말해 용도 지역별로 건축할 수 있는 건축물의 종류가 다르고, 건물의 크기가 다르며, 건물의 활용가치가 다르다고 할 수 있다.

용도지역	도시지역(주거・상업・공업・녹지지역), 관리지역(보전・생산・계획관리지역), 농림지역, 자연환경보전지역 - 4개의 용도지역
용도지구	경관지구, 미관지구(중심지・역사문화・일반),고도지구(최저・최고), 방화지구, 방재지구, 보존지구, 시설보호지구(학교・공용・항만・공항), 취락지구, 개발진흥지구, 특정용도제한지구, 기타 대통령령이 정하는 지구
용도구역	개발제한구역, 시가화조정구역, 수산자원보호구역, 도시자연공원구역

용도지역은 전국의 모든 토지를 대상으로 지정되어 있다. 용도지역은 토지용도에 따른 수평적 이용규제를 내용으로 하여 토지의 경제적・효율적 이용을 목적으로 하고 있다. 하나의 토지에 중복지정은 불가하며, 토지의 이용과 건축물의 용도, 건폐율, 용적률 등에 대해 알 수 있다.

용도지구는 용도지역의 제한을 강화 또는 완화해 용도지역의 기능을 증진시키고 미관이나, 경관, 안전 등을 도모하기 위해 도시관리계획으로 결정한 제도를 말한다. 따라서 용도지구는 필요한 토지에 지정되며 하나의 토지에 중복하여 지정하는 것도 가능하다.

주의해야 할 것은 경관지구[18], 최고고도지구[19], 방재지구[20], 보존지구[21], 시설보호지구[22], 특정용도제한지구[23] 등의 지구로 지정된 지역은 투자에 있어 주의를 요하며, 취락지구나 개발진흥지구는 투자의 대상지역으로 보아도 무난할 것으로 본다.

그러나 투자를 결정하기 전에 지방자치단체의 도시계획조례를 반드시 다시 살펴보아야 한다. 용도지구는 지방자치단체별로 다시 세분되어 지정되어 있는 경우

18) 건축물의 높이와 층수 제한.
19) 건물의 높이 제한.
20) 재난방지를 위해 지정.
21) 문화자원을 보호하기 위해 지정.
22) 공공시설이나 학교시설을 보호하기 위해 지정.
23) 건축물의 용도 제한.

가 있기 때문이다.

용도구역은 용도지역의 제한을 강화 또는 완화하기 위해 지정하는 것으로 도시의 무질서한 확장과 인구 집중을 막는 등 특수한 목적을 위해 용도지역 지정을 보완하기 위한 규제라고 할 수 있다. 따라서 필요한 토지(필요에 따라 국지적으로)에 한하여 지정되며, 하나의 토지에 중복하여서도 지정이 가능하다.

개발제한구역은 개발제한구역의 지정 및 관리에 관한 특별조치법, 도시자연공원구역은 자연공원법, 시가화조정구역과 수산자원보호구역은 국토의 계획 및 이용에 관한 법률에 의해 각각 행위의 규제를 받는다. 용도구역에서의 행위는 그 제한이 엄격하다고 할 수 있는데, 시가화조정구역은 5-20년 동안 개발이 불가능한 지역이며, 수산자원보호구역에서는 할 수 있는 행위가 거의 없다고 할 수 있다.

이러한 용도지역 · 지구 · 구역의 지정 내용은 토지이용계획확인서를 통해 점검할 수 있다.

그러나, 이러한 공법상의 제한은 국토의 계획 및 이용에 관한 법률이외에 관광진흥법, 공원법, 온천법, 도로법 등의 법률에 의한 제한도 상당히 많이 존재한다.

따라서 토지이용계획확인원에서 확인할 수 있는 것과 동시에 토지이용계획확인원에서 확인되지는 않으나 개별법률에 의해 행위제한을 구체적으로 확인하여야 하는 경우가 있다는 사실을 알아야 한다.

2. 지적관련법상의 분류

측량 · 수로조사 및 지적에 관한 법률[24](이하 지적관계법이라 함)에 의하면 모든 토지는 필지마다 지적공부에 지번, 지목, 경계 또는 좌표와 면적 등이 등록되어야 한다. 또한 이는 등기의 기초가 되는데. 여기서 '지목'이란 토지의 주된 사용목적에 따라 토지의 종류를 구분 · 표시하는 명칭이다.

지목의 종류는 1912년 일제강점시기 18개에서 출발하여 현행법에서는 모두 28개로 구분된다. 지적도 상에는 부호로 표시되어 있는데 이를 통해 현황의 이용상태를 추측할 수 있다.

24) 법률 제09774호.

지목은 토지의 주된 용도를 기준으로 정하여지기 때문에 1필지가 두 가지 이상의 용도로 이용되는 경우에도 주된 용도에 따라 지목을 설정한다. 다시 말해 지목은 정해진 지목대로 사용하라는 것을 의미하는 것이 아니라 현재의 이용 상태를 나타내는 것이다.

〈토지의 지목[25]〉

지목	부호	내 용
전	전	물을 직접 이용하지 않고 곡물, 원예작물(과수류 제외), 약초, 뽕나무, 닥나무, 묘목, 관상수 등을 주로 재배하는 토지와 식용을 위하여 죽순을 재배하는 토지
답	답	물을 직접 이용해 벼, 연, 미나리, 왕골 등의 식물을 주로 재배하는 토지
대지	대	영구적 건축물의 부지와 이에 부속된 부속시설물의 부지 및 정원과 기타 법령에 의한 택지조성사업으로 공사가 완료된 토지
과수원	과	사과, 배, 밤 등의 과수류를 집단적으로 재배하는 토지와 이에 접속된 저장고 등 부속시설물의 토지, 그러나 주거용 건축물의 토지는 대지로 한다.
목장용지	목	축산업, 낙농업을 하기 위하여 초지를 조성한 토지, 가축을 사용하는 축사 등의 토지와 이에 접속된 부속시설물의 토지, 그러나 주거용 건축물의 토지는 대지로 한다.
임야	임	산림을 이루고 있는 수림지, 죽림지, 암석지, 자갈땅, 모래땅, 습지, 황무지 등의 토지
공장용지	장	제조업을 목적으로 하는 공장시설물의 토지, 관계법령에 의하여 공장부지 조성을 목적으로 하는 공사가 준공된 토지
학교용지	학	학교의 교사와 이에 부속된 부속시설물의 토지 및 체육장
도로	도	공중의 교통운수를 목적으로 하는 보행 및 차량운행에 필요한 일정한 설비 또는 형태를 갖추어 이용되는 토지 및 관계법령에 의해 도로로 개설된 토지, 고속도로 안 휴게소부지, 2필지 이상에 진입하는 통로로 이용되는 토지
잡종지	잡	갈대밭, 실외에 물건을 쌓아두는 곳, 돌을 캐내는 곳, 흙을 파내는 곳, 야외전시장, 비행장, 공동우물과 영구적 건축물 중 변전소, 송신소, 수신소, 송유시설, 도축장, 자종차운전학원, 쓰레기 및 오물처리장 등의 토지와 다른 지목에 속하지 않는 토지
주차장	차	자동차 등의 주차에 필요한 독립적인 시설을 갖춘 토지와 주차전용 건축물 및 이에 접속된 부속시설물의 토지, 그러나 노상주차장 및 부설주차장, 자동차 등의 판매목적으로 설치된 물류장 및 야외전시장 등의 토지는 제외한다.
주유소 용지	주	석유·석유제품, 액화석유가스 등의 판매를 위하여 일정한 설비를 갖춘 시설물의 토지, 저유소 및 원유저장소의 토지와 이에 접속된 부속시설물의 토지, 그러나 자동차·선박·기차 등의 제작 또는 정비공장 안에 설치된 급유·송유시설 등의 토지는 제외한다.

체육용지	체	국민의 건강증진 등을 위한 체육활동에 적합한 시설과 형태를 갖춘 종합운동장, 야구장, 실내체육관, 골프장, 스키장, 승마장, 경륜장 등의 토지와 부속시설물의 토지, 그러나 체육시설로서 영속성과 독립성이 부족한 정구장, 골프연습장, 실내수영장, 체육도장, 유수를 이용한 요트장, 카누장, 산림 안의 야영장 등의 토지는 제외된다.
창고용지	창	물건 등을 보관·저장하기 위하여 독립적으로 설치된 보관시설물의 토지와 이에 접속된 부속시설물의 부지
수도용지	수	물을 정수하여 공급하기 위한 취수, 저수, 도수, 정수, 송수, 배부 시설의 토지 및 이에 부속된 부속시설물의 토지
철도용지	철	교통운수를 위하여 일정한 궤도 등의 설비와 형태를 갖추어 이용되는 토지와 이에 접속된 역사, 차고, 발전시설, 공작창 등 부속시설물의 토지
종교용지	종	종교의식을 목적으로 예배, 법요, 설교, 제사 등을 하기 위한 사찰, 교회, 향교 등 건축물의 토지와 부속시설물의 토지
하천	천	자연의 유수가 있거나 있을 것으로 예상되는 토지
제방	제	조수, 자연유수, 모래, 바람 등을 막기 위하여 설치된 방수제, 방조제, 방파제, 반사제 등의 토지
구거	구	용수, 배수를 위하여 일정한 형태를 갖춘 인공적인 수로, 둑 및 그 부속시설물의 토지와 자연의 유수가 있거나 있을 것으로 예상되는 소규모 수로부지
유지	유	물이 고이거나 상시적으로 물을 저장하고 있는 댐, 저수지, 소류지, 호수, 연못 등의 토지와 연, 왕골 등이 자생하는 배수가 잘 되지 않는 토지
양어장	양	육상에 인공으로 조성된 수산생물의 번식 또는 양식을 위한 시설을 갖춘 토지와 이에 접속된 부속시설물의 토지
유원지	원	일반 공중의 위락, 휴양 등에 적합한 시설물을 종합적으로 갖춘 수영장, 유선장, 낚시터, 어린이놀이터, 동물원, 식물원, 민속촌, 경마장 등의 토지와 이에 접속된 부속시설물의 토지
사적지	사	문화재로 지정된 역사적인 유적, 고적, 기념물 등을 보존할 목적으로 구획된 토지, 그러나 유적, 사적, 기념물 등이 학교용지, 공원, 종교용지 등의 구역 안에 있는 경우는 제외한다.
묘지	묘	사람의 시체나 유골이 매정된 토지, 도시공원법에 의한 묘지공원으로 결정·고시된 토지 및 장사 등에 관한 법률에 의한 납골시설과 이에 접속된 부속시설물의 토지, 그러나 묘지관리를 위한 건축물의 토지는 대지로 한다.
공원	공	일반 공중의 보건, 휴양 및 정서생활에 이용하기 위한 시설을 갖춘 토지로서 국토의 계획 및 이용에 관한 법률에 의하여 공원 또는 녹지로 결정·고시된 토지
염전	염	바닷물을 끌어 들여 소금을 채취하는 토지와 이에 접속된 제염장 등 부속시설물의 토지, 그러나 천일제염 방식에 의하지 않고 동력에 의하여 바닷물을 끌어들여 소금을 제조하는 공장시설물의 토지는 제외한다.
광천지	광	지하에서 온수, 약수, 석유류 등이 용출되는 용출구와 그 유지에 사용되는 토지, 그러나 온수, 약수, 석유류 등을 일정한 장소로 운동하는 송수관 및 저장시설의 토지는 제외한다.

지목이 가지는 의미는 그 지목이 무엇이냐에 따라서 "건축물을 곧바로 지을 수 있는가?, 없는가?"에서부터 "어떠한 건축물을 지을 수 있느냐?"에까지 다양하다. 따라서 외관상 비슷한 조건의 토지라도 그 토지의 지목에 따라서 그 가치가 다르다고 할 수 있다.

현재의 이용 상태와 공부상의 지목이 일치하지 않을 때 먼저 합법적인 절차를 거쳐 사용하였다면 문제될 것이 없으나 합법적인 전용절차 없이 다른 용도로 사용되고 있다면 이는 원래의 지목으로 보아야 한다.

예를 들어 농지를 합법적으로 다른 용도로 사용하고 있다면 이 토지는 공부상의 지목과 관계없이 농지에 해당하지 않으므로 매수자 입장에서는 이를 취득할 때 농지취득자격증명을 받을 필요가 없다. 반면에 지목이 진 또는 답이 아님에도 현재 농지로 이용하고 있으면 이는 농지에 해당한다.[26)]

3. 부동산활동에 따른 분류[27)]

(1) 택지(宅地)

택지란 건축물이 있거나 건축할 수 있는 토지를 의미한다. ① 택지개발촉진법상 택지는 이법이 정하는 바에 따라 개발·공급되는 주택건설용지 및 공공시설용지를 말한다. ② 감정평가상의 용어로는 주거용, 상업용, 공업용으로 이용 중이거나 이용 가능한 토지이다.

택지는 건축부지로 이용되거나 이용되는 것이 사회적, 경제적, 행정적으로 합리적이라고 인정되는 토지를 말한다.

(2) 대지(垈地)

대지는 지적관계법상의 지목이 '대'인 토지로서 건물이 존재하거나 건축할 수 있는 토지를 말한다. 그러나, 공장용지, 학교용지, 주유소용지, 창고용지는 택지이

---

25) 측량·수로조사 및 지적에 관한 법률 제67조 지목의 종류, 동법 시행령 제58조 지목의 구분.

26) 조영석, 『토지투자의 모든 것』, 원앤원북스, 2010. 84면.

27) 이원준, 『부동산학원론』, 박영사, 2002, 82-85면; 이창석, 『부동산학개론』, 형설출판사, 2000, 148-149면 참조.

지만 지적법상 지목을 달리하고 있다.

건축법 제2조 제1항 제1호에서는 "대지라 함은 지적법에 의하여 각 필지로 구획된 토지를 말한다. 다만, 대통령령이 정하는 토지에 대하여는 2 이상의 필지를 하나의 대지로 하거나 1 이상의 필지의 일부를 하나의 대지로 할 수 있다."라고 한다.

(3) 부지(敷地)

부지는 개발이나 건축물의 기초가 되거나, 특정용도로 준비된 하나의 구획으로 된 토지이다. 부지는 건축용지 외에 하천부지, 철도용 부지, 수도용 부지 등의 바닥 토지 등에도 사용되는 포괄적인 용어인데 일정한 목적을 위해 제공된 토지라고 할 수 있다.

(4) 필지(筆地)와 획지(劃地)

필지는 법령이 정하는 바에 의하여 구획되는 토지의 등록단위를 말한다. 이는 토지에 대한 소유권이 미치는 범위의 한계를 설정하고, 토지의 거래단위로서 개별화 특정화하기 위하여 인위적으로 구획된 법적 등록단위이다. 필지는 그 모양이나 면적에 관계없이 하나의 지목과 지번이 부여되는 일정한 범위의 토지를 말한다.

반면 획지는 부동산학적인 개념으로 특정한 목적에 제공되거나, 필요한 일단의 토지의 구획을 의미하며, 특정한 부동산현상이 발생하고 있는 일단의 지역을 의미하는 경제학적 · 사회학적 개념으로 이해된다.

필지와 획지의 범위나 크기는 양자가 동일한 경우도 있으나 여러 필지가 하나의 획지에 포함되는 경우가 일반적이라 할 수 있다.

일반적으로 토지의 감정평가에서 획지의 중요성이 높으며. 필지와 획지가 같은 경우(1필지가 1획지가 되는 경우)에는 개별평가를 행한다. 하나의 필지가 여러 개의 획지가 되는 경우에는 구분평가를 행한다. 그러나 여러 개의 필지가 하나의 획지를 이루는 경우에는 일괄평가를 행한다.

구분	필 지	획 지
구별기준	[지적관련법]에 의해 지적도상에 구별되어 토지에 대한 법률관계, 특히 권리변동관계를 [부동산등기법]에 따라 공시할 때 기준이 된다. 즉 법률상의 개념으로 볼 수 있다.	인위적(법률적, 행정적, 경제적), 자연적, 물리적 기준에 의해 다른 토지와 구별되어 '가격수준이 비슷하거나 동일한 일단의 토지'이다. 부동산 활동과 관련된 개념이다.
단위	필지는 지적도상 구분된, 하나의 지번이 붙는 토지의 등기 및 등록단위이다. 거래의 단위를 의미하며, 권리가 미치는 범위를 구분하는 단위라고 할 수 있다.	획지는 하나의 거래나 이용 등의 부동산활동 또는 부동산현상의 단위이다.
목적	토지 소유자의 권리 구분	경제적 가치의 구분
개념	법적 개념	경제적 개념

(5) 맹지(盲地)

맹지란 인접한 타인의 토지에 둘러싸여 도로에 접하는 면이 전혀 없는 토지를 말하며, 이 위에는 건축법에 의해 건물을 지을 수 없다. 다만, 맹지의 소유자는 공도에 이르기 위해 사도 등을 통해 그 주위 토지를 사용할 수 있다(민법 제219조(주위토지통행권), 제291조(지역권)).

(6) 감정평가상의 토지종별

① 후보지(候補地)

후보지란 지역종별 상호 간 어떤 지역에서 다른 용도의 지역으로 전환될 지역을 말한다. 일반적으로 '임지지역 → 농지지역 → 택지지역'으로 용도 전환되어 가는 것이 일반적이다.

② 이행지(移行地)

이행지란 택지지역, 농지지역, 임지지역 중 각각 세분된 지역 내에서 상호 간에 용도전환이 이루어지고 있는 토지를 말한다. 예를 들면, 도시의 외부확산으로 인해 주택지역이 상업지역으로 이행하는 것을 들 수 있다.

(7) 건부지(建附地)·나지(裸地)·공지(空地)

① 건부지

건부지란 건물 및 구축물이 서 있는 부지이다. 대체로 건부지는 주변환경의 변화에 따라 적시에 용도를 전환할 수 없으므로 건부감가가 발생한다.

② 나지

나지란 우리나라(토지보상평가지침 제3조의5)에서는 '토지에 건물 기타의 정착물이 없고, 지상권 등 토지의 사용·수익을 제한하는 사법상의 권리가 설정되어 있지 아니한 토지'를 말한다. 나지는 지적관계법상의 지목이 여러 가지로 정해질 수 있으나 지목이 대인 경우 나대지라 한다.

③ 공지

건축법상 건폐율·용적률 등의 제한 때문에 한 필지 내에 건물을 꽉 채워서 건축하지 않고 남겨둔 토지를 말하므로 나지와는 다르다. 다시 말해 대지에서 건축물의 1층 바닥면적을 제외한 나머지 부분을 말한다고 할 수 있다.

공지의 확보는 일조(日照)의 확보나 조망(眺望), 통풍(通風)을 위해 필요하며, 인접지 권리자 사이의 분쟁을 사전에 예방할 수 있는 완충적 공간이다.

(8) 소지(素地)

개발되기 이전 자연 그대로의 토지, 개발의 바탕이 될 수 있는 토지를 말한다. 즉 미개량토지로서, 주로 1차 산업용지로 활용되고 있다.

(9) 미성숙지(未成熟地)와 성숙지(成熟地)

미성숙지는 건축 활동을 위해서는 많은 기간과 노력 및 비용이 요구되는 토지를 말한다. 반면, 성숙지는 즉시 건축 활동 등 특정목적의 이용을 할 수 있는 토지를 말한다.

(10) 환지(還地), 체비지(替費地), 보류지(保留地)

환지는 도시개발사업이 완료된 후 종전의 토지에 대하여 새로이 교부할 토지이다. 반면, 체비지는 도시개발사업의 경비에 충당하기 위하여 환지계획에서 환지로 정하지 않고 남겨둔 일정한 토지이다. 그리고 보류지는 규약이나 정관 또는 실시계획으로 정하는 사업을 위하여 환지로 정하지 않고 남겨둔 토지를 말한다.

(11) 포락지(浦落地)

개인의 사유지로서 지반이 무너져 내려(절토되어) 전·답 등이 하천으로 변한 토지를 말한다.

원칙적으로 포락되어 복구되지 않는 토지는 국유재산으로 편입될 가능성이 높다는 것을 인식하여야 한다.

(12) 법지(法地)

택지의 유효지표면 경계와 인접지 또는 도로면과의 경사진 토지부분을 말한다. 이는 토지의 붕괴를 막기 위하여 경사를 이루어 놓은 것인데, 면적측량은 수평투영식으로 산출하므로 법지는 윗집의 토지면적에 포함된다. 따라서 측량면적에는 포함되어 법적으로는 소유하지만 활용실익이 없는 토지이다.

(13) 빈지(濱地)

일반적으로 바다와 육지 사이의 해변토지를 말하며, 지적공부에 올라있지 않은 토지로서, 공유수면관리법에서는 만조수위선으로부터 지적공부에 등록된 지역까지의 사이를 말한다. 법지와 반대개념이다. 앞으로 국·공유재산 관리상 지적공부에 올려야 할 필요성이 커지고 있다.

간척사업이나 연안의 매립 등과 관련하여 인접 토지를 이용하고 있는 사람은 눈여겨 볼만한 토지라고 할 수 있다.

(14) 한계지(限界地)

택지의 한계지는 거리 및 교통비용 등으로 인해 택지이용에 있어 그 한계를 벗어나 있는 토지이다.

한계지에서의 생산활동이나 경제활동은 그 이용자에게 현실적으로 전혀 이익을 주지 못한다는 의미로 받아들여야 할 토지를 말한다고 볼 수 있다.

(15) 선하지(線下地)

상공에 고압전선이 가설되어 있는 토지를 말한다. 송전선의 종류, 계약내용에 따라 선하지의 이용제한은 여러 방법이 있으나, 지상권 또는 임차권이 설정되는 수가 많다.

통상의 경우 선하지 감가가 발생하므로 공중권에 대한 손실보상의 문제가 발생한다. 참고로 알아야 할 것은 선하지가 고압전선이 가설되어 있는 토지의 한 필지전체를 의미하는 것은 아니라는 것이다.

▶감정평가에 등장하는 토지의 모양

- 정방형: 정사각형의 토지
- 장방형: 직사각형의 토지
- 가로장방형: 직사각형의 토지로 넓은 면이 도로를 향하거나 접해 있는 토지
- 세로장방형: 직사각형의 토지로 좁은 면이 도로를 향하거나 접해 있는 토지
- 사다리형: 사다리꼴로 한쪽 면이 좁고 반대 면은 넓은 토지
- 삼각형: 삼각형의 토지로 한 면이 도로를 향하거나 접해 있는 토지
- 역삼각형: 삼각형의 토지로 꼭지점이 도로를 향하거나 접한 토지
- 자루형: 토지의 출입구가 자루처럼 좁은 토지
- 부정형: 토지의 모양을 한마디로 표현할 수 없는 오각형이상의 토지

제2절 건물의 분류

1. 건축물의 정의

(1) 건축법상의 정의

건축물이라 함은 토지에 정착하는 공작물 중 지붕과 기둥 또는 벽이 있는 것과 이에 부속되는 시설물, 지하 또는 고가의 공작물에 설치하는 사무소, 공연장, 점포, 차고, 창고 기타 대통령령이 정하는 것을 말한다([건축법] 제2조 제1항 제

2호).

건축법상의 건축물은 건축(신축, 증축, 개축, 재축, 이전), 대수선, 용도변경, 유지, 관리의 행위의 적용대상으로 하고 있다.

(2) 부동산등기법 및 민법상의 정의

사람의 거주에 사용되고 있는 가옥 및 저장에 사용되고 있는 창고 등 토지에 정착하고 있는 건조물인 부동산을 말하는데, 토지와 구별되어 독립된 물건으로 취급한다.

건물은 토지로부터 독립된 부동산으로 거래되므로 그 권리관계를 명확하게 하기 위해서 공시할 필요가 있다. 그 때문에 토지와는 별개의 건물등기부가 설치되어 독립적으로 등기하게 된다(부동산등기법 제14조).

따라서 지상에 건축물이 존재하고 있는 경우 부동산 거래에 있어 먼저 토지와 건물의 등기부를 확인하고 그 소유자가 동일한가를 확인할 필요가 있다.

(3) 판례상의 정의

건물의 개념에 대한 판례의 정립은 소유권보전등기의 신청요건, 토지보상, 법정지상권의 성립여부와 관련하여 상당히 중요한 의미를 갖는다.

판례에 의하면 독립된 부동산으로서의 "건물이라고 하기 위해서는 기둥과 지붕 그리고 주벽이 이루어지면 된다고 할 것이다."[28]라고 하여 건물로서의 최소요건으로 그 구조적인 요건을 판시하였다.

법정지상권의 성립여부와 관련하여 "토지저당권설정당시 지상에 건물이 건축중이었고, 그 건물의 규모·종류가 외형상 예상할 수 있는 정도까지 건축이 진전되어 있었다면 법정지상권은 성립한다."[29]고 판시하였다. 이는 대법원의 판단이 마치 건물의 개념을 추상화시킨 것처럼 오해될 수 있는 판결이다.

그러나 본 판례는 건물의 개념에 대한 의미를 확정하는 것이 아니라 법정지상권이 갖는 의미와 목적을 상기시키는 것이라 이해하여야 한다. 즉 법정지상권의 목적은 사회경제적인 관점에서 지상건물의 소유자를 보호하고, 건물의 철거로 인

---

28) 대법원 2003.5.30. 선고 2002다 21592, 21608 판결.
29) 대법원 1992.6.12. 선고 92다 7221 판결.

한 사회·경제적인 손실을 최소화하기 위해서 인정되는 것으로 저당권설정당시 저당권자가 최소한 건축물의 외형을 예상할 수 있는 정도의 건축공정이 진행된 경우, 저당권자는 법정지상권의 성립 가능성을 충분히 인식하고 자금의 대출을 하였다고 할 수 있다는 것으로 건물의 소유자를 보호하려는 취지라 하여야 한다.

2. 건축물의 수익성 유무에 따른 분류

수익성 건물에는 임대용 건물, 기업용 건물 등이 있다. 여기에 임대용건물은 주거용, 상업용으로 분류할 수 있고, 기업용 건물은 기업의 영리목적에 따라 분류할 수 있고, 주거용 건물은 주택, 아파트, 원룸 등으로 분류할 수 있고, 상업용 건물은 상업지역의 중심상가와 주거지역주변의 근린상가, 아파트 상가 등으로 다시 분류할 수 있다.

비수익성 건물에는 주거용 건물(단독주택, 공동주택, 별장 등의 second house 등), 서비스용 건물(정부청사, 학교, 교회 등) 등이 있다.

최근 부동산을 통해 노후를 준비하거나 재산을 증식하려는 이들은 수익성 건물에 대한 관심이 상당히 높다. 수익성건물에 대한 투자는 투자금액과 수익률에 대한 철저한 계산을 하여야 한다. 때로 수익을 목적으로 하는 건물이 전혀 그 기능을 발휘하지 못하고, 심지어 평생 투자자의 소유로(?) 남는다면 불행한 일이 아닐 수 없다.

이미 지어진 건축물에 대한 투자는 원래의 용도를 확인한 후 다른 용도로 전환할 수 있는지의 여부를 확인해 보는 것이 중요하다. 활용가능성이 높은 건물일수록 그 가치도 상대적으로 높으며, 수요에 따르는 용도의 전환을 용이하게 할 때에 수익성은 높아질 수밖에 없는 것이다.

이 외에도 건축양식에 따른 분류, 건축구조에 따른 분류, 건축재료에 따른 분류 등 다양한 기준에 의해 분류하고 있으나 건축물의 잔존가치와 관련을 가지는 것을 제외하고는 큰 의미를 부여하기는 어렵고, 현대 과학기술의 발전은 공학적인 분류의 가치를 상대적으로 약화시키는 요인이라 판단된다.

제3절 주택의 분류

건축물 가운데 주택은 주거를 목적으로 건축된 것을 통칭하여 주택이라고 한다. 주택은 규제 법률이나 규모, 독립성의 정도 등을 고려하여 분류될 수 있다.

주택은 그 이용의 가치가 단순히 주거의 목적으로 보기보다는 투자자의 입장에서 보면 임대수입을 창출할 수 있는 대상물로 상당한 가치가 있다고 할 수 있다.

1. 주택의 의의

주택이란 세대의 세대원이 장기간 독립된 주거생활을 영위할 수 있는 구조로 된 건축물의 전부 또는 일부 및 그 부속 토지를 말하며, 이를 단독주택과 공동주택으로 구분한다(주택법 제2조 제1호).

2. 주택의 분류와 법정주택규모

(1) 단독주택(건축법)

① 단독주택(가정보육시설, 공동생활가정 및 재가노인복지시설 포함)

일반적으로 1건물에 1세대가 거주하는 주택이다.

② 다중주택

학생 또는 직장인 등의 다수인이 장기간 거주할 수 있는 구조이되, 독립된 주거형태가 아닌 주택으로서, 연면적이 330㎡ 이하이고 층수가 3층 이하인 것을 말한다.

예를 들어 학생들의 하숙집을 상기하면 된다. 주방시설과 화장실을 공동으로 사용하고 숙박은 독립된 공간을 이용하는 경우라 할 수 있다.

③ 다가구주택

주택으로 쓰이는 층수가 3개층 이하이고, 1개동의 주택으로 쓰이는 바닥면적(지하주차장 면적 제외)의 합계가 660㎡ 이하이며, 19세대 이하가 거주할 수 있는 주택을 이야기한다.

최근 임대를 목적으로 많이 지어지는 "원룸", "투룸"하는 것들이 대표적이라 할 수 있다.[30)]

다가구주택은 주거의 형태는 여러 세대가 동시에 거주할 수 있는 것으로 그 독립성이 보장되고는 있으나 법률상 단독주택이다. 따라서 다가구주택은 그 소유자가 다른 주택을 보유하지 않으면 1가구 1주택자로 3년간 보유한 경우 양도소득세를 내지 않아도 된다.

경매를 통해 다가구주택을 취득하려는 경우 월세소득을 목적으로 하는 경우가 대부분인데 이러한 경우 우선 임차인의 수와 보증금 총액이 얼마인지 확인할 필요가 있다. 또한 보다 중요한 것은, 대항력을 갖춘 임차인과 배당을 받을 수 없는 임차인이 몇 명인지도 확인하여야 한다. 대항력을 갖춘 선순위임차인의 보증금은 매수인이 인수해야 하는 경우가 발생할 수도 있고, 배당을 받지 못하는 임차인의 경우 적절한 합의가 이루어져야 하므로 예측하지 못한 비용이 추가될 수도 있기 때문이다.

④ 공 관

사택정도로 이해될 수 있다. 이러한 경우 통상의 부동산 시장에는 등장하지 않는다. 다만 그 목적이 다하였거나 매각의 필요성이 있는 경우에는 주로 공매의 대상물로 등장하는 경우가 있는데 관리관청이나 공매주관부서에 의뢰하면 정보를 얻을 수 있다.

30) 최근에는 주거용도로 건축하기보다는 상가(사무실용도(오피스텔))로 허가를 받아 건설하는 것이 대부분이라 할 수 있다. 주거용도로 허가를 얻어 건축하면 소유자는 만약 이미 주택을 보유하고 있다면, 1가구 2주택에 대한 책임(양도세)을 면할 수 없다. 그러나 오피스텔은 상가이므로 이를 걱정할 필요가 없는 것이다. 또한 차후 가격의 상승가능성이 매우 높고, 비교적 안정적인 월세소득을 기대할 수 있다. 그러나 세입자가 전입신고를 하게 되면 상가가 아니라 주택으로 인정된다. 따라서 임대인은 임차인의 전입신고를 막기 위해 전세권이나 임대차 등기를 권하는 경우가 다반사이다.

(2) 공동주택

① 공동주택의 개념

㉠ 주택법상의 개념

공동주택이라 함은 건축물의 벽, 복도, 계단 그 밖의 설비 등의 전부 또는 일부를 공동으로 사용하는 각 세대가 하나의 건축물 안에서 각각 독립된 주거생활을 영위할 수 있는 구조로 된 주택을 말한다(주택법 제2조 제2호).

㉡ 집합건물의 소유 및 관리에 관한 법률상의 개념

아파트 등 집합건물의 구분소유권을 인정하고, 사용목적에 따라 전유부분과 공유부분으로 나누고 있다. 건물은 1동의 건물을 1개의 물건으로 다루는 것이 원칙이나, 민법 제215조에서는 여러 사람이 1동의 건물을 구분하여 각각 그 일부를 소유할 수 있는 구분소유를 인정하고 있다.

② 건축법상의 공동주택

㉠ 아파트: 주택으로 쓰이는 층수가 5개층 이상인 주택.

㉡ 연립주택: 주택으로 쓰이는 1개동의 연면적(지하주차장 면적 제외) 660㎡를 초과하고, 4개층 이하인 주택.

㉢ 다세대주택: 주택으로 쓰이는 1개동의 연면적(지하주차장 면적 제외)이 660㎡ 이하이고 4개층 이하인 주택.

㉣ 기숙사: 학교 또는 공장 등의 학생 또는 종업원 등을 위하여 사용되는 것으로서 공동취사 등을 할 수 있는 구조이되, 독립된 주거의 형태를 갖추지 아니한 것.

제 4 장

부동산의 특성

제1절 토지의 특성

1. 토지의 자연적 특성

토지의 자연적 특성은 토지가 처음부터 가지고 있는 특성으로서 선천적·원천적·본질적이고 불변적·경직적이다. 비이동성 등의 물리적 특성들이 결합되어 토지는 다른 상품과 구별되며, 인간의 토지이용에 직·간접적으로 영향을 준다.

(1) 부동성

토지는 그 지형이 변하거나 흙의 일부가 더해지거나 없어지더라도 지리적 위치는 움직이지 않는다. 이를 토지의 부동성이라 하는데 토지가 가지는 지리적 위치의 고정성(부동성)은 토지의 가장 큰 물리적인 특성이다. 부동성은 부동산과 동산을 구별짓는 하나의 물리적 근거가 된다. 또한 법률상 권리의 공시방법에 차이가 있는 이유가 된다.

위치의 고정성은 부동산시장 및 부동산활동과 부동산현상을 국지화, 현장화시킨다. 즉, 지리적 부동성으로 인해 부동산 시장은 지역별 부분시장, 즉 국지적 시장으로 존재한다. 이로 인해, 비록 토지는 유형 자산이지만 부동성으로 인해 거래활동이 임장활동으로 이루어진다.

부동산 위치의 고정성은 토지의 이용방식 및 입지선정・접근성이 중요한 근거가 된다. 그러므로 이용 상태 및 유용성이 달라질 수 있다. 이로 인해 부동산가치는 가격형성의 지역요인들에 의해 영향을 받을 수밖에 없으므로 토지자체에 대한 개별분석 뿐만 아니라 주변의 환경적인 요인을 고려하는 지역분석이 필요하다.

(2) 영속성

토지를 계속하여 사용하여도 그 토지 자체는 소모되거나 마멸되지 않는데 이를 부동산의 영속성이라 한다.

영속성으로 인해 토지는 장기적 연년수익으로서 소득이득을 낳으므로, 안전하고 매력 있는 투자대상이 된다. 토지의 영속성은 자산가치의 보존수단으로서 중요성을 지니며, 투기 심리의 발생요인이 된다.

영속성으로 인해 토지의 소유이익과 사용이익은 분리가능하며, 타인으로 하여금 이용 가능케 할 수 있게 된다. 따라서 전세나 임대차시장이 잘 발달될 수 있는 이유가 된다. 또한 수요부족 등으로 지가가 하락하여도 비소모적 내구성으로 인하여 토지의 저량(貯量)은 불변이다.

또한 이러한 토지의 항구성은 부동산 활동의 영속성을 지지하는 요인이 되고, 부동산 정책 등의 장기적인 배려와 이해가 요구되며, 부동산 관리와 개발의 중요성을 높이고 있다.

(3) 부증성

토지는 다른 노동생산물처럼 생산비를 투입하여 물리적 절대량을 임의로 증가시킬 수 없으며, 생산・재생산할 수 없는 특성을 가진다. 이로 인해, 토지수요가 증가할수록 토지공급의 희소성을 지속화시킨다. 부증성은 부동산문제의 가장 큰 원인이며, 따라서 토지이용의 사회성・공공성이 요청된다.

공급능력의 한계 때문에 토지시장에서 토지의 물리적 공급은 가격에 대해 완전비탄력적이며,[31] 물리적 공급곡선은 수직선이 되므로, 토지공급자에게 발생하는

31) 토지가격이 높아지면 원래는 토지 공급이 증가하는 것이 원칙이다. 그러나 토지는 그 부증성으로 인하여 공급을 늘리는 것은 분명한 한계가 있다. 일부 좁은 지역의 용도변경이나 간척사업을 통해 그 공급량을 증가케 할 수는 있으나 상품의 생산과 같이 사실상 거의 무제

지대소득은 전액 불로소득이 되며 공급자 독점을 가능케 한다.

(4) 개별성

부동산은 다른 유사부동산과 대체할 수 없는 독특한 상품이다. 물리적으로 보는 동일한 토지는 없다. 지표상에 존재하는 토지는 그 위치의 특수성으로 인해 위치, 방향, 면적, 지형, 지세, 지반, 특정시설물과의 거리, 전망, 일조 등 동일한 것은 없을 뿐만 아니라, 그 개별성이 매우 강하다.

또한 토지는 외형상 거의 비슷한 모양을 갖추고 있더라도, 아니 같은 토지일지라도 보는 사람에 따라, 보는 이의 목적에 따라, 보는 이의 위치에 따라 그 의미가 다르다.

토지의 개별성은 부동산의 가격을 차별화시키므로 '일물일가의 법칙'이 적용되지 못한다. 이는 부동산 현상이 개별화되고, 임장활동으로 되는 근거가 되며, 부동산 경제의 공통된 원리의 도출과 일반이론의 전개가 어렵게 된다.

이러한 이유로 토지가격은 정해진 것이 없다는 말이 있고, 임자를 만나면 가격과는 무관하게 거래가 성사되기도 하는 것이다.

(5) 인접성

물리적으로 보는 토지는 무한히 연속되고 다른 토지와 연결되어 있는 인접성 또는 연결성을 갖는다.

부동산의 연결성에 의해 인접토지와 밀접한 상호의존적 공간관계가 형성되어 그 이용에 상린성이 강하므로 인접한 특정토지의 이용집약도 · 용도전환 · 개발 등은 대상토지에 커다란 영향을 준다.

그로 인해 외부경제[32] 또는 외부불경제[33]를 가져오기도 한다. 따라서 토지이용에 있어 인지와 협동적 이용을 해야 한다. 또한 일조권의 침해문제, 상린관계

한의 공급을 할 수 있는 것이 아니다. 따라서 토지의 가격은 정해질 수도, 정할 수도 없이 일반적으로 계속 상승하는 것이다.

32) 인접한 토지의 이용 상황이나 변화가 다른 토지의 가격을 상승시키는 요인이 되거나 이용의 편의를 제공하게 되어 그 경제적인 가치가 높아지는 것을 말한다.

33) 인접토지의 이용이나 개발이 타인토지의 가치를 오히려 감소시키는 경우를 말한다. 예를 들어 내 토지에 인접한 토지에 혐오시설이 설치되면 그 가치는 낮아지는 것은 자명한 사실이다.

등을 고려해야 한다.

또한 가격 구성에 있어 인접지의 영향을 받게 되며 지역분석의 필요성을 강화시킨다.

즉, 토지투자를 함에 있어서는 대상물에 대한 분석과 함께 인접지의 이용현황이나 간선시설[34]의 설치여부, 특히 지목에 대해 확인할 필요가 있다. 인접지역에 쓰레기매립장이나, 상례시설, 위험물의 저장이나 취급시설이 존재한다면, 특정목적을 위해 투자하는 경우가 아니면 토지가격의 상승을 기대하기는 어렵다. 그러나 근린공공시설이나 근린생활시설, 의료시설 등의 편의시설이 잘 조성되어 있다면 그만큼 활용도도 높고, 상대적으로 토지가격의 상승도 기대해 볼만하다. 또한, 주변의 지목을 유심히 살펴볼 필요가 있는데, 인접지의 지목은 향후 투자대상물의 설정이나 지목변경의 가능성을 미리 예측할 수 있는 자료가 된다.

(6) 적재성

적재성이란 토지가 건물이나 농작물 등을 지탱하여 그 기능을 발휘할 수 있도록 하는 성질을 말하며, 하중지지능력, 지지력, 지내력이라고도 한다.

도시적 토지 이용의 적재성이 클수록 토지는 집약적으로 이용되고, 적재성이 작을수록 토지는 조방적으로 이용된다.

이러한 이유로 토지에 고층의 건물을 건축할 수 있느냐?, 저층중심의 단독주택만 건축할 수 있느냐?, 오로지 있는 그대로 소위 1차적으로 농사만 지어야 하느냐? 하는 문제에 직면하게 된다. 따라서 토지 투자에 있어 그 가치는 토지를 얼마나 효율적이고 집약적으로 이용할 수 있느냐에 달려 있다.[35]

---

34) 간선시설이란 외부에서 주택으로 연결해야 이용될 수 있는 시설이라 할 수 있다. 대표적으로 전기, 통신, 가스시설, 도로가 대표적이다. 흔히 토지를 볼 때 토지가치는 두말할 필요 없이, 도로의 연결가능성이나 전기·통신시설이 어디까지 설치되어 있는가를 확인하는 것이 중요하다.

35) 토지의 이용가치는 건축에 달려 있다고 할 수 있다. 얼마의 면적에, 얼마나 높이 건축할 수 있는가의 문제인데 이는 토지의 팔자를 좌우한다는 용도지역의 확인을 통해 가능하다. 용도지역의 확인은 토지이용계획확인서를 통해 가능한데 여기에는 어떠한 용도의 건물을, 바닥면적 대비 몇 %의 건축물 바닥면적으로, 몇 층까지 지을 수 있는지 알 수 있도록 하고 있다. 물론 구체적인 사항은 시·군의 도시계획조례와 건축조례를 확인해야 한다.

2. 토지의 인문적 특성

토지의 자연적 특성은 토지 자체가 지니는 특성인데 비하여, 토지의 인문적 특성은 '토지와 인간과의 관계'가 성립됨에 따라 나타나는 특성이라 할 수 있다. 그러나 그것은 확연하게 구분되는 것이라 보기는 어렵고 토지의 자연적인 특징에 인간의 의지를 개입하여 변화를 가했을 경우를 말한다고 할 수 있다.

(1) 경제적 특성

토지는 지역의 사회적 · 경제적 · 행정적 환경에 따라 여러 가지 용도로 사용될 수 있는 특성을 '용도의 다양성' 또는 '변용성'이라 한다.

용도의 다양성(용도의 병존성, 용도의 경합)이 있을 경우, 용도의 가변적 요구를 고려하여 용도전환 등을 통한 최적의 활용방안을 모색하게 한다. 따라서 용도의 다양성이 풍부한 토지일수록 최적이용의 가능성이 높다고 할 수 있다.

자연적 특성인 부증성과 개별성으로 인한 토지공급의 희소성은 절대적이지만, 토지용도의 다양성은 희소성을 완화시켜 주고, 용도의 대체성을 부여한다. 따라서 일정부분의 경우 목적에 따르는 수요를 충족시킬 수 있다.

또한 주변의 여러 토지들에 부착되어 있거나 연결되어 있는 구조물이나 개량물에 의해 크게 영향을 받는다. 이는 토지의 인접성과 마찬가지로 토지위의 인위적인 시설이나 건축물로 인해 영향을 받는다는 의미이다.

토지는 법률과 정책적인 고려를 통해 인위적으로 적합한 규모로 합할 수도, 나눌 수도 있는 성질을 가지는데 이를 토지의 합병 · 분할의 가능성이라 한다.[36] 이를 통해 토지용도의 이용가능성을 높일 수 있다.

자연적 특성에서 볼 때 특정지역에 위치하는 부동산은 지구상에 하나밖에 없는 절대적 희소성을 가진다. 이는 토지공급의 부증성에서 유래한다. 그러나 인문적 특성에서 볼 때 용도상 비슷한 위치, 접근성, 환경을 지닌 부동산은 많이 있을 수 있다. 그럼에도 수요에 비해 공급은 상대적으로 부족할 수밖에 없다.

---

36) 합병적 이용이란 2개 이상의 획지를 같은 용도로 이용하는 것을 말하며, 분할적 이용이란 2개 이상의 획지를 다른 용도로 이용하는 획지분할을 말한다.

부동산은 다른 재화와는 달리 어떤 지역에 속해 있느냐에 따라 그 용도나 가치가 달라진다는 특성이 있다. 부동산은 고립적인 것이 아니라 다른 부동산과 함께 어떤 지역을 형성하고 있으며, 그가 속한 지역의 구성요소로서 그 지역 및 다른 부동산과 상호의존, 경쟁의 관계에 있고, 이런 상호관계를 통하여 사회적, 경제적, 행정적 위치가 결정되는데, 이를 부동산의 지역성이라 한다.

물리적으로 영속한 토지를 최유효이용상대로 전환시키는 데는 장기적 시간과 비용이 소모된다. 토지 및 시설에 투자된 자본의 회수기간은 장기적이라는 단점이 있지만, 보유시 인플레이션 헤지 기능이 있어 비교적 안전하다고 할 것이며, 투자사업기간 내에서 연년수익성이 생기는 장점이 있다.

그러나, 토지는 그 투자의 고정성으로 인하여 행정적 요인에 의한 토지이용규제에 대하여 능동적이고 신속한 대처가 곤란하다는 단점이 있다.

토지는 지리적 위치의 고정성 및 연접성으로 인해 인근지역의 사회적 · 행정적 영향을 받음과 동시에 영향을 줄 수 있다. 예컨대, 주변의 공공시설의 정비 또는 설치로 대상토지의 효용성이 증가되는 반면, 주변의 혐오시설 등의 설치로 인하여 감소되기도 하며 토지가치도 하락한다.

(2) 제도적 특성

부동산은 이용에 있어서 사회성 · 공공성이 더욱 강조된다. 그러므로 부동산은 여러 가지 사회제도에 의해 영향을 많이 받는데, 이를 부동산의 제도적 특성이라 한다.

부동산의 이용은 개인적인 측면의 것도 있으나 그것이 주변의 사람과 다른 토지와 불가분의 관계를 가지며, 상호의존성을 가지고 있으므로 이를 적절히 조절할 필요가 있다. 부동산에 영향을 주는 주요한 제도적 요인으로는 부동산관련법제도, 공공규제, 지역의 사회관습 등이 있다.

제 2 절 건물의 특성

건물은 토지와 달리 인위적인 축조물 이다. 따라서 건물은 위치가 고정되어 있어 지역 간의 유통매매가 불가능한 국지성을 갖는다. 원칙적으로 건물은 지면에 고착되어 있으나, 극히 예외적으로 이축(移築)이 가능하다.[37]

건물은 시간의 경과와 더불어 소모·마멸되는 반영속성을 가지고 있는 감가상각자산이다. 영속적이지는 않지만 일반소비재에 비해 약 50년의 내용연수[38]를 가진 내구소비재 또는 내구생산재이기 때문에 오랜 기간 동안 효용을 제공한다.

건물은 일정한 설계도에 따라 언제라도 생산 및 재생산이 가능한 인위적인 축조물이다.[39] 또한 개·보수 등으로 어느 정도 수명을 연장시킬 수 있으며 증축 등을 통해 규모도 증가시킬 수 있다.

토지는 개별성이 강해 비대체성을 갖는 데 반해, 건물은 인위적인 축조물이므로 동일한 설계도와 건축자재를 이용하면 같은 건물을 여러 채 생산할 수 있다. 그러므로 토지 없이 건물만으로는 어느 정도 대체가능성이 있다.

건물은 토지 위에 고착·축조되는 '정착성'을 지니기 때문에, 토지는 축조된 건물의 용도나 이용 상황 등에 따라서 다소 간의 영향을 받게 된다. 다시 말해, 건물은 토지의 개별적 요인을 지배하는 성질을 가지는데, 이로 인해 지상물의 가치에 의해 토지의 효용이 변경되고 토지의 가치가 결정되기도 한다.

---

37) 최근의 건축 및 토목기술의 발달은 거대한 건물을 이동시킬 수 있을 만큼 상상을 초월하고 있다. 그러나 그렇다고 하여 법제의 개선이 필요하지는 않을 것으로 사려된다. 건축물의 이축(移築)이 가능할지라도 이는 등기와 등록의 문제에서는 그다지 변화를 수반할 필요가 없기 때문이다.

38) 건물의 가치와 관련하여 내구연수를 50년 내외로 산정하여 계산하는 것은 어디까지나 공학적인 의미이지 경제학적인 의미로, 혹은 이용가치의 의미로 받아들여서는 아니 된다. 생각건대, 일반적인 건축물의 경우 기대수명(연한)을 다한 경우에도 잔존율을 10%로 보고 있는 것이 현실인데 오히려 건물의 철거비용이 더 많이 들어갈 수도 있는 것이 오늘날의 현실이다. 건물의 가치는 투자자의 입장에서 볼 때 투자목적에 비추어 판단하는 것이 중요하다.

39) 법률적인 제한이 존재하는 경우 재생산이 불가능한 경우가 존재할 수 있다. 따라서 건축물, 특히 법원경매를 통해 이미 존재하는 건축물에 투자하는 경우에는 반드시 건축물의 소재지를 관할하는 시·군·구의 건축조례를 확인하여 건폐율과 용적률을 확인하여야 한다.

예를 들어 지상권이 설정되거나 미등기 무허가의 제시 외 건물이 존재하여 법정지상권의 성립에 가능성이 존재하게 되면 토지가치가 하락하기도 한다.[40)]

40) 법원경매에서 많은 문제가 되는 "법정지상권 성립여지 있음"이라는 문구는 토지의 가치(매각가격)를 현저히 낮추는 것을 의미한다.

제 5 장

부동산 공부(公簿)의 이해

부동산 공부(公簿)에 대한 이해는 부동산 관련 연구나 학습의 가장 중요한 기초라고 할 수 있다.

부동산 공부는 그 토지나 건축물의 이력서라고 표현할 수 있는데 해당부동산의 현황과 권리관계, 장래의 활용가능성을 알 수 있는 단서라고 할 수 있다.

우리나라에서는 토지이용계획확인서, 등기부등본, 토지대장, 임야대장, 건축물 관리대장, 지적도, 임야도 등의 형식으로 정리되어 있다.

부동산 투자에 있어 이러한 공적장부의 확인은 필수적인 사항이라 할 수 있으며, 현장답사에 앞서 반드시 열람하여 권리관계와 현황(사실관계)을 확인하는 것이 투자분석 및 권리분석의 시작이라고 할 수 있다.

〈공부의 종류〉

공부의 종류	중요기재사항	발급 행정기관
1. 토지이용계획 확인원	부동산의 용도지역, 지구 등의 도서관리계획사항과 기타 개발 관련법의 적용사항 등의 표시	관할 시·군·구청
2. 토지 및 건물의 등기부등본	부동산의 소유와 관리에 관한 내용표시	관할 등기소
3. 토지대장, 임야대장, 건축물 관리대장	부동산의 위치, 면적, 지목, 소유자, 건물구조 및 용도 등	관할 시·군·구청
4. 지적도·임야도	지적 및 임야의 경계·모양 등 표시	관할 시·군·구청

제 1 절 토지이용계획확인서

1. 개념과 기능

토지이용계획확인서란 토지의 활용과 관련된 공법(公法)상의 제한에 대해 공시해 주는 공부라고 할 수 있다. 즉 해당토지의 용도제한과 구체적인 행위제한의 유형을 고지하고, 활용가능한 범위를 확정하여 주는 기능을 가진 문서라고 할 수 있다.

2. 확인서 기재 내용

토지이용계획확인서 기재 내용은 부동산의 소재지와 지번, 지목, 면적 등을 표시하고 있고, 대상 시・군・구의 도시계획의 용도를 구체화하는 도시관리계획에 관한 내용으로 용도지역, 용도지구, 용도구역, 그리고 개발계획수립의 여부, 도시계획시설, 지구단위계획구역, 기타 등의 내용을 표시하고 있다. 최근에는 지적도가 표시되어 있어 인접지의 규제내용도 동시에 확인할 수 있다.

또한 토지가 도로와 접했는지 아니면 도로에 저촉되었는지, 만약 접했다면, 접한 도로의 종류는 무엇인지 표시된다. 도로에 '접함'이라고 표시된 경우에는 토지가 도로에 접하고 있으므로 도로를 확장할 계획이 없다는 의미이고, 도로 '저촉'이라고 표시된 경우에는 도로확장을 위해 당해 토지의 전부 또는 일부가 향후 수용될 가능성이 있다는 의미이다. 근린공원저촉이라고 표현된 경우도 마찬가지로 이해할 수 있는데, 이러한 경우 관할 관청을 방문하여 편입정도를 반드시 확인하여야 한다. 저촉부분은 건축행위를 할 수 없으므로 정확하게 확인하는 것이 중요하다.[41)]

또한, 기재되지 않는 규제내용이 존재할 수 있다는 사실을 기억해야 한다. 현재 120여개의 법률에서 320여개의 용도지역이 운영되고 있다. 따라서 부동산 투

41) 조영석, 앞의 책, 원앤원북스, 2010, 94면 참조.

자 이전에 관할 시군을 방문하여 구체적인 규제내용을 확인하여야 한다.[42]

3. 도시관리계획 관련 기재 내용

도시관리계획의 기재 내용은 장기적인 도시기본계획에서 도시 공간의 용도를 구체화하는 관리계획으로 토지의 활동에 대한 용도를 표시하고 있다.

1) 용도지역은 해당지역의 건축물의 건축행위와 밀접한 관련을 갖는 건폐율[43]과 용적률[44]의 건축물의 용도 등을 규제하고 있는데, 크게 도시지역, 관리지역, 농림지역, 자연환경보전지역으로 나누어진다.

도시지역 안에 있는 주거지역은 전용주거지역(제1종, 제2종), 일반주거지역(제1종, 제2종, 제3종), 준주거지역이 있고, 상업지역은 중심상업, 일반상업, 근린상업, 유통상업지역이 있으며, 공업지역에는 전용공업, 일반공업, 준공업지역이 있다. 녹지지역에는 생산녹지, 자연녹지, 보존녹지지역이 있다.

또한 관리지역은 보전관리, 생산관리, 계획관리지역으로 세분화되어 있다.

〈용도지역 분류와 건폐율과 용적률〉

No.	용도지역	건폐율 (시행령)	용적률 (시행령)	지정목적
01	제1종 전용주거지역	50%	50~100%	단독주택 중심의 양호한 주거환경을 보호하기 위하여 필요한 지역
02	제2종 전용주거지역	50%	100~150%	공동주택 중심의 양호한 주거환경을 보호하기 위하여 필요한 지역
03	제1종 일반주거지역	60%	100~200%	저층주택을 중심으로 편리한 주거환경을 조성하기 위하여 필요한 지역
04	제2종 일반주거지역	60%	150~250%	중층주택을 중심으로 편리한 주거환경을 조성하기 위하여 필요한 지역
05	제3종 일반주거지역	50%	200~300%	중고층주택을 중심으로 편리한 주거환

42) 참고로 토지를 매입하여 건축을 목적으로 한다면 시군의 '건축허가 사전결정제도'를 이용해 보는 것도 좋은 방법일 수 있다.

43) 건폐율 = 건축면적 / 대지면적 × 100 (대지면적에 대한 건축면적의 비율)

44) 용적률 = 건축물의 연면적 / 대지면적 × 100 (대지면적에 대한 건축물의 연면적의 비율)
- 건축물의 연면적이란 각층 바닥면적의 합을 의미하는데, 지하층과 지상층의 주차장면적, 공동주택의 주민공동시설은 포함하지 않는다.

				경을 조성하기 위하여 필요한 지역
06	준주거지역	70%	200~500%	주거기능을 위주로 이를 지원하는 일부 상업기능과 업무기능을 보완하기 위하여 필요한 지역
07	중심상업지역	90%	400~1,500%	도심·부도심의 상업기능과 업무기능의 확충을 위하여 필요한 지역
08	일반상업지역	80%	300~1,300%	일반적인 상업기능과 업무기능을 담당하기 위하여 필요한 지역
09	근린상업지역	70%	200~900%	근린지역에서의 일용품과 서비스의 공급을 위하여 필요한 지역
10	유통상업지역	80%	200~1,100%	도시 내, 지역간 유통기능의 증진을 위하여 필요한 지역
11	전용공업지역	70%	150~300%	주로 중화학공업, 공해성 공업 등을 수용하기 위하여 필요한 지역
12	일반공업지역	70%	200~350%	환경을 저해하지 아니하는 공업의 배치를 위하여 필요한 지역
13	준공업지역	70%	200~400%	경공업 그 밖의 공업을 수용하되, 주거기능·상업기능과 업무기능의 보완이 필요한 지역
14	보전녹지지역	20%	50~80%	도시의 자연환경·경관·산림·녹지공간을 보전할 필요가 있는 지역
15	생산녹지지역	20%	50~100%	주로 농업적 생산을 위하여 개발을 유보할 필요가 있는 지역
16	자연녹지지역	20%	50~100%	도시의 녹지공간의 확보, 도시의 확산방지, 장래 도시용지의 공급 등을 위하여 보전이 필요하나 주변의 용도지역과의 관계 등을 고려할 때 자연환경보전지역으로 지정하여 관리하기가 곤란한 지역
17	보전관리지역	20%	50~80%	자연환경보호, 산림보호, 수질오염방지, 녹지공간 확보 및 생태계 보전 등을 위하여 보전이 필요하나, 주변 용도지역과의 관계 등을 고려할 때 자연환경보전지역으로 지정하여 관리하기가 곤란한 지역
18	생산관리지역	20%	50~80%	농업·임업·어업생산 등을 위하여 관리가 필요하나, 주변 용도지역과의 관계 등을 고려할 때 농림지역으로 지정하여 관리하기가 곤란한 지역
19	계획관리지역	40%	50~100%	도시지역으로 편입이 예상되는 지역 또는 자연환경을 고려하여 제한적인

				이용·개발을 하려는 지역으로서 계획적·체계적인 관리가 필요한 지역
20	농림지역	20%	50~80%	도시지역에 속하지 아니하는 농지법에 의한 농업진흥지역 또는 산지관리법에 의한 보전산지 등으로서 농림업의 진흥과 산림의 보전을 위하여 필요한 지역
21	자연환경보전지역	20%	50~80%	자연환경·수자원·해안·생태계·상수원 및 문화재의 보전과 수산자원의 보호·육성 등을 위하여 필요한 지역

2) 용도지구는 용도지역의 기능을 증진시키고 미관, 경관, 안전 등을 도모하기 위해 도시관리계획으로 결정하는 지역을 말한다. 용도지구는 경관지구, 미관지구, 고도지구, 아파트지구, 개발진흥지구 등으로 표시한다.

용도지구는 필요에 따라, 혹은 특정목적에 따라 세분할 수 있는데, 반드시 해당법률과 지방자치단체의 조례를 참고해 보아야 한다.

〈용도지구와 지정목적〉

용도지구	세분지정(영 제31조제2항)	
1. 경관지구	1) 자연경관지구	산지·구릉지 등 자연경관의 보호 또는 도시의 자연풍치를 유지하기 위하여 필요한 지구
	2) 수변경관지구	지역내 주요 수계의 수변 자연경관을 보호·유지하기 위하여 필요한 지구
	3) 시가지경관지구	주거지역의 양호한 환경조성과 시가지의 도시경관을 보호하기 위하여 필요한 지구
2. 미관지구	1) 중심지미관지구	토지의 이용도가 높은 지역의 미관을 유지·관리하기 위하여 필요한 지구
	2) 역사문화미관지구	문화재와 문화적으로 보존가치가 큰 건축물 등의 미관을 유지·관리하기 위하여 필요한 지구
	3) 일반미관지구	중심지미관지구 및 역사문화미관지구외의 지역으로서 미관을 유지·관리하기 위하여 필요한 지구
3. 고도지구	1) 최고고도지구	환경과 경관을 보호하고 과밀을 방지하기 위하여 건축물 높이의 최고한도를 정할 필요가 있는 지구
	2) 최저고도지구	토지이용을 고도화하고 경관을 보호하기 위하

<table>
<tr><td></td><td></td><td>여 건축물높이의 최저한도를 정할 필요가 있는 지구</td></tr>
<tr><td colspan="2">4. 방화지구</td><td>화재의 위험을 예방하기 위하여 필요한 지구(제4호)</td></tr>
<tr><td colspan="2">5. 방재지구</td><td>풍수해, 산사태, 지반의 붕괴 그 밖의 재해를 예방하기 위하여 필요한 지구</td></tr>
<tr><td rowspan="3">6. 보존지구</td><td>1) 문화자원보존지구</td><td>문화재와 문화적으로 보존가치가 큰 지역의 보호와 보존을 위하여 필요한 지구</td></tr>
<tr><td>2) 중요시설물보존지구</td><td>국방상 또는 안보상 중요한 시설물의 보호와 보존을 위하여 필요한 지구</td></tr>
<tr><td>3) 생태계보존지구</td><td>야생동식물서식처 등 생태적으로 보존가치가 큰 지역의 보호와 보존을 위하여 필요한 지구</td></tr>
<tr><td rowspan="4">7. 시설보호지구</td><td>1) 학교시설보호지구</td><td>학교와 교육환경을 보호·유지하기 위하여 필요한 지구</td></tr>
<tr><td>2) 공용시설보호지구</td><td>공용시설을 보호하고 공공업무기능을 효율화하기 위하여 필요한 지구</td></tr>
<tr><td>3) 항만시설보호지구</td><td>항만기능을 효율화하고 항만시설을 관리·운영하기 위하여 필요한 지구</td></tr>
<tr><td>4) 공항시설보호지구</td><td>공항시설의 보호와 항공기의 안전운행을 위하여 필요한 지구</td></tr>
<tr><td rowspan="2">8. 취락지구</td><td>1) 자연취락지구</td><td>녹지지역·관리지역·농림지역 또는 자연환경보전지역 안의 취락을 정비하기 위하여 필요한 지구</td></tr>
<tr><td>2) 집단취락지구</td><td>개발제한구역 안의 취락을 정비하기 위하여 필요한 지구</td></tr>
<tr><td rowspan="5">9. 개발진흥지구</td><td>1) 주거개발진흥지구</td><td>주거기능을 중심으로 개발정비 할 필요가 있는 지구</td></tr>
<tr><td>2) 산업개발진흥지구</td><td>공업기능을 중심으로 개발·정비할 필요가 있는 지구</td></tr>
<tr><td>3) 유통개발진흥지구</td><td>유통·물류기능을 중심으로 개발·정비할 필요가 있는 지구</td></tr>
<tr><td>4) 관광·휴양개발진흥지구</td><td>관광·휴양기능을 중심으로 개발·정비할 필요가 있는 지구</td></tr>
<tr><td>5) 복합개발진흥지구</td><td>주거기능, 공업기능, 유통·물류기능 및 관광·휴양기능 중 2 이상의 기능을 중심으로 개발·정비할 필요가 있는 지구</td></tr>
<tr><td colspan="2">10. 특정용도제한지구</td><td>주거기능 보호 또는 청소년 보호 등의 목적으로 청소년 유해시설 등 특정시설의 입지를 제한할 필요가 있는 지구(제10호)</td></tr>
</table>

11. 아파트지구(영)	주택건설촉진법상의 아파트 지구개발사업에 의한 아파트의 집단적인 건설·관리를 위하여 필요한 지구
12. 위락지구(영)	위락시설을 집단화하여 다른 지역의 환경을 보호하기 위하여 필요한 지구
13. 리모델링지구(영)	노후된 공동주택 등 건축물이 밀집된 지역으로서 새로운 개발보다는 현재의 환경을 유지하면서 이를 정비할 필요가 있는 지구

용도지구별 행위제한(영 제72조, 78조)을 살펴보면 경관지구, 미관지구, 고도지구, 방재지구, 보존지구 안의 건축제한은 도시계획조례에 의한다. 그러나 방화지구 안의 건축제한은 건축법에 의한다. 학교, 공용, 항만, 시설보호지구 내의 건축제한은 도시계획조례에 의한다. 또한 공항시설 보호지구 내의 건축제한은 항공법에 의한다.

〈취락지구 내의 건축제한〉

구 분	허용되는 건축물		금지되는 건축물
	시행령	조 례	
1. 자연취락지구(4층 이하)	·단독주택 ·제1종 근린생활시설 ·제2종 근린생활시설(단, 일반음식점, 휴게음식점, 단란주점, 안마시술소는 제외)	·공동주택(아파트 제외) ·문화집회시설 제2종 근린생활시설 중 일반음식점, 휴게음식점, 안마시술소 ·농수산물 공판장 ·교육 연구복지시설 ·종합병원, 병원, 치과병원, 한방병원 ·숙박시설(관광지) ·도정공장, 식품공장, 첨단공장	·아파트 ·단란주점 ·위락시설
2. 집단취락지구	개발제한구역의 지정 및 관리에 관한 특별조치법령		

개발진흥지구 안의 건축제한은 지구단위계획 또는 개발계획에 의하며, 특정용도제한지구, 위락지구, 리모델링지구 안의 건축제한은 도시계획조례에 의한다. 또한 아파트지구 내의 건축제한은 주택법에 의한다.

용도지역, 지구 안에서 건축제한에는 예외 규정이 존재하는데, 용도지역·지구 안에서 도시계획시설에 대하여는 용도지역·용도지구 안에서의 건축제한 등의 규정을 적용하지 아니한다. 또한 경관지구·미관지구 또는 고도지구 안에서의 리모델링이 필요한 건축물에 대하여는 건축물의 높이, 규제 등의 제한을 완화하여 적용할 수 있다.

문제가 되는 것은 2개 이상 용도지역·지구에 걸치는 토지에 대한 적용기준인데, 1필지의 토지의 용도지역 면적이 330㎡ 이하인 경우에는 면적이 넓은 지역에 속한 지역이나 지구에 관한 규정을 적용한다. 그러나 1필지의 토지가 녹지지역과 다른 용도지역에 걸쳐 있으면 면적에 관계없이 각각의 용도지역이 적용된다.

하나의 건축물이 방화지구와 그 밖의 용도지역, 용도지구 또는 용도구역과 중복되어 있으면 그 건물에는 방화지구가 적용된다. 반면 한 건축물이 미관지구나 고도지구에 걸쳐 있는 경우에는 미관지구와 고도지구가 모두 적용된다.

3) 용도구역은 개발제한구역, 도시자연공원구역, 시가화조정구역, 수산자원보호구역으로 표시한다. 이는 시가지의 무질서한 확산을 방지하고 계획적이고 단계적인 토지이용을 도모하기 위하여 결정한 지역이다. 지구단위계획구역은 제1종 지구단위계획구역, 제2종 지구단위계획구역으로 표시한다.

〈용도구역의 지정 및 목적〉

용 도 구 역	지 정 목 적
1) 개발제한구역	도시의 무질서한 확산을 방지하고 도시주변의 환경보전과 도시민의 건전한 생활환경보전을 위하여 도시개발을 제한할 필요가 있거나 보안상 제한이 필요한 경우에는 개발제한구역의 지정 또는 변경을 도시관리계획으로 결정할 수 있다.
2) 시가화조정구역	도시지역과 그 주변 지역의 무질서한 시가화를 방지하고 계획적이고 단계적인 개발을 도모하기 위하여 일정기간 동안 시가화를 유보할 필요가 있다고 인정되는 경우에 도시관리계획으로 시가화 조정구역을 지정 또는 변경할 수 있다.
3) 수산자원보호구역	수산자원의 보호 또는 육성을 위하여 필요한 공유수면이나 그에 인접된 토지에 대하여 수산자원보호구역으로 지정되어 있다.

4) 지구단위 계획구역	제1종 지구단위계획구역	토지이용을 합리화, 구체화하고 도시 또는 농·산·어촌의 기능 증진 및 미관의 개선과 양호한 환경을 확보하기 위하여 수립하는 계획구역을 말한다.
	제2종 지구단위계획구역	계획관리 지역 또는 개발 진흥지구를 체계적·계획적으로 개발 또는 관리하기 위하여 용도지역의 건축물 그 밖의 시설의 용도, 종류 및 규모에 대해 제한을 완화하거나 건폐율 또는 용적률을 완화하여 수립하는 계획구역을 말한다.

제1종지구단위계획은 도시지역일 경우 주택법에 의해 공동주택을 건설하고자 할 때 수립한다. 제1종지구단위계획구역 안에서 건축물을 건축하고자 하는 자가 그 대지의 일부를 공공시설부지로 제공하는 경우에는 일정비율까지 건폐율과 용적률 및 높이제한을 완화하여 적용할 수 있다.

제2종 지구단위계획은 비도시지역의 계획적인 개발을 유도하기 위해 수립한다. 이는 과거 준도시지역 개발계획제도를 대체하는 제도로 계획관리지역과 개발진흥지구가 대상이 된다. 제2종 지구단위계획구역은 해당구역의 중심기능에 따라 주거형, 산업형, 관광휴양형, 복합형[45], 특정지구단위계획구역[46]으로 구분된다.

제2종 지구단위계획구역 안에서는 당해 용도지역 또는 개발진흥지구에 적용되는 건폐율 및 용적률의 150%이내에서 완화하여 적용할 수 있으며, 건축물의 용도·종류 및 규모 등을 완화하여 적용할 수 있다.

그러나 계획관리지역에 지정된 개발진흥지구를 제외한 개발진흥지구에 지정된 제2종 지구단위계획구역에는 공동주택 중 아파트와 연립주택은 허용되지 않는다.

45) 지구단위계획 중 2 이상을 동시에 지정하는 경우.
46) 주거형, 산업형, 관광휴양형, 복합형지구단위계획에 해당되지 않고, 도시계획시설로 설치할 수 없는 시설로서 특별시장·광역시장·시장·군수가 당해 지역의 발전 등을 위하여 필요하다고 인정하는 것

4. 기타 계획의 내용

구 분	기 재 내 용
1. 군사시설	군사목적에 이용되는 시설물로 군작전의 원활한 수행을 위해 국방부장관이 설정하는 구역을 말하는 것이다.
2. 농지	농업을 진흥하고 보호하기 위한 구역을 말한다. 농업진흥지역은 일정규모로 농지가 집단화되어 있어 농업행위를 할 수 있게 한 지역을 말하고, 농업보호구역은 진흥구역의 용수 및 수질보전 등의 농업환경을 보호하기 위한 구역을 말한다.
3. 산림	산림을 보전하기 위한 입지로 입목이나 대나무 등의 생육을 보호하기 위한 구역을 말한다.
4. 자연공원	공원으로 지정, 관리되는 지역을 말하며, 관광인들의 집단시설이 필요할 경우에는 무조건 개발이 금지되는 것은 아니다.
5. 수도	상수원의 보호와 수질보전이 필요하다고 인정되는 지역으로 환경부장관이 설정하는 구역이다.
6. 하천	현재 물이 계속 흐르고 있거나 매년 1회 이상 물이 흐른 흔적이 있는 토지로 하천 부속물(하구둑, 제방, 호안, 수제, 수문, 수로터널, 운하 등)의 부자와 토지를 말한다.
7. 문화재	역사, 예술, 문화적 가치가 큰 국가적 유산으로 문화재를 보호하기 위해 지정된 지역을 말한다.
8. 전원개발	전원설비(발전소, 변전소)의 설치와 운용을 위한 사업구역을 말한다.
9. 토지거래허가	부동산의 투기수요를 막기 위해 매매 시 정부가 관청의 허가를 받도록 한 것을 말한다. 따라서 일정자격요건을 갖추어야 매매를 할 수 있다.

용도지역에서 행위제한은 통상적으로는 대통령령(국토의 계획 및 이용에 관한 법률시행령)에 의한다. 그러나 각각의 지목과 세부지역에 적용되는 해당 법률을 다시 살펴야 한다. 예를 들어 농어진흥지역에서의 행위제한에 관하여는 농지법이 적용되며, 보전산지의 경우 산림관리법이 적용된다.

〈기타 법률에 의한 토지이용규제 지역 · 지구 등[47]〉

연번	근 거 법 률	지역 · 지구 등 명칭
1	개발제한구역의 지정 및 관리에 관한 특별조치법 제3조	개발제한구역
2	건축법 제12조	건축허가 · 착공제한지역
3	경제자유구역의 지정 및 운영에 관한 법률 제4조	경제자유구역
4	고도보존에 관한 특별법 제8조제1항제1호	특별보존지구
5	고도보존에 관한 특별법 제8조제1항제2호	역사문화환경지구
6	고속국도법 제8조	접도구역
7	골재채취법 제34조	골재채취단지
8	골재채취법 제22조의2	골재채취금지구역
9	관광진흥법 제50조	관광지
10	관광진흥법 제50조	관광단지
11	국민임대주택건설 등에 관한 특별조치법 제5조	국민임대주택단지예정지구
12	국토의 계획 및 이용에 관한 법률 제2조제7호	도시계획시설부지
13	국토의 계획 및 이용에 관한 법률 제36조제1항제1호	도시지역
14	국토의 계획 및 이용에 관한 법률 제36조제1항제2호	관리지역
15	국토의 계획 및 이용에 관한 법률 제36조제1항제3호	농림지역
16	국토의 계획 및 이용에 관한 법률 제36조제1항제4호	자연환경보전지역
17	국토의 계획 및 이용에 관한 법률 제36조제1항제1호 가목	주거지역
18	국토의 계획 및 이용에 관한 법률 제36조제1항제1호 나목	상업지역
19	국토의 계획 및 이용에 관한 법률 제36조제1항제1호 다목	공업지역
20	국토의 계획 및 이용에 관한 법률 제36조제1항제1호 라목	녹지지역
21	국토의 계획 및 이용에 관한 법률 제36조제1항제2호 가목	보전관리지역
22	국토의 계획 및 이용에 관한 법률 제36조제1항제2호 나목	생산관리지역
23	국토의 계획 및 이용에 관한 법률 제36조제1항제2호 다목	계획관리지역
24	국토의 계획 및 이용에 관한 법률 제37조제1항제1호	경관지구
25	국토의 계획 및 이용에 관한 법률 제37조제1항제2호	미관지구
26	국토의 계획 및 이용에 관한 법률 제37조제1항제3호	고도지구
27	국토의 계획 및 이용에 관한 법률 제37조제1항제4호	방화지구
28	국토의 계획 및 이용에 관한 법률 제37조제1항제5호	방재지구
29	국토의 계획 및 이용에 관한 법률 제37조제1항제6호	보존지구
30	국토의 계획 및 이용에 관한 법률 제37조제1항제7호	시설보호지구
31	국토의 계획 및 이용에 관한 법률 제37조제1항제8호	취락지구
32	국토의 계획 및 이용에 관한 법률 제37조제1항제9호	개발진흥지구

47) 변동식, 『부동산공법의 실무와 이해』, 부연사, 2009, 33-38면 참고.

33	국토의 계획 및 이용에 관한 법률 제37조제1항제10호	특정용도제한지구
34	국토의 계획 및 이용에 관한 법률 제38조의2	도시자연공원구역
35	국토의 계획 및 이용에 관한 법률 제39조	시가화조정구역
36	국토의 계획 및 이용에 관한 법률 제40조	수산자원보호구역
37	국토의 계획 및 이용에 관한 법률 제50조	지구단위계획구역
38	국토의 계획 및 이용에 관한 법률 제51조제1항	제1종지구단위계획구역
39	국토의 계획 및 이용에 관한 법률 제51조제3항	제2종지구단위계획구역
40	국토의 계획 및 이용에 관한 법률 제63조	개발행위허가제한구역
41	국토의 계획 및 이용에 관한 법률 제66조	개발밀도관리구역
42	국토의 계획 및 이용에 관한 법률 제67조	기반시설부담구역
43	군사기지 및 군사시설보호법 제4조 및 제5조, 2008.9.22 시행	군사기지및군사시설보호구역
44	군사기지 및 군사시설보호법 제4조 및 제5조	통제보호구역
45	군사기지 및 군사시설보호법 제4조 및 제5조	제한보호구역
46	군사기지 및 군사시설보호법 제4조 및 제7조	대공방어협조구역
47	군사기지 및 군사시설보호법 제4조 및 제6조, 2008.9.22 시행	비행안전구역
48	군사기지 및 군사시설보호법 제4조 및 제6조	비행안전 제1구역
49	군사기지 및 군사시설보호법 제4조 및 제6조	비행안전 제2구역
50	군사기지 및 군사시설보호법 제4조 및 제6조	비행안전 제3구역
51	군사기지 및 군사시설보호법 제4조 및 제6조	비행안전 제4구역
52	군사기지 및 군사시설보호법 제4조 및 제6조	비행안전 제5구역
53	군사기지 및 군사시설보호법 제4조 및 제6조	비행안전 제6구역
54	농지법 제30조제1항	농업진흥구역
55	농지법 제30조제2항제1호	농업진흥구역
56	농지법 제30조제2항제2호	농업보호구역
57	도로법 제25조	도로구역
58	도로법 제50조	접도구역
59	도로법 제50조의2	입체적도로구역
60	도로법 제50조의3	도로보전입체구역
61	도시개발법 제3조	도시개발구역
62	도시 및 주거환경정비법 제4조	정비구역
63	문화예술진흥법 제10조의2	문화지구
64	문화재보호법 제2조제2항제1호	국가지정문화재구역
65	문화재보호법 제8조	보호구역
66	문화재보호법 제13조	가지정문화재구역

67	문화재보호법 제42조	등록문화재구역
68	문화재보호법 제55조제1항	시·도지정문화재구역
69	문화재보호법 제55조제2항	문화재자료구역
70	벤처기업 육성에 관한 특별조치법 제17조	벤처기업전용단지
71	사방사업법 제4조	사방지
72	산림법 제31조	자연휴양림구역
73	산림법 제49조	채종림구역
74	산림법 제56조	보안림구역
75	산림법 제67조	산림유전자원보호구역
76	산림법 제67조	시험림구역
77	산업입지 및 개발에 관한 법률 제6조	국가산업단지
78	산업입지 및 개발에 관한 법률 제7조	일반산업단지
79	산업입지 및 개발에 관한 법률 제8조의3, 2007.10.7시행	준산업단지
80	산업입지 및 개발에 관한 법률 제40조의2	공장입지유도지구
81	산업입지 및 개발에 관한 법률 제7조2	도시첨단산업단지
81	산업입지 및 개발에 관한 법률 제8조	농공단지
82	산업집적활성화 및 공장설립에 관한 법률 제2조제2호	과밀억제구역
83	산업집적활성화 및 공장설립에 관한 법률 제2조제3호	성장관리지역
84	산업집적활성화 및 공장설립에 관한 법률 제2조제4호	자연보전지역
85	산업집적활성화 및 공장설립에 관한 법률 제35조	특별유치업종을위한지역
86	산지관리법 제4조제1항제1호	보전산지
87	산지관리법 제4조제1항제1호 가목	임업용산지
88	산지관리법 제4조제1항제1호 나목	공익용산지
89	산지관리법 제9조	산지전용제한지역
90	산지관리법 제28조	토석채취허가제한지역
91	산지관리법 제33조	토사채취허가제한지역
92	소하천정비법 제2조제2호	소하천구역
93	소하천정비법 제4조	소하천예정지
94	수도권정비계획법 제6조제1항제1호	과밀억제권역
95	수도권정비계획법 제6조제1항제2호	성장관리권역
96	수도권정비계획법 제6조제1항제3호	자연보전권역
97	수도법 제5조	상수원보호구역
98	수목원조성 및 진흥에 관한 법률 제19조	국립수목원완충지역
99	수질 및 수생태계 보전에 관한 법률 제10조제6항, 2007.11.18 시행	배출시설설치제한지역
100	습지보전법 제8조제1항	습지보호지역

101	습지보전법 제8조제1항	습지주변관리지역
102	습지보전법 제8조제2항	습지개선지역
103	신항만건설촉진법 제5조	신항만건설예정지역
104	야생동식물보호법 제27조	야생동・식물보호구역
105	야생동식물보호법 제33조	시・도야생동・식물보호구역
106	야생동식물보호법 제33조	야생동・식물보호구역
107	어촌・어항법 제17조	어항구역
108	유통단지개발 촉진법 제5조	유통단지
109	자연공원법 제4조	국립공원
110	자연공원법 제4조	도립공원
111	자연공원법 제4조	군립공원
112	자연공원법 제18조제1항제1호	공원자연보존지구
113	자연공원법 제18조제1항제2호	공원자연환경지구
114	자연공원법 제18조제1항제3호	공원자연마을지구
115	자연공원법 제18조제1항제4호	공원밀집마을지구
116	자연공원법 제18조제1항제5호	공원집단시설지구
117	자연공원법 제25조	공원보호구역
118	자연환경보전법 제12조제1항	생태・경관보전지역
119	자연환경보전법 제12조제2항	생태・경관핵심보전지역
120	자연환경보전법 제12조제2항	생태・경관완충보전지역
121	자연환경보전법 제12조제2항	생태・경관전이보전지역
122	자연환경보전법 제22조	자연유보지역
123	자연환경보전법 제23조	시・도 생태・경관보전지역
124	자연환경보전법 제39조	자연휴식지
125	전원개발촉진법 제5조	전원개발사업구역
126	전원개발촉진법 제11조	전원개발사업예정구역
127	전통사찰보존법 제2조제6호	전통사찰보존구역
128	주차장법 제12조제6항	노외주차장설치제한구역
129	지역균형개발 및 지방중소기업 육성에 관한 법률 제9조	개발촉진지구
130	지역균형개발 및 지방중소기업 육성에 관한 법률 제26조의3	특정지역
131	지역특화발전특구에 대한 규제특례법 제9조	지역특화발전특구
132	지하수법 제12조	지하수보전구역
133	철도안전법 제45조	철도보호지구
134	청소년활동진흥법 제47조	청소년수련지구
135	초지법 제5조	초지

136	택지개발촉진법 제3조	택지개발예정지구
137	토양환경보전법 제17조	토양보전대책지역
138	폐기물처리시설 설치촉진 및 주변지역지원 등에 관한 법률 제10조	폐기물처리시설입지
139	하천법 제2조제1항제2호	하천구역
140	하천법 제9조	하천예정지
141	하천법 제10조	연안구역
142	학교보건법 제5조	학교환경위생정화구역
143	해양오염방지법 제4조의4제1항	환경보전해역
144	해양오염방지법 제4조의4제2항	특별관리해역
145	환경정책기본법 제22조	특별대책지역
146	공공기관 지방이전에 따른 혁신도시 건설 및 지원에 관한 특별법 제7조	혁신도시개발예정지구
147	항만과 그 주변지역의 개발 및 이용에 관한 법률 제9조제1항	항만재개발사업구역
148	장사 등에 관한 법률 제17조, 2008.5.26 시행	묘지 등 설치제한구역
149	급경사지 재해예방에 관한 법률 제6조, 2008.7.28 시행	붕괴위험지역
150	재해위험개선사업 및 이주대책에 관한 특별법 제6조, 2008.8.4 시행	재해위험개선사업지구
151	전파법 제152조제1항, 2008.6.22 시행	무선방위측정장치보호구역
152	동・서・남해안권 발전 특별법 제7조, 2008.6.28 시행	동・서・남해안권 개발구역

위의 표에 정리되지 못한 지역・지구 등이 더 많이 존재한다. 또한 부동산 공법상의 행위제한은 사실상 모두를 숙지하는 것은 사실상 불가능하다. 따라서 건축사나 관계공무원의 자문을 구하는 것을 시작으로 하나하나 숙지해 나가는 것이 필요하다.[48]

특히 공법상의 제한이라는 것은 국가의 토지정책의 반영이라 할 수 있으므로, 비교적 자주 수정되기도 하고, 새로운 지역이 지정되어 개발행위를 규제하기도 한다. 또한 정치적으로 민감하다. 따라서 이러한 변화를 빠르게 감지할 수 있는 능력을 구비하기 위해서는 부지런히 찾아보는 것과 특정한 지번을 선정하여 하나하나의 지역에 관해 숙지해 보는 것도 좋은 방법이며, 이 때 토지이용규제정보

48) 현행 우리나라의 부동산 관련 공법은 그 수를 헤아리기 어려울 만큼 많이 있고, 개별 법률에 규정되어 있는 행위제한 또한 그에 못지 않다는 것을 생각한다면 주제별로 정리해 보는 것도 유익하다고 할 수 있다.

서비스(http://luris.mltm.go.kr/)를 이용하는 것도 좋은 학습 방법이라 할 수 있다.

〈용도별 건축물의 종류- 건축법 시행령 별표 1〉

순번	용도	건축물의 종류
1	단독주택	가. 단독주택 나. 다중주택: 다음의 요건 모두를 갖춘 주택을 말한다. (1) 학생 또는 직장인 등 다수인이 장기간 거주할 수 있는 구조로 되어 있을 것 (2) 독립된 주거의 형태가 아닐 것 (3) 연면적이 330㎡ 이하이고 층수가 3층 이하일 것 다. 다가구주택: 다음의 요건 모두를 갖춘 주택으로서 공동주택에 해당하지 아니하는 것을 말한다. (1) 주택으로 쓰이는 층수(지하층을 제외한다)가 3개층 이하일 것 다만, 1층 전부를 필로티 구조로 하여 주차장으로 사용하는 경우에는 필로티 부분을 층수에서 제외한다. (2) 1개 동의 주택으로 쓰이는 바닥면적(지하주차장 면적을 제외한다)의 합계가 660㎡ 이하일 것 (3) 19세대 이하가 거주할 수 있을 것 라. 공관
2	공동주택	가. 아파트: 주택으로 쓰이는 층수가 5개층 이상인 주택 나. 연립주택: 주택으로 쓰이는 1개 동의 연면적(지하주차장 면적을 제외한다)이 660㎡를 초과하고, 층수가 4개층 이하인 주택 다. 다세대주택: 주택으로 쓰이는 1개 동의 연면적(지하주차장 면적을 제외한다)이 660㎡ 이하이고, 층수가 4개층 이하인 주택 라. 기숙사: 학교 또는 공장 등의 학생 또는 종업원 등을 위하여 사용되는 것으로서 공동취사 등을 할 수 있는 구조이되, 독립된 주거의 형태를 갖추지 아니한 것
3	제1종 근린생활 시설	가. 슈퍼마켓과 일용품(식품 · 잡화 · 의류 · 완구 · 서적 · 건축자재 · 의약품 · 의료기기 등) 등의 소매점으로서 같은 건축물(하나의 대지에 두 동 이상의 건축물이 있는 경우에는 이를 같은 건축물로 본다. 이하 같다)에 해당 용도로 쓰는 바닥면적의 합계가 1천 제곱미터 미만인 것 나. 휴게음식점 또는 제과점으로서 같은 건축물에 해당 용도로 쓰는 바닥면적의 합계가 300제곱미터 미만인 것 다. 이용원, 미용원, 목욕장 및 세탁소(공장이 부설된 것과 「대기환경보전법」, 「수질 및 수생태계 보전에 관한 법률」 또는 「소음 · 진동관리법」에 따른 배출시설의 설치허가 또는 신고의 대상이 되는 것은 제외한다) 라. 의원 · 치과의원 · 한의원 · 침술원 · 접골원(接骨院), 조산원 및 안마원 마. 탁구장 및 체육도장으로서 같은 건축물에 해당 용도로 쓰는 바닥면적의 합계가 500제곱미터 미만인 것 바. 지역자치센터, 파출소, 지구대, 소방서, 우체국, 방송국, 보건소, 공공도서관, 지역건강보험조합, 그 밖에 이와 비슷한 것으로서 같은 건축물에 해

		당 용도로 쓰는 바닥면적의 합계가 1천 제곱미터 미만인 것 사. 마을회관, 마을공동작업소, 마을공동구판장, 그 밖에 이와 비슷한 것 아. 변전소, 양수장, 정수장, 대피소, 공중화장실, 그 밖에 이와 비슷한 것 자. 지역아동센터(단독주택과 공동주택에 해당하지 아니한 것을 말한다) 차. 「도시가스사업법」 제2조제5호에 따른 가스배관시설
4	제2종 근린생활 시설	가. 일반음식점, 기원 나. 휴게음식점 또는 제과점으로서 제1종 근린생활시설에 해당하지 아니하는 것 다. 서점으로서 제1종 근린생활시설에 해당하지 아니하는 것 라. 테니스장, 체력단련장, 에어로빅장, 볼링장, 당구장, 실내낚시터, 골프연습장, 물놀이형 시설(「관광진흥법」 제33조에 따른 안전성검사의 대상이 되는 물놀이형 시설을 말한다. 이하 같다), 그 밖에 이와 비슷한 것으로서 같은 건축물에 해당 용도로 쓰이는 바닥면적의 합계가 500제곱미터 미만인 것 마. 공연장(극장, 영화관, 연예장, 음악당, 서커스장, 「영화 및 비디오물의 진흥에 관한 법률」 제2조제16호가목에 따른 비디오물감상실, 같은 호 나목에 따른 비디오물소극장, 그 밖에 이와 비슷한 것을 말한다. 이하 같다) 또는 종교집회장[교회, 성당, 사찰, 기도원, 수도원, 수녀원, 제실(際室), 사당, 그 밖에 이와 비슷한 것을 말한다. 이하 같다]으로서 같은 건축물에 해당 용도로 쓰는 바닥면적의 합계가 300제곱미터 미만인 것 바. 금융업소, 사무소, 부동산중개사무소, 결혼상담소 등 소개업소, 출판사, 그 밖에 이와 비슷한 것으로서 같은 건축물에 해당 용도로 쓰는 바닥면적의 합계가 500제곱미터 미만인 것 사. 제조업소, 수리점, 세탁소, 그 밖에 이와 비슷한 것으로서 같은 건축물에 해당 용도로 쓰는 바닥면적의 합계가 500제곱미터 미만이고, 다음의 요건 중 어느 하나에 해당되는 시설 1) 「대기환경보전법」, 「수질 및 수생태계 보전에 관한 법률」 또는 「소음·진동관리법」에 따른 배출시설의 설치허가 또는 신고의 대상이 아닌 것 2) 「대기환경보전법」, 「수질 및 수생태계 보전에 관한 법률」 또는 「소음·진동관리법」에 따른 설치허가 또는 신고 대상 시설이나 귀금속·장신구 및 관련 제품 제조시설로서 발생되는 폐수를 전량 위탁처리하는 것 아. 「게임산업진흥에 관한 법률」 제2조제6호의2가목에 따른 청소년게임제공업의 시설 및 같은 조 제8호에 따른 복합유통게임제공업의 시설(청소년 이용 불가 게임물을 제공하는 경우는 제외한다)로서 같은 건축물에 그 용도로 쓰는 바닥면적의 합계가 500제곱미터 미만인 것과 같은 조 제7호에 따른 인터넷컴퓨터게임시설제공업의 시설로서 같은 건축물에 그 용도로 쓰는 바닥면적의 합계가 300제곱미터 미만인 것 자. 사진관, 표구점, 학원(같은 건축물에 해당 용도로 쓰는 바닥면적의 합계가 500제곱미터 미만인 것만 해당되며, 자동차학원 및 무도학원을 제외한다), 직업훈련소(같은 건축물에 해당 용도로 쓰는 바닥면적의 합계가 500제곱미터 미만인 것을 말하되, 운전·정비 관련 직업훈련소는 제외한다), 장의사, 동물병원, 독서실, 총포판매사, 그 밖에 이와 비슷한 것

		차. 단란주점으로서 같은 건축물에 해당 용도로 쓰는 바닥면적의 합계가 150제곱미터 미만인 것 카. 의약품 판매소, 의료기기 판매소 및 자동차영업소로서 같은 건축물에 해당 용도로 쓰는 바닥면적의 합계가 1천 제곱미터 미만인 것 타. 안마시술소 및 노래연습장 파. 고시원(「다중이용업소의 안전관리에 관한 특별법」에 따른 다중이용업 중 고시원업의 시설로서 독립된 주거의 형태를 갖추지 아니한 것을 말한다. 이하 같다)으로서 같은 건축물에 해당 용도로 쓰는 바닥면적의 합계가 1천제곱미터 미만인 것
5	문화 및 집회시설	가. 공연장으로서 제2종 근린생활시설에 해당하지 아니하는 것 나. 집회장[예식장, 공회당, 회의장, 마권(馬券) 장외 발매소, 마권 전화투표소, 그 밖에 이와 비슷한 것을 말한다]으로서 제2종 근린생활시설에 해당하지 아니하는 것 다. 관람장(경마장, 경륜장, 경정장, 자동차 경기장, 그 밖에 이와 비슷한 것과 체육관 및 운동장으로서 관람석의 바닥면적의 합계가 1천 제곱미터 이상인 것을 말한다) 라. 전시장(박물관, 미술관, 과학관, 문화관, 체험관, 기념관, 산업전시장, 박람회장, 그 밖에 이와 비슷한 것을 말한다) 마. 동 · 식물원(동물원, 식물원, 수족관, 그 밖에 이와 비슷한 것을 말한다)
6	종교시설	가. 종교집회장으로서 제2종 근린생활시설에 해당하지 아니하는 것 나. 종교집회장(제2종 근린생활시설에 해당하지 아니하는 것을 말한다)에 설치하는 봉안당(奉安堂)
7	판매시설	가. 도매시장(「농수산물유통 및 가격안정에 관한 법률」에 따른 농수산물도매시장, 농수산물공판장, 그 밖에 이와 비슷한 것을 말하며, 그 안에 있는 근린생활시설을 포함한다) 나. 소매시장(「유통산업발전법」 제2조제3호에 따른 대규모 점포, 그 밖에 이와 비슷한 것을 말하며, 그 안에 있는 근린생활시설을 포함한다) 다. 상점(그 안에 있는 근린생활시설을 포함한다)으로서 다음의 요건 중 어느 하나에 해당하는 것 1) 제3호가목에 해당하는 용도(서점은 제외한다)로서 제1종 근린생활시설에 해당하지 아니하는 것 2) 「게임산업진흥에 관한 법률」 제2조제6호의2가목에 따른 청소년게임제공업의 시설, 같은 호 나목에 따른 일반게임제공업의 시설, 같은 조 제7호에 따른 인터넷컴퓨터게임시설제공업의 시설 및 같은 조 제8호에 따른 복합유통게임제공업의 시설로서 제2종 근린생활시설에 해당하지 아니하는 것
8	운수시설	가. 여객자동차터미널 나. 철도시설 다. 공항시설 라. 항만시설 마. 삭제 〈2009.7.16〉가. 여객자동차터미널
9	의료시설	가. 병원(종합병원, 병원, 치과병원, 한방병원, 정신병원 및 요양병원을 말한다)

		나. 격리병원(전염병원, 마약진료소, 그 밖에 이와 비슷한 것을 말한다)
10	교육연구시설(제2종 근린생활시설에 해당하는 것은 제외한다)	가. 학교(유치원, 초등학교, 중학교, 고등학교, 전문대학, 대학, 대학교, 그 밖에 이에 준하는 각종 학교를 말한다) 나. 교육원(연수원, 그 밖에 이와 비슷한 것을 포함한다) 다. 직업훈련소(운전 및 정비 관련 직업훈련소는 제외한다) 라. 학원(자동차학원 및 무도학원은 제외한다) 마. 연구소(연구소에 준하는 시험소와 계측계량소를 포함한다) 바. 도서관
11	노유자시설	가. 아동 관련 시설(영유아보육시설, 아동복지시설, 그 밖에 이와 비슷한 것으로서 단독주택, 공동주택 및 제1종 근린생활시설에 해당하지 아니하는 것을 말한다) 나. 노인복지시설(단독주택과 공동주택에 해당하지 아니하는 것을 말한다) 다. 그 밖에 다른 용도로 분류되지 아니한 사회복지시설 및 근로복지시설
12	수련시설	가. 생활권 수련시설(「청소년활동진흥법」에 따른 청소년수련관, 청소년문화의집, 청소년특화시설, 그 밖에 이와 비슷한 것을 말한다) 나. 자연권 수련시설(「청소년활동진흥법」에 따른 청소년수련원, 청소년야영장, 그 밖에 이와 비슷한 것을 말한다) 다. 「청소년활동진흥법」에 따른 유스호스텔
13	운동시설	가. 탁구장, 체육도장, 테니스장, 체력단련장, 에어로빅장, 볼링장, 당구장, 실내낚시터, 골프연습장, 물놀이형 시설, 그 밖에 이와 비슷한 것으로서 제1종 근린생활시설 및 제2종 근린생활시설에 해당하지 아니하는 것 나. 체육관으로서 관람석이 없거나 관람석의 바닥면적이 1천제곱미터 미만인 것 다. 운동장(육상장, 구기장, 볼링장, 수영장, 스케이트장, 롤러스케이트장, 승마장, 사격장, 궁도장, 골프장 등과 이에 딸린 건축물을 말한다)으로서 관람석이 없거나 관람석의 바닥면적이 1천 제곱미터 미만인 것
14	업무시설	가. 공공업무시설: 국가 또는 지방자치단체의 청사와 외국공관의 건축물로서 제1종 근린생활시설에 해당하지 아니하는 것 나. 일반업무시설: 금융업소, 사무소, 신문사, 오피스텔(업무를 주로 하며, 분양하거나 임대하는 구획 중 일부의 구획에서 숙식을 할 수 있도록 한 건축물로서 국토해양부장관이 고시하는 기준에 적합한 것을 말한다), 그 밖에 이와 비슷한 것으로서 제2종 근린생활시설에 해당하지 아니하는 것
15	숙박시설	가. 일반숙박시설(호텔, 여관 및 여인숙) 나. 관광숙박시설(관광호텔, 수상관광호텔, 한국전통호텔, 가족호텔 및 휴양콘도미니엄) 다. 고시원(제2종 근린생활시설에 해당하지 아니하는 것을 말한다) 라. 그 밖에 가목부터 다목까지의 시설과 비슷한 것
16	위락시설	가. 단란주점으로서 제2종 근린생활시설에 해당하지 아니하는 것 나. 유흥주점이나 그 밖에 이와 비슷한 것 다. 「관광진흥법」에 따른 유원시설업의 시설, 그 밖에 이와 비슷한 시설(제2종 근린생활시설과 운동시설에 해당하는 것은 제외한다) 라. 삭제 〈2010.2.18〉 마. 무도장, 무도학원

		바. 카지노영업소
17	공장	물품의 제조 · 가공[염색 · 도장(塗裝) · 표백 · 재봉 · 건조 · 인쇄 등을 포함한다] 또는 수리에 계속적으로 이용되는 건축물로서 제1종 근린생활시설, 제2종 근린생활시설, 위험물저장 및 처리시설, 자동차 관련 시설, 분뇨 및 쓰레기처리시설 등으로 따로 분류되지 아니한 것
18	창고시설(위험물 저장 및 처리 시설 또는 그 부속용도에 해당하는 것은 제외한다)	가. 창고(물품저장시설로서 「물류정책기본법」에 따른 일반창고와 냉장 및 냉동 창고를 포함한다) 나. 하역장 다. 「물류시설의 개발 및 운영에 관한 법률」에 따른 물류터미널 라. 집배송 시설
19	위험물 저장 및 처리 시설	「위험물안전관리법」, 「석유 및 석유대체연료 사업법」, 「도시가스사업법」, 「고압가스 안전관리법」, 「액화석유가스의 안전관리 및 사업법」, 「총포 · 도검 · 화약류 등 단속법」, 「유해화학물질 관리법」 등에 따라 설치 또는 영업의 허가를 받아야 하는 건축물로서 다음 각 목의 어느 하나에 해당하는 것. 다만, 자가난방, 자가발전, 그 밖에 이와 비슷한 목적으로 쓰는 저장시설은 제외한다. 가. 주유소(기계식 세차설비를 포함한다) 및 석유 판매소 나. 액화석유가스 충전소 · 판매소 · 저장소(기계식 세차설비를 포함한다) 다. 위험물 제조소 · 저장소 · 취급소 라. 액화가스 취급소 · 판매소 마. 유독물 보관 · 저장 · 판매시설 바. 고압가스 충전소 · 판매소 · 저장소 사. 도료류 판매소 아. 도시가스 제조시설 자. 화약류 저장소 차. 그 밖에 가목부터 자목까지의 시설과 비슷한 것
20	자동차 관련 시설	가. 주차장 나. 세차장 다. 폐차장 라. 검사장 마. 매매장 바. 정비공장 사. 운전학원 및 정비학원(운전 및 정비 관련 직업훈련시설을 포함한다) 아. 「여객자동차 운수사업법」, 「화물자동차 운수사업법」 및 「건설기계관리법」에 따른 차고 및 주기장(駐機場)
21	동물 및 식물 관련 시설	가. 축사(양잠 · 양봉 · 양어시설 및 부화장 등을 포함한다) 나. 가축시설[가축용 운동시설, 인공수정센터, 관리사(管理舍), 가축용 창고, 가축시장, 동물검역소, 실험동물 사육시설, 그 밖에 이와 비슷한 것을 말한다]

		다. 도축장 라. 도계장 마. 작물 재배사 바. 종묘배양시설 사. 화초 및 분재 등의 온실 아. 식물과 관련된 마목부터 사목까지의 시설과 비슷한 것(동 · 식물원은 제외한다)
22	분뇨 및 쓰레기 처리시설	가. 분뇨처리시설 나. 고물상 다. 폐기물처리시설 및 폐기물감량화시설
23	교정 및 군사 시설 (제1종 근린생활시설에 해당하는 것은 제외한다)	가. 교정시설(보호감호소, 구치소 및 교도소를 말한다) 나. 보호관찰소, 갱생보호소, 그 밖에 범죄자의 갱생 · 보육 · 교육 · 보건 등의 용도로 쓰는 시설 다. 소년원 및 소년분류심사원 라. 국방 · 군사시설
24	방송통신시설(제1종 근린생활시설에 해당하는 것은 제외한다)	가. 방송국(방송프로그램 제작시설 및 송신 · 수신 · 중계시설을 포함한다) 나. 전신전화국 다. 촬영소 라. 통신용 시설 마. 그 밖에 가목부터 라목까지의 시설과 비슷한 것
25	발전시설	발전소(집단에너지 공급시설을 포함한다)로 사용되는 건축물로서 제1종 근린생활시설에 해당하지 아니하는 것
26	묘지 관련 시설	가. 화장시설 나. 봉안당(종교시설에 해당하는 것은 제외한다) 다. 묘지와 자연장지에 부수되는 건축물
27	관광 휴게 시설	가. 야외음악당 나. 야외극장 다. 어린이회관 라. 관망탑 마. 휴게소 바. 공원 · 유원지 또는 관광지에 부수되는 시설
28	장례식장	[의료시설의 부수시설(「의료법」 제36조제1호에 따른 의료기관의 종류에 따른 시설을 말한다)에 해당하는 것은 제외한다]

〈건축물 용도 분류 및 면적 기준표[49]〉

No	용도		기준
01	단독	다중주택	-연면적 330㎡ ↓ & 3층 ↓ & 독립된 주거형태가 아님
		다가구주택	-연면적 660㎡ ↓ & 3개층 ↓ &19세대 ↓
02	공동	아파트	-주택으로 쓰이는 층수가 5개층 ↑
		연립주택	-연면적 660㎡ ↑ & 4개층 ↓
		다세대주택	-연면적 660㎡ ↓ & 4개층 ↓
03	제1종 근린생활시설		-슈퍼마켓, 일용품, 도서관, 우체국, 서점 1,000㎡ ↓(↑이면 판매·영업시설) -휴게음식점(다방, 제과점) 300㎡ ↓ -탁구장, 체육도장 550㎡ ↓ -이용원, 목욕탕, 의원, 조산소 : 면적제한 없음
04	제2종 근린생활시설		-일반음식점(식사+술) -휴게음식점(다방, 세과점) 300㎡ ↑(↓이면 1종 근린시설) -단란주점: 150㎡ ↓(↑ 이면 위락시설) -서점(교보문고, 영풍문고): 1000㎡ ↑(↓이면 1종 근린시설) -테니스장, 볼링장, 당구장 골프연습장: 500㎡ ↓(↑이면 운동시설) -종교집회장, 공연장, 비디오감상실: 300㎡ ↓(↑이면 문화·집회시설) -금융업소, 사무소, 부동산중개업소, 출판사: 500㎡ ↓(↑이면 업무시설) -의약품도매점, 자동차영업소: 1,000㎡ ↓ ※ 중고차매매 → 자동차관련시설 -카센터, 카인테리어, 베터리상: 200㎡ ↓(↑이면 자동차 관련 시설의 '정비공장'임) -오락실, PC방, 음반/비디오몰시설: 500㎡↓(↑이면 판매시설) -사진관, 표구점, 학원(자동차학원, 무도학원은 제외): 500㎡ ↓(↑이면 연구시설, 또는 학원) -안마시술소, 노래연습장: 면적제한 없음
05	문화·집회시설		-종교집회장: 교회, 성당, 수녀원, 사당, 종교집회장 안의 납골당 300㎡ ↑(↓이면 2종 근린시설) -공연장: 극장, 영화관, 연예장, 음악당, 서커스장, 비디오감상실, 비디오몰소극장 300㎡ ↑ -집회장: 예식장, 회의장, 마권장외발매소, 마권전화투표소와 유사한 것 300㎡ ↑ -관람장: 체육관, 운동장으로서 관람석의 합계가 1,000㎡ ↑(↓이면 운동시설) -전시장, 동식물원
06	판매·영업시설		-슈퍼마켓과 일용품 등의 소매점: 1,000㎡ ↑(↓이면 1종 근린시설) -오락실, PC방, 음반/비디오몰시설: 500㎡ ↑(↓이면 2종 근린시설)

49) 남우현, 『부동산공법』, 길벗, 2006, 52-55면.

		-도매시장, 소매시장, 상점, 여객자동차터미널, 철도역사, 공항시설, 항만시설 등
07	의료시설	-병원, 격리병원, 장례식장
08	교육연구·복지시설	-학교, 교육원, 학원(500㎡ ↑), 직업훈련소, 연구소, 도서관, 아동관련시설, 청소년수련시설
09	운동시설	-테니스장, 볼링장, 당구장, 골프연습장, 탁구장: 500㎡ ↑(↓이면 2종 근린시설) -체육관, 운동장으로서 관람석 1,000㎡ ↓(↑이면 문화·집회시설)
10	업무시설	-금융업소, 사무소, 신문사, 오피스텔: 500㎡ ↑(↓이면 2종 근린시설) -자동차영업소: 1,000㎡ ↑(↓이면 2종 근린시설)
11	숙박시설	-일반숙박시설(호텔, 여관, 및 여인숙), 관광숙박시설
12	위락시설	-단란주점: 150㎡ ↑ (↓이면 2종 근린시설) -주점영업(유흥주점과 이와 유사한건), 투전기업소 및 카지노업소, 무도장과 무도학원
13	공장	-물품의 제조·가공 또는 수리에 계속적으로 이용되는 건축물: 500㎡ ↑(↓이면 2종 근린시설)
14	창고시설	-창고(물품저장시설로서 냉장·냉동 창고를 포함한다), 하역장
15	위험물저장·처리시설	-주유소 및 석유판매소, 액화석유가스충전소, 액화가스취급소, 액화가스판매소 등
16	자동차관련 시설	-카센터, 카인테이러: 200㎡ ↑(↓이면 2종 근린시설) -주차장, 세차장, 폐차장, 검사장, 매매장, 정비공장, 운전학원·정비학원
17	동물·식물관련시설	-축사, 가축시설, 도축장, 도계장, 버섯재배사, 화초 및 분재 등의 온실 등
18	분뇨·쓰레기처리시설	-분뇨·폐기물처리시설, 고물상, 폐기물재활용시설
19	공동용시설	-교도소, 감화원, 군사시설, 발전소, 방송국, 전신전화국, 촬영소, 통신용시설
20	묘지관련시설	-화장장, 납골당, 묘지에 부수되는 건축물
21	관광휴게시설	-야외음악당, 야외극장, 어린이회관, 관망탑, 휴게소
※ [↑: 이상], [↓: 이하]		

토지이용계획확인서를 발급받아 보면 용도지역·용도지구·용도구역의 지정여부와 함께 지역 내에서 건축할 수 있는 건축물의 종류와 규모를 알 수 있다.

제 2 절 등기부(登記簿)

1. 부동산 등기의 의의

등기란 등기공무원이 신청 혹은 촉탁에 의하여 등기부에 부동산에 관한 권리관계를 기재하는 것을 말한다.[50)]

민법 제186조에 의하면 "부동산에 관한 법률행위로 인한 물권의 득실, 변경은 등기로서 그 효력이 생긴다."라고 규정하고 있다. 따라서 부동산에 대한 물권의 변동은 법률의 규정에 의해 당연히 일어나는 경우[51)]를 제외하고는 반드시 등기하여야 효력이 발생하며, 제3자에게 대항할 수 있다. 부동산 물권의 변동을 공시하는 이유는 그 내용을 알림으로써 예측하지 못한 손해가 발생하는 것을 방지하기 위함이다.

부동산 임차권, 환매권의 경우 채권인데도 불구하고 등기가 됨으로써 제3자에게도 주장할 수 있는 힘, 대항력(對抗力)을 갖는다. 따라서 임차권, 환매특약 등은 등기할 수 있는 권리이다.

일반적인 거래에 있어서 등기부는 계약 체결 전뿐 아니라 중도금지급전, 잔금지급전, 임대차나 전세의 경우 전입신고하기 전 수시로 확인해 보는 것이 안전하다.[52)]

2. 등기부의 의의

등기부란 토지와 건물의 소유와 권리를 등기하는 공부를 말하는 것으로써 부동산의 표시를 나타내는 표제부와 소유관계를 나타내는 갑구(甲區), 소유권 이외의 제한물권의 권리관계를 나타내는 을구(乙區)로 구성되어 있다.

---

50) 박준영 외 편저, 『부동산공시법』, EBS, 2009, 210면.

51) 예를 들어 상속, 경매, 공용징수, 판결 등을 말하는데, 이 경우 등기 없이도 물권변동의 효력은 발생하지만, 부동산을 처분하기 위해서는 등기하여야 한다.

52) 백영록, 『부동산 상식사전』, 길벗, 2009, 77면.

등기부의 구성은 등기번호란, 표제부, 갑구, 을구의 4개 부분으로 구성된다. 단, 을구는 제한물권의 설정이 없는 경우 존재하지 않을 수 있다.

우리나라의 등기제도는 물적편성주의를 취하고 있어 소유자보다는 지번을 기준으로 열람하여야 하며, 토지와 건물을 분리해서 관리하고 있다.

현행 등기부의 종류는 토지등기부와 건물등기부, 집합건물등기부가 있다. 토지등기부는 토지에 대한 권리관계를, 건물등기부는 건물에 대한 권리관계를 나타내는데, 집합건물이 아닌 경우 반드시 두 가지를 모두 확인하여야 한다. 또한 집합건물등기부가 있는데, 집합건물등기부는 건축물의 이용과 구조, 토지이용의 특수성으로 인해 건축물과 토지에 관한 권리관계를 동시에 확인할 수 있다.

3. 등기부 기재 내용

(1) 표제부

표제부는 부동산의 표시를 나타내는 것으로서 토지 또는 건물의 주택, 아파트, 근린생활시설 등 용도의 표시와 그 변경에 관한 사항을 기재하고, 표시번호란에는 등기한 순서를 기재한다.

토지의 경우에는 지번, 지목, 면적을 기재하고, 건물의 경우에는 소재지, 층수, 구조, 용도, 면적 등을 기재한다.

표제부에는 토지의 분할이나 지목의 변경 또는 건물의 구조 변경이나 증축 등에 의한 면적 변경사항도 표제부에 기재한다.

집합 건물의 경우에는 1개동 전체에 대한 표제부와 개개의 호수에 대한 표제부, 즉 전유부분의 표제부를 따로 기재한다. 따라서 집합건물의 경우 표제부가 2개로 구성되어 있다.

집합 건물일 경우 등기 표제부 중 1동 건물 전체에 대한 표제부에는 해당호수가 속한 동 건물 전체에 대한 표시를 기록한다. 중요한 것은 대지권이 등기되어 있는 경우에는 "1동의 건물 표시"란과 "대지권의 목적인 토지의 표시"란 두 부분으로 구성되는데 비해 대지권이 등기되어 있지 않은 경우에는 "1동의 건물표시"란만으로 구성된다. 이 경우 건물소유자가 대지에 대해서는 권리가 없다고 할 수 있으므로 대지권이 등기되지 못한 이유를 확인하는 것이 필요하다. 전유부분에 대한 표제부에는 해당 호수에 대한 건물의 표시를 기록하는데 역시 대지권이 등기되어 있는 경우, "전유부분의 건물의 표시"란과 "대지권의 표시"란 두 부분으로 구성된다. 그러나 대지권이 등기되어 있지 않는 경우에는 "전유부분의 건물 표시"란만으로 표제부가 구성된다.[53)]

(2) 갑 구

갑구에는 소유권에 관한 사항을 기재한다. 즉 소유권이 언제 어떠한 이유로 누구에게 어떻게 이전되었는지, 얼마의 가격으로 이전되었는지 기재된다. 또한 소유자의 주소와 주민등록번호가 기재된다.

통상의 거래에 있어서 일반건축물의 경우에는 토지와 건물의 소유주가 다를 수가 있으므로 등기부등본을 모두 확인하여 토지와 건물의 소유자가 동일인인지를 확인해야 하며, 등기부상 압류, 가압류, 가처분, 소유권이전 청구 가등기, 예고등기, 소유권이전금지가처분등기, 환매등기 등이 없는지를 반드시 확인해야 한다. 이러한 등기가 있는 경우 사실상 거래를 하지 않는 것이 안전하다.

또한 소유자의 확인은 반드시 주민등록 등을 확인하는 방법으로 하여야 하며, 대리인과 거래하는 경우에는 대리권을 증명하는 서면[54)] 등을 확인하여야 한다.

(3) 을 구

을구에는 소유권 이외의 권리에 관한 사항을 기재한다. 예를 들면 저당권, 전세권, 지역권, 지상권 등을 기재한다. 또한 이러한 권리관계의 변경이나, 이전이나 말소사항도 을구에 기재한다.

앞서 밝힌 바와 같이 을구가 없는 부동산이 있는데 이것은 을구에 현재 효력이 있는 권리가 없는 경우로, 등기부 발급 시(時) 을구를 제외한 표제부와 갑구

---

53) 전유부분의 건물 표시에는 해당 세대의 건물 즉 동과 호수가 기재되며, 대지권의 종류 에는 대지를 사용할 수 있는 권리(소유권, 임차권)를 기재한다. 대지권의 비율은 전체토지면적에 대한 자기 지분이라고 할 수 있다.

54) 대리권의 존재를 표시하는 대표적인 서식이 '위임장'이다. 위임장에는 위임인(위임하는 자)과 수임인(위임받는 자 즉, 대리인)이 표시되어야 하고, 위임 내용이 반드시 기재되어야 한다. 또한 가능한 한 본인(위임인)의 인감증명이 첨부되어야 한다. 이 경우 거래의 상대방은 대리인의 진정성을 확인하기 위해 대리인의 여부를 주민등록 등을 통해 확인하여야 하고 여러 장의 문서로 구성된 경우에는 간인(間印)하여야 한다. 물론 대리인과의 거래에 대해 미리 확인해 보는 것도 좋은 방법이다.

만으로 구성된 등본을 발급한다.

을구에 저당권 혹은 근저당권, 전세권이 설정되어 있는 경우에는 채권액, 채권최고액, 전세금을 반드시 확인하여야 한다. 매매의 경우 저당권 등을 인수하고 계약을 하는 경우에는 반드시 채권은행을 방문하여 실재채권금액을 확인하고, 인수 금액의 나머지 금원을 지불하는 것을 내용으로 하는 내용의 계약서를 작성하여야 하고, 저당권 등을 소멸시키고 매수하는 경우에는 소유권이전등기의 청구와 동시에 저당권 등의 말소등기를 신청하여야 한다.

특히 임대차계약을 하는 경우에는 부득이 선순위의 제한물권 즉, 전입신고보다 먼저 등기되어 있는 저당권이나 근저당권, 전세권 등이 존재하는 경우 채권의 총액과 전세금과의 합계금액을 따져보아야 한다.

예를 들어 시중가격이 1억 원인 주택에 채권액 등의 합산 금액이 5천만 원이라면, 매매의 경우에는 이를 말소하고 계약하는 것과 선순위 채권 등을 인수하고 5천만 원을 지불하는 방법이 있다. 그러나 전세권설정계약이나 임대차계약을 하는 경우에는 장래를 향해 상당히 불편하게 되는 결과를 초래할 수도 있다.

생각건대, 이러한 경우 기존의 채권액 등과 계약당사자의 전세금이나 보증금의 합계액이 시중가격의 60%를 넘지 않게 조절할 필요가 있다.

왜냐하면 선순위의 저당권이나 전세권의 채권 금액과 전세금의 합이 시중가격과 거의 흡사한 경우에, 만약 소유자의 경제적인 사정이 어려워져 해당 부동산에 경매가 진행된다면 1차 매각기일에 고액으로 매수신청이 되지 않는 한 임차인은 손해를 볼 수밖에 없기 때문이다. 불가피하게 계약을 해야 한다면 보증금을 임대차보호법상의 최우선변제금액 수준으로 정하는 것이 필요하다.

4. 등기부상 권리의 우선순위

등기의 효력중 하나가 순위확정적 효력이다. 등기부상 같은 구에서는 등기의 순위에 의하고, 서로 다른 구, 즉 갑구와 을구 사이에서의 우선순위는 접수번호에 의해 그 우선순위가 정하여진다. 즉 동일한 부동산에 관하여 등기한 순위는 법률에 다른 규정이 없으면 등기의 전·후에 의한다.

경매의 경우 임대차가 중요한 위치를 차지하는데 이러한 경우, 부동산 소재지의 읍・면・동 사무소를 방문하여 전입세대확인원을 교부받아 전입일자를 확인하여야 한다. 전입세대확인원을 교부받기 위해서는 대상 부동산이 경매 신청되었다는 사실을 소명할 수 있는 자료가 있어야 하는데, 대법원 경매 사이트에서 물건명세서를 출력하면 될 것이다.

또한 부기등기의 순위는 주등기의 순위에 의한다. 가등기에 의한 본등기의 순위는 가등기의 순위에 의한다.[55] 회복등기[56]는 종전의 등기의 순위를 보유한다.

5. 주의해야 할 등기

등기는 그 기능에 따라 사실의 등기와 권리의 등기, 내용에 따라 기입등기, 변경등기, 경정등기, 말소등기, 말소회복등기, 멸실회복등기, 멸실등기로 구분된다. 또한 효력에 따라 부동산물권의 득실변경의 효력을 발생시키는 종국등기(본등기라고도 한다.)와 예고등기와 가등기처럼 간접적으로 영향을 미치는 예비등기가 있다. 여기에 기존등기에 순위는 보전하면서 부가적으로 기재되는 부기등기가 있다. 여기에서는 부동산 거래에서 중요한 의미를 가지며, 특히 주의를 요하는 등기를 살피기로 한다.

(1) 소유권 보존등기

소유권 보존등기는 미등기의 특정 부동산에 관하여 최초로 하는 등기로서 새로이 등기용지를 개설한다.

소유권보전등기는 소유권을 증명할 수 있는 확정판결이나 토지의 경우, 토지・임야대장등본에, 건물의 경우 건축물대장등본에 소유자로 등록되어 있는 것을 증명하는 자가 단독으로 신청할 수 있다.[57]

소유권 보존등기를 하지 않더라도 건물의 신축 시 소유자의 소유권은 인정되지만, 소유권 보존등기를 하지 않고는 그 이후의 등기를 할 수 없다. 즉 담보물권의 설정이나 전세권설정등기 등을 할 수 없게 된다. 여기에 더하여 미등기 건

55) 법률에서 흔히 가(假)는 가등기, 가압류, 가처분하는 용어에서 접하게 되는데, 이는 '거짓'이라고 이해하기보다는 '임시'라고 이해하는 것이 옳다. 즉 언제라도 강행적인 힘을 가질 수 있기 때문이다.

56) 회복등기는 기존의 등기가 부당하게 소멸된 경우에 이를 다시 부활시키는 등기이다.

57) 부동산등기법 제130조, 제131조.

축물을 거래한다는 것은 위험한 일일 수 있다.

(2) 소유권 이전등기

소유권 이전등기는 이미 보존 등기된 소유권이 법률행위(계약) - 예를 들어 매매, 증여, 교환, - 나 법률의 규정[58] - 예를 들어 상속, 경매 등 - 에 의하여 타인에게 이전되는 경우에 이를 공시하기 위하여 하는 등기이다.

법률행위를 원인으로 하는 소유권이전등기는 계약의 당사자가 존재하므로 원칙적으로 공동신청에 의한다.

소유권이전등기는 갑구에 주등기로 실행한다. 갑구의 등기목적란에 소유권이전이라고 기재한 후, 등기접수 연월일과 접수번호가 기재되고, 등기원인이 되는 사실과 연월일을 기재한다. 또한 권리자 및 기타 사항란에 새로운 소유자의 성명과 주민등록번호 일부, 주소가 기재되고, 특히 매매가 원인인 경우 거래가액을 기재한다.

소유권의 이전이 빈번하게 계속적으로 이루어진 경우에는 부동산에 문제가 있을 여지가 있으며, 심지어는 계약이후 송사(訟事)에 휘말릴 가능성도 있다. 따라서 이러한 경우에는 목적물에 대해 다시 살펴보아야 하며, 연고가 있는 분들을 만나 확인해 본 후에 거래를 하는 것이 비교적 안전하다고 할 수 있다. 또한 소유권의 빈번한 전환이 법률적인 문제일 가능성이 높은 경우에는 순차적으로 전 소유자를 만나보는 것도 필요하다.

(3) 환매특약의 등기

매도인이 매도와 동시에 일정한 기간 내에 매매의 목적물을 다시 매수하는 것을 목적으로 하는 계약을 환매 특약이라 한다. 등기는 매매로 인한 소유권이전등기와 동시에 부기등기의 형식으로 이루어지게 되는데, 환매특약 등기시 매매대금 및 매매비용은 필요적으로 등기하게 되며, 환매기간이 있는 경우는 그 기간도 등기를 하게 된다. 환매특약은 등기를 하지 않으면 당사자 사이에만 이를 주장할 수 있으나(상대권), 등기가 된 후에는 제3자에게도 이를 주장할 수 있는 대항력

---

58) 물론 법률규정에 의한 물권의 변동은 등기를 하지 않아도 그 효력이 있다. 그러나 이를 처분하기 위해서는 등기하여야 한다. 즉 법률규정에 의한 물권의 변동에서 등기는 효력요건이 아니라 처분요건이라고 할 수 있다.

이 생긴다.

환매권은 양도할 수 있으며 이전등기를 해야 대항할 수 있다. 환매기간은 5년이며 환매기간도 계약이 성립한 날로부터 계산된다.

환매특약등기가 있는 경우에는 환매계약의 본질이 무엇인지 확인할 필요가 있다. 환매특약은 실제에 있어서는 금전채권의 보전을 위해 편법으로 이용되는 경우가 많기 때문이다. 만약 그 본질을 확인할 수 있다면 그에 따라 환매등기를 말소하고 거래할 수 있으나, 그렇지 않은 경우에는 거래를 하지 말아야 한다.

만약 선순위의 환매등기가 있는 부동산을 거래한 후 환매권자가 환매권을 실행[59]한다면, 환매대금이 거래가액에 상당하다면 크게 문제될 것이 없으나 환매대금이 거래가격에 비해 소액이라면 큰 손해를 보게 되는 것이다.

(4) 가등기

가등기는 장래 물권변동의 원인이 되는 청구권을 보전하기 위하여 하는 보전수단의 등기이다. 따라서 가등기는 그 자체로는 의미가 없으나 장래 가등기를 통해 보전된 청구권이 실행되어 본등기가 이루어지면 본등기의 순위는 가등기의 순위에 의하므로 본등기의 순위를 보전하는 역할을 한다.[60] 따라서 가등기는 장래에 등기가 되는 권리이면 모두 가능하며, 청구권이 없는 소유권보존등기나 처분제한의 등기, 말소등기의 경우에는 가등기가 인정되지 않는다.

가등기는 소유권이전청구권보전의 가등기가 대표적인데, 이는 말 그대로 매매 기타의 원인으로 장래에 소유권을 이전할 것을 약정하고, 소유권이전청구권을 보전하기 위해 임시로 하는 등기이다.

소유권이전청구권보전의 가등기에 기한 소유권이전의 본등기를 하게 되면 가등기 후 본등기 전에 실행된 소유권이전등기나 가압류 등기, 제한물권의 설정등기 및 임대차 등기는 직권말소 하게 된다. 따라서 선순위의 소유권이전청구권보전의 가등기가 존재하는 경우에는 이를 말소하고 거래를 하거나, 그렇지 않으면 거래하여서는 아니 된다.

---

59) 환매대금을 지급하거나 공탁한 후 소유권이전등기를 청구하는 것을 말한다.

60) 가등기에 기한 본등기는 가등기 당시 비워둔 가등기 하단의 여백에 실행하며 별도의 순위번호는 기재하지 않는다.

최근 이 가등기는 실무에서 금전채권 등을 보전하기 위해 이용되는 경우가 많은데, 이를 담보가등기라고 한다. 이는 성질상 저당권과 같은 것으로 이해할 수 있다. 그러나 시중에서는 일종의 대물변제의 예약 형태로 이용된다고 할 수 있는데, 채무자가 변제기일까지 변제나 이행이 없는 경우, 이 가등기를 원인으로 소유권이전을 하는 것을 약정하는 것이다.

등기부의 기재 내용으로서는 가등기가 소유권이전청구권보전의 가등기인지 담보가등기인지 사실상 구별할 수는 없다. 따라서 이러한 경우 거래에 신중을 기하여야 한다. 통상 일반적인 거래에서는 그 성질을 밝히고 말소를 하는 조건으로 거래가 성사될 수 있으나 법원경매의 경우에는 이를 구분하여 입찰에 참가여부를 결정해야 하므로 어려운 문제 중의 하나로 분류될 수 있다.[61]

(5) 예고등기

예고등기는 지금 현재 등기되어 있는 사항에 관하여 등기원인의 무효(無效) 또는 취소(取消)로 인하여 등기의 말소나 말소회복의 소(訴)가 제기된 경우에, 현재의 등기가 소급(遡及)하여 무효가 될 수 있으므로 현 등기를 신뢰한 제3자에게 경고를 할 목적으로 소를 수리한 법원에서 등기소에 촉탁(囑託)하여 행해지는 등기이다.

다시 말해 지금의 소유자가 진정한 소유자가 아닐 수 있으니 등기만 보고 거래해서는 안 된다는 경고인 것이다.

예고등기가 되어 있는 부동산은 일단 보지도 말아야 한다. 예를 들어 소유권이전등기의 원인무효를 이유로 소유권이전등기의 말소를 청구하는 소송에서 피고가 승소하는 경우는 별 문제가 없으나 원고가 승소하는 경우에는 무권리자와 거래한 것이나 다름이 없다.

예고등기의 경고의 역할을 거꾸로 이용하는 사례가 존재하는데, 법원경매대상물에 대하여 소위 허위의 소유권이전등기의 말소를 청구하는 소송을 제기하는 것이다. 그렇게 되면 예고등기가 실행될 것이고, 자연스럽게 유찰에 유찰을 거듭하여

61) 통상적으로 선순위가등기가 있는 경매대상물에서 가등기권자가 경매신청자이거나 배당신청을 한 경우에는 담보가등기로 보아 말소기준등기로 보아도 무방하다. 그렇지 않는 경우 통상 경매가 진행되지 않게 되며, 혹시 경매가 진행되는 경우에는 피하는 것이 좋다.

소위 그냥 줍는 물건 값이 될 것이다. 이렇게 되면 입찰에 참가하여 매수를 하고, 이후 소를 취하하는 방법으로 예고등기를 이용하여 경매시장을 어지럽힐 수도 있었던 것이다. 따라서 예고등기에 대해서는 특단의 조치가 필요한 시점이다.

(6) 가압류등기

가압류란 금전채권이나 금전으로 환산할 수 있는 채권의 집행을 보전할 목적으로 미리 채무자의 재산을 동결시켜 채무자로부터 그 재산의 처분권을 잠정적으로 빼앗은 집행보전처분을 말한다.[62]

가압류 등기는 법원의 가압류결정에 의해 실행되며, 여기에는 청구금액과 채권자가 기재된다.

만약 채무의 존재를 부정하게 되면 가압류 대상물의 소유자는 제소명령(提訴命令)의 신청을 통해 다툴 수 있으나, 그렇지 않는 경우 가압류의 목적물이 부동산인 경우 확정판결 등의 집행권원(執行權源)을 얻어 강제집행을 하게 되면 강제경매개시결정을 함으로써 본압류로 이전된다.

즉, 전소유자를 채무자로 한 가압류등기가 경료된 부동산은 소유권이 이전되더라도 경매의 목적물이 될 수 있다는 것이다. 따라서 가압류 · 압류 · 경매개시기입등기가 존재하는 경우에는 거래를 하지 말아야 한다.

물론, 가압류가 취소되거나 피보전권리가 변제로 인하여 소멸하는 경우,[63] 가압류가 무효인 것으로 판명된 경우[64]에는 별 문제가 없다.

(7) 가처분등기

가처분은 금전채권 이외의 물건 또는 권리에 대한 채권에 관하여 향후 판결이 끝날 때까지 청구권의 목적물을 상대방이 함부로 처분하거나 변경하지 못하도록 임시로 묶어두는 보전처분이다.[65] 다시 말해, 채권자가 장차 집행 보전을 위해 현재의 상태대로 현상의 고정 · 유지할 필요가 있을 때 채무자의 재산 은닉 · 양도 등의 처분을 금지시키고, 그 보관에 필요한 조치를 해두는 보전처분을 말한다.

---

62) 민사집행법 제276조.
63) 대법원 1982.9.14, 81다527 판결.
64) 대법원 1996.6.14, 96다14494 판결.
65) 최동홍, 『부동산경매강의 -이론과 실제-』, 부연사, 2009, 236면.

부동산과 관련하여 가장 대표적인 것이 처분금지가처분인데, 처분금지가처분은 목적물에 대한 소유권이전, 저당권 · 전세권 · 임차권의 설정 그 밖의 일체의 처분행위를 금지하고자 하는 보전처분이다.

가처분등기가 존재하는 부동산은 본안소송(本案訴訟)에서 가처분권자가 승소하면, 소유권을 빼앗길 우려가 있다.

법원경매에서도 문제가 되는 것이 선순위의 처분금지가처분인데, 이러한 경우 경매를 통해 목적물이 매각되더라도 가처분은 말소되지 않고 매수인에게 인수된다. 따라서 처분금지가처분이 있는 부동산은 일반적인 거래는 물론 법원경매에서도 상당한 주의를 요한다.

6. 등기부의 공개

누구든지 일정한 수수료를 내면 등기부의 교부신청을 할 수 있으며, 관할 등기소에 직접 방문하여 신청하거나, 등기소나 시청 등에 설치된 무인발급기에서 발부받거나, 인터넷(www.scourt.go.kr)으로도 발수 받을 수 있다.

부동산의 거래에 임하는 자에게 등기부의 열람은 반드시 하여야 할 필수 행위이다. 만약 등기부상의 권리관계가 복잡한 경우에는 등기소의 공무원이나 기타 전문가에게 반드시 문의하고 거래에 임하여야 한다.

제 3 절 토지대장과 임야대장

1. 등기부와 지적공부

등기부가 부동산 권리의 변동을 공시하는 것에 비해 지적공부인 토지대장, 지적도 등은 사실상의 상황을 공시하는 기능을 한다. 또한 등기는 신청에 의해 기재 되는 것이나, 지적공부는 그 작성의 이유가 크게는 과세를 위한 목적에 있으므로 행정청에서 직접등록하고 있다.

권리에 관한 사항은 등기부가 기준이 되며, 사실관계에 관한 것은 지적공부가 그 기준이 된다. 따라서 소유자 기타 권리자의 확인은 등기부에 의하여야 하며, 면적이나 용도, 부동산의 구조, 토지의 모양 등은 지적공부를 확인해야 한다.

2. 토지대장과 임야대장의 기재 내용

토지대장은 토지에 대한 현황이 기재된 공부로서 토지의 소재지, 지번, 면적, 개별공시지가, 소유자 등에 대한 사항(소유자의 성명, 주소, 주민등록번호, 토지소유자가 변경된 날과 원인) 및 토지의 고유번호, 도면번호와 필지별 대장의 번호 및 축척, 토지의 이동사유 등이 기재된다.

토지를 거래할 때 소유자와 기타 권리자를 등기부를 통해 확인했다면, 토지대장에서는 지목, 면적, 소재지, 지번을 등기부와 대조해 가면서 확인하여야 한다.

임야대장은 토지대장 이후에 만들어진 대장으로 토지대장 및 지적도에 등록되지 않은 임야나 정부가 임야대장에 등록할 필요가 있다고 인정한 토지를 등록하는 공부를 말하는 것으로서 등록사항은 토지대장과 동일하다.

※ 면적의 단위는 ㎡로 표시된다. 그러나 유난히도 부동산에 관한 한 평(坪), 마지기 등의 단위가 아직도 일반적으로 사용되고 또 익숙하다.

㎡ × 0.3025 = 평(坪)로 환산되며, 마지기는 주로 전(田), 답(畓)의 면적을 나타낼 때 사용하는데 200평이 한 마지기를 의미한다. 또한 임야의 면적은 정보, 단보, 무보 로 표현되는 경우가 많은데, 1정보는 3,000평, 1단보는 300평, 1무보는 30평을 의미한다. 또한 1a = 100㎡, 1ha = 100a = 10,000㎡ = 약 1정보 = 3,000평. 1㎢ = 100ha(약 30 만평)로 환산할 수 있다.

3. 토지대장 확인 시 유의사항

토지대장과 임야대장의 지번지역이 같을 수가 있지만 임야대장의 지번은 지번 앞에 "산"을 표기해 토지대장의 지번과 혼동을 방지하고 있다.

토지대장상에 기재된 면적이나 기록 등의 내용이 등기부의 기재내용과 다르다면 토지대장에 수록된 내용이 우선한다. 그러나 소유권이나 기타 권리관계에 있어서는 등기부등본상의 기재가 우선이 된다.

제4절 건축물 관리대장

건축물 관리대장은 건축물의 소재지, 번호, 종류(용도), 구조·면적 등 건물의 규모, 건축물의 준공일(사용승인일), 소유자의 주소, 성명 등을 등록하며 건축물의 상황을 밝히는 공적 장부를 말한다.

건축물관리대장은 과세의 기준으로 활용하기 위해 시·군·구청에서 관리하고 있어 부동산의 거래관계에서는 큰 비중이 없는 것으로 받아들이고 있다. 그러나 여기에서도 확인하여야 할 것들이 있다.

건축물 관리대장상의 준공일자의 확인은 건물의 잔존가치를 비교적 정확하게 평가할 수 있는 자료가 될 수 있다. 일반적으로 건축물의 완공일을 건물등기부의 소유권보존등기의 신청일이나 등기일자를 보고 결정하는 경우가 있는데 이는 잘못된 것이다. 미등기 건물에 대한 소유권보존등기를 할 때에는 자기소유로 되어 있는 건축물 대장등본을 제출해야만 등기를 할 수 있다.[66]는 사실을 상기하여야 한다.

또한 공동주택의 경우 전용면적을 확인할 수 있어 실질가치를 확인하는데 반드시 필요한 자료라고 할 수 있다. 흔히 공동주택은 과거로부터 '00아파트', '00평형'으로 표시되고 또 그렇게 거래되는 것이 관행이었다. 그러나 건축물관리대장에서는 건물의 층수와 면적을 알 수 있어 공동주택의 종류를 구분할 수 있고, 전용부분의 면적이 기재되어 있어 사실상의 가치를 판단할 수 있는 근거를 제시하고 있다.

특히, 등기에 기재되지도 않고 대장상에도 등재되지 않은 건축물은 부동산으로써 담보의 가치가 현저히 낮고, 이후 공법상의 제한규정에 의해 불측의 손해를 입을 수 있다.

소유자에 관한 사항은 특히 건축물이 있는 토지를 거래할 때, 토지와 건축물 및 대장상의 소유자를 확인하여야 한다.

66) 부동산등기법 제131조.

건축물 관리대장은 건축물의 상황을 명확히 하는 공부지만 건물에 관한 권리관계를 공시하는 것은 아니다. 대장에 기록된 상황을 기초로 등기부에 등록을 하게 되므로 건축물의 상황에 변동이 생긴 때에는 건축물 대장을 먼저 변경한 후 등기부 변경 한다.

또한 등기부에 기재한 부동산의 표시가 건축물 대장과 같지 않을 경우에는 그 소유인은 부동산 표시의 변경 등기를 반드시 해야만 다른 등기를 신청할 수 있다.[67]

제 5 절 지적도와 임야도

지적도는 토지의 경계와 위치를 표시하기 위해 각 필지마다 경계선과 지목을 기입해 놓은 평면도를 말하며, 임야도는 토지가 임야(산)일 때 지적도 대신 발급받는 서류로 지적도와 같다. 즉, 지적도와 임야도는 토지의 모양이나 경계를 확인할 수 있는 공부이다.

지적도는 해당토지의 행정구역과 소재지, 지번, 경계선, 지목, 축척 등을 수록하고 또한 토지의 형상이나 위치, 접면 등을 기재한다. 임야도는 해당 임야의 소재지, 지번, 경계, 지목, 축척 등을 기재한다.[68]

지적도는 별다른 방향의 표시가 없는 한 도면의 상단이 북쪽, 하단이 남쪽, 우측이 동쪽, 좌측이 서쪽이다. 지적도를 가지고 현장을 방문하여 토지를 찾을 때는 나침반을 준비하는 것도 좋은 방법이다.

축척은 거리의 줄임 비율을 의미한다. 따라서 지적도와 임야도의 축척을 기준으로 한 지점에서 다른 한 지점까지의 거리를 알 수 있다. 예를 들어 1/500의 축척이라면 지도상의 1㎝는 사실상의 500㎝ 즉 5m를 의미한다.

또한 지적도와 임야도는 토지의 모양을 파악할 수 있고, 도로와의 연결 여부를

67) 부동산등기법 제56조.

68) 임야의 지번은 통상 산 00번지로 표시 되는데 "산"이 없이 그냥 지번만 지재되고 지적도에 지목만이 "임"인 경우를 발견할 수 있는데 이를 "토지임야" 즉, 토임(土林)이라 한다. 토임은 임야대장이 아닌 토지대장에 등재되어 있으며, 지목은 "임"이지만 논밭으로 이용되는 경우가 다수라 할 수 있다.

확인할 수 있는 공부라고 할 수 있다. 따라서 현황의 도로가 존재한다는 사실보다는 지적도상의 도로의 존재여부를 확인하여야 개발이나 이용에 용이하다. 즉, 지적도의 지번과 지적도 상단의 지번이 일치하는가를 확인하고, 인접한 도로가 지적도와 일치하는지를 확인하는 것이 중요하다.

건축물의 건축을 위해서는 현장을 직접 확인하여 토지의 경사[69]와 방향을 확인하고 건축물을 어떻게 배치해야 할 것인지를 검토하여야 한다. 일반적으로 토지의 모양은 장방형(직사각형)일수록 토지의 가치가 높으며, 도로를 개설할 수 없는 상황이라면 맹지로써 자칫 쓸모없는 땅이 될 수도 있다.

지적도는 축척이 보통 1/500, 1/600, 1/1000, 1:1200, 1/3000, 1/6000으로 되어 있는데 일반적으로 1/1200으로 되어 있으며, 임야도는 1/3000, 1/6000의 축적이 사용된다.

---

69) 경사가 완만할수록 개발행위의 허가에 유리하며, 개발비용 또한 절감할 수 있으며, 남하향의 토지가 일반적으로 가치가 높다는 것은 주지의 사실이다.

제2부

부동산 경매를 위한 재산권 기초

제 1 장 부동산 물권

제 2 장 물권의 변동

제 3 장 소 유 권

제 4 장 부동산 제한물권

제 5 장 임대차보호법

제 1 장

부동산 물권

일반적으로 재산권이란 재산에 대한 법률이 보호하는 힘을 의미한다. 이 재산권은 크게 물권(物權)과 채권(債權)으로 대별된다. 물권이란 말 그대로 물(物), 즉, 만물 혹은 물건에 대한 권리이다. 그리고 채권이란 채(債), 즉 빚 혹은 빚쟁이에 대한 권리이다.

따라서 물권의 객체가 되는 것은 물건이며, 채권의 객체가 되는 것은 채무자의 일정한 이행, 즉 사람이 된다고 할 수 있다.

현행법상 물권은 소유권, 점유권, 용익물권으로 지상권, 지역권, 전세권, 담보물권으로 유치권, 질권, 저당권의 여덟 가지로 법정화하고 있으며, 채권으로는 매매, 증여, 교환, 임대차 등 네 가지의 전형 계약을 중심으로 규정하고 있다.

부동산 경매와 관련하여 재산법상 특히 중요한 것(문제가 되는 것)은 부동산 관련 물권이라 할 수 있는 소유권, 지상권, 지역권, 전세권과 저당권 및 유치권이며, 채권과 관련하여 (등기된 경우는 별론으로 하고) 주택임대차와 상가임대차라고 할 수 있다.

제1절 서 설

1. 물권법의 의의

재산[1]에 대한 사람의 지배관계를 규율하는 사법을 물권법이라 한다. 민법 제2편 물권편이 그 중심을 이루지만 특별법에도 사람의 재화에 대한 지배, 이용관계를 규율하는 규정들이 산재되어 있으며, 이러한 물권에 관한 규정들은 전체적으로 물권법에 속한다.

2. 물권법의 특질

1) **강행법규성** : 채권법은 그 규율 대상인 채권의 특성상 계약자유의 원칙이 널리 인정되기 때문에 임의규정[2]의 성격을 갖는다. 이에 반해 물권법은 물권법정주의에 의해 계약자유의 원칙이 제한적으로 인정되며, 배타성을 가지는 물권을 규정하므로 그 대부분이 강행규정이다.

2) **공공성 · 사회성** : 물권법은 재산의 이용과 관리 등에 직접적으로 관계되는 법률영역이다. 따라서 공공복리 · 권리남용금지가 강조된다.

3) **고유법성**: 채권법은 재화의 유통이 세계적 규모로 행하여지게 됨에 따라 각국의 법이 비슷해져 가고 있다(보편성). 이에 비하여 물권법은 각국의 사회발전의 정도와 관습에 따라 규율하는 대상이 다르기 때문에 그 나라 고유의 특성을 갖는다. 대표적인 예로 우리 민법상의 전세권 제도는 다른 나라에서는 볼 수 없는 독특한 제도이다.

---

1) 일반적으로 재산이라 할 때 동산과 부동산으로 구분 한다. 그렇다면 그 재산을 객체로 하는 권리를 재산권이라 할 수 있고, 재산권의 객체는 다시 동산과 부동산이라 할 수 있다. 동산과 부동산 자체에 대한 재산권을 물권이라 할 수 있고, 동산과 부동산에 대해 타인의 협력이 필요한 경우 그 협력을 요구할 수 있는 청구권을 채권이라 할 수 있다.

2) 법 규정의 성질에 따라 임의규정과 강행규정으로 나눌 수 있는데, 임의규정이라는 것은 당사자의 의사가 법 규정과 다른 경우 그 의사에 따를 수 있는 반면에 강행규정이라는 것은 당사자의 의사와 무관하게 법 규정의 내용이 강제된다.

제2절 물권의 본질

1. 물권의 의의 및 특성

물권이란 특정한 물건을 직접 지배하여 그 물건으로부터 다른 사람의 방해를 받지 않고 일정한 이익을 얻는 배타적인 권리이다.

1) 물권은 재산권이다.

물권은 물건을 지배하여 그 물건으로부터 재산상 이익을 향유하므로 재산권이다.

2) 물권은 물건에 대한 권리이다.(대물권)

물권은 물건을 객체로 하는 권리(대물권)로써 물건이 현존하면 물권이 발생하고 물건이 멸실되면 물권도 소멸된다.

단, 권리질권(민법 제345조), 지상권·전세권을 목적으로 하는 권리저당권(민법 제371조)과 같은 경우처럼 물건이 아닌 특정권리 위에 물권이 성립하는 경우도 있다.

3) 물권은 지배권이다.

물권의 본질은 객체를 직접적으로 지배할 수 있다는 것이다. 따라서 물권은 가장 전형적인 지배권이다. 지배한다는 것은 누구의 간섭이나 제한 없이 일정한 권리가 있으면 그 한계내에서 물권의 객체를 사용, 수익, 관리, 처분 등의 행위를 할 수 있다는 의미이다.

4) 물권은 배타적 지배권이다.(객체에 대한 배타적·독점적 지배)

물권은 물건의 지배를 요하기 때문에 하나의 물건 위에 서로 양립할 수 없는 내용의 물권이 두 개 이상 동시에 성립하는 것은 불가능하다.

5) 물권의 공시성

물건에 대해 물권이 성립하면 타인의 침해의 여지가 있고, 이를 배제하기 위해서는 물건 위의 물권을 등기 또는 점유의 방식으로 외부에 알려줄 필요가 있다.

이 물권의 공시는 물권의 배타성에서 기인한 것이다. 반면 채권은 채권자와 채무자 사이의 계약의 자유에 기초하므로 원칙적으로 공시의 필요가 없다.[3)]

6) 물권은 절대적인 권리이다.

① 물권은 누구에 대하여서도 주장할 수 있다.

물권은 일반인을 의무자로 하여 모든 자에게 주장할 수 있는 권리로서 특별히 대항요건을 요하지 않고 제3자에게 당연히 대항할 수 있는 절대적·대세적 권리이다.

② 물권은 누구의 침해로부터도 보호된다(권리의 절대적 보호).

채권과 달리 특정의 상대방이라는 것이 없고, 모든 사람에 대해 그 권리를 주장할 수 있기에 그 침해도 특정인에 한정되지 않는다.

7) 물권은 양도가 자유롭다.(권리의 강한 양도성)

채권의 양도는 제한할 수 있는 여지가 있으나. 물권은 원칙상 그 양도에 대해 제한을 받지 않는다. 비록 제한물권이라도 그 양도에 대해 특별히 특약이나 법률로써 제한하고 있지 않는 이상 자유로이 양도할 수 있다.

8) 특정성

물권에서는 권리자와 권리내용 및 대상인 물건이 확정되어 있어야 권리자가 물건을 직접 지배하여 사용, 수익, 처분할 수 있으며, 강제집행, 파산의 경우에 추급할 수 있다.

2. 물권의 객체

1) 의 의

물권은 물건을 직접 지배하여 일정한 이익을 얻을 수 있는 권리이므로 결국 물건을 통해 실현되는 권리이다. 이 경우 물권이 구체적으로 성립하기 위한 물건[4)]이 물권의 객체인 것이다.

---

3) 그러나 채권의 경우 공시의 방법(부동산 등기)을 경료 하면 제3자에게 대항할 수 있는 경우가 있다. 예를 들어 환매특약이 있는 매매의 경우 환매특약의 등기가 없으면 제3자에게 대항할 수 없다.

4) 민법 제98조 (물건의 정의) "본법에서 물건이라 함은 유체물 및 전기 기타 관리할 수 있는 자연력을 말한다."

예외적으로 채권이나 지상권, 전세권 등의 권리도 물권의 객체가 될 수 있다. 특히 저당권, 질권의 경우는 그 객체가 물건에 국한되지 않고, 권리인 경우도 있어 항상 물권의 객체가 물건에 한정되는 것은 아니다.

2) 물권의 객체로서의 물건의 요건

물권의 객체로서의 물건은 유체물 및 전기 기타 관리 가능한 자연력으로(민법 제98조) 그 위에 물권이 성립하기 위한 객체가 되기 위해서는 물건의 현존·특정·독립된 상태에 있어야 한다. 또한, 물건은 비인격적이어야 한다. 즉, 사람의 신체는 물건이 될 수 없다.

물건에 대해 배타적 지배를 하기 위해서는 물건의 현재성을 요하며, 물권의 객체로서 물건은 현실적으로 존재하여야 하고, 특정되어야 한다. 그렇지 않으면 어떤 지배를 인정할 수 없기 때문이다.

물건은 하나의 독립한 물건이어야 한다. 물건의 일부분이나 그 구성부분은 공시하는 것이 곤란하고 직접 지배의 실익도 적기 때문이다.

물론, 예외적으로 전세권, 지상권, 지역권과 같은 용익물권의 객체는 일물전체에 한정되지 않고 그 일부분에 대해서도 성립할 수 있다.

3) 물건의 분류

① **동산과 부동산** : 일반적으로 물건을 분류할 때 동산과 부동산으로 나눈다. 현행 법률에 의하면, 동산은 부동산 외 모든 물건[5]이며, 부동산은 토지 및 토지에 정착된 물건[6]을 이른다.

② **주물과 종물** : 물건의 소유자가 그 물건의 상용에 공하기 위해 자기소유에 속하는 타물건을 부속시킨 경우 본래의 물건이 주물이면 주물에 부속된 물건을 종물이라 하여 반대약정이 없는 한 종물은 주물의 처분에 따른다.[7]

③ **원물과 과실** : 과실은 물건에서 발생되는 산출물이거나 물건의 사용대가로서 경제적 수익을 이른다. 전자를 천연과실이라 하고 후자를 법정과실이라 한다. 그

---

5) 민법 제99조 제2항.
6) 민법 제99조 제1항.
7) 민법 제100조.

리고 이 과실을 발생케 한 물건을 원물이라 한다.[8)]

3. 일물일권주의(一物一權主義)

1) 의 의

일물일권주의란 하나의 물건 위에 하나의 물권이 성립한다는 원칙이다. 다시 말해 하나의 물권의 객체는 하나의 독립한 물건이어야 한다. 따라서 하나의 물건에 양립할 수 없는 물권은 동시에 둘 이상 성립할 수 없다. 이는 물권의 절대성, 배타성의 당연한 귀결로서 물건의 독립성을 표현하는 원칙이다.

2) 인정이유

물건의 일부나 집단 위에 물권이 성립하게 되면 물건의 지배관계가 복잡하게 되어 거래안전이 크게 저해될 수 있으며 공시의 복잡성을 피할 수 없게 될 것이다. 따라서 거래안전의 확보 및 공시의 용이함을 위해서 일물일권주의는 인정된다고 할 수 있다.

▶일물일권주의의 예외

물건의 일부나 집합물 위에 하나의 물권을 인정하여야 할 필요가 있고 또 어느 정도 공시가 가능하거나 공시와 관계가 없는 때에는 다음과 같은 예외가 인정된다.

- 1필의 토지의 일부에 대해서는 분필절차를 거치지 않아도 용익물권이 인정될 수 있다.
- 1동 건물의 일부에 대해서도 구분소유권, 전세권이 인정된다.
- 수목의 집단이 입목에 관한 법률에 의하여 소유권보존등기를 하면 이를 입목이라고 부르는데, 이러한 입목은 소유권과 저당권의 객체가 될 수 있다.
- 명인방법을 갖춘 수목의 집단·미분리과실은 소유권의 객체가 된다.
- 판례에 의하면 권원없이 타인의 토지에 농작물을 심어 그 농작물이 수확기에 이른 경우 농작물은 토지에 부합하지 않고 언제나 경작자의 소유이다.
- 이 외에도 재단저당법에서는 다수의 기업재산을 하나의 부동산으로 취급하여 저당권이 설정될 수 있도록 하고 있다.

---

8) 민법 제101조.

3) 내 용

독립성의 판단 기준, 즉 일물 여부는 물건의 객관적 형상에 의하지 않고 사회관행(통념 및 거래형태(관념))에 의해 판단된다.

건물은 지붕과 기둥 및 주벽을 갖추면 독립한 건물로 인정되고, 건물의 개수는 물리적 구조와 거래의 관념을 기준으로 결정된다. 따라서 허가, 사용검사 또는 등기는 건물이 성립하기 위한 법률상 요건이 될 수 없다. 전세권은 건물의 일부분에도 설정할 수 있다.

토지는 지적법에 의한 지적공부상의 필수를 기준으로 결정한다. 토지의 경우 인위적으로 구획하여 지적공부에 등록하고, 등록된 각 구역은 독립성이 인정되며, "필"로써 구분된다. 따라서 물권변동에 관하여 형식주의를 취하는 현행 민법 하에서는 분필절차를 거치지 않는 한 토지의 일부를 양도할 수 없다.

〈판례〉

※ 지적법상 분필절차를 거치지 아니한 분필등기의 효력

토지의 개수는 지적법에 의한 지적공부상의 토지의 필수를 표준으로 하여 결정되는 것으로 1필지의 토지를 수필의 토지로 분할하여 등기하려면 먼저 지적법이 정하는 바에 따라 분할의 절차를 밟아 지적공부에 각 필지마다 등록이 되어야 하고, 지적법상의 분할절차를 거치지 아니하는 한 1개의 토지로서 등기의 목적이 될 수 없는 것이며, 설사 등기부에만 분필의 등기가 실행되었다 하여도 이로써 분필의 효과가 발생할 수 없는 것이므로, 결국 이러한 분필등기는 1부동산1등기용지의 원칙에 반하는 등기로서 무효라 할 것이다(대판 1990.12.7,90다카25208).

〈판례〉

※ 건물의 요건

독립된 부동산으로서의 건물이라고 하기 위하여는 최소한의 기둥과 지붕 그리고 주벽이 이루어지면 된다(대판 2001.1.16,2000다51872).

제 3 절 물권의 종류

〈관련법조문〉

제185조 (물권의 종류) 물권은 법률 또는 관습법에 의하는 외에는 임의로 창설하지 못한다.

1. 물권법정주의

1) 의의

물권법정주의란 물권의 종류와 내용은 민법 기타의 법률 또는 관습법에 의하는 것에 한하여 인정되고 당사자가 그 밖의 종류와 내용을 자유로이 창설하지 못한다는 원칙을 말한다.

우리 민법은 물권법정주의를 명문화하므로 물권에 대해 사적 자치가 제한되고 물권법 자체가 대체적으로 강행법규의 성질을 갖는 근거가 되기도 한다.

2) 근 거

물권법정주의를 취하는 근거는 물권에 대한 종류와 내용을 법정화하여 절대적·배타적 지배권인 물권의 공시원칙을 관철하여 거래의 안전과 원활함을 제고하기 위함이다. 다시 말해 물권의 비 공시로 인한 불측의 손해를 예방하는 데 있다.

3) 물권법정주의 내용

(1) 물권성립의 근거

법률 및 관습법을 근거로 하여 물권이 성립된다. 법률은 국회에서 제정한 형식적 의미의 법률만을 의미하고, 명령이나 규칙 등은 이에 포함되지 않는다. 또한 현행법은 관습법에 의한 물권성립을 명문으로 인정하고 있다. 다만 그 효력에 대해서는 견해의 다툼이 있다.

(2) "임의로 창설하지 못한다."의 의미

물권을 임의로 창설하지 못한다는 것은 새로운 물권의 종류를 만들지 못한다(종류강제)는 의미 뿐만 아니라 법률과 관습법상의 물권의 내용과 다른 내용으로 변경할 수 없다(내용강제)는 것을 의미한다.

(3) 임의적 창설과 임의적 변경의 효력

물권법정주의의 근거규정인 법 제185조는 강행규정으로 이에 위반하는 법률행위는 무효이다. 따라서 당사자간 물권의 임의적 창설과 임의적 변경을 목적으로 한 법률행위는 무효이므로 그 효력은 발생하지 않는다. 단, 당사자간의 채권적 효력이 발생하는지 여부는 견해의 다툼이 있다.

2. 물권의 종류

1) 민법상의 물권

민법상 물권은 물건을 사실상 지배하고 있는 현재 상태 그 자체를 보호하는 것을 목적으로 한 점유권과 물건에 대한 사실적 지배를 묻지 않고 그 물건을 지배할 수 있는 본권으로 분류되며, 본권은 소유권과 그 소유권을 제한하여 일면적 지배만을 내용으로 하는 제한물권으로 나뉜다.

제한물권은 그 지배의 내용에 따라 사용가치를 지배하는 용익물권과 교환가치를 지배하는 담보물권으로 나뉜다. 용익물권에는 지상권, 지역권, 전세권이 있고, 담보물권에는 유치권, 질권, 저당권이 있다

2) 특별법상 물권

민법 외 특별법으로 물권을 정할 수 있다. 즉, 공장저당법에 기한 공장저당권, 입목에 관한 법률에 기한 입목저당권, 가등기담보 등에 관한 법률에 기한 가등기담보권, 상법에 기한 상사유치권, 선박저당권, 상사질권, 선박우선특권 등과 같이 특별법에 의한 물권이 창설될 수 있다. 참고로 민법과 충돌할 경우 특별법은 일반법인 민법보다 우선하여 적용된다(특별법우선의 원칙).

3) 관습법상 물권

① 동산의 양도담보
② 수목의 집단 및 미분리 과실의 소유권이전에 관한 명인방법
③ 명의신탁
④ 관습법상의 법정지상권
⑤ 분묘기지권
⑥ 사실혼 등

그러나, 광업권, 온천권, 채석권, 부동산질권은 물권이 아니다. 성문법 및 관습법에서 물권으로 정하지 않고 있기 때문이다.

〈판례〉

1. 온천에 관한 권리를 관습법상의 물권이라고 볼 수 없고, 또한 온천수는 민법 제235조, 제236조 소정의 공용수 또는 생활상 필요한 용수에 해당하지 않는다(대판 1970.5.26,69다1239).
2. 관습법상 사도통행권은 물권법정주의에 위배되어 인정할 수 없다(대판 2002.2.26, 2001다64165).
3. 미등기무허가건물의 양수인이라 할지라도 그 소유권이전등기를 경료받지 않는 한 건물에 대한 소유권을 취득할 수 없다(대판 1999.3.23,98다59118).

제 4 절 물권의 일반적 효력

물권은 그 종류에 따라 각기 특유한 효력을 갖지만 공통적으로 갖는 효력이 있다. 그것이 바로 우선적 효력과 물권적 청구권이다.

물권은 물건에 대한 직접적 배타적 지배를 내용으로 하는 권리이다. 이러한 직접적 배타적 지배를 위해서는 동일물에 대하여 서로 모순되는 권리가 병존하여서는 아니 되며(우선적 효력), 물권의 직접적 지배가 방해를 받는 때에는 그 직접적 지배 상태가 회복될 수 있어야 한다(물권적 청구권).

1. 우선적 효력

우선적 효력이란 동일물 위에 여러 개의 물권이 존재하는 경우에 모순되는 내용의 물권을 배척하여 배타적 지배를 실현할 수 있고, 동시에 채권에 우선하여 그 내용을 실현할 수 있는 효력을 말한다.

1) 물권 상호간의 우선적 효력

(1) 동일물 위의 수개의 물권의 존재

① 물권은 물건을 배타적으로 지배하는 것을 내용으로 하는 권리이므로, 동종의 물권은 동일물 위에 동시에 성립할 수 없지만, 이종의 물권은 동일물 위에 동시에 성립할 수 있다. 그러나 예외도 있다.

② 저당권은 목적물을 현실적으로 지배 이용하는 권리가 아니기 때문에 동일 부동산 위에 두 개 이상 설정될 수 있으며, 저당권과 질권은 이종의 물권이지만 설정되는 목적물이 다르기 때문에 동일물 위에 동시에 성립될 수 없다. 점유권은 물권이지만 우선적 효력을 갖지 않는다.

(2) 물권간의 우열기준

이종 또는 동종의 물권이 동일물 위에 2개 이상 성립하는 경우에 그들 상호간의 효력은 다음과 같다.

① 소유권과 제한물권이 동시에 존재하는 경우에는, 타인의 소유권을 일시적으로 제한하는 제한물권의 성질상 제한물권이 언제나 우선한다.

② 그 이외의 경우에는 시간적으로 먼저 성립한 물권이 나중에 성립한 물권보다 우선한다. 따라서 저당권이 설정된 뒤에 설정된 지상권은 저당권의 실행으로 소멸하나, 저당권이 설정되기 전에 설정된 지상권은 저당권의 실행으로 소멸하지 아니한다.

③ 예외

법률이 특별한 이유로 물권상호간에 특수한 순위를 정하는 경우에는 물권의 효력은 성립의 시간적 순서에 따르지 않는다.

2) 채권에 우선하는 효력

특정물건을 목적으로 물권과 채권이 성립하는 경우 그 성립의 선후를 불문하고 물권이 우선한다(매매는 임대차를 깨뜨린다). 채무자가 파산하거나 강제집행을 받는 경우에도 물권자는 일반채권자에 우선하므로, 채무자가 소유하고 있는 물건에 대해 소유권을 가지는 자는 환취권을 행사하거나 제3자 이의의 소를 제기할 수 있고, 담보물권을 가지는 자는 변제권을 행사하거나 우선변제의 소를 제기할 수 있다.

그러나, 예외적으로 주택임대차보호법에 규정된 대항요건 및 확정일자를 갖춘 보증금반환청구권과 국세기본법에 규정된 조세채권(납부기한이 도래한 후 설정된 것) 그 밖에 등기된 부동산임차권, 주택의 인도와 주민등록을 갖춘 주택임차권, 가등기된 부동산물권변동을 목적으로 하는 채권 등의 경우에는 그 시점을 기준으로 물권과의 우열이 정해진다.

2. 물권적 청구권

1) 의 의

물권자가 물건에 대한 지배를 하는 데 있어 그 지배가 방해를 당하거나 방해를 당할 염려가 있을 때, 물권자가 방해자에 대해서 그 방해를 제거하라고 요구하거나 그 방해의 예방에 필요한 행위를 하라고 요구할 수 있는 권리를 말한다. 이는 물권에 대해서 물권으로서의 실효성을 부여하기 위한 것이다.

2) 종 류

방해의 모습 또는 청구의 내용에 따라 물권적 반환청구권, 물권적 방해제거청구권, 물권적 방해예방청구권으로 나눌 수 있다. 또한 그 기초가 되는 물권의 성질에 따라 점유권에 기한 물권적 청구권, 본권에 기한 물권적 청구권으로 나눌 수 있다.

(1) **물권적 반환청구권** : 제한물권 중 저당권 및 지역권은 물건의 직접점유를

요하지 않는 물권이므로 반환청구권은 인정되지 않는다.

(2) **물권적 방해제거청구권** : 예컨대, 실체관계가 불일치한 등기가 경료되어 있어 등기말소를 청구하는 경우가 대표적이다.

(3) **물권적 방해예방청구권** : 현재는 물권의 방해를 당하고 있지는 않으나, 장래에 방해할 염려가 있는 경우에 일정한 예방조치나 손해배상의 담보를 선택적으로 청구할 수 있는 권리가 방해예방청구권이다

3) 성 질

(1) 물권적 청구권은 물권에 기한 권리이다.

물권적 청구권은 물권에 의존하는 권리이므로 언제나 물권과 그 운명을 같이 한다. 물권이 이전되면 따라 이전되고, 소멸하면 함께 소멸한다. 물권과 따로 물권적 청구권만을 독립하여 양도하는 것은 불가능하다.

(2) 물권적 청구권은 청구권이다.

물권적 청구권은 특정인에게 일정한 행위를 청구할 수 있는 권리이므로 지배권인 물권 자체는 아니고 채권 자체도 아니라고 할 수 있다. 그러나 물권적 청구권은 청구권의 본질을 갖는 것이므로 채권과 비슷한 권리로 이해하여 채권에 관한 일반규정을 유추 적용한다. 따라서 청구의 내용을 강제하기 위해서는 채권에 관한 이행강제방법에 따르게 될 것이다.

(3) 물권적 청구권은 채권적 청구권에 우선한다.

이는 물권이 채권에 우선하는 본질에 기한 것으로 당연한 결과라 하겠다.

4) 물권적 청구권의 소멸시효 적용여부

소유권은 항구적 권리이므로 소멸시효에 걸리지 않기 때문에 소유권에 기한 물권적 청구권은 소멸시효에 걸리지 않는다. 그러나 전세권, 지상권, 지역권은 소멸시효에 걸리기 때문에 이 권리에 기한 물권적 청구권이 소멸시효에 걸리는가 여부는 견해의 다툼이 있다.

〈판례〉

1. 물권적 청구권이 없는 물권이란 의미가 없다 할 것이므로, 소유권을 양도함에 있어 물권적청구권을 소유권과 분리하여 전 소유자에게 유보하여 제3자에 대해 이를 행사하게 하는 것은 소유권이 절대적 권리인 점에 비추어 허용될 수 없다(대판 1969.5.27,68다725).
2. 채권담보의 목적으로 이루어지는 부동산 양도담보의 경우에 있어서 피담보채무가 변제된 이후에 양도담보권설정자가 행사하는 등기청구권은 양도담보권설정자의 실질적 소유권에 기한 물권적 청구권이므로 따로 시효로 인하여 소멸되지 아니한다(대판 1979.2.13,78다2414).
3. 매매계약이 해제된 경우에 소유권은 당연히 매도인에게 복귀하는 것이므로 매도인의 소유권회복청구권도 소멸시효에 걸리지 않는다(대판 1993.8.24,92다43979).

5) 발생요건

(1) **물권의 침해가 있어야 한다** : 물건의 침탈, 물권행사의 방해 및 방해할 염려가 있는 경우로 침해 및 침해염려의 객관적 사실만 있으면 족하다.

(2) **물권침해의 고의과실을 요하지 않는다(무과실책임)** : 침해 및 침해염려의 객관적 사실만으로 족하고 침해자의 주관적인 「고의 · 과실」을 요하는 것은 아니다. 따라서 천재지변에 의한 경우라도 물권침해가 발생하게 된다.

(3) **물권침해시 정당한 권원이 없을 것** : 임대인은 물건의 소유자라도 임차인에 대해 소유권에 기한 물권적 청구권을 행사할 수 없다. 이는 임차인이 물권내용의 실현을 저지하고 있다 하더라도 그것이 정당한 권원에 의거하고 있다면 물권침해라고 볼 수 없으므로 물권적 청구권은 발생하지 않는다.

(4) **물권이 존재하고 있어야 한다** : 물권적 청구권은 상기요건을 갖춘 침해 및 그 염려가 있어야 하나, 이는 물권을 전제로 하기 때문에 침해 당시부터 물권적 청구시까지 물권이 존재해야 한다. 만일 침해로 물권이 소멸된 경우라면 물권의 침해는 있으나 물권이 존재하지 않으므로 물권적 청구권은 성립되지 않게 된다. 예를 들어 유치권자가 물건의 침탈을 당하여 점유를 상실한 경우 그로 인해 유치권은 소멸하므로 유치권에 기한 반환청구권은 인정될 수 없다.

6) 물권적 청구권행사

(1) **당사자** : 물권적 청구권은 현재 침해를 당하고 있거나 침해를 당할 염려가 있는 물권자가 재판상 또는 재판 외의 방법으로 현재 물권을 침해하고 있거나 침해할 염려 있는 상태를 발생시키고 있는 자에게 침해제거와 그 예방조치 및 손해배상의 담보제공을 요구할 수 있다.

(2) **비용부담문제** : 판례는 물권적 청구권을 상대방의 적극적인 행위를 청구하는 권리, 즉 행위청구권으로 보고 있다. 따라서 그러한 행위에 필요한 비용은 언제나 상대방(방해자)이 부담한다.

7) 다른 청구권과의 관계

(1) **불법행위에 기한 손해배상청구권** : 물권의 침해로 물권자에게 손해가 발생하였을 경우 물권자는 상대방에게 물권적 청구권과 별개로 손해배상을 청구할 수 있다. 단, 손해배상청구권은 상대방의 고의·과실을 요하며 양자는 동시 또는 별도로 그 권리를 행사할 수 있다.

(2) **부당이득의 성립에 의한 부당이득반환청구권** : 물권침해로 침해자에게 부당이득이 성립되었다면 물권적 청구권과는 별개로 물권자는 부당이득반환청구권이 발생하게 된다. 양자의 관계는 중복적 행사는 할 수 없고 한쪽의 이행이 있다면 다른 쪽은 당연히 소멸되는 선택적 행사를 하게 되지만 경우에 따라서는 물권적 청구권과 전혀 관계없이 행사되는 경우도 있다.

(3) **등기청구권** : 일반적으로 등기청구권은 채권적청구권으로 보나, 실체관계가 불일치할 경우 그 불일치를 제거하기 위한 등기청구권은 「물권적 청구권」으로 보는 것이 다수의 견해이다.

제 2 장

물권의 변동

제1절 서 설

1. 물권변동의 의의

물권변동이란 물권의 발생, 변경, 소멸을 말하며, 물권의 득실변경이라고도 한다.

〈물권 변동의 모습〉

<table>
<tr><td rowspan="3">물권
발생
(취득)</td><td>원시취득
(절대적발생)</td><td colspan="2">전에는 없었던 물권이 이 사회에 새로 하나 발생하는 것 즉, 건물의 신축, 취득시효, 무주물선점, 유실물습득, 매장물발견, 선의취득 등이 그 예이다.</td></tr>
<tr><td rowspan="2">승계취득
(상대적발생)</td><td>이전적
승 계</td><td>매매, 증여, 교환, 상속 등으로 전주인이 갖고 있던 물권이 그대로 다음 주인에게 승계되는 것.</td></tr>
<tr><td>설정적
승 계</td><td>저당권 · 지상권 등을 설정 받는 것과 같이 전주인의 물권이 그대로 존속하면서 그 물권의 내용 일부를 승계 받는 것.</td></tr>
<tr><td rowspan="2">물권
소멸</td><td>절대적 소멸</td><td colspan="2">이 사회에서 기존의 물권 하나가 없어지는 것. 예를 들면 소유물이 멸실 하는 것과 같은 경우(물권포기, 혼동, 소멸시효 등)</td></tr>
<tr><td>상대적 소멸
(물권의 상실)</td><td colspan="2">물권 그 자체는 존속하지만 물권이 타인에게 승계됨으로써 종래의 주인이 물권을 잃는 것(물권의 양도 등 이전적승계)</td></tr>
<tr><td>물권
변경</td><td colspan="3">물권의 동일성을 유지하면서 그 내용 또는 작용에 변화가 생긴 경우, 물권자가 바뀌는 것은 주체의 변경이고 전세금증감, 목적물의 증감, 기간갱신 등은 내용의 변경이며 저당권 순위가 변경될 경우는 작용의 변경이라 한다.</td></tr>
</table>

2. 물권변동의 원인

물권변동의 원인은 크게 법률행위에 의한 경우와 법률의 규정에 의한 경우로 구분된다.

1) **법률행위에 의한 물권변동** : 법률행위에 의한 경우는 동산, 부동산 구별 없이 반드시 공시(동산은 인도, 부동산은 등기)를 해야 물권변동이 된다.

2) **법률의 규정에 의한 물권변동** : 별도 공시(등기나 인도)가 없어도 물권변동이 되지만 부동산물권의 경우 그 물권을 처분할 때는 등기를 요하게 된다.

법률의 규정에 의한 물권변동은 준법률행위 및 사건 등에 의한 경우로 취득시효, 소멸시효, 혼동, 선의취득, 무주물선점, 유실물습득, 매장물발견, 첨부, 상속, 공용징수, 경매, 판결, 몰수 등이 있다.

3. 물권변동과 공시제도

물권은 배타적, 절대적 지배권이므로 그 주장과 침해방지 및 분쟁예방을 통한 거래안전을 기하기 위해서는 그 소재와 변동을 일정한 방법을 통해 외부에 공시해야만 한다. 그 공시방법은 물건에 따라 달라지는데 부동산·선박인 경우는 등기, 동산인 경우는 점유로 공시하고, 자동차나·항공기는 등록, 수목집단이나 미분리과실 등은 관습법상 명인방법에 의해 공시한다.

〈판례〉

적법한 경작권 없이 타인의 토지를 경작하였더라도, 그 경작한 입도(立稻)가 성숙하여 독립한 물건으로서의 존재를 갖추었으면, 그 입도의 소유권은 경작자에게 귀속한다(대판 1979.8.28, 79다784).

4. 공시의 원칙

1) 의 의

물권의 존재·변동은 언제나 외부에서 인식할 수 있는 어떤 표상, 즉 공시방법을 갖추어야 한다는 원칙을 공시의 원칙이라 한다.

2) 공시방법의 입법주의

공시의 원칙을 실현함에 있어 그 방법에 대한 입법례는 법률행위와 공시의 관계에 따라 성립요건주의와 대항요건주의 두 가지 유형으로 분류할 수 있다.

(1) **성립요건주의** : 공시방법을 갖추지 않으면, 제3자와의 관계는 물론이며, 당사자 사이에서도 물권변동은 생기지 않는 것으로 한다. 즉 물권변동을 위해서는 반드시 공시를 요하는 입장으로 형식주의라고도 한다. 이러한 입법례를 취하고 있는 대표적인 나라가 독일이며, 우리 민법도 또한 형식주의를 취하고 있다.

(2) **대항요건주의(의사주의)** : 당사자 사이에서는 물권변동은 일어나지만, 공시방법을 갖추지 않는 한, 그 물권변동을 가지고 제3자에게 대항하지 못한다. 이러한 입법례를 취하고 있는 대표적인 나라가 프랑스이며, 현행 일본민법이 이에 따르고 있다.

3) 적용범위(물권이외의 공시방법)

공시의 원칙은 물권뿐만 아니라, 비영리법인의 등기, 채권양도의 대항요건, 혼인신고와 같은 가족법상의 행위, 회사의 설립등기, 광업권·어업권·무체재산권 등에도 인정된다.

5. 공신의 원칙

1) 의 의

공시방법을 신뢰하여 거래한 자가 있는 경우에, 비록 그 공시방법이 진실한 권리관계에 일치하고 있지 않더라도 마치 그 공시된 대로의 권리가 존재하는 것처럼 다루어서, 그 자의 신뢰를 보호하여야 한다는 원칙을 말한다.

2) 제도의 목적

권리의 외관을 보호하기 위한 제도(거래의 안전・신속 보호)이다.

3) 공신의 원칙의 내용

등기 또는 점유라는 물권의 존재를 추측케 하는 외형을 신뢰한 자는, 비록 그 공시방법이 진실한 권리관계에 부합하지 않더라도, 그 공시된 대로의 권리를 취득한다. 한편 공시의 원칙이 관철되어 있으면, 동산의 점유자는 그 동산에 관하여 물권을 가지는 것으로 추정되고, 등기된 권리는 존재하는 것으로 추정된다.

4) 우리 민법의 태도(공신력 인정여부)

(1) 부동산

우리 민법은 부동산물권변동의 공시에 공신력을 인정하고 있지 않으므로, 등기를 신뢰한 제3자는 원칙상 보호받지 못한다. 다만 선의의 제3자 보호규정 등을 통해 보호함으로써 공신력 없는 부동산등기에 공신력을 보완하고 있다.

(2) 동산

동산의 경우에는 거래의 빈도가 많고 대량으로 이루어질 뿐만 아니라 공시방법도 불완전하므로 거래불안을 제거하기 위해 공신의 원칙을 적용하고 있다. 이를 위해 민법은 선의취득제도를 두고 있다.

5) 공신의 원칙 적용확대

공신의 원칙은 물권에만 국한되지 않고 그 취지는 표현대리, 영수증소지자에 대한 변제, 지시채권의 소지인에 대한 변제 등에도 확대 적용된다. 따라서 이 경우는 외관을 신뢰한 자를 보호하는데 그 목적을 두고 있다.

제2절 부동산 물권변동

1. 의 의

부동산물권은 부동산소유권. 지상권, 전세권, 지역권, 저당권, 유치권 등으로 그 변동의 원인은 물권행위와 기타 법률의 규정을 들 수 있다. 특히 물권행위에 의한 물권변동에 대해 우리 민법은 성립요건주의, 즉 형식주의를 취하므로 반드시 등기를 요한다.

2. 법률행위에 의한 부동산물권변동

〈관련법조문〉

제186조 (부동산물권변동의 효력) 부동산에 관한 법률행위로 인한 물권의 득실변경은 등기하여야 그 효력이 생긴다.

부동산에 관한 법률행위[9]로 인한 물권의 득실변경은 「등기」하여야 그 효력이 생긴다고 규정하여 부동산물권변동을 위해 법률행위로서 물권행위와 그리고 등기를 그 요건으로 하고 있다.

따라서 법률행위가 유효한 경우라도 등기가 없으면 물권변동은 발생하지 않기 때문에 특약으로 등기를 배제하고 소유권이전을 약정한 경우라도 그 특약은 무효이다. 본 규정은 강행규정이며, 따라서 등기가 강제되기 때문이다.

3. 법률규정에 의한 부동산물권변동

〈관련법조문〉

제187조 (등기를 요하지 아니하는 부동산물권취득) 상속, 공용징수, 판결, 경매 기타 법률의 규정에 의한 부동산에 관한 물권의 취득은 등기를 요하지 아니한다. 그러나 등

9) 법률행위는 달리 표현할 때 '계약'이라 표현할 수 있다. 따라서 매매계약, 증여계약, 교환계약, 저당권설정계약, 전세권설정계약 등 계약에 의해 권리의 변동이 있고, 대상이 부동산인 경우에는 반드시 등기하여야 효력이 인정된다.

기를 하지 아니하면 이를 처분하지 못한다.

법률의 규정에 의한 물권변동에 대해서도 형식주의를 취하여 등기를 요하게 된다면 권리관계의 공백이 생기거나 법률관계가 복잡하게 되므로 물권변동을 위한 별도의 등기를 요하지 않는다. 그러나 그 권리를 처분할 경우는 등기를 요한다.

1) 원 칙

(1) **상속** : 상속으로 인한 물권변동시기는 피상속인의 「사망시」이다. 사망으로 상속이 개시되기 때문이다. 포괄유증의 경우는 상속의 규정을 준용하므로 포괄유증에 의한 물권변동도 등기를 요하지 않는다.

(2) **판결(형성판결)** : 판결에 의해 물권변동을 형성하는 「형성판결」에 한한다. 즉, 공유물분할의 소에서 분할판결, 사해행위취소의 소에서 취소판결과 같은 경우로 이 경우는 판결이 확정될 때 물권변동이 발생한다. 특히 형성판결이 아닌 경우라도 법률관계의 형성작용에 관한 것이면 화해나 인낙이라 하더라도 판결과 동일한 효력이 있으므로 화해나 인낙이 확정되면 물권변동이 발생하게 된다.

(3) **경매(공경매)** : 경매에 의해 물권변동이 되는 경우는 국가기관에 의해 시행되는 법원경매와 국세징수법에 따른 조세체납자재산의 공매처분 등이 이에 해당된다. 경매에 의한 물권변동은 경락대금을 지급할 때이고 권리취득의 성질은 승계취득이다. 그러나 사경매에 해당하는 경우는 매매관계가 적용되므로 「등기」해야 물권변동이 발생한다.

(4) **공용징수(공용수용)** : 공용징수는 공공의 이익을 위해 개인의 소유권 기타 재산권을 강제로 취득하는 제도로 권리취득의 성질은 「원시취득」이다. 물권변동시기는 협의수용의 경우는 협의로 정한 수용기일이, 재결절차에 의한 재결수용의 경우는 재결에서 정한 기일이 이에 해당된다. 물권변동을 위해서는 보상금지급을 정지조건으로 한다.

(5) **기타 법률의 규정에 의한 경우** : 건물의 신축과 멸실, 법정지상권, 법정저당권, 관습법상 지상권취득, 법정대위에 의한 저당권이전, 혼동, 존속기간만료, 피담보채권의 소멸 등에 의한 물권소멸 등은 별도 등기를 요하지 않고, 물권변동이 발생한다.

(6) **등기를 하지 않으면 처분하지 못한다** : 법률의 규정에 의한 물권변동은 별도 등기를 요하지 않고도 물권변동이 발생한다. 그러나 이 물권을 처분할 경우는 등기를 하여야 한다. 즉, 상속인이 소유권을 취득하는 것은 피상속인의 사망 시이다. 만일 상속인이 상속재산을 처분할 때는 상속등기를 하여야 하지만 상속등기 없이 처분하였을 경우 그 처분행위의 효력에 대해 "등기를 하지 않으면 처분하지 못한다."라는 것은 단속규정의 의미가 있으므로 이를 위반한 처분이라도 무효가 되지 않는다(판례).

▶등기대상인 물건의 여부

1. 등기대상인 물건
도로, 고정식 온실, 싸이로, 구분건물의 규약상 공용부분, 아파트의 지하실, 하천법상의 하천부지(2008년 개정)

2. 등기대상이 아닌 물건
공유수면 아래의 토지(공유수면관리법 제2조 제1호), 터널, 교량, 견본주택, 구분건물의 구조상 공용부분

2) 예외 : 점유취득시효에 의한 물권취득

점유취득시효에 의한 물권취득은[소유권, 지상권, 지역권(표현되고 계속), 전세권] 시효완성 후 별도 등기를 하여야 비로소 물권을 취득하게 된다. 따라서 점유취득시효에 의한 물권취득은 법률의 규정에 의한 물권변동이나 시효의 완성만으로는 부족하고, 반드시 「등기」를 함으로 물권을 취득하게 된다(법제245조). 단, 물권변동시점은 등기시점이 아니고 점유 개시시로 소급한다.

4. 부동산물권의 공시방법(부동산등기)

1) 등기의 의의

국가기관인 등기공무원이 법정절차에 따라 공적장부인 등기부에 부동산에 관한 일정한 권리 관계를 기재하는 것, 또는 그러한 기재 자체를 의미한다.

2) 등기의 종류

(1) 사실의 등기 · 권리의 등기

사실의 등기는 등기용지 중 표제부에 하는 부동산표시의 등기(표제부의 등기) 즉, 지번과 면적, 지목, 건물의 구조 등의 기재를 말한다.

권리의 등기는 등기용지 중 갑구 란과 을구 란에 하는 부동산 권리관계의 등기 즉, 갑구의 소유권과 관련된 등기와 을구의 제한물권에 관한 등기를 의미한다.

(2) 보존등기 · 권리변동의 등기

미등기의 부동산에 관하여 그 소유자의 신청으로 처음으로 행하여지는 등기(가옥의 신축)를 보존등기(소유권보존등기)라 하며 소유권보존등기를 기초로 하여 그 후에 행하여지는 권리변동의 등기 즉, 이전, 설정, 말소등기를 권리변동의 등기라 한다.

(3) 등기의 내용에 의한 분류

① **기입등기** : 새로운 등기원인에 기하여 어떤 사항을 등기부에 새로이 기입하는 등기(이전등기 · 종국등기)

② **변경등기** : 후발적 불일치, 등기완료 후에 등기사항이 실제로 변경된 경우(건물의 분할)

③ **경정등기** : 원시적 불일치, 등기원인에 착오 또는 유류가 있어서 원시적으로 등기와 실체관계 사이에 불일치가 생긴 경우

④ **말소등기** : 기존등기의 전부를 말소하는 등기

⑤ **멸실등기** : 부동산이 멸실한 경우에 행하여지는 등기

⑥ **회복등기** : 일단 말소한 등기의 회복을 목적으로 하는 등기를 회복등기라 한다. 여기에는 구등기의 전부 또는 일부가 부적법하게 말소된 경우 이를 회복케 하는 말소회복등기와 천재지변으로 인하여 등기부의 전부 또는 일부가 멸실된 경우 이를 회복하기 위해 하는 멸실회복등기가 있다.

(4) 등기의 방법 내지 형식에 의한 분류

① **주등기(신등기·독립등기)** : 기존의 등기와 별개로 독립하여 행하여지는 등기

② **부기등기** : 독립된 번호가 아니라, 다른 기존의 특정의 등기(주등기)의 번호가 붙여지는 등기(저당권이전등기·변경등기·경정등기·소유권이외의 이전등기)

(5) 등기의 효력에 의한 분류

등기 본래의 효력(물권변동)을 발생케 하는 등기(기입등기, 경정등기, 변경등기, 말소등기, 멸실등기, 회복등기) 종국등기와 등기 본래의 효력(물권변동)과는 직접 관계가 없고, 다만 간접적으로 물권변동에 대비하여 하는 등기(가등기+예고등기)인 예비등기가 있다.

3) 등기부

① **등기부** : 부동산에 관한 권리관계를 기재하는 공적장부

② **등기소에 비치된 등기부** : 토지등기부·건물등기부, 입목등기부, 공장재단등기부, 광업재단등기부

③ **등기부의 편성방법** : 물적 편성주의(1不動産1用紙主義)

예외: 1동의 건물을 구분한 건물(아파트·연립주택)의 경우에는 그 전부에 대하여 두 개의 표제부(1동의 건물의 표제부·구분건물의 표제부)를 가진 1용지를 두고, 구분건물에 관하여 각각 갑구·을구를 둔다.

④ **등기용지의 구성**

1 등기번호란	지번(地番) 표시 (X :접수번호) →등기용지를 특정하는 역할
2 표제부	표시란(부동산의 동일성 표시), 표시번호란(표시란에 등기한 순서)
3 갑구	사항란(소유권에 관한 사항), 순위번호란(각 사항란의 기재의 순서)
4 을구	사항란(소유권 이외의 권리에 관한 사항), 순위번호란(사항란 기재의 순서)

⑤ **대장과 등기부와의 관계 : 상호의존관계**

대장과 등기부는 기재내용의 일치 내지 부합을 위하여 절차적으로 의존·협력관계에 있다. 부동산의 물권적 상황 내지 동일성에 관한 사항에 관해서는 등기부

가 대장의 기재를 따르지만, 권리 그 자체의 변동에 관해서는 대장이 등기부의 기재를 따른다. 다만 소유권보존등기에 관해서는 등기부가 대장의 기재를 따른다.

4) 등기사항

① **실체법상의 등기사항** : 등기하지 않으면 사법상의 일정한 효력이 생기지 않는 사항

② **절차법상의 등기사항(등기능력)** : 당사자가 등기를 신청할 수 있고, 등기공무원이 등기할 직책과 권한을 가지게 되는 사항

③ **실체법상의 등기사항은 아니지만, 절차법상의 등기사항인 것** : 말소등기(혼동에 의한 제한물권의 소멸, 피담보채권의 변제에 의한 저당권의 소멸)

④ **등기되어야 할 권리** : 부동산물권(점유권 · 유치권 · 특수지역권은 제외), 권리물권(권리질권), 부동산채권(부동산임차권 · 부동산환매권 · 물권변동을 목적으로 하는 청구권)

⑤ **등기되어야 할 권리변동**

㉠ 설정 · 보존 · 이전 · 변경 · 처분의 제한 또는 소멸 등 변동의 종류가 무엇이냐를 묻지 않고 모두 등기되어야 한다.

㉡ 권리변동의 원인이 무엇이냐를 묻지 않고 모두 등기되어야 한다.

㉢ 권리변동의 성립 · 효력발생을 위하여 등기를 필요로 하느냐를 묻지 않고서 모두 등기하여야 한다.

※ 사권의 목적이 되는 모든 토지와 건물, 즉 부동산은 등기할 수 있다. 사권의 목적이 되지 않는 공유수면하의 토지나 하천구역은 등기할 수 없다. 이러한 사권의 목적이 되는 부동산에 관한 물권 가운데서 점유권과 부동산유치권, 민법 제302조의 특수지역권을 제외한 모든 물권은 등기할 수 있다. 물권은 아니지만 부동산임차권과 환매권도 등기할 수 있다. 물권의 변동은 변동의 종류 · 원인을 불문하고 모두 등기되어야 한다(부동산등기법 제2조).

5) 등기의 절차

(1) 등기의 신청

① **공동신청주의** : 등기의 진정을 보장하기 위하여 등기권리자(등기가 경료되면 권리의 취득 기타의 이익을 받는 자라는 것이 등기부상에 표시되는 자)와 등기의무자(권리의 상실 기타의 불이익을 받는 자라는 것이 등기부상에 표시되는 자)의 공동신청

② **예외적 단독신청** : ⓐ 등기의 진정이 보장되는 경우(판결·상속에 의한 등기, 멸실회복등기〈←천재지변〉) 또는 ⓑ 등기의 성질상 등기의무자가 없는 경우(미등기부동산소유권의 보존등기, 부동산의 분합 기타의 변경등기〈건물의 표시의 변경등기, 등기명의인의 표시의 변경·경정등기〉)

③ **대위신청** : 채권자대위권(404조)에 의하여 채무자의 등기청구권을 대위행사할 수 있다.

④ **대리인에 의한 신청** : 인정. 자기계약·쌍방대리의 금지(124조)도 적용되지 않는다는 것이 통설·판례의 태도이다.

(2) 등기신청에 대한 심사

형식적 심사주의(→ 신속성). 다만, 1棟의 건물을 구분한 건물의 표시사항에 관하여는 등기공무원의 조사권을 인정함으로써, 그 한도에서는 실질적 심사주의 도입

6) 등기청구권

(1) 의의

① 등기권리자와 등기의무자의 일방이 타방에 대하여 등기의 신청에 협력하여 줄 것을 청구하는 권리(공동신청주의)로 실체법상의 권리이다.

② 등기신청권과의 구별 : 등기신청권은 국가기관인 등기관에 대하여 등기를 신청하는 공법상의 권리로 公權이지만, 등기청구권은 사법상의 권리로 私人과 私人 사이의 私權이다.

(2) 발생원인과 성질

① 법률행위에 의한 부동산물권변동의 경우 : 견해의 대립이 있으나, 채권적 청구권으로 보는 것이 판례(물권행위의 독자성을 부인하면서 등기청구권은 채권행위에서 발생하는 것으로 봄)의 태도이다.

② 취득시효의 경우: 채권적 청구권으로 보는 것이 판례의 태도이다.

③ 부동산임차권의 경우 : 법률규정에 의해 당연 발생(다수설). 성실은 순수한 채권

④ 부동산환매권의 경우 : 당사자 사이의 계약에 의해서 발생하는 채권적 청구권

⑤ 실체관계와 등기가 일치하지 않는 경우 : 불일치를 제거하기 위한 등기청구권은 물권의 효력으로서 발생하는 물권적 청구권(통설·판례)

⑥ 반면 민법 제187조에 의한 등기는 등기청구권이 존재할 여지가 없으며, 법정지상권 등의 설정등기청구권은 물권적 청구권으로 보아야 할 것이다.

(3) 등기청구권이 채권적 청구권인 경우에는 채권적 효력밖에 없고, 10년의 소멸시효에 걸리며, 그 양도는 채권양도의 방법(민법 제449조 이하)에 따라 하여야 한다. 반면 물권적 청구권인 경우에는 그 청구권은 소멸시효에 걸리지 않으며, 그 양도는 물권양도로서 특별한 제한 없이 자유롭게 이루어질 수 있을 것이다.

(4) 등기청구권의 행사

① 등기인수청구권 : 등기권리자의 등기의무자에 대한 의사표시가 보통이지만, 등기의무자도 登記引受請求權 가진다(대판 87다카2188).

② 중간생략등기의 경우, 최후의 양수인이 최초의 양도인에게 직접 등기청구권을 행사할 수 있으며, 등기청구권은 채권자대위권의 객체가 될 수 있다

(5) 등기청구권의 소멸

7) 등기의 효력

(1) 본등기의 효력

① **권리창설적 효력** : 물권적 합의에 부합하는 등기가 갖추어지면 부동산물권 변동의 효력이 생긴다. 이와 같이 [물권변동을 발생케 하는 효력]을 등기의 권리 변동적 효력 내지 창설적 효력이라고 부른다. 물권변동의 효력이 생기는 시기는 등기를 신청한 때가 아니라 실제로 등기부에 기재된 때에 발생한다. 그러므로 등기공무원이 등기신청을 접수하고 등기필증까지 교부하였다 하더라도 실제로 등기부에 기재되지 않은 경우에는 등기의 권리변동적 효력은 발생하지 않는다.

② **대항적 효력** : 부동산제한물권(지상권 · 지역권 · 전세권 · 저당권 등)과 부동산환매권 · 부동산임차권에 관하여는 권리변동 외에 일정한 사항(존속기간 · 지료 · 전세금 · 이자 · 지급시기 등)을 등기할 수 있고, 이들을 등기하면 제3자에 대해서 대항할 수 있다. 이를 등기의 대항적 효력이라고 한다.

③ **순위확정적 효력** : 같은 부동산에 관하여 등기한 권리의 순위는 법률의 다른 규정이 없으면 등기의 전후 내지 선후에 의하여 정해지는데, 이러한 등기의 효력을 순위확정적 효력이라고 한다.

④ **등기의 점유적 효력** : 민법 제245조 2항은 부동산의 소유자로 등기되어 있는 자가 10년 동안 자주점유를 한 때에 소유권을 취득한다는 등기부취득시효를 규정하고 있는데, 이 경우 등기는 마치 동산취득시효에서의 점유와 같은 효력을 갖는다.

⑤ **등기의 추정적 효력** : 등기가 형식적으로 존재하기만 하면 무효인 등기라 하더라도 그에 부합하는 권리가 실체법상으로도 존재하는 것으로 추정되고, 절차의 적법, 기재사항의 적법, 등기원인의 적법, 대리권의 존재 등도 모두 추정된다. 이러한 추정의 효과는 등기명의인 뿐 아니라 제3자도 원용할 수 있으며, 물권변동의 당사자 사이에서도 발생한다고 판례는 보고 있다. 이러한 등기의 효력을 추정적 효력이라고 한다. 다만 보존등기는 소유권이 진실하게 보존되어 있다는 사실에 관해서만 추정력이 있고, 그 등기명의인이 원시취득자라는 사실까지 추정력을 갖는 것은 아니다. 또한 가등기나 예고등기에는 추정력이 인정되지 않는다.

추정적 효력의 결과 등기의 적법이 추정되면 이를 다투는 상대방은 그 부적법을 입증하여야 한다. 또한 등기에 추정력이 인정되는 결과 등기를 신뢰하고 거래한 제3자에게는 선의는 물론 무과실까지도 추정이 된다.

(2) 가등기의 효력

가등기에는 [청구권보전의 가등기]와 [담보가등기]의 두 가지가 있는데, 여기서는 [청구권보전의 가등기]가 갖는 효력만을 살펴본다.

① **본등기 후의 효력(순위보전의 효력)** : 가등기에 기해 본등기를 하면, 본등기의 순위는 가등기의 순위에 의한다. 이것은 물권변동의 시기가 가등기한 때로 소급한다는 의미는 아니다. 물권변동의 효력은 [본등기를 하는 때]에 발생하고, 단지 본등기의 순위만이 가등기의 순위로 소급한다.

② **본등기 전의 효력** : 본등기가 없는 한, 가등기 자체로는 아무런 실체법상의 효력도 생기지 않는다. 또한 가등기는 본등기가 없는 동안은 아무런 실체법상의 효과가 없으므로, 가등기자체만으로는 청구권이 존재한다는 추정력이 없다. 가등기가 있더라도 등기의무자인 본등기명의인은 부동산을 처분할 권리를 잃지 않는다.

(3) **예고등기의 효력** : 제3자에게 경고를 준다는 사실상의 효력

8) 등기의 유효요건

등기가 유효하기 위해서는 등기에 부합하는 실체법상의 권리관계가 존재하여야 하고(실체적 유효요건), 부동산등기법이 정하는 절차에 따라 적법하게 행해져야 한다(형식적 유효요건).

(1) 형식적 유효요건

① 등기할 사항에 대하여 적법한 절차에 따른 등기신청이 있을 것

② 등기부에 기재될 것

③ 등기의 불법 말소 또는 후발적 유탈: 등기는 물권의 효력발생 요건일 뿐, 그 존속요건은 아니기 때문에 물권에 관한 등기가 원인 없이 말소된 경우 물권은 소멸하지 않고, 말소된 등기의 회복등기가 행하여지면 그 회복등기는 말소된

종전의 등기와 동일한 순위의 효력을 가진다.

④ 이중보존등기 : 우리나라의 등기부는 1부동산 1등기용지주의에 의하여 물적으로 편성되어 있다. 따라서 하나의 부동산에 대하여 이중으로 등기하지 못한다. 그러나 등기부색출장의 정리미비나 확인미진으로 인하여 동일부동산에 대하여 두 개 이상의 등기용지가 비치되어 있는 경우가 발생할 수 있다.

판례는 이러한 이중보존등기가 표시란에 행해진 경우 등기의 선후에 관계없이 부동산의 실체상황과 일치하는 보존등기만이 효력을 가진다고 한다(대판 1968.11.19, 66다1473). 반면 사항란에 행해진 경우에는 먼저 행해진 등기가 원인무효라는 아무런 자료가 없는 한 먼저 행해진 등기만이 유효하고 뒤에 한 등기는 효력이 없다. 그리하여 뒤에 행해진 보존등기를 기점으로 하여 제3자 명의의 등기가 종료된 경우에도 이들 등기는 모두 무효가 된다.

(2) 실질적 유효요건(물권행위와 등기의 부합)

① 등기와 부합하는 실체관계의 존재

등기에 부합하는 부동산이 존재하고, 등기명의인이 허무인이 아니어야 하며, 등기에 부합하는 실체적 권리변동 내지 물권행위가 존재해야 한다.

② 등기와 실체관계의 부합의 정도

부동산의 표시에 관한 부합의 정도

- 질적불일치 : 등기가 물권적 합의와 내용에 있어서 합치하지 않으면 합의된 물권변동은 발생하지 않고, 따라서 등기된 권리변동도 처음부터 성립하지 않는 것으로 된다.
- 양적불일치 : 등기된 양이 물권행위의 양보다 큰 경우 : 물권행위의 한도 내에서 유효 등기된 양이 물권행위의 양보다 작은 경우 : 일부무효의 법리

[예] 물권적 합의로는 토지 30평에 대해서만 합의했는데, 50평에 대해서 등기한 경우에는 30평의 한도내에서 효력이 생기고, 10평에 대해서만 등기한 경우에는 원칙적으로 전부무효가 되지만, 10평만으로도 물권적 합의를 했을 것으로 해석되면 등기기재의 한도에서 효력을 인정해야 한다.

(3) 중간생략등기

甲과 乙 사이에 어떤 물권의 이전을 위한 물권적 합의가 있었으나 乙 앞으로 이전등기를 하지 않은 상태에서 乙이 다시 丙과 동일한 물권의 이전을 위한 물권적 합의를 한 경우에 마치 甲으로부터 丙에게 직접 물권이 이전되는 것과 같이 등기를 행하는 것을 말한다. 판례는 구법시대 이래로 중간자 전원의 합의가 있는 한 중간생략등기를 유효한 것으로 인정하고 있다.

〈판례〉

소유권이전등기 소요 서류 등에 매수인란을 백지로 하여 교부한 경우에는 소유권이전등기에 있어 묵시적 그리고 순차적으로 중간등기 생략의 합의가 있었다고 봄이 상당하다(대판 1982.7.13,81다254). 최초 양도인이 중간등기생략을 거부하고 있어 매수인란이 공란으로 된 백지의 매도증서와 위임장 및 인감증명서를 교부한 것만으로는 중간등기생략에 관한 합의가 있었다고 할 수 없다(대판 1991.4.23,91다5761).

④ 실제와 다른 등기원인에 의한 등기

등기부에는 반드시 등기원인을 기재하도록 되어 있지만, 거래관계에서는 실제의 등기원인과 다르게 표시하여 등기신청을 하는 경우가 많다. 판례는 증여에 의한 것을 매매에 의한 것으로 행한 등기는 무효라고 할 필요가 없다거나, 대물변제로 인한 소유권이전등기를 함에 있어서 매매를 등기원인으로 기재한 경우 그 등기는 유효하다고 한다는 식으로 이러한 등기의 유효성을 인정한다.

⑤ 실체관계와 등기가 후발적으로 부합하게 된 경우(무효→유효)

⑥ 무효등기의 유용

어떤 등기가 행하여져 있으나, 그것이 실체적 권리관계에 부합하는 것이 아니어서 무효로 된 후에, 그 등기에 부합하는 실체적 권리관계가 있게 된 때에 이 등기는 유효하게 된다는 것이 판례의 입장이다(大判 1986.12.9, 86다카 716). 단 무효등기의 유용이 인정되는 것은 사항 란의 등기를 유용한 경우뿐이며, 표제부 등기의 유용은 인정되지 않는다. 또 등기상의 이해관계를 가진 제3자가 있는 경우에도 유용은 인정되지 않는다.

9) 등기를 갖추지 않은 부동산취득자의 법적 지위

민법 제186조의 형식주의 아래에서는 물권적 합의가 있더라도 등기가 없으면 부동산물권변동은 일어나지 않으므로, 등기명의인인 양도인이 법률상 소유자이다. 양도인에 대해 강제집행이 행해질 경우 등기를 갖추지 않은 부동산취득자는 제3자 이의의 소를 제기하지 못하고, 양도인이 파산하더라도 환취권이 인정되지 않는다. 다만 매수인은 목적부동산을 인도받아 사용·수익하고 있으므로 그 부동산의 점유자로서 점유보호청구권을 행사할 수 있으며, 그 목적부동산을 점유할 권리를 가지고 있으므로 매도인이 그 부동산의 반환을 청구하면 반환을 거부할 수 있다(민법 제213조 단서).

제 3 절 지상물에 관한 물권변동

1. 지상물의 공시방법

1973년 제정된 [입목에 관한 법률]은 지상물 가운데서 일정한 수목의 집단에 대해서는 입목등기에 의한 등기를 가능하게 하였다. 따라서 등기된 입목은 이를 생육하고 있는 토지와는 분리된 독립된 부동산으로 취급될 수 있게 되었다. 기타의 수목집단·입도·미분리의 과실에 대한 공시방법으로는 관습법상의 명인방법이 이용되고 있다.

2. 입목등기

토지에 부착된 수목의 집단으로서 특히 그 소유자가 [입목에 관한 법률]에 의하여 소유권보존등기를 하면 수목의 집단은 입목이 되어 그때부터 이 입목은 토지로부터 분리된 독립한 부동산으로 취급된다. 입목에 관하여 인정되는 물권은 소유권과 저당권뿐이다.

3. 명인방법

입목을 제외한 그 밖의 수목집단, 미분리과실, 입도, 엽연초, 인삼, 농작물 등의 각종 지상물 등에 대해서는 명인방법이라는 공시방법을 갖춤으로써 지반이나 원물로부터 독립한 물권거래의 객체로 취급될 수 있게 하는 관행이 확립되어 있고, 이러한 관행은 판례에 의해 인정되고 있다. 등기에 의해 공시될 수 있는 토지와 건물, 입목에 관한 법률에 의한 입목은 명인방법이 허용되지 않으며, 명인방법에 의하여 공시될 수 있는 지상물에 관한 물권은 소유권에 한하고 저당권이나 기타 제한물권은 허용되지 않는다.

제 4 절 물권의 소멸

모든 물권에 공통되는 절대적 소멸원인으로서 목적물의 멸실·소멸시효·공용징수·포기·혼동·몰수 등을 들 수 있다. 다만 이 가운데 「혼동」에 대해서만 물권법총칙은 규정하고 있다.

1. 목적물의 멸실

① 물건이 멸실되면 그에 대한 물권도 소멸함은 당연하다. 단, 일부가 멸실되면 그 동일성이 유지되어 있는 한 물권은 존속한다.

② 단, 목적물 멸실 여부 및 전부·일부의 판단은 "사회통념"에 의존한다.

③ 물질적 변형물(예컨대 무너진 집의 목재)이 남는 경우 물권은 그 물질적 변형물에 그 효력이 미친다. 반면 가치적 변형물(예컨대 건물이 불타 없어진 경우 보험금청구권)에는 단지 담보물권만 효력이 미칠 뿐이다.

2. 소멸시효

① 현행 민법은 소유권 이외의 물권은 20년의 시효로 소멸한다고 규정하고 있

다(제162조 2항). 그러나 점유권·유치권·담보물권은 그 성질상 소멸시효에 걸리지 않으므로, 소멸시효의 대상이 되는 물권은 지상권·지역권·전세권뿐이다.

② 민법의 문언상 시효기간이 완성되면 권리는 절대적으로 소멸한다고 보기 때문에 등기의 말소를 기다리지 않고 시효가 완성되면 그때 바로 물권소멸의 효력이 생긴다고 하는 것이 판례의 태도이다.

3. 물권의 포기

① 물권자의 일방적 의사표시로서 물권을 소멸케 하는 경우로 물권적 단독행위이다. 소유권·점유권의 포기는 「상대방 없는 단독행위」이나 제한물권의 포기는 「상대방 있는 단독행위」의 성질을 갖는다.

② 「물권의 포기」는 법률행위에 의한 물권변동이므로 「등기」를 하여야 할 것이고 특히 물권의 포기는 자유롭지만 포기되는 물권이 제3자의 권리의 객체인 경우는 제3자의 동의하에서 포기를 하여야 하기 때문에 물권포기가 제한되는 경우가 있다. 예컨대 지상권 또는 전세권이 저당권의 목적인 경우에는 저당권자의 동의 없이 그 지상권 또는 전세권을 포기하지 못한다(민법 제371조 2항).

4. 물권의 혼동

① 서로 대립하는 두 개의 법률상의 지위 또는 자격이 동일인에게 귀속되는 법률사실을 혼동이라 한다. 예를 들면 채무와 채권의 혼동, 본인과 대리인의 혼동, 임대인과 임차인의 혼동 그리고 소유권과 제한물권의 혼동 등이 있다.

② 그러나 둘 이상의 법률상 지위가 상호모순관계에 있지 않고 양립될 수 있다면 혼동은 성립하지 않는다.

제 3 장

소 유 권

제1절 총 설

1. 의 의

소유권은 물건이 갖는 가치를 전면적으로 지배하여 그 소유물을 사용 · 수익할 뿐 아니라 처분할 수도 있는 권리이다. 점유권은 사실상의 지배에 지나지 않지만 소유권은 법률상으로 지배하는 것을 말한다.

2. 성 질

소유권은 법률의 범위 내에서 물건을 사용 · 수익 · 처분할 수 있는 재산권으로 전면적 · 관념적 · 항구적 · 탄력적 및 혼일적 성질과 법률로써 제한받고 있는 상대적 의미를 갖는 권리이다.

3. 소유권의 내용

소유자는 법률의 범위 내에서 사용 · 수익 · 처분할 권리가 있다. 사용은 물건의 용법에 따른 사용가치를 실현한 것이고, 수익은 목적물로부터 생기는 과실을 수취하는 것이다. 처분은 물건을 파괴 · 철거하는 사실상 처분과 권리의 양도, 제한

물권설정 등의 법률상 처분을 이른다. 그러나 사용·수익·처분 등의 내용은 법률로 제한할 수 있고 관습법, 명령, 처분 등에 의해서는 제한할 수 없다.

4. 소유권의 제한

① 소유권의 제한은 사유재산제도를 부정하거나 소유권의 본질적 내용을 침해하지 않는 범위 내에서 법률로써 소유권의 내용을 제한할 수 있다.

② 민법상으로는 권리남용금지의 법리나 신의성실의 원칙(2조)에 의해 일정한 제한이 가해질 수 있으며, 상린관계에 의한 제한(216조 이하), 정당방위 또는 긴급피난에 의한 제한(761조)이 있을 수 있다. 그 밖에도 집합건물의 소유 및 관리에 관한 법률, 주택임대차보호법, 토지수용법 등에 의한 제한이 있을 수 있다.

5. 토지소유권의 범위

〈관련법조문〉

제212조 (토지소유권의 범위) 토지의 소유권은 정당한 이익 있는 범위 내에서 토지의 상하에 미친다.

이는 토지를 완전히 이용하기 위해서는 지표뿐만 아니라 지상의 공간(건물을 짓는 경우)이나 땅 속(샘을 파는 경우)에도 소유권의 효력을 미치게 할 필요가 있기 때문이다.

소유자의 정당한 이익을 침해하지 않는 타인의 지하, 공간의 사용은 토지소유권의 침해라 할 수 없다.

6. 공동소유

하나의 물건을 2인 이상의 다수인이 공동으로 소유하는 것을 말한다. 공동소유는 하나의 물건에 수개의 소유권이 성립되는 것이 아닌 하나의 소유권이 수인에게 귀속되는 것으로 수인간 단체적 성질, 즉 인적 결합형태에 따라 공동소유형태가 달라진다.

우리 민법은 공동소유의 형태를 공유(제262조 이하), 합유(제271조 이하), 총유(제275조 이하)의 세 가지로 규정하고 있다. 권리능력 없는 사단과 같은 단체에 의한 소유를 총유라 하고, 조합계약에 의한 단체의 소유를 합유라 하며, 공동소유지만 특별한 인적 결합이 없는 경우 공유라 한다. 특히 주의할 점은 인적 결합에 의해 법인격을 취득한 사단법인은 비록 수인에 의해 결합된 경우라도 사단자신이 권리능력을 가지므로 사단의 소유는 단독소유이지 공동소유가 될 수 없다. 따라서 주식회사, 농협협동조합, 노동조합 등은 사단법인이므로 단독소유가 성립된다.

1) 공 유

〈관련법조문〉

제262조 (물건의 공유)

1) 물건이 지분에 의하여 수인의 소유로 된 때에는 공유로 한다.
2) 공유자의 지분은 균등한 것으로 추정한다.

제263조 (공유지분의 처분과 공유물의 사용, 수익)

공유자는 그 지분을 처분할 수 있고 공유물 전부를 지분의 비율로 사용, 수익할 수 있다.

제264조 (공유물의 처분, 변경)

공유자는 다른 공유자의 동의없이 공유물을 처분하거나 변경하지 못한다.

제265조 (공유물의 관리, 보존)

공유물의 관리에 관한 사항은 공유자의 지분의 과반수로써 결정한다. 그러나 보존행위는 각자가 할 수 있다.

제266조 (공유물의 부담)

1) 공유자는 그 지분의 비율로 공유물의 관리비용 기타 의무를 부담한다.
2) 공유자가 1년 이상 전항의 의무이행을 지체한 때에는 다른 공유자는 상당한 가액으로 지분을 매수할 수 있다.

제267조 (지분포기등의 경우의 귀속)

공유자가 그 지분을 포기하거나 상속인없이 사망한 때에는 그 지분은 다른 공유자에게 각 지분의 비율로 귀속한다.

제268조 (공유물의 분할청구)

1) 공유자는 공유물의 분할을 청구할 수 있다. 그러나 5년내의 기간으로 분할하지 아니할 것을 약정할 수 있다.
2) 전항의 계약을 갱신한 때에는 그 기간은 갱신한 날로부터 5년을 넘지 못한다.

3) 전2항의 규정은 제215조, 제239조의 공유물에는 적용하지 아니한다.

제269조 (분할의 방법)

1) 분할의 방법에 관하여 협의가 성립되지 아니한 때에는 공유자는 법원에 그 분할을 청구할 수 있다.
2) 현물로 분할할 수 없거나 분할로 인하여 현저히 그 가액이 감소될 염려가 있는 때에는 법원은 물건의 경매를 명할 수 있다.

제270조 (분할로 인한 담보책임)

공유자는 다른 공유자가 분할로 인하여 취득한 물건에 대하여 그 지분의 비율로 매도인과 동일한 담보책임이 있다.

(1) 의 의

공유는 특별한 인적 결합 관계없이 하나의 물건을 수인이 소유하고 있는 경우로 단체적 통제 없이 개인주의적 공동소유형태를 이른다. 따라서 각자에게 지분권이 인정되고 그 지분권처분이 자유로울 뿐만 아니라, 원칙상 공유물의 분할이 자유로운 소유형태의 성질을 갖는다.

(2) 공유의 성립

① 법률행위에 의한 경우

하나의 물건을 당사자간 공유하기로 합의를 하였거나, 하나의 물건을 수인이 양수한 경우, 소유권의 일부를 양도한 경우에 공유가 성립한다. 이때에 목적물이 부동산인 때에는 등기(공유등기)를 하여야 한다.

② 법률의 규정에 의한 경우

법률에 규정에 의한 공유관계(*ex.* 상속인이 수인인 경우)는 그 공유물이 부동산일지라도 별도 공유등기를 요하지 않으므로 주의를 해야 할 것이다.

1. 수인 공동의 무주물선점 · 유실물습득 · 매장물발견, 타인물건 속에서의 매장물발견
2. 주종을 구별할 수 없는 동산의 부합
3. 공유물의 과실
4. 건물의 구분소유에 있어서의 공용부분
5. 경계에 설치된 경계표 · 담 · 구거 등

6. 공동상속재산 · 공동포괄수유재산
7. 귀속불명의 부부재산 등

(3) 공유와 지분

① 지분과 지분권의 의의

공유물에 대한 한 개의 소유권이 수인에게 분할되는 비율을 지분이라 하고 지분에 의한 1개의 소유권의 분할적 구성권을 지분권이라 한다. 지분권은 소유권의 실질을 가지므로 공유자는 단독으로 다른 공유자 또는 제3자에 대하여 지분에 기한 권리를 행사할 수 있고, 지분율에 관계없이 목적물전부에 미친다.

② 지분의 비율

지분의 비율은 계약 또는 법률의 규정에 의한다. 그러나 지분의 비율이 불분명한 경우에는 균등한 것으로 추정된다. 부동산공유지분에 대한 약정은 등기하지 않으면 선의의 제3자에게 대항하지 못한다. 따라서 공유성립을 위해 반드시 지분율은 등기함을 요하지 않는다. 그러나 등기법상 공유지분권은 반드시 등기를 하여야 하므로 민법의 입장과 달리하고 있음을 주의하여야 한다.

③ 지분의 처분과 귀속

지분의 처분은 자유이다. 즉 다른 공유자의 동의를 필요로 하지 않는다. 따라서 목적물의 공유지분은 환매특약부로 매도할 수 있고 양도담보제공도 자유롭다. 단, 공유자간에는 그 지분권의 분할금지특약을 하여 이를 등기하므로 양수인에게 그 효력이 미치게 할 수 있고 지분권양도금지특약으로 채권적 효력을 발생케 할 수 있다.

④ 지분권의 탄력성

서로 제한하는 지분의 하나가 소멸되면 다른 지분은 그 범위 안에서 제한으로부터 풀어져 점차로 본래의 단독소유권의 모습에 접근하는 것을 지분권의 탄력성이라 한다. 우리 민법은 공유자가 그 지분을 포기하거나 상속인 없이 사망한 경우 그 지분은 다른 공유자에게 각 지분의 비율로 귀속된다라고 규정하고 있다.

(4) 공유관계

공유관계는 지분이 집중되거나 공유물이 분할·양도·멸실되거나, 공유지분이 공용징수된 때 소멸한다.

① 의의

甲, 乙, 丙이 공동상속인으로 건물의 공유관계가 성립된 경우, 공유자상호간 관계를 대내적 관계라 하고 만일 제3자가 공유물을 침해하거나 시효를 주장하거나 또는 공유물의 소유권을 다투는 문제가 발생할 경우 공유의 대외관계라 하고 각 공유자는 지분권에 기해 보존할 수 있어 타 공유자의 공유물의 침해시 각자가 단독으로 침해제거를 요구할 수 있고 반대약정이 없는 한 언제든지 분할청구 할 수 있다. 또한 지분확인청구 및 지분등기청구 등도 단독으로 타 공유자에게 행사할 수 있는데 이것을 대내관계라 한다.

〈판례〉

지분을 소유하고 있는 공유자나 그 지분에 관한 소유권이전등기청구권을 가지고 있는 자라고 할지라도 다른 공유자와의 협의 없이는 공유물을 배타적으로 점유하여 사용 수익할 수 없는 것이므로, 다른 공유자는 자신이 소유하고 있는 지분이 과반수에 미달되더라도 공유물을 점유하고 있는 자에 대하여 공유물의 보존행위로서 공유물 전부의 인도나 명도를 청구할 수 있다(대판 전합 1994.3.22,93다9392).

② 대외관계

제3자가 공유물을 침해하였을 경우 공유자는 지분권에 기해 각자가 단독으로 반환청구 또는 방해제거청구를 할 수 있다. 그러나 공유관계에 기해서는 전원에 의해 반환청구 또는 방해제거청구를 할 수 있다. 또한 공유관계의 확인청구나 공유등기신청 등은 전원이 해야 할 것이고 단독으로 할 수 없다.

(5) 공유물

① 공유물의 보존

각 공유자는 지분권을 가지고 언제든지 각자가 단독으로 공유물을 보존할 수 있다. 따라서 공유물의 침해가 공유자간 또는 제3자에 의해 발생한 경우라도 공유자는 각자가 단독으로 침해제거를 청구할 수 있다.

② 공유물의 관리

공유물의 이용 및 개량을 목적으로 하는 행위는 지분율의 과반수로써 결정한다. 공유자수의 과반수가 아니라 지분율의 과반수임을 주의해야 하고. 관리비는 지분율에 따라 부담하나 만일 그 의무이행을 1년 이상을 지체하였다면 타 공유자는 상당가액으로 그 지분을 매수할 수 있다.

③ 공유물의 사용 · 수익

공유자는 공유물의 전부를 지분의 비율로 사용 · 수익할 수 있다. 즉 전부를 사용할 수 있으며, 그 사용 · 수익은 지분에 의하여 제약된다. 즉 공유물의 사용 · 수익의 배분은 지분율에 따라 하여야 한다. 예컨대 공유물의 임대수입은 특별히 정한 바가 없을 경우 지분율에 따라 수익금이 배분된다는 것이다.

④ 공유물의 처분 · 변경

공유물을 변경하거나 처분하기 위해서는 공유자전원의 동의가 있어야 한다. 예를 들면 甲, 乙이 공동상속인으로 상속재산을 매각할 경우 甲, 乙의 동의서가 첨부되어야 소유권이전등기가 경료될 것이다.

⑤ 공유물의 분할

공유물은 공유자 누구라도 지분율에 관계없이 단독으로 분할을 청구할 수 있는 것이 원칙이다. 단, 법률로 분할을 금지하고 있거나 특약으로 분할을 금지하고 있으면 분할청구가 허용되지 않는다.

(6) 공유물의 분할

① 공유물분할의 자유 및 제한

각 공유자는 언제든지 공유물의 분할을 청구할 수 있다. 그러나 5년 내의 기간으로 분할하지 아니할 것을 약정할 수 있다. 이 분할금지특약은 갱신할 수 있으나, 갱신한 날로부터 5년을 넘지 못한다.

다만 이 특약이 등기되어 있는 때에만 지분의 양수인에게 그 효력이 미치게 된다. 또한 법률의 규정에 따라 구분소유건물의 공용부분, 경계선상의 경계표 등은 그 분할을 청구할 수 없다.

② 공유물분할청구의 성질

공유자의 분할청구권은 형성권이므로 분할청구라는 일방적 의사표시에 의하여 각 공유자 사이에는 구체적으로 분할을 실현할 법률관계가 발생한다.

③ 분할의 방법

㉠ 협의에 의한 분할 : 공유물의 분할은 먼저 공유자의 협의에 의해 정한다. 분할방법에는 원칙이 현물분할이다. 그러나 공유물을 매각하여 대금을 나누는 자금분할, 공유자의 한 사람이 다른 공유자의 지분을 양수하여 그 가격을 지급하고 단독소유자가 되는 가격배상에 의한 경우도 가능하다.

㉡ 재판상 분할 : 분할의 협의가 성립되지 아니한 때에는, 공유자는 법원에 그 분할을 청구할 수 있다. 공유자 사이에 협의가 성립되지 않는 경우 공유물분할청구의 소로서 원고를 제외한 그 밖의 공유자전원을 피고로 하는 소송당사자가 수인인 필요적 공동소송이며 형성의 소이다. 이와 같은 재판상 분할은 원칙적으로 현물분할방법, 예외적으로 대금을 분할방법에 따라 정할 수 있으나 이 경우 현물분할은 교환이, 대금분할은 매매가 준용된다.

▶공유물 분할 정리

1. 이미 분할에 관한 협의가 성립된 경우, 그 분할된 부분에 대한 소유권이전등기를 청구하든가 소유권확인을 구함은 별문제이나 또 다시 소로써 그 분할을 청구하거나 이미 제기한 공유물분할의 소를 유지함은 허용되지 않는다(대판 1995.1.12,94다30348).
2. 공유지분의 가액 이상의 현물을 취득하는 공유자는 그 초과부분의 대가를 지급하여 과부족을 조정하게 하여 분할을 하는 것도 현물분할의 한 형태로서 허용된다(대판 1990.8.28,90다카7620).
3. 공동명의수탁자들 사이에 공유물분할이 허용되지 않는다(대판 1993.2.9,92다37482).
4. 부동산의 공유지분위에 근저당권이 설정된 후 그 공유부동산이 분할된 경우, 저당권이 근저당권설정자에게 할당된 부분에 집중되지는 않는다(대판 1989.8.8,88다카24868).

④ 분할의 효과

분할의 결과 현물을 취득한 자는 단독소유자가 된다. 분할에 의하여 어떤 자가 취득한 부분에 하자가 있는 때에는 다른 공유자는 매도인과 동일한 담보책임을 진다.

분할의 효과는 소급하지 않는다. 그러나 공동상속재산의 분할의 효과만은 상속 개시시로 소급효가 인정된다. 특히 부동산의 협의분할의 경우는 분할등기시에 그 효력이 발생하나 부동산의 재판상 분할의 경우는 판결이 확정될 때 그 효과가 발생한다.

⑤ 분할과 지분권 위의 담보물권

지분권 위에 담보물권이 설정되어 있는 경우 그 지분을 가지는 자가 공유물전부를 취득한 경우에는 담보물권의 범위 내에서 지분권은 소멸되지 않으나 그 지분권을 가지는 자가 공유물 일부를 취득한 경우, 즉 현물분할인 경우는 그 담보물권은 분할된 공유물전부에 지분에 따라 존속된다. 또한 대금분할이 된 경우는 담보물권자는 물상대위에 따라 대금청구권 위에 행사할 수 있다.

2) 합유

(1) 의의

총유에 비해 단체성이 완화되어 있지만 전적으로 개인주의가 지배되는 공유보다 단체성이 강화된 절충적 소유로, 합유의 구성원에게 지분권이 인정되지만 지분권처분이 원칙상 금지되고 합유물의 분할이 금지되어 단체성이 강조되는 성질을 갖는다.

(2) 합유의 성립

합유관계는 법률의 규정 또는 계약에 의하여 조합이 성립하는 경우에 그 조합재산에 관하여 성립한다. 법률의 규정으로 합유관계가 성립하는 것은 민법의 조합재산(법 제704조)과 수탁자가 수인인 신탁재산의 경우이다. 부동산을 합유하는 경우에는 이를 등기하여야 한다. 단, 신탁에 있어서는 신탁법에 의한 신탁에 한정되고, 명의신탁에 대해서는 적용되지 않는다.

(3) 합유관계

① 합유지분권

합유의 성립으로 구성원에게 지분권이 인정되고 그 지분권은 합유물 전부에 미친다. 단, 합유지분권의 처분은 원칙상 금지되지만, 전원의 동의 하에서 처분할 수 있고, 총유에서 사원지위가 상속이 되지 않는 것처럼 합유관계도 단체성이 강하므로 합유자의 지위가 상속에 의해 승계될 수 없다.

② 합유물관계

㉠ **합유물의 보존** : 합유지분권이 합유물 전부에 미치므로 합유물의 보존은 각자가 단독으로 할 수 있다. 누구든 지분율에 관계없이 합유물의 침해가 있는 경우 단독으로 그 침해제거를 요구할 수 있다.

㉡ **합유물의 변경, 처분** : 합유물의 변경, 처분은 합유자 전원의 동의를 요한다.

㉢ **합유물의 사용·수익·관리** : 합유물의 사용·수익·관리는 합유관계가 발생한 계약과 법률의 규정에 따른다.

㉣ **합유물의 분할** : 합유자는 합유물의 분할을 청구할 수 없다. 그러나 이 규정은 강행규정은 아니고 임의규정이므로 특약으로 분할할 수 있다. 특히 합유관계가 종료되면 공유의 분할규정을 준용하여 합유물을 분할할 수 있다.

③ 합유관계의 종료

합유관계가 종료하는 것은 합유물의 양도로 조합재산이 없게 되는 때와 조합체의 해산이 있게 되는 때이다(제274조 1항). 조합체의 해산으로 합유관계를 종료하게 되면 합유물을 분할하게 되는데, 그 분할에는 공유물의 분할에 관한 규정이 준용된다(제274조 2항).

3) 총유

(1) 의 의

총유는 법인이 아닌 사단의 소유형태 이다. 총유에 있어서는 소유권의 내용이 관리·처분의 권능과 사용·수익의 권능으로 분리되어, 전자는 구성원의 총체, 즉 사단에 속하고, 후자는 각 성원에게 분속한다. 따라서 총유에는 공유나 합유에 있어서와 같은 지분권은 있을 수 없다. 만일 사단으로 법인격을 갖는다면 사단의 단독소유가 됨을 주의한다. 총유재산으로 인정되는 것은 종중재산, 교회재산, 촌락단체의 재산이 있다.

(2) 총유의 성립

① 총유의 주체는 법인격 없는 사단으로서, 동창회나 종중, 교회, 사찰, 촌락, 농, 리 등은 그 예이나

② 부동산의 총유는 이를 등기하여야 하며 등기는 사단의 명의로 할 수 있고 그 대표자 또는 대리인이 이를 신청한다.

③ 동창회, 종중 등이 사단법인으로 등기된 경우는 총유가 성립되지 않고 단독소유가 성립됨을 주의해야 한다.

(3) 총유관계

총유관계는 사단의 정관에 의하여 규율될 것이나, 거기에 정한 바가 없으면 법 제276조, 법 제277조의 규정에 의한다. 따라서 이들 민법의 규정은 임의규정으로 정관 또는 규약에 정한 것이 우선하게 된다.

① 총유물에 관한 사원의 권리로 중요한 것은 총유물의 관리, 처분에 참여할 수 있는 것과 총유물의 사용·수익이다.

② 총유물의 사용·수익은 각 사원에게 권능이 분속되지만, 그 행사는 정관 기타의 규약에 따르며(제276조 2항), 보존행위는 각 사원이 총회의 결의를 얻어 단독으로 보존행위를 할 수 있다고 한다.

③ 총유물의 보존, 관리, 처분, 변경을 정하는 경우는 사원총회의 결의에 의한다. 정족수는 정관에 따르며, 정관에 특별히 정함이 없는 경우는 통상적 결의방법에 따라야 할 것이다.

제 2 절 상린관계

1. 의 의

부동산은 동산과 달리 상호 인접하여 존재하게 되는데 그 부동산의 소유권을 무한히 주장하게 된다면 부동산소유자간 이해가 충돌되어 결국 원만히 소유권의 목적을 달성하지 못하는 결과가 나올 것이다. 따라서 민법은 인접한 부동산의 이용관계를 조절하기 위한 법규정을 두고 있는데 이를 상린관계라 하고 상린관계에 의한 권리를 상린권이라 한다.

2. 임의규정

판례는 상린관계에 관한 민법규정을 임의규정으로 보고 있다. 따라서 위 규정은 당사자 사이에 합의가 이루어지지 않은 경우에만 적용될 뿐이다.

3. 성질

상린관계 및 상린권은 인접한 부동산에서 적용되며 법률에 기한 적용이므로 약정 및 등기는 요하지 않으며 소멸시효와 전혀 무관하고 소유권을 구성하고 있는 일종의 권능으로 독립성을 갖지 못한다.

4. 지역권과의 구별

상린권은 법률에 의하여 발생하고 등기를 요하지 않으며, 반드시 서로 인접하고 있는 토지 사이에서만 발생하고, 최소한의 이용의 조절에 불과하지만, 지역권은 계약에 의하여 발생하고 등기를 요하며, 반드시 서로 인접하고 있는 토지 사이에서만 발생하는 것은 아니고, 최소한의 이용조절을 넘어 탄력적인 이용의 조절을 도모한다.

제 3 절 소유권취득

1. 의 의

소유권의 취득원인에는 법률행위에 의한 취득과 법률규정에 의한 취득 두 가지가 있다. 법률행위에 의한 소유권취득에는 법률행위에 의한 물권변동의 원칙이 그대로 적용된다. 법률규정에 의한 소유권취득에 관해서는 민법이 제245조 이하에서 규정하고 있다.

2. 소유권의 특수한 취득원인(법률규정에 의한 소유권의 원시적 취득)

민법 제245조 이하에서 규정하고 있는 소유권취득에는 취득시효 · 선의취득 · 무주물선점 · 유실물습득 · 매장물 발견이 있다. 이들은 모두 원시적으로 소유권이 취득되는 경우들로 취득시효를 제외하고는 모두 성질상 동산에만 적용되고 부동산에는 적용되지 않는다(부합에 대해서는 견해대립).

3. 취득시효

〈관련법조문〉

제245조 (점유로 인한 부동산소유권의 취득기간)

① 20년간 소유의 의사로 평온, 공연하게 부동산을 점유하는 자는 등기함으로써 그 소유권을 취득한다.

② 부동산의 소유자로 등기한 자가 10년간 소유의 의사로 평온, 공연하게 선의이며 과실없이 그 부동산을 점유한 때에는 소유권을 취득한다.

제246조 (점유로 인한 동산소유권의 취득기간)

① 10년간 소유의 의사로 평온, 공연하게 동산을 점유한 자는 그 소유권을 취득한다.

② 전항의 점유가 선의이며 과실없이 개시된 경우에는 5년을 경과함으로써 그 소유권을 취득한다.

1) 취득시효일반

물건 또는 권리를 점유하는 사실상태가 일정한 기간 동안 계속되는 경우에, 그것이 진실한 권리관계와 일치하는가의 여부를 묻지 않고 권리취득의 효과가 생기는 것으로 하는 것이다.

① 취득시효의 의의

취득시효의 경우 권리행사의 외관이 계속되어 취득시효가 완성되면 비록 무권리자라도 권리를 취득하게 되고 진정한 권리자는 권리를 잃게 되는데 진정한 권리자의 권리소멸은 취득시효의 직접적 효과가 아니고 취득시효의 반사적 효력임을 주의해야 한다. 민법은 소멸시효는 총칙에 정하고 있고 취득시효만 물권법에서 규율하고 있다.

② 취득시효의 주체

취득시효를 주장할 수 있는 주체는 자연인, 법인, 권리능력없는 사단 및 재단, 국가, 지방자치단체 등이 있다.

③ 취득시효의 객체

㉠ 취득시효의 객체가 되는 물건은 부동산, 동산, 자기물건, 타인소유물건의 제한이 없다.

㉡ 부동산의 경우 일부인 경우라도 성립하며(점유취득시효에 한함) 국유부동산인 경우라도 잡종재산인 경우에 허용된다(판례). 또한 공물(公物)에 대해서는 취득시효가 성립되지 않으나 공용폐지로 확실히 사물(私物)로 된 경우에만 취득시효가 가능하다.

④ 취득시효의 중단과 정지

소멸시효의 중단·정지에 관한 규정은 취득시효에도 적용된다.

㉠ 시효중단은 시효완성 전 일정한 사유에 의해 시효진행의 효력이 소멸되고 다시 새로이 시효가 진행되는 것을 말하고, 시효의 정지는 시효기간이 만료된 경우라도 일정 사유에 의해 시효완성을 정지하고 있다가 일정한 정지사유가 소멸된 후 일정기간이 지나야 비로소 시효가 완성되는 것을 이른다.

㉡ 단, 중단은 총칙의 소멸시효에 관한 규정을 준용하나, 정지에 대한 준용규정은 없다. 특히 중단사유 중 점유상실, 점유회복을 위한 청구, 승인 등이 있으나 점유상실에 의한 중단은 특별히 취득시효인 경우에 적용된다.

⑤ 취득시효의 효과

취득시효의 요건을 갖추면 점유자는 권리를 취득한다. 다만 부동산일반취득시효의 경우 등기를 하여야 소유권을 취득한다(제245조 1항). 취득시효로 인한 권리취득의 효력은 점유를 개시한 때에 소급한다(제247조 1항). 그러나 판례는 취득시효의 소급효가 제3자와의 관계에서까지 인정되는 것은 아니라고 한다.

2) 부동산소유권의 취득시효Ⅰ(점유취득시효 : 민법 제245조 ①항)

① 의의

등기가 취득시효의 완성을 위한 요건이 아니라 소유권취득을 위한 요건으로 일정기간의 점유만으로 취득시효가 완성되는 경우를 편의상 점유취득시효라 한다.

② 객체

타인소유의 부동산 뿐 아니라 자기소유의 부동산도 시효취득 할 수 있고, 분필절차를 밟지 않은 1필 토지의 일부에 대하여도 시효취득할 수 있으며, 공유지분의 일부에 대해서도 시효취득이 가능하다.

③ 요건

㉠ 소유의사에 의한 점유(자주점유)

ⅰ) 점유는 직접점유 및 간접점유든 무관하나 소유의사를 가지고 있어야 한다.

ⅱ) 시효취득을 하려면 점유는 자주점유여야 하므로, 예컨대 매매계약이 어떤 법률상의 사유로 인하여 무효가 된 경우에 매매계약의 무효사유가 있음을 안 매수인은 시효취득을 할 수 없다.

ⅲ) 점유 중 자주점유가 타주점유로 타주점유가 자주점유로 변하는 경우가 있으므로 점유개시시는 타주점유이나, 그 후 소유의사를 표시하여 자주점유로 취급되는 경우가 있다. 따라서 임차인, 지상권자, 전세권자, 소작인, 관

리인, 명의수탁자 등의 점유는 소유의사의 외관이 없는 한 타주점유가 될 것이다.

※ 점유권원의 성질이 불분명한 때에는 민법 제197조 1항에 의하여 점유자는 소유의 의사로 점유한 것으로 추정된다.

㉡ 평온 · 공연점유

점유는 평온 · 공연점유여야 한다. 반면 선의 · 무과실 점유는 요하지 않는다.

㉢ 20년간 계속 점유여야 한다

i) 20년간 점유는 1인만의 점유를 의미하지 않고 점유승계에 의한 경우에도 무관하다.

ii) 시효진행의 개시시점은 이해관계인이 없는 경우 기산점을 어디에 두어도 무관하나(판례), 시효완성으로 이해관계 있는 제3자가 있는 경우는 점유개시시를 시효진행의 기산점으로 해야 한다.

④ 효과

점유취득시효의 경우 취득시효기간이 완성하면 등기를 하지 못한 점유자는 종전 소유자에 대하여 소유권이전등기청구권을 갖게 된다. 다만 제3자가 먼저 소유권이전등기를 경료하면 점유자는 제3자에게 대항할 수 없다.

㉠ 시효완성자의 지위

시효완성만으로 소유권을 취득할 수 없고, 소유권이전등기를 경료해야 소유권을 취득하므로 시효완성자는 시효완성으로 소유권이전등기청구권을 갖는다. 이는 시효완성자인 점유자가 시효완성 당시 소유자에게 가지는 것으로 채권적 청구권에 해당된다(통설 · 판례).

㉡ 시효완성 후 등기 전 소유자가 제3자에게 목적물을 처분한 경우

점유자명의의 소유권이전등기가 경료되기 전이면 아직 소유권의 이전이 없으므로 소유자가 소유권을 양도하면 점유자는 양수인에게 취득시효를 주장할 수 없다. 그러나 양수인(제3자)에 대한 등기원인이 무효인 경우는 점유자는 소유자를 대위하여 등기말소를 구하고 소유자에게 취득시효를 주장할 수 있을 것이다(판례).

㉢ 시효완성 후 등기 전 점유자가 목적물을 처분한 경우

시효완성 후 소유권이전등기 전에 점유자가 목적물을 양도한 경우 그 양수인은 소유권이전등기청구권을 보전하기 위해 점유자(양도인)를 대위하여 소유권등기명의인에게 양도인명의의 소유권이전등기를 청구할 수 있다.

㉣ 점유자의 소유권취득

점유자는 소유권이전등기를 경료해야 소유권을 취득한다. 소유권은 점유시까지 소급해서 취득하며 권리취득은 승계가 아니므로 곧 원시취득의 성질을 갖는다.

3) 부동산소유권의 취득시효Ⅱ (등기부취득시효 : 민법 제245조 ②항)

① 의의

甲 소유부동산을 乙에게 매각하여 乙 명의의 소유권이전등기가 경료 됐으나 실은 등기원인인 매매계약이 무효인 경우에 乙은 법률상 무권리자이지만 10년간 소유의사로서 평온, 공연하게 선의 · 무과실로 점유하였다면 乙은 부동산의 소유권을 취득하게 된다.

② 요건

㉠ 소유의사에 의한 점유(자주점유)

㉡ 평온 · 공연점유

㉢ 10년간 소유자로 등기할 것

유효한 보존등기에 기초한 소유권이전등기를 이르나, 반드시 적법 · 유효함을 요하지 않는다(판례). 등기기간은 10년이어야 하나 등기의 승계가 허용되므로 등기명의인과 점유자가 반드시 일치함을 요하지 않는다(판례). 예컨대 전주의 등기기간이 4년이고 이를 승계한 자가 6년 동안 등기된 경우는 전주의 등기기간과 후주(승계인)의 등기기간을 합산하여 10년으로 취급된다는 것이 판례의 입장이다.

㉣ 10년간 점유할 것

점유자의 점유는 소유의사로 평온 · 공연하게 10년간 점유해야 하지만 적어도 점유를 개시할 때 선의 · 무과실점유여야 한다. 즉, 선의 · 무과실은 점유 개시시에만 성립하면 족하고 점유개시 후 선의 · 무과실은 무관하다는 것이다(판례). 단, 무과실점유는 추정되지 않으므로 주장 하는 자가 입증해야 할 것이다(판례).

③ 효과

등기부취득시효가 성립한 경우 점유자명의로 이미 등기가 경료된 상태이므로 별도 등기 없이 점유를 개시할 때 소급해서 그 부동산의 소유권을 원시적으로 취득한다.

4) 동산소유권의 취득시효

10년간 소유의 의사로 평온·공연하게 동산을 점유한 자는 소급해서 그 소유권을 취득한다(246조 1항). 그 점유가 선의·무과실로 개시된 경우에는 5년을 경과함으로써 그 소유권을 소급해서 취득한다(단기취득시효 : 246조 2항).

5) 소유권 이외의 재산권의 취득시효

① 소유권의 취득시효에 관한 규정(제245조 이하)이 준용된다(제248조).

② 등기를 요하는 경우는 소유권이전등기가 아닌 지상권 등의 설정등기를 하여야 한다.

제 4 장

부동산 제한물권

제한물권(制限物權)이라는 것은 소유권이 가지는 본질, 사용·수익·처분의 자유 중 어느 것을 제한한다는 의미이다. 따라서 제한물권이 존재한다는 것은 소유자로서는 비록 자기의 것이나 다소간 불편할 수 있다는 의미이다.

제한물권은 소유자의 사용·수익에 제한을 가하는 용익물권과 처분의 자유를 제한하는 담보물권으로 분류된다.

용익물권에는 지상권·지역권·전세권이 있으며 용익물권의 객체는 부동산이다. 담보물권은 채권을 담보한다는 의미인데, 유치권·질권·저당권이 있으며, 그 중 대상을 부동산으로 하는 것은 저당권이며, 유치권의 경우 원칙적으로 동산에 대한 법정담보물권이나, 예외적으로 부동산의 점유를 본질적 요건으로 인정하고 있다.

제 1 절　용익물권(用益物權)

1. 용익물권

1) 용익물권[10)]의 의의

타인의 물건(부동산)을 일정한 범위에서 사용·수익할 수 있는 물권을 말한다. 용익물권에는 지상권·지역권·전세권이 있으며 이들은 모두 부동산만을 그 대상으로 한다. 지상권과 지역권의 대상은 부동산 중 토지를 그 객체로 한정하나 전세권은 토지뿐만 아니라 건물도 권리의 객체로 할 수 있다.

2) 구별개념

(1) 담보물권과 구별

담보물권은 특정인에 대한 채권을 담보하기 위해 타인물건의 교환가치를 제한하는 물권이다. 그러나 용익물권은 타인물건의 사용가치를 제한하는 물권이다.

(2) 용익채권(임차권)과 구별

임차권은 임차인과 임대인간 차임지급과 물건의 사용·수익을 약정하므로 임차인이 물건을 사용·수익할 수 있는 채권이다. 임차인이 임대인에게 청구하는 권리이기 때문에 특별히 대항요건이 없는 이상 제3자에 대해 대항력이 없다. 그러나 용익물권은 물권이므로 물건을 지배하고 이를 제3자에게 대항할 수 있는 효력을 당연히 갖게 된다.[11)]

---

10) 용익물권이라 하면 말 그대로 용(用), 사용하고, 익(益), 더한 이익을 향유할 수 있는 권리이다. 용익물권이 존재하는 경우, 소유권자의 사용·수익권은 제한된다.

11) 부동산과 관련하여 부동산임대차 관계는 단순히 당사자사이의 계약으로 임대인(빌려주는 자)과 임차인(빌리는 자)의 권리와 의무의 약정으로 제3자에게는 이를 주장할 수 없다. 그러나 부동산 임대차는 등기해야 되는 권리는 아니나, 등기할 수 있는 권리이다. 만약 등기를 하게 되면 부동산임대차는 물권화되어 제3자에게 대항할 수 있다.

2. 지상권(地上權)

1) 의 의

지상권이란 타인소유의 토지에서 건물 기타의 공작물이나 수목을 소유하기 위하여 그 토지를 사용할 수 있는 물권을 말한다(민법 제279조).

지상권의 객체인 토지는 1필의 토지 전부 뿐만 아니라 그 일부라도 무방하며, 지표 내지 지상에 한하지 않고, 지하의 사용을 내용으로 할 수도 있다. 지상권에 대해서는 인접한 토지사용의 조화를 도모하는 상린관계의 규정이 준용된다(민법 제290조).

2) 지상권의 취득

(1) 법률행위에 의한 취득

지상권은 토지소유자(지상권설정자)와 지상권자간의 설정계약, 즉 지상권설정을 목적으로 하는 물권적 합의(계약)와 등기에 의하여 취득되는 것이 일반적이지만, 설정계약 이외에도 유언과 지상권의 양도에 의하여 취득될 수 있다. 이러한 법률행위에 의한 취득은 등기하여야 효력이 발생한다(민법 제186조).

(2) 법률의 규정에 의한 취득

상속, 판결, 경매, 공용징수 등에 의한 지상권취득은 법률의 규정에 의하여 당연히 취득되는 것으로 별도의 등기를 요하지 않는다(민법 제187조). 그러나 지상권의 시효취득의 경우, 별도 지상권설정등기를 함으로 취득한다(민법 제245조). 또한, 민법과 특별법 그리고 관습법에 의한 법정지상권이 있다.

3) 지상권의 존속기간

(1) 약정 존속기간

계약으로 지상권의 존속기간을 정하는 경우에는 지상물의 종류에 따라 그 최단기간을 법률로 정하고 있다(민법 제280조). 석조, 석회조, 연와조 또는 이와 유사한 견고한 건물이나 수목의 소유를 목적으로 하는 때에는 30년, 이외의 건물의 소유를 목적으로 하는 데에는 15년, 건물 이외의 공작물의 소유를 목적으로 하는 때에는 5년으로 정하고 있으며, 이 연한보다 그 기간을 단축하지 못한다. 즉 만약 그 기간을 최단존속기간보다 짧게 약정한 경우에는 최단존속기간까지로 한다.

최장존속기간은 제한이 없으며, 판례에 의할 때 영구무한의 기간을 정하는 것도 가능하다.

(2) 존속기간의 약정이 없는 경우

계약으로 지상권의 존속기간을 정하지 아니한 때에는 법정 최단존속기간을 존속기간으로 한다. 또한 지상권설정당시 공작물의 종류와 구조를 정하지 않은 때에는 그 존속기간을 15년으로 본다.

(3) 계약의 갱신

지상권의 존속기간이 만료로 소멸할 경우에 건물 기타 공작물이 현존하는 때에는 지상권자는 계약의 갱신을 청구할 수 있다(민법 제283조 제1항). 이를 갱신청구권이라 한다. 지상권자의 갱신청구가 있으면 지상권설정자(토지소유자)는 이를 거절하거나 갱신의 계약을 할 수 있다.

당사자가 계약을 갱신하는 경우 그 존속기간은 갱신한 날로부터 최단존속기간보다 단축하지 못한다.

만약 토지소유자가 갱신에 응하지 않으면, 지상권자는 지상물매수를 청구할 수 있는데(민법 제283조 제2항), 이를 지상물매수청구권이라 한다.

그러나 지상권자가 계약을 위반하여 지상권설정자가 계약을 해지하거나 지료연체로 인하여 지상권소멸청구를 하여 지상권이 소멸된 경우에는 지상권자는 갱신요구와 지상물의 매수를 청구할 수 없다.

3) 지상권의 효력

지상권자는 설정계약에서 정한 목적의 범위 내에서 타인의 토지를 사용할 권리가 있다. 따라서, 지상권의 침해시 지상권에 기한 물권적 청구권이 있다. 즉, 지상권에 있어서도 소유권에 있어서와 마찬가지로 반환청구권, 방해제거청구권, 방해예방청구권의 물권적 청구권이 모두 인정되며 지상권자와 인접토지소유자간의 상린관계가 준용된다.

지상권자는 타인에게 그 권리를 양도하거나 그 권리의 존속기간 내에서 그 토지를 임대할 수 있으며, 이에 위반하는 계약으로 지상권자에게 불리한 것은 효력이 없다(민법 제289조). 또한, 지상권은 저당권의 목적이 될 수 있다(민법 제371조 제1항).

지상권자는 지료를 부담할 의무가 있다. 그러나 지료는 지상권의 성립요소는 아니다. 즉, 지상권설정당시 지료에 대한 약정이 없었다면 토지소유자는 지상권자에게 지료의 지급을 청구할 수 없다(대법원 99다24874 판결). 따라서 지상권의 지료나 그 지급시기는 이를 등기하여야 하며, 등기하지 않은 경우 제3자에게 대항할 수 없다.

4) 지상권의 소멸과 효과

지상권은 토지의 멸실, 존속기간의 만료, 혼동, 시효소멸, 몰수, 첨부, 지상권에 우선하는 저당권실행경매, 토지수용, 약정소멸사유 등으로 소멸한다.[12)]

또한, 지료의 약정이 있는 지상권의 경우 지상권자가 2년 이상의 지료를 지급하지 아니한 때에는 지상권설정자는 지상권의 소멸을 청구할 수 있고(민법 제287조), 이 경우 등기의 여부와 관계없이 지상권이 소멸한다. 여기에 지상권자가 지상권을 포기할 경우 소멸하는 것은 당연하다.

지상권이 소멸하면 지상권자는 건물 기타 공작물 또는 수목을 수거하여 토지를 원상회복하여야 한다(민법 제285조 제1항).

또한 지상권이 소멸한 경우 지상권설정자는 상당한 가액을 제공하고 지상물의 매수를 청구할 수 있다(민법 제285조 제2항).[13)]

12) 지상물의 소멸은 지상권의 소멸사유가 아니다.
13) "상당한 가액"이라 함은 지상물매수청구권의 행사가 있는 경우의 가액 상당이라 해야 할 것이다.

5) 법정지상권(法定地上權)

(1) 의의와 인정이유

본래 토지와 건물이 동일인에게 귀속하였으나, 그 후 일정한 사유에 의해 토지소유자와 건물소유자가 각기 달리된 경우 토지소유자가 건물의 철거를 요구한다면 건물소유자는 불측의 손해를 입게 될 것이고, 사회·경제적 손실을 피할 길이 없다. 따라서 토지와 건물을 별개의 부동산으로 취급되는 부동산의 이원적 구조에 의해 토지이용관계를 조절하고 지상물소유자의 보호를 위해 건물만의 소유권을 취득한 자에게 법률규정에 의해 인정되는 지상권을 법정지상권이라 한다.

법정지상권에 관한 규정은 강행규정이며 당사자의 특약으로 이를 배제할 수 없다.

(2) 법정지상권의 유형

① 전세권과 관련한 법정지상권(제305조)

토지와 건물이 동일한 소유자에게 속한 경우에 건물에 전세권을 설정한 경우, 그 대지소유권을 양도하였다면 대지의 특별승계인(양수인)은 전세권설정자(건물소유자)에게 지상권을 설정한 것으로 보아 전세권설정자는 별도 등기 없이 지상권을 취득한다. 이 경우 지료는 먼저 당사자의 협의에 의하고, 협의가 성립하지 못한 때에는 당사자의 청구로 법원이 이를 정한다. 또한, 법정지상권이 성립하면 대지소유자는 타인에게 그 대지를 임대하거나 그 대지를 목적으로 하는 지상권 또는 전세권을 설정하지 못한다.

② 저당권과 관련한 법정지상권(제366조)

동일한 소유자에게 속하였던 토지와 건물이 저당권실행으로 인한 경매로 소유자가 각각 달리하게 된 경우, 토지소유자가 건물소유자에게 지상권을 설정한 것으로 보아 건물소유자는 별도 등기 없이 지상권을 취득한다. 따라서 이와 같이 저당권실행으로 건물소유자가 지상권을 취득하기 위해서는 토지에 저당권의 설정 당시 건물이 소재하고 있고, 토지소유자와 건물소유자가 동일인임을 그 요건으로 한다.

〈판례〉

1. 민법 제366조의 법정지상권은 저당권 설정당시 동일인의 소유에 속하던 토지와 건물이 경매로 인하여 양자의 소유자가 다르게 된 때에 건물의 소유자를 위하여 발생하는 것으로서, 토지에 관하여 저당권이 설정될 당시 토지 소유자에 의하여 그 지상에 건물을 건축 중이었던 경우 그것이 사회관념상 독립된 건물로 볼 수 있는 정도에 이르지 않았다 하더라도 건물의 규모·종류가 외형상 예상할 수 있는 정도까지 건축이 진전되어 있었고, 그 후 경매절차에서 매수인이 매각대금을 다 낸 때까지 최소한의 기둥과 지붕 그리고 주벽이 이루어지는 등 독립된 부동산으로서 건물의 요건을 갖추면 법정지상권이 성립하며, 그 건물이 미등기라 하더라도 법정지상권의 성립에는 아무런 지장이 없는 것이다(대판 2004.6.11,2004다13533).
2. 건물의 등기부상 소유명의를 타인에게 신탁한 경우에 신탁자는 제3자에게 그 건물이 자기의 소유임을 주장할 수 없고, 따라서 그 건물과 부지인 토지가 동일인의 소유임을 전제로 법정지상권을 취득할 수 없다(대판 2004.2.13,2003다29043).

③ 가등기담보 등에 관한 법률 제10조

토지와 그 지상건물이 동일인의 소유에 속한 경우에 토지 또는 건물에 가등기담보권, 양도담보권, 매도담보권이 설정된 후 그 담보권의 실행으로 토지와 건물의 소유자가 다르게 된 경우 토지소유자는 건물소유자에 대하여 지상권을 설정한 것으로 본다.

④ 입목에 관한 법률 제6조

토지와 입목이 동일인의 소유에 속한 경우 경매 기타의 사유로 토지와 입목의 소유자가 다르게 된 경우에 토지소유자는 입목소유자에 대하여 지상권을 설정한 것으로 보아야 한다.

6) 관습법상의 법정지상권

(1) 의의와 인정 이유

관습법상의 법정지상권이란 토지와 건물이 동일인의 소유에 속하였다가 토지와 건물 중 하나가 매매 기타 사유로 토지와 건물의 소유자가 다르게 된 경우, 건물을 철거한다는 특약이 없는 경우 건물소유자에게 법률에 의해 인정되는 지상권이다.

관습법상의 법정지상권은 판례에 의해 확립된 것이다. 또한 건물철거의 특약이 그 성립을 좌우하므로 사전에 당사자의 특약으로 성립을 배제할 수 있는 권리이다.

(2) 성립요건

관습법상의 법정지상권이 성립하기 위해서는 우선 토지와 건물이 동일인의 소유에 속하여야 한다. 원칙적으로는 동일인의 소유로 등기되어 있어야 하나 미등기의 무허가 건물에도 관습법상의 법정지상권이 성립할 수 있으며, 토지와 건물의 처분 당시에 동일인의 소유에 속하면 족하다.

둘째, 토지와 건물 중 하나가 매매 기타 사유로 토지와 건물의 소유자가 다르게 되어야 된다. '매매 기타 사유'에는 매매, 증여, 공유물 분할, 강제경매 등도 포함되며, 소유자가 달라지는 시점, 관습법상의 법정지상권이 성립하는 시기는 법률행위로 인한 경우에는 소유권이전등기를 경료한 때, 강제경매나 공매의 경우에는 대금 완납시이다.

셋째, 건물을 철거한다는 당사자 사이의 특약이 없는 경우라야 한다. 따라서 당사자 사이에 건물철거의 특약이 있는 경우에는 법정지상권이 성립하지 않는다.

(3) 효 력

관습법상의 법정지상권은 법률이 정하고 있는 요건만 충족하면 등기없이 당연히 취득되는 권리이다. 그 효력에 관하여는 지상권에 관한 규정이 적용된다. 또한 지료는 당사자의 합의에 의하거나 당사자의 협의가 이루어지지 않은 경우 청구에 의해 법원이 정한다.

7) 분묘기지권

타인의 토지 위에 시체를 매장한 분묘가 설치된 경우 그 분묘부지와 그 부지를 넘어 이를 봉사하고 수호하기 위한 일정 범위에 미치는 관습법상의 물권을 분묘기지권이라 한다.

분묘기지권은 토지소유자의 승낙을 받아 분묘를 설치한 경우와 승낙 없이 설치한 경우로 20년간 평온·공연히 분묘를 점유한 경우에 취득시효가 완성된 경우 및 분묘를 설치한 토지소유자가 토지소유권을 양도하면서 분묘이장의 특약이 없는 경우에 분묘기지권이 발생한다. 이렇게 발생한 분묘기지권은 분묘의 수호와 봉사를 계속하는 한 존속될 것이고, 특히 지료에 대해서는 약정하여야 하지만 특별히 약정이 없으면 지료는 무상으로 취급된다.

8) 구분지상권

(1) 의의

지하도, 지하상가, 고가도로와 같이 타인토지의 지하 또는 지상공간의 일정한 범위를 정하여 건물 기타 공작물을 소유하기 위한 지상권을 구분지상권이라 한다. 이 경우 수목소유를 목적으로 한 구분소유권은 성립되지 않으며 토지의 공간적 범위는 설정행위로 정하고 반드시 등기해야 한다.

(2) 구분지상권의 내용

구분지상권은 그 성질상 보통의 지상권, 전세권, 등기된 임차권과 같이 제3자가 사용, 수익권을 가지고 있는 토지에 대해서도 설정할 수 있으나, 다만 그 권리자 및 그 권리를 목적으로 하는 권리를 가진 자 전원의 승낙을 필요로 한다. 승낙을 하였을 경우에는 토지를 사용, 수익할 권리를 가진 제3자는 그 지상권의 행사를 방해해서는 안 된다.

3. 지역권(地役權)

1) 의의

지역권이란 일정한 목적을 위하여 타인의 토지를 자기토지의 편익에 이용하는 권리이다(민법 제291조). 지역권은 자기토지의 편익을 위해서 타인의 토지를 통행하거나, 그 토지를 거쳐 물을 끌어오거나, 그 토지에 일정한 높이 이상의 건물을 건축하지 않는 등 두 개의 토지 사이의 이용을 조절하는 것을 목적으로 한다.

그 편익을 얻는 토지를 요역지라 하고, 편익을 제공하는 토지를 승역지라고 한다. 요역지는 1필의 토지여야 하며, 토지의 일부를 위한 지역권을 설정할 수는 없다. 그러나 승역지는 1필의 토지일 필요가 없다. 즉 토지의 일부 위에도 지역권이 성립할 수 있다.

지역권은 두 개의 토지 사이의 이용의 조절을 목적으로 하는 것이므로, 지상권자·전세권자도 각자의 권한 내에서는 그들이 이용하는 토지를 위하여, 또는 그 토지 위에 지역권을 설정할 수 있다.

2) 지역권의 성질

지역권은 배타성이 없다. 따라서 하나의 승역지에 여러 개의 지역권설정이 가능하다. 또한 지역권은 토지의 편익을 위하여 존재하는 종된 권리이므로 요역지를 떠나서 독립적으로 존재할 수 없다. 따라서 요역지의 소유권이 이전되면 지역권도 당연히 함께 이전된다. 그리고 요역지와 분리하여 지역권만을 양도하거나 다른 권리의 목적으로 하지 못한다(제292조 2항). 지역권은 원칙적으로 요역지 전부의 이용을 위하여 승역지 전부를 이용하는 권리이다. 따라서 토지공유자의 1인은 그의 지분에 관하여, 그 토지를 위한 지역권 또는 그 토지가 부담하는 지역권을 소멸하게 하지 못하고(제293조 1항), 요역지 또는 승역지가 분할되거나 일부양도된 경우 지역권은 요역지의 각 부분을 위하여 또는 승역지의 각 부분에 존속한다(제293조 2항).

3) 지역권의 취득

지역권은 지역권설정자로서 승역지 소유자와 요역지권리자(요역지소유자 및 요역지전세권자, 요역지지상권자) 사이의 설정계약과 지역권 설정등기에 의하여 취득되는 것이 일반적이다. 또한, 지역권은 계속되고 표현된 것에 한하여 시효에 의하여 취득하는 취득시효제도가 인정된다(제294조). 취득시효에 의한 지역권의 취득은 등기하여야 그 효력이 발생한다(제245조).

4) 지역권의 효력

지역권자는 설정행위의 내용 또는 취득시효의 요건이 되는 점유의 내용에 의하여 정하여진 범위 내에서 지역권을 행사하여 승역지를 사용할 수 있다. 지역권의 행사는 승역지의 이익을 존중하여 지역권의 목적을 달성하는 데 필요한 한도에서 승역지 이용자에게 가장 손해가 적은 범위 내에서 그치도록 해야 한다.

4. 전세권(傳貰權)

1) 의 의

전세권이란 전세금을 지급하고 농경지 이외의 타인의 부동산을 점유하며 그 부동산을 용법에 좇아 사용·수익하는 용익물권이다. 동시에 그 부동산 전부에 대하여 후순위 권리자, 기타 채권자보다 전세금의 우선변제를 받을 수 있는 물권으로 전세금채권에 대해 담보적 기능을 갖는 특수한 물권이다(민법 제303조).

2) 전세권의 성질

전세권의 목적물은 타인의 부동산(토지 또는 건물)이며, 목적부동산을 점유하여 그 용도에 따라 사용·수익하는 권리이다. 그리고 전세금에 관해 우선변제권이 인정된다. 전세권자는 부동산 전부에 대하여 후순위권리자 기타 채권자보다 전세금의 우선변제를 받을 권리가 있고(민법 제303조 제1항), 전세권설정자가 전세금의 반환을 지체한 때 전세권자는 전세목적물의 경매를 청구할 수 있다(민법 제318조).

따라서, 담보물권의 통유성이 인정된다(부종성, 불가분성, 수반성, 물상대위성). 즉, 전세금이 없으면 전세권도 소멸되고, 피담보채권인 전세금채권의 전액에 관하여 전세목적물 전부에 대한 효력이 생긴다. 또한 전세금채권이 양도, 상속되면 전세권도 승계된다. 뿐만 아니라 본래 목적물뿐만 아니라 그 목적물이 멸실, 훼손, 공용징수되어 전세권설정자에게 발생한 물건 및 권리 위에도 효력이 미친다.

3) 전세권의 취득과 존속기간

(1) 전세권의 취득

전세권은 전세권설정자(부동산소유자)와 전세권자간의 설정계약과 전세금지급 그리고 전세권 설정등기에 의해서 취득된다. 따라서 전세금지급이 필수이기 때문에 전세금의 월세, 차임, 지료 등의 지급으로는 성립되지 않고, 전세계약과 전세금지급은 있으나 설정등기가 없으면 채권적 용익권이 발생할 뿐이다. 단, 부동산의 인도는 성립요소가 아니기 때문에 부동산이 인도가 없어도 전세권은 성립된다.

〈판례〉

전세금의 지급은 전세권 성립의 요소가 되는 것이지만, 그렇다고 하여 전세금의 지급이 반드시 현실적으로 수수되어야만 하는 것은 아니고 기존의 채권으로 전세금의 지급에 갈음할 수도 있다(대판 1995.2.10,94다18508).

(2) 전세권의 존속기간

전세권의 존속기간은 10년을 넘지 못한다. 당사자의 약정계약이 10년을 넘는 때에는 이를 10년으로 단축한다(민법 제312조 제1항). 전세권의 갱신이 있는 경우, 존속기간은 갱신한 날로부터 10년을 넘지 못한다. 최장존속기간의 제한은 토지뿐만 아니라 건물에도 적용된다. 한편, 건물에 관한 존속기간을 1년 미만으로 정한 경우에는 1년으로 본다(민법 제312조 제2항).

존속기간을 정하지 않은 경우 각 당사자는 언제든지 상대방에 대하여 전세권의 소멸을 통보할 수 있으며, 상대방이 이 통보를 받은 날로부터 6월이 지나면 전세권은 소멸한다(민법 제313조).

(3) 전세권의 갱신

① 약정갱신

전세권의 존속기간이 만료된 경우 당사자 간의 약정으로 갱신할 수 있다. 갱신된 전세권의 존속기간은 갱신한 날로부터 10년을 넘지 못하며, 약정에 의한 갱신은 등기해야 효력이 생긴다.

② 건물 전세권에 관한 법정갱신

건물의 전세권설정자가 전세권만료 전 6월부터 1월까지 사이에 전세권자에게 대하여 갱신거절의 통지 또는 조건을 변경하지 않으면, 별도 합의가 없다 하더라도 당연히 기간이 만료된 때에 갱신한 것으로 간주된다. 이 경우 전세권의 존속기간은 정하지 않은 것으로 본다(민법 제312조 제4항).

4) 전세권의 효력

(1) 전세권의 효력이 미치는 범위

타인의 토지 위에 건물을 소유하는 자가 그 물건에 전세권을 설정한 경우 전세권의 효력은 그 건물의 소유를 목적으로 하는 지상권 또는 임차권에도 미친다(민법 제304조 1항).

(2) 전세권자의 권리

① 목적부동산의 사용·수익권

전세권자는 목적부동산을 점유하여 그 부동산의 용도에 좇아 사용·수익할 권리가 있다(제303조 제1항). 전세권자가 이에 위반하여 사용·수익하는 경우에는 전세권설정자는 전세권의 소멸을 청구할 수 있고 이 경우 전세권설정자는 전세권자에 대해 원상회복 또는 손해배상을 청구할 수 있다(제311조 제1항).

② 유익비상환청구권

전세권자가 목적물을 개량하기 위하여 지출한 금액 기타 유익비에 관하여는 그 가액의 증가가 현존하는 경우에 한하여 소유자의 선택에 따라 그 지출액이나 증가액의 상환을 청구할 수 있다(제310조 제1항). 그러나 전세권자에게는 수선, 유지의무가 있기 때문에 필요비상환청구권은 인정되지 않는다.

③ 전세금증감청구권

전세금이 목적부동산에 관한 조세, 공과금 기타 부담의 증감이나 경제사정의 변동으로 인하여 상당하지 아니하게 된 때에는 당사자는 장래에 대하여 그 증감을 청구할 수 있다. 그러나 증액의 경우에는 대통령령이 정하는 기준에 따른 비율을 초과하지 못한다(제312조의 2). 증액청구의 비율은 약정한 전세금의 20분의 1을 초과하지 못하며, 또 전세권설정계약이 있은 날 또는 약정한 전세금의 증액이 있은 날로부터 1년 이내에는 이를 하지 못한다.

④ 경매청구권 및 우선변제권

전세권자가 전세금의 반환을 보장하도록 하기 위해 전세권설정자가 전세금의 반환을 지체한 때에는 전세권자는 전세목적물의 경매를 청구할 수 있고(제318

조), 전세권자는 후순위권리자 기타 채권자보다 전세금의 우선변제를 받을 권리가 있다(제303조 제1항).

(3) 전세권자의 의무

① 수선, 유지의무

전세권자는 목적물의 현상을 유지하고 그 통상의 관리에 속한 수선을 하여야 한다(제309조). 따라서 전세권자가 목적부동산의 통상적 유지 및 관리를 위하여 필요비를 지출한 경우에도 그 비용의 상환을 청구하지 못한다.

② 원상회복, 손해배상의무

전세권자가 전세권설정계약 또는 그 목적물의 성질에 의하여 정하여진 용법으로 이를 사용·수익하지 아니한 경우에는 전세권설정자는 전세권의 소멸을 청구할 수 있고, 이러한 경우에 전세권설정자는 전세권자에 대하여 원상회복 또는 손해배상을 청구할 수 있다(제311조). 전세권이 존속기간의 만료로 인해 소멸하면 전세권자는 그 목적부동산을 원상으로 회복하여야 하고, 그 목적부동산에 부속시킨 물건은 이를 수거할 수 있다(제316조).

(4) 전세권의 처분권

전세권자는 전세권을 타인에게 양도하거나 담보로 제공할 수 있고, 존속기간내에서 목적물을 타인에게 전전세 또는 임대할 수 있다(제306조). 그러나 설정행위로써 처분을 금지할 수 있으며(제306조 단서), 이와 같은 처분금지의 설정행위는 등기함으로써 제3자에게 대항할 수 있다.

제 2 절 담보물권(擔保物權)

1. 담보물권[14)]의 이해

1) 채권과 담보

특정한 채권에 관해서 그 만족을 확실하게 보장하기 위해 등장한 제도가 담보제도이다. 담보라는 것은 채권을 보장한다는 의미이기도 하다.

2) 채권담보의 종류

채권자평등의 원칙에 구애됨이 없이 채무자의 일반재산 이상의 것을 담보로 잡기 위한 것으로 사람을 대상으로 하는 인적 담보와 물건을 대상으로 하는 물적 담보가 있다. 또한 담보권의 발생 근거를 기준으로 당사자의 계약에 의한 약정담보와 법률의 규정에 의해 성립하는 법정담보가 있다.

인적 담보는 채무자의 일반재산 외 제3자의 일반재산 전부를 채권회수를 위한 책임재산으로 추가한 경우로 책임자 및 채무자 수를 늘려 책임재산을 확대하여 채권실현을 보장받는 것이고(연대채무, 보증채무, 병존적 채무인수 등), 물적 담보는 채무자 또는 제3자의 특정재산을 채권회수를 위한 책임재산으로 한정하고, 그 재산의 교환가치를 채권자가 배타적으로 지배함으로써 채권을 담보하는 것을 말한다(저당권, 가등기담보권). 인적담보제도에 비해 가장 합리적인 담보형식이지만, 절차가 복잡하다는 단점이 있다.

법률의 규정에 의해 채권의 담보관계가 발생한 경우 법정담보로서 유치권, 법정질권(민법 제648조, 제650조), 법정저당권(649조), 우선특권 등이 있고, 당사자간 계약에 의한 것으로 가등기담보, 양도 담보, 질권, 저당권 등은 약정담보이다.

현행법에서 인정되는 담보물권으로는 유치권, 질권, 저당권이 있다. 원칙적으로 부동산을 대상으로 하는 담보물권은 저당권에 한하며, 예외적으로 유치권이 부동

---

14) 담보물권에서 담보(擔保)라는 말은 책임을 지고(擔), 지키다(保)는 의미이다. 따라서 채권 즉 빚을 책임지고, 지키기 위해 인정되는 권리라고 할 수 있다.

산과 관련이 있다.

3) 담보물권의 효력

담보물권은 변제기일에 채권의 변제를 받지 못한 때에 채권자가 목적물을 환가해서 다른 채권자보다 우선하여 변제 받을 수 있는 효력이 있다. 그러나 우선변제의 효력은 질권·저당권에만 인정되고, 유치권에는 인정되지 않는다. 그러나 유치권과 질권은 채권담보를 위해서 목적물을 유치하여 채무변제를 간접적으로 재촉하는 유치적 효력을 가진다. 유치적 효력은 저당권과 같이 점유를 요소로 하지 않는 저당권에서는 의미가 없다.

4) 담보물권의 성질

담보물권은 피담보채권이 소멸하면 같이 소멸한다. 또한 피담보채권이 이전하면 담보물권도 함께 이전하며, 담보물권의 목적물이 멸실, 훼손, 공용징수로 인하여 그 목적물에 갈음하는 금전 기타 물건으로 변하여 소유자에게 귀속하는 경우 여기에도 효력이 미친다.

2. 유치권(留置權)

1) 의 의

유치권이란 타인의 물건 또는 유가증권을 점유한 자가 그 물건 또는 유가증권에 관하여 생긴 채권이 변제기에 있는 경우에 그 채권의 변제를 받을 때까지 그 물건 또는 유가증권을 유치할 수 있는 권리(민법 제320조 제1항)를 말한다.

유치권은 목적물을 유치함으로써 심리적 압박에 의해 채무자의 변제를 간접적으로 강제하는 담보물권이다. 이러한 유치권은 법률상 당연히 주어지는 법정담보물권이다.

2) 인정이유와 성질

타인의 물건을 점유하는 자가 그 물건에 관한 채권을 가지는 경우에, 그 채권의 변제를 받을 때까지 그 물건의 반환을 거절할 수 있게 함으로써 다른 채권자보다 사실상 우선변제를 받게 하는 것이 공평하기 때문에 인정된다.

유치권은 특정물을 지배하는 권리이다. 특정물인 한 동산, 부동산, 유가증권을 불문한다. 또한 유치권은 부동산에도 성립된다. 특히 부동산인 경우, 별도 등기를 요하지 않는다. 유치권은 오직 점유에 의해 공시되기 때문이다.

유치권은 인도거절을 본질적 효력으로 하나 단순한 인도거절권이 아니라 독립한 물권이다. 따라서 유치권자는 채권의 변제를 받을 때까지는 채무자뿐 아니라 양수인·경락인 등 누구에 대해서도 권리를 주장하고 목적물을 유치할 수 있다. 즉 유치물의 소유권이 이전되더라도 유치권은 영향을 받지 않는다.

유치권은 타물권과 같이 사용가치를 지배하는 권능은 없다. 또한 목적물의 점유 이상의 공시방법을 요하지 않는다. 따라서 유치권이 부동산을 목적으로 하는 경우에도 공시방법으로서 등기를 요하지 아니한다.

유치권이 성립하려면 점유가 있어야 하고, 점유를 잃으면 유치권도 소멸한다, 유치권은 점유를 상실하면 소멸하므로 추급력이 없다. 따라서 점유권에 기한 물권적청구권은 있으나 유치권에 기한 물권적청구권은 없다.

유치권은 당사자의 계약에 의해 발생되는 것이 아니라, 일정한 요건을 갖추면 당연히 채권자에게 유치권이 발생되는 법정담보물권이다(320조).

유치권은 목적물의 교환가치를 파악하는 것이 아니고 자기채권의 변제를 받을 때까지 유치할 수 있을 뿐이다.

3) 동시이행항변권과의 차이점

동시이행항변권과 유치권은 모두 공평의 원리에 기하여 인정되고, 양자는 동일한 법률관계에서 병존할 수 있다. 즉 경우에 따라서는 양자가 경합될 수 있다.

① 유치권은 채권변제를 받을 때까지 인도거절권능을 가지지만 동시이행의 항변권은 상대방의 단순청구에 대한 이행거절권능 및 이행지체저지효과를 가진다.

② 유치권은 목적물을 직접 점유하여 유치하고 변제받을 때까지 그 행사가 가능하지만 동시이행의 항변권은 채무의 이행을 제공받을 때까지 행사할 수 있으며 자기채무이행을 거절하는 연기적인 항변권이다.

③ 유치권은 점유의 상실, 다른 담보의 제공, 의무위반에 따라 소멸청구가 가

능하지만 동시이행의 항변권은 쌍무계약 그 자체가 소멸하거나 이행제공을 통해 소멸된다.

④ 두 권리의 공통점으로는 모두 채권이 변제기에 달하여야 하고, 당사자의 특약에 의하여 발생을 막을 수 있고, 소송상 피고가 유치권 또는 동시이행의 항변권을 주장할 때 법원은 공히 상환급부 판결을 할 수 있다.

4) 유치권의 성립요건

(1) 채권의 존재 및 변제기의 도래

① 유치권은 채권의 담보를 위하여 인정되는 것이므로, 목적물의 점유자가 채권을 가지고 있음을 요한다.

② 목적물에 관하여 생긴 채권이면 되고, 그 채권의 발생원인과 종류에는 제한이 없다.

③ 채권은 반드시 변제기에 도래해야 한다. 변제기 도래 전에는 유치권이 발생할 여지가 없고 또한 장래의 채권에 기해 유치권은 발생하지 않는다.

(2) 유치권의 목적물 및 점유

① 동산 및 부동산과 그리고 유가증권으로 등기 및 배서와 같은 공시는 요하지 않는다.

② 유치권은 경매 및 간이변제충당의 권능을 가지고 있으므로, 목적물은 처분이 가능한 것이어야 한다.

③ 목적물은 채무자뿐만 아니라 제3자의 소유에 속한 것이라도 상관없다.

④ 타인 소유이어야 하므로 자신의 물건에 대하여는 그것에 관하여 생긴 채권이라 하더라도 유치권이 성립하지 않는다.

⑤ 점유는 유치권자 자신이 직접 점유하거나 아니면 타인(고용원)을 통하여 간접 점유할 수도 있다.

(3) 유치권배제특약의 부존재

유치권이 성립하기 위해서는 유치권을 배제하는 특약이 없어야 한다.

5) 유치권의 효력

(1) 유치권자의 권리

① 인도거절권

유치권자는 채권의 변제를 받을 때까지는 채무자뿐 아니라 양수인·경락인 등 누구에 대해서도 권리를 주장하고 목적물을 유치할 수 있다. 따라서 유치권자는 물건에 대한 압류를 위하여 집행관이 물건의 인도를 요하는 경우에도 인도거절권을 갖는다.

또한 유치권자는 채권전부의 변제를 받을 때까지 유치물의 전부를 유치할 수 있다. 따라서 유치권자는 유치물의 보전에 필요한 범위 내에서 채무자나 소유자의 승낙 없이 유치물을 사용할 수 있다.

② 유치물 경매권

유치권자는 채권의 변제를 받기 위하여 목적물을 환가할 수 있다. 즉 유치권자는 채권의 변제를 받기 위하여 유치물을 경매할 수 있다(민법 제322조). 그러나 그 매각대금에 관하여 우선변제권은 없다. 그러나 현실적으로는 심리적인 강제를 통해 우선변제를 받는 것이나 다름이 없다.

③ 간이변제충당

유치권자는 정당한 이유가 있는 때에는 감정인의 평가에 의하여 유치물을 직접 변제에 충당할 것을 법원에 청구할 수 있다. 이를 간이변제충당이라 하는데 이 경우 유치권자는 채권자에게 미리 통지하여야 한다.[15]

④ 과실수취권

유치권자는 유치물의 과실을 수취하여 다른 채권자보다 먼저 자기채권의 변제에 충당할 수 있는 권리를 가진다. 과실은 천연과실과 법정과실을 모두 대상으로 하며, 충당의 순서는 이자와 원본의 순이다.[16] 과실이 금전이 아닌 경우에는 경매하여야 한다. 중요한 것은 사용이익은 법정과실에 준한다는 것이다.

---

15) 민법 제322조 제2항.
16) 민법 제323조 제1항, 제2항.

⑤ 비용상환청구권

유치권자는 유치물에 관해 필요비를 지출한 때에는 그 비용의 상환을 소유자(채무자)에게 청구할 수 있다. 또한 유익비를 지출한 때에는 그 가액의 증가가 현존한 경우에 한하여 소유자의 선택에 좇아 그 지출한 금액이나 증가액의 상환을 청구할 수 있다. 법원은 소유자의 청구에 의하여 상당한 상환기간을 허여(許與)할 수 있다.[17)]

(2) 유치권자의 의무

유치권자는 선량한 관리자의 주의로 유치물을 점유하여야 한다. 이에 위반한 경우 소유자는 손해배상을 청구할 수 있고, 나아가 유치권의 소멸을 청구할 수 있다. 유치권자는 채무자의 승낙 없이 유치물의 사용, 대여 또는 담보제공을 하지 못한다(민법 제324조). 이 경우에도 유치권의 소멸을 청구할 수 있다.[18)]

6) 유치권의 소멸

유치권은 물권의 일반적 소멸원인인 목적물의 멸실, 공용징수, 혼동, 몰수, 포기, 첨부에 의하여 소멸한다. 그러나 유치권의 경우 유치권자가 목적물을 점유하는 한 시효로 소멸하지는 않는다.

그러나 유치권은 담보물권이므로 피담보채권의 소멸로 소멸한다. 또한 채권자가 유치권을 행사하더라도 '피담보채권의 소멸시효'는 이와는 무관하게 진행한다.[19)]

유치권 특유의 소멸원인이 있는데, 유치권자의 의무위반에 대해 소멸청구가 있으면 유치권은 소멸한다.[20)] 또한 채무자는 상당한 담보를 제공하고 유치권의 소멸을 청구할 수 있다.[21)]

점유는 유치권의 본질이다. 따라서 점유의 상실은 유치권의 소멸[22)]을 의미한다.

---

17) 민법 제325조.

18) 선량한 관리자의 주의 의무의 위반이나 사용금지의무의 위반은 그 위반사실만으로 유치권이 소멸되는 것이 아니라 유치권소멸청구를 하여야 한다.

19) 유치권의 행사는 피담보채권의 시효중단사유가 아니다.

20) 유치권소멸청구권은 형성권이다.

21) 소멸청구를 할 수 있는 자는 채무자로 규정하고 있으나 소유자도 포함하는 것이다. 또한 담보의 제공과 관련하여 담보는 인적담보와 물적담보를 모두 포함하는 개념이다.

〈관련법조문〉

제327조 (타담보제공과 유치권소멸)

채무자는 상당한 담보를 제공하고 유치권의 소멸을 청구할 수 있다.

제328조 (점유상실과 유치권소멸)

유치권은 점유의 상실로 인하여 소멸한다.

〈판례〉

점유자의 비용상환청구권을 기초로 하는 유치권의 주장은 그 점유가 불법행위에 의하여 개시된 경우뿐만 아니라 비용 지출 당시에 점유자가 점유할 권원이 없음을 알았거나 이를 알지 못함에 중과실이 있는 경우 배척된다(대판 1966.6.7,66다600).

3. 저당권(抵當權)

1) 의 의

〈관련법조문〉

제356조 (저당권의 내용)

저당권자는 채무자 또는 제3자가 점유를 이전하지 아니하고 채무의 담보로 제공한 부동산에 대하여 다른 채권자보다 자기채권의 우선변제를 받을 권리가 있다.

제372조 (타 법률에 의한 저당권)

본장의 규정은 다른 법률에 의하여 설정된 저당권에 준용한다.

저당권이란 채무자 또는 물상보증인이 채무의 담보로 제공한 부동산 기타의 목적물을 목적물의 점유이전 없이 교환가치를 지배하고 있다. 채무의 변제가 없는 경우, 목적물의 가액으로부터 자기채권의 우선변제를 받을 수 있는 권리이다.

2) 저당권의 법률적 성질

저당권설정의 합의와 등기에 의해 성립하는 약정담보물권이다.[23] 저당권은 목적물에 대한 점유와 사용은 그 소유자에게 그대로 맡겨 놓은 채 목적물의 교환가치만을 지배하는 가장 대표적인 담보제도이다. 따라서 저당권은 우선변제력은

22) 민법 제328조.

23) 약정담보물권이라는 점에서 질권과 유사하나 질권이 주로 동산을 그 대상으로 하는 반면, 저당권은 부동산을 대상으로 한다.

있으나, 유치적 효력은 없다.

저당권은 다른 물권과 달리 점유를 수반하지 아니하므로, 저당권의 객체는 반드시 등기·등록에 의하여 공시될 수 있는 것이어야 한다.

저당권은 점유 없이 채권을 담보하는 담보물권으로 부종성, 수반성, 불가분성, 물상대위성 등의 공통된 성질을 갖는다. 저당권은 타물권이다. 따라서 자기물건 위에 저당권이 성립할 수는 없다.

저당권은 피담보채권이 존재해야 성립하므로 만일 피담보채권이 원인무효, 취소, 변제 등으로 소멸된다면 저당권도 당연 소멸된다. 단, 근저당은 현재 피담보채권이 존재하지 않거나 증감이 있다 하더라도 채권이 장래에 발생하게 된다면 저당권성립이 가능하므로 부종성이 엄격히 요구되는 것은 아니다.

저당권은 피담보채권과 분리해서 처분하지는 못한다.

3) 저당권의 성립

저당권의 성립은 일반적으로 저당권설정의 계약과 등기를 통해서이다. 그러나 법률의 규정에 의해 성립하는 법정저당권[24] 도 있다.

(1) 저당권설정계약

① 저당권설정계약의 당사자

저당권설정행위는 피담보채권자인 저당권자와 목적물의 소유자인 저당권설정자간 저당권설정계약으로 성립되는데 저당권자는 피담보채권자와 반드시 동일인이지만 저당권설정자는 채무자에 한하지 않고 제3자, 즉 물상보증인도 저당권설정자의 지위를 갖는다. 다만 저당권설정행위는 처분행위이므로 모두 처분권한과 능력이 있어야 한다.

24) 토지임대인이 변제기를 경과한 최후 2년의 차임채권에 의하여 그 지상에 있는 임차인 소유의 건물을 압류한 때에는 저당권과 동일한 효력이 있다(민법 제649조). 이는 법률규정에 의해 저당권이 성립하는 경우로 압류등기를 한 때에 저당권이 성립한다; 부동산 공사의 수급인은 자신의 보수청구권을 담보하기 위하여 그 부동산을 목적으로 한 저당권의 설정을 청구할 수 있다(민법 제666조). 부동산 공사수급인의 저당권설정청구권의 행사의 경우에 도급인이 수급인의 청구에 의하여 등기한 때 저당권이 성립한다.

〈판례〉

저당권은 원칙적으로 채권자와 저당권자가 동일인이어야 하나, 채권자가 아닌 제3자의 명의로 저당권등기를 하는데 대하여 채권자와 채무자 및 제3자 사이에 합의가 있었고, 나아가 제3자에게 그 채권이 실질적으로 귀속되었다고 볼 수 있는 특별한 사정이 있는 경우에는 제3자 명의의 저당권등기도 유효하다(대판 2000.12.12. 2000다49879).

② 저당권설정계약의 성질

저당권설정계약은 직접저당권의 발생을 목적으로 하는 물권계약이다. 피담보채권의 존재를 바탕으로 저당권설정을 목적으로 하여 성립되는 채권계약의 종된 계약이며 불요식계약이고 조건, 기한을 붙인 경우도 무방한 물권계약이다.

(2) 저당권 설정등기

저당권은 저당권설정계약 이외에 반드시 저당권설정등기를 하여야 성립한다. 등기사항은 채권자, 채무자, 채권액, 변제기, 이자, 이자 발생시기 또는 지급시기, 원본 또는 이자의 지급장소, 저당권의 효력이 미치는 범위에 대한 약정이 있는 경우 그 약정, 채권이 조건부인 때에는 그 조건의 내용 등에 관한 것이며, 근저당권이면 반드시 근저당의 취지를 기재하여야 할 것이다.

저당권설정등기비용은 약정이 있으면 약정에 따르나 약정이 없으면 채무자가 부담하는 것이 일반적이다.

4) 저당권의 효력

(1) 저당권의 효력이 미치는 범위

① 목적물의 범위

저당권의 객체가 될 수 있는 물건은 등기, 등록 등의 공시방법이 마련되어 있는 것이어야 한다. 또한 저당목적물은 채무자 및 물상보증인소유의 부동산이어야 하나 부동산의 수에 대해서는 제한이 없다(공동저당). 단, 부동산일부에는 저당권이 성립되지 않는다.

저당목적물은 부동산 외 전세권, 지상권, 그리고 공유지분권 등의 권리도 그 목적물이 될 수 있으며 입목, 공장재단, 자동차, 중기, 항공기 등은 특별법에 의해 저당권의 목적물로 취급될 수 있어 결국 저당권의 목적물은 부동산에 국한되는 것은 아니다.

저당권의 목적물의 범위는 그 특정·현존한 물건의 소유권이 미치는 범위와 원칙상 동일하나 당사자의 특약으로 제한하거나 확대할 수 있다.

저당부동산에 물건이 부합된 경우 부합시기가 저당권설정 전·후인가를 불문하고 그 부합물에 저당권의 효력이 미치는 것이 원칙이다.

그러나 타인이 정당한 권원에 의해 부속시킨 물건으로 독립되어 사용 수익할 수 있는 경우(소유권이 미치지 않으므로)나 약정으로 부합물을 제외하기로 정한 경우(등기요함)는 부합물에 대해 저당권이 미치지 않는다.

저당권의 효력은 종물에도 미친다. 종물은 주물의 처분에 따르기 때문이다. 종물은 동산이든 부동산이든 묻지 않는다. 또한 종된 권리도 준용되므로 주된 권리가 저당권의 목적물이면 종된 권리에도 저당권의 효력이 미친다. 그러나 법률에 특별한 규정이 있거나, 종물을 제외하기로 약정한 경우(등기요함)는 그렇지 않다.

원칙적으로 과실에는 저당권의 효력이 미치지 않는다. 그러나 저당부동산에 압류가 있은 후에 저당권설정자가 그 부동산으로부터 수취한 과실 또는 수취할 수 있는 과실에는 미친다. 다만 저당권자는 그 부동산에 대한 소유권, 지상권 또는 지상권을 취득한 제3자에 대하여는 압류한 사실을 통지한 후가 아니면 이로써 대항하지 못한다(민법 제359조).

저당권의 효력은 저당부동산의 멸실·훼손 또는 공용징수로 인하여 저당권설정자가 받을 금전 기타 물건에 대해서도 미친다. 다만, 그 지급 또는 인도 전에 압류하여야 한다(민법 제370조·제342조).

〈판례〉

※저당권자가 물상대위권을 행사하여 우선변제를 받기 위한 권리실행방법

민법 제370조, 제342조 단서가 저당권자는 물상대위권을 행사하기 위하여 저당권설정자가 받을 금전 기타 물건의 지급 또는 인도 전에 압류하여야 한다고 규정한 것은 물상대위의 목적인 채권의 특정성을 유지하여 그 효력을 보전함과 동시에 제3자에게 불측의 손해를 입히지 않으려는 데 있는 것이므로, 저당목적물의 변형물인 금전 기타 물건에 대하여 이미 제3자가 압류하여 그 금전 또는 물건이 특정된 이상 저당권자가 스스로 이를 압류하지 않고서도 물상대위권을 행사하여 일반 채권자보다 우선변제를 받을 수 있으나, 그 행사방법으로는 민사소송법 제733조에 의하여 담보권의 존재를 증명하는 서류를 집행법원에 제출하여 채권압류 및 전부명령을 신청하는 것이거나 민사소송법 제580조 제1항에 의하여 배당요구를 하는 것이므로, 이러한 물상대위권의 행사에 나아가지 아니한 채 단지 수용대상토지에 대하여 담보물권의 등기가 된 것만으로는 그 보상금으로부터 우선변제를 받을 수 없다(대판 1998.9.22, 98다 12812).

② 저당권이 미치는 피담보채권의 범위

저당권을 설정할 수 있는 채권(피담보채권[25]))은 반드시 금전채권에 한하는 것은 아니다. 특정물인도채권을 담보하기 위해 저당권을 설정할 수도 있다. 다만 그 채권가격을 등기부에 기재해야 한다.

보통 현존하는 특정의 채권인 것이 원칙이지만, 장래의 특정채권 또는 장래의 증감변동하는 다수의 채권을 위하여 그 최고액만을 한정하여 설정할 수 있다.

채권의 일부를 피담보채권으로 할 수도 있고, 수개의 채권을 합해서 피담보채권으로 할 수도 있으며, 채무자가 각각 다른 수개의 채권에 관하여 물상보증인이 1개의 저당권을 설정할 수도 있다.

〈관련법조문〉

민법 제360조 (피담보채권의 범위) 저당권은 원본, 이자, 위약금, 채무불이행으로 인한 손해배상 및 저당권의 실행비용을 담보한다. 그러나 지연배상에 대하여는 원본의 이행 기일을 경과한 후의 1년분에 한하여 저당권을 행사할 수 있다.

피담보물권의 범위에 관한 법률(민법 제360조)의 취지는 후순위담보물권자와 저당부동산의 제3취득자의 보호를 위해 지연배상에 관한 제한을 가하고 있는 것이다.[26]

원본, 이자, 위약금은 등기하여야 담보 되며, 채무불이행으로 인한 손해배상청구권, 저당권실행비용은 등기하지 않아도 담보된다. 특히 이자의 경우 무제한으로 담보되나 지연배상은 원본의 변제기일을 경과한 후의 1년분에 한한다.

---

25) 피담보채권은 저당목적물로부터 담보되는 채권으로 그 목적물의 매각대금에서 후순위 권리자 및 일반채권자보다 우선변제를 받아 채권회수를 할 수 있는 채권이다.

26) 일면 저당권자에게 불리한 조항일 수 있으나 이러한 제한을 두지 않는 경우 선순위 저당권자의 선택에 따라 후순위의 담보권자의 운명이 결정될 수 있는 불합리한 경우가 발생할 수 도 있다.

주의할 것은 저당권은 목적물을 점유하는 것이 아니므로 저당물의 보존비용이나 저당목적물의 하자로 인한 손해배상청구권은 저당권의 피담보채권에 속하지 않는다.

(2) 우선변제적 효력(저당권자의 우선적 지위)

저당권의 우선변제적 효력이란 채무자가 변제기일에 변제를 하지 않을 경우 저당권자의 경매신청(임의경매, 저당권실행경매)에 의하여 그 대금으로부터 다른 채권자에 우선하여 변제를 받을 권한을 의미한다.

이 때의 우선변제권은 저당권자 자신의 저당권실행 뿐만 아니라 타권리자(후순위저당권자, 압류채권자)에 의해 경매가 된 경우에도 저당목적물이 경매절차에 의해 경매가 된 경우 그 매각대금에서 우선변제를 받아 채권의 만족을 꾀할 수 있다.[27)]

저당권 상호간의 우선순위는 등기의 선후로 결정된다. 선순위저당권이 변제 기타의 사유로 소멸하면 후순위저당권은 그 순위가 승진한다. 이를 순위승진의 원칙이라 한다.

일반채권자에 대하여는 언제나 저당권자가 우선한다. 다만 주택임대차보호법상 예외가 있다.

주택임대차의 경우 대항요건 및 임대차계약서의 확정일자 또는 공증을 받았다면 보증금의 액수와 관계없이 권리순위에 따라 우선변제를 받을 수 있다. 즉 저당권설정등기일보다 먼저 대항요건(주택의 인도와 전입신고)과 확정일자를 갖춘 주택임차인[28)]은 보증금의 반환에 관해서 저당권자에 우선한다. 이 경우 매각대금이 충분하다면 보증금의 액수에 관계없이 보호 받을 수 있다.

또한 소액보증금 중 일정액에 관해서는 그 주택임차인이 다른 담보권자의 경매신청의 등기 전에 대항요건을 갖추는 것을 전제로 언제나 저당권자보다 우선해서 변제를 받을 수 있다.

---

27) 저당권자는 후순위저당권자의 저당권실행, 전세권자 또는 유치권자의 경매신청, 일반채권자의 강제집행에 참가하여 우선순위에 따라 변제받을 수 있다.

28) 최초 제한물권 설정일이나 (가)압류등기보다 앞서 대항요건(주택의 인도와 전입신고)과 확정일자를 갖춘 주택임차인을 선순위 대항력 있는 임차인이라 한다.

가등기담보권자, 전세권자 및 다른 저당권자와의 관계에서는 설정등기의 선후에 의해 우선순위가 정해진다.

저당권과 유치권이 경합하는 경우 유치권자는 사실상 인도를 거절하는 유치적 효력 때문에 유치권자가 우선변제를 받는 결과가 된다.

저당목적물의 소유자가 체납하고 있는 국세·지방세와 저당권의 순위는 국세의 법정기일을 기준으로 저당권등기와의 선후에 의한다. 국세·지방세는 그 법정기일(납세고지서 등으로 징수하는 국세에 있어서는 그 고지서의 발송일, 신고납부방식의 국세에서는 그 신고일) 전에 설정된 저당권에 우선해서 징수하지 못한다.

국세 중에서 저당목적물에 직접 부과된 당해세는 저당권설정시에 관계없이 국세가 저당권자보다 우선변제를 받게 되나 당해세가 아닌 그 외 국세에 대해서는 국세의 납기일과 저당권설정시의 선·후에 따라 그 우선순위가 결정된다. 즉, 국세라 하여 항상 담보권자보다 우선할 수 없다.

채권을 보전하기 위해 저당목적물이 가압류된 경우 저당권이 가압류보다 선순위이면 저당권자는 가압류채권자보다 우선해서 배당을 받지만, 저당권이 가압류보다 후순위이면 가압류효력은 채권의 보전에 불과하므로 우선적 효력은 없다. 따라서 가압류채권과 저당권을 동순위로 취급해서 안분비례하여 배당이 된다.

(3) 저당권자가 피담보채권의 변제를 받는 모습

저당권자가 자신의 저당권을 통해 채권의 만족을 구하는 것을 통상적으로 저당권의 실행이라고 한다. 즉 저당물을 환가하고 그 대금으로부터 피담보채권의 변제를 받는 것을 의미한다.

저당권의 실행방법은 민사집행법에 근거한 담보권실행경매와 유저당이 있다. 그러나 대체적으로 경매의 방법에 의하고 있다

〈관련법조문〉

제363조 (저당권자의 경매청구권, 경매인)

① 저당권자는 그 채권의 변제를 받기 위하여 저당물의 경매를 청구할 수 있다.

② 저당물의 소유권을 취득한 제3자도 경매인이 될 수 있다.

① 담보권실행경매[29)]

유효한 채권과 저당권이 존재하고 채권의 이행기가 도래했음에도 불구하고 채무의 변제가 없을 경우 저당권자는 별도 채무이행의 확정판결과 같은 집행권원 없이 경매를 신청하여 경매절차에 따라 환가처분(換價處分)되고 그 매각대금에서 후순위 권리자 및 일반채권자보다 우선변제권자로서 배당을 받아 채권을 회수할 수 있다.

만약 경매절차에 의한 배당에서 채권전부를 회수하지 못한 경우 그 잔여채권은 일반채권으로 남게 될 것이다.

② 유저당특약(담보권실행경매에 의하지 않는 저당권 실행)

유저당(流抵當)계약이란 저당권설정계약으로 또는 피담보채권의 변제기가 도래하기 전의 특약으로, 저당채무의 불이행이 있는 경우 저당목적물의 소유권을 저당권자가 그대로 취득하는 것으로 하거나, 또는 법률로 정하여져 있는 방법(민사소송법상의 담보실행경매)이 아닌 기타의 임의의 방법으로 저당목적물을 환가내지 처분하여도 좋다는 내용의 약정(임의적 환가처분과 임의적 취득)을 말한다.

질권의 경우에는 변제기 도래 전 유질계약[30)]은 금지된다(제399조). 그러나 저당권의 경우에는 제370조에서 제339조를 준용하고 있지 않으므로 유저당도 허용된다. 다만 변제기 도래 전의 유저당계약에 대해서는 제607조 및 제608조가 적용된다.

대물변제형 유저당의 경우 가등기를 하지 않은 경우와 가등기를 한 경우가 있는데, 가등기를 하지 않는 경우만이 유저당계약에 해당된다. 가등기를 한 경우에는 가등기담보 등에 관한 법률이 적용되어 저당권과 가등기담보권이 병존한다.

임의환가의 특약도 유효하다. 이러한 특약이 있는 경우에 저당권자는 미리 자기 앞으로 소유권이전등기를 하고 목적물의 인도를 받아 제3자에게 처분해서 피

29) 저당권의 경우 저당권설정계약이라는 것 자체가 채무자의 변제가 없는 경우에 저당목적물로 채무액을 담보할 것이라는 약정이므로, 변제기가 경과한 후 변제 기타의 채무를 면할 수 있는 이행이 없으면 경매로 처분될 수 있다는 약속이다. 즉 예측할 수 있는 상황이며, 이미 승낙이 된 방법이라 할 수 있다. 따라서 저당권의 실행을 달리 표현할 때 '저당권실행경매', '임의경매'라고도 한다.

30) 유질계약이란 질권설정자와 질권자와의 계약으로 변제에 갈음하여 소유권을 질권자에게 취득시키거나 질권자가 법률에서 정한 방법과는 달리 처분할 수 있게 하는 것을 말한다.

담보채권에 충당하고 남은 금액을 저당권설정자에게 반환하여야 한다. 이 때 피담보채권은 제3자에게 소유권이전등기를 한 때 확정적으로 소멸한다.

(4) 저당권과 용익관계

저당권설정 전(前)부터 존재하던 용익권 즉, 저당권설정등기 이전에 등기된 지상권, 지역권, 전세권 및 등기된 임차권·건물의 소유를 목적으로 하는 토지의 임대차에서 건물에 관하여 등기가 있는 경우 등의 경우는 대항력이 있다(경매로 인하여 소멸하지 않는다)고 할 수 있다. 따라서 용익권자(임차권자)는 매수인에게 대항할 수 있다.

그러나 저당권 설정 후(後)에 등기된 용익권의 경우 매각 전까지는 권리의 본질에 따라 사용하고, 수익할 수 있으나, 저당권이 실행되면 모두 소멸하며, 그 매수인에게 대항할 수 없으며, 이후 촉탁등기에 의해 소멸한다.

(5) 일괄경매청구권

일괄경매청구권(一括競賣請求權)이란 토지를 목적으로 하는 저당권이 설정된 후 설정자가 그 토지에 건물을 축조한 경우 저당권자가 토지와 함께 그 건물에 대하여도 경매를 청구할 수 있는 권리를 말한다(민법 제365조).

일괄경매청구권을 인정하는 이유는 법정지상권이 인정되지 않을 경우 건물철거를 방지하고 토지의 교환가치를 유지하기 위해 인정되는 권리라 할 수 있다. 그러나 일괄경매청구권은 필요적인 것이 아니므로 저당권자의 의사에 달려 있다.

비록 토지만을 경매하여 그 대금으로부터 피담보채권의 변제에 충분하더라도 일괄경매청구권은 인정되며, 과잉경매가 되지는 않는다.

일괄경매청구권을 인정하기 위해서는 우선 저당권설정당시에 건물이 존재하여서는 아니된다. 즉 저당권설정후에 건물이 축조된 경우에 적용된다.[31] 또한, 저당권설정자가 건물을 축조하여 소유하고 있어야 한다.[32]

토지와 건물이 일괄경매청구에 의해 매각된 경우 토지저당권자는 매각대금 중

---

31) 저당권설정 당시에 건물이 존재하고 있는 경우에는 법정지상권의 성립과 관련하여 문제가 될 수 있다.

32) 따라서 저당권설정자 이외의 제3자가 건물을 축조한 경우나 저당권설정자가 건물을 축조한 후 제3자에게 양도한 경우에는 일괄경매청구권은 인정되지 않는다.

토지의 가액에 한하여 우선변제를 받을 수 있다.

5) 저당권의 처분

〈관련법조문〉

제361조 (저당권의 처분제한) 저당권은 그 담보한 채권과 분리하여 타인에게 양도하거나 다른 채권의 담보로 하지 못한다.

저당권은 피담보채권과 분리하여 양도하거나 다른 채권의 담보로 하지 못한다. 그러나 저당권자는 변제기 이전에 투하자본을 회수할 필요가 있는 경우도 있다. 이러한 경우 저당권자는 저당권의 처분, 즉 저당권을 양도하는 것과 저당권의 담보제공 등이 자유롭게 허용된다. 다만, 저당권은 피담보채권과 독립해서 양도되거나 담보제공은 허용되지 않고 피담보채권과 같이 수반하여 처분하여야 한다(민법 제301조).

(1) 저당권의 양도

저당권의 양도는 피담보채권에 수반되어야 하고 물권적 합의와 저당권이전등기를 요하게 된다. 단, 채권의 양도는 등기 외에도 채권양도인이 채무자에게 양도사실을 통지하거나 채무자의 승인이 있어야 대항할 수 있다.[33] 저당권의 양도의 경우 등기를 하여야 그 효력이 생긴다.[34]

(2) 저당권의 담보제공

저당권의 담보제공에 대해 저당권을 목적으로 질권 설정을 할 수 있지만 저당권을 목적으로 한 저당권설정과 저당권을 목적으로 한 가등기담보설정 등은 허용되지 않는다. 이와 같이 저당권부질권설정의 경우도 피담보채권과 수반되어야 하고, 저당권부질권설정은 부기등기를 요한다. 즉 질권자가 저당권등기에 부기등기하면 질권은 저당권에 효력을 미친다.[35]

33) 민법 제449조에서 부터 민법 제452조.

34) 민법 제186조.

35) 민법 제368조 제2항.

6) 저당권의 소멸

〈관련법조문〉

제369조 (부종성) 저당권으로 담보한 채권이 시효의 완성 기타 사유로 인하여 소멸한 때에는 저당권도 소멸한다.

저당권은 물권에 공통하는 소멸원인 및 담보물권에 공통하는 소멸원인으로 소멸함은 물론 경매, 제3취득자의 변제(제364조) 등에 의해서도 소멸한다. 또한 저당권으로 담보한 채권이 시효의 완성 기타 사유로 인하여 소멸한 때 저당권도 소멸하는데(민법 제369조), 저당권만이 독립하여 소멸시효에 걸리는 일은 없다. 그리고 제3자가 취득시효로 인하여 저당목적물에 대한 소유권을 취득하면 저당권은 소멸한다.

7) 특수한 저당권

(1) 근저당

〈관련법조문〉

제357조 (근저당)

① 저당권은 그 담보할 채무의 최고액만을 정하고 채무의 확정을 장래에 보류하여 이를 설정할 수 있다. 이 경우에는 그 확정될 때까지의 채무의 소멸 또는 이전은 저당권에 영향을 미치지 아니한다.

② 전항의 경우에는 채무자의 이자는 최고액 중에 산입한 것으로 본다.

① 의의

근저당권(根抵當權)이란 계속적인 거래관계를 가지고 있을 때 앞으로 생길 불특정 채권을 장래의 결산기에 일정한 한도까지 담보하려는 권리를 말한다.

근저당권의 설정은 부동산 물권변동의 일반원칙에 따라서 설정에 관한 물권적 합의와 등기에 의한다. 근저당권의 설정 당사자는 보통 근저당권은 피담보채권의 채권자이고 근저당권설정자는 채무자가 일반적이나 채무자 이외의 자(물상보증인)라고 하더라도 상관없다.

등기할 때에는 반드시 등기 내용이 근저당권이라는 사실과 담보할 채권의 최고액을 함께 등기해야 한다. 그때 등기되는 채권 최고액은 채권 원본만의 한도액이 아니라 이자와 위약금까지 포함하는 한도액을 의미한다.[36] 따라서 그 합계가 최고액한도를 넘는 경우, 넘는 부분은 우선 변제를 받지 못한다. 또한 지연배상도 1년분에 한하지 않는다.[37] 그러나 근저당권실행비용은 채권최고액에 포함되지 않는다(다수설).

② 효력

근저당권의 효력은 근저당권설정계약에서 정해진 채권최고액의 범위내에서 결산기에 현실로 존재하는 채권액에 미친다. 따라서 피담보채권액이 채권최고액을 넘는 경우에 그 최고액까지 우선변제를 받을 수 있고 초과부분은 무담보채권이 된다.

근저당권소멸의 청구와 관련하여 피담보채권액이 채권최고액을 초과하는 경우, 채무자인 근저당권설정자는 채권최고액의 범위를 넘는 피담보채권액의 전부를 변제하여야 근저당권의 소멸을 청구할 수 있으며,[38] 물상보증인이나 제3취득자는 채권최고액만을 변제하고 근저당권설정등기의 말소를 청구할 수 있다.[39]

근저당권은 저당권과는 달리 부종성이 엄격하게 요구되지 않는다. 즉 일시적으로 채무액이 존재하지 않는 경우에도 근저당권은 소멸하지 않는다. 따라서 근저당권을 실행하기 위해서는 먼저 피담보채권이 확정되어야 한다.

근저당권의 피담보채권이 확정되는 경우는 결산기의 도래, 존속기간의 만료, 기본계약 또는 근저당권설정계약의 해제·해지된 때와 경매의 신청이 있는 경우 근저당권자가 경매를 신청한 경우에는 경매신청 시(時)에 확정되며, 후순위의 (근)저당권자가 경매를 신청한 경우에는 선순위근저당권자의 피담보채권은 매수인이 매각대금을 완납한 때에 확정된다.[40] 채무자가 파산한 경우에도 피담보채권은 확정된다.

36) 따라서 이자는 채권최고액에 산입된 것으로 보고, 일반 저당권과는 달리 등기할 수 없다.
37) ....확정된 원본채권으로부터 생기는 이자 기타 부수처분은 근저당권이 실행될 때까지 발생한 것이라도 최고액 범위내에서 담보되므로 민법 제360조 단서는 적용되지 않는다(대법원 4289민상401 판결).
38) 대법원 1981.11.10. 80다2712 판결.
39) 대법원 1974.12.10. 74다998 판결.
40) 대법원 1999.9.21. 99다26085 판결.

③ 실행

근저당권자는 피담보채권이 확정되고 변제기가 도래하면 근저당권을 실행하여 채권최고액까지 피담보채권의 우선변제를 받을 수 있다.[41]

④ 변경

당사자는 계약에 의하여 근저당권설정계약으로 정한 채권최고액과 존속기간을 변경할 수 있다. 그러나 채권최고액의 증액은 근저당권 자체의 변경이므로 변경등기를 하여야 그 효력이 있다.

③ 처분과 소멸

피담보채권이 양도되면, 근저당권도 이전된다. 즉 피담보채권과 분리하여 근저당권만의 양도는 허용되지 않는다.

근저당권은 피담보채권이 확정되는 때, 피담보채권이 존재하지 않거나 변제로 소멸된 때, 근저당권의 실행 종료로 소멸한다. 또한 피담보채권이 확정되기 전이라도 기본계약과 설정계약을 해지하여 근저당권을 소멸시킬 수 있으며, 경매부동산의 제3취득자는 피담보채권액과 경매비용을 변제공탁하고 근저당권의 소멸을 청구할 수도 있다.

(2) 공동저당(共同抵當)

① 의의

공동저당이란 채권자가 동일한 채권의 담보로서 수개의 부동산 위에 저당권을 설정하는 것을 의미한다. 따라서 공동저당은 부동산의 수만큼 저당권이 성립하고, 모든 저당권은 동일한 피담보채권에 의하여 제약을 받는다.

② 성립

공동저당 역시 공동저당권의 설정계약과 등기를 함으로써 성립한다. 일시에 계약을 하거나 동시에 등기할 필요는 없다. 또한 목적물의 전부 또는 일부가 타인 소유라도 관계없으며, 저당권의 순위가 다르더라도 상관없다.

등기를 할 때에는 각부동산에 관하여 저당권설정등기를 하여야 하며, 공동담보

41) 근저당권의 실행절차는 저당권실행절차에 의한다.

의 취지, 즉 각 부동산이 하나의 채권의 공동담보로 되어 있다는 것을 기재하여야 하고,[42] 목적부동산이 5개 이상인 때에는 공동담보목록을 첨부하여 등기하여야 한다.[43]

③ 효력

동일한 채권의 담보로 수개의 부동산에 저당권을 설정한 경우에 그 부동산의 경매 대금을 동시에 배당하는 때에는 각 부동산의 경매대가에 비례하여 그 채권의 분담을 정한다(민법 제368조 제1항).

공동저당부동산중 일부의 경매대가를 먼저 배당하는 경우에는 그 대가에서 그 채권 전부의 변제를 받을 수 있다. 이 경우 경매대상 부동산의 후순위저당권자는 선순위저당권자가 동시에 경매하여 배당하였더라면 다른 부동산의 경매대가에서 변제를 받을 수 있는 금액의 한도에서 선순위자를 대위하여 저당권을 행사할 수 있다(민법 제368조 제2항). 대위에 의하여 공동저당권자의 저당권은 후순위저당권자에게 이전한다. 그러나 본 규정은 채무자소유의 수개의 부동산 위에 저당권이 설정된 경우에만 적용된다.

〈판례〉

채무자와 물상보증인 소유의 부동산에 대해 각각 1번의 저당권을 가진 자가 채무자 소유의 부동산에 대해 경매를 실행한 경우 채무자 소유의 부동산에 대한 후순위저당권자는 물상보증인 소유의 부동산에 대해 대위권을 행사할 수 없다(대판 1996.3.8. 95다36596).

공동저당권자는 목적물의 소유자와 채무자가 서로 다른 경우에도 공동저당권을 행사할 수 있다. 공동저당권의 실행으로 인하여 물상보증인은 변제자대위규정에 의하여 변제자대위[44]권을 취득하게 된다.

이런 경우 변제자의 대위권과 후순위저당권자의 대위권이 충돌할 수 있다. 이

42) 부동산등기법 제149조.
43) 부동산등기법 제151조.
44) 변제자대위란 제3자가 채무자를 위하여 변제를 하여 채무자에 대해 구상권을 취득한 경우 그 구상권을 확보하기위하여 '채권자의 채권 및 그 담보에 관한 권리를 행사할 수 있는 것을 말한다.

경우 판례는 물상보증인을 우선시키는 입장이다.[45)]

45) 대법원 2001.6.1. 2001다21854 판결.

제 5 장

임대차보호법

제 1 절 주택임대차보호법

1. 서 설

주택임대차보호법은 열악한 지위에 있는 세입자들의 주거생활의 안정을 보호하려는 취지에서 제정되었다. 즉 상대적인 약자라고 할 수 있는 주택임차인을 보호하기위해 본 법률이 제정된 것이다.

채권계약인 민법상의 임대차계약에서 임차인들은 법적으로 거의 무방비 상태에서 심각한 피해를 입는 사례들이 속출하게 되어 왔다. 따라서 최소한 주거용 건물의 임차인은 비록 채권계약이지만 일정한 요건하에 보호하자는 취지에서 민법의 특별법으로 제정된 법률이 주택임대차보호법이다.

주택임대차보호법은 민법의 특별법으로 일반법인 민법에 비해 주택의 임대차에 관하여 우선하여 적용되며, 임차인에 불리한 약정을 무효로 하는 편면적 강행규정[46]의 성질을 가진다.

---

46) 사법규정은 대다수의 경우 그 권리와 의무에 관하여 당사자에게 평등하게 그 권리와 의무과 부과되어 있다. 그러나 일정한 경우 특정의 목표를 위해 일방에게 권리를 제한하거나 의무를 부과하는 규정을 두는 경우가 있다. 이를 편면적 강제규정이라 한다. 이는 모두를 동일하게 취급하는 평균적 정의의 실현을 위해서가 아니라 불평등을 극복하고 최소한의 평등을 지향하는 배분적 정의를 실현하기 위해서이다.

2. 적용범위

1) 인적 적용범위

주택임대차계약에 의해 타인의 건물을 주거용으로 사용·수익하고 그 대가로 차임을 지급할 것을 약정한자로, 유효하고 계속적 임대차계약을 체결한 자연인이다. 따라서 외국인등록을 마친 외국인에게도 적용되며 법인에게는 적용되지 않는다.

원칙적으로 '법인'은 임차주택을 인도받고 임대차계약시점의 확정일자를 구비하고 그 법인의 직원이 주민등록을 마쳤다 하더라도 대항력이나 우선변제권을 주장할 수는 없다(대판 1997.7.11, 96다7236). 그러나 대통령령이 정하는 일정한 법인이 국민주택기금을 재원으로 하여 저소득층의 무주택자에게 주거생활안정을 목적으로 전세임대주택을 지원하는 경우에는 그 법인에게 대항력 및 우선변제권을 인정해 주고 있다.[47)]

2) 주택의 범위(물적 적용범위)

적용대상이 되는 주택의 범위는 사실상 주거용도로 사용되고 있으면 등기 여부나 공부상의 용도를 불문하며, 허가 여부에도 관계없이 본법의 적용을 받게 된다.

임차주택의 일부가 주거 외의 목적으로 사용되는 경우에 그 주거 외 목적으로 사용되는 부분에 대해서도 이 법이 적용된다. 그러나 점포의 일부를 주거용으로 개조한 것과 같이, 비주거용 건물의 일부를 주거용으로 사용하는 경우에는 이 법이 적용되지 않는다.

여인숙을 경영할 목적으로 임차하여 방 10개 중 현관 앞의 방을 임차인이 내실로 사용하면서 나머지 방으로 여인숙업을 경영하고 있는 경우에는 이 법이 적용되지 않으며(대판 1987.4.28, 86다카51953), 다방의 내부에 있는 방과 주방을 주거목적으로 사용하는 경우에도 마찬가지이다(대판 1996.3.12, 95다51953). 주거

47) 대통령령이 정하는 일정한 법인에 해당하는 경우(주택임대차보호법 시행령 제1조의2)
1. 대한주택공사법에 따른 대한주택공사
2. 지방공기업법 제49조에 따라 주택사업을 목적으로 설립된 지방공사

용 건물에 해당하는지 여부는 임대차목적물의 공부상의 표시만을 기준으로 하는 것이 아니라 그 실지 용도에 따라서 정해진다(대판 1995.3.10, 94다52522).

3) 적용대상 법률관계

본 법이 적용되는 법률관계는 주택임대차이다. 미등기전세인 경우는 채권적 전세로서 전세금을 임차보증금으로 취급하여 본법을 준용할 것을 명문으로 정하고 있다(주택임대차보호법 제12조). 다만, 주택임대차인 경우라도 일시사용을 위한 임대차임이 명백하다면, 본법의 적용을 배제한다(주택임대차보호법 제11조).

3. 대항력과 우선변제권

1) 대항력

〈관련법조문〉

제3조 (대항력 등) ① 임대차는 그 등기가 없는 경우에도 임차인이 주택의 인도와 주민등록을 마친 때에는 그 익일부터 제3자에 대하여 효력이 생긴다. 이 경우 전입신고를 한 때에 주민등록이 된 것으로 본다.

② 임차주택의 양수인(기타 임대할 권리를 승계한 자를 포함한다)은 임대인의 지위를 승계한 것으로 본다.

(1) 대항력의 요건

임차인이 주택을 인도받아 점유하고 그 주택의 주소지로 주민등록[48]을 마친 때에는 그 익일부터 대항력이 생긴다(주택임대차보호법 제3조 제1항).

대항요건은 이로써 족하고 반드시 새로운 이해관계인이 생기기 전까지 임대인에게 보증금을 전부 지급하여야 하는 것은 아니다(대판 2001.1.19, 2000다61855).

(2) 대항력의 의미

대항력(對抗力)이 있다는 것은, 임대차 대상 주택의 소유권이 매매나 경매 등을 통하여 제3자에게 이전된 경우에도 임차인이 여전히 임차권을 주장할 수 있다는 것을 의미한다. 이와 같이 주택의 임차인이 대항력을 구비한 후에 그 주택

48) 일반적으로 전입신고라고도 한다.

의 소유권이 매매, 증여, 경매 등에 의하여 이전된 경우에는 그 새로운 소유자(양수인)가 임대인의 지위를 승계한다(주택임대차보호법 제3조 제2항).

이 때 보증금반환채무도 함께 그 양수인에게 이전하며, 이에 따라 양도인의 보증금반환채무는 소멸한다(대판 1989.10.24, 88다카13172).

(3) 대항력 발생 시기 - '익일'의 의미.

임차인이 주택의 인도와 주민등록을 마친 때에도 대항력은 '익일', 즉 '그 다음 날'부터 생겨난다. 그리하여 저당권자의 저당권설정등기의 일자가 임차인의 주택 인도, 주민등록전입의 일자와 같은 경우에는 저당권자가 우선하며, 따라서 대항력이 인정되지 않는다.

다만 저당권설정등기의 일자가 '그 다음 날'이라면 대항력이 인정된다. 임차권의 대항력은 그 다음날 오전 영시부터 생기기 때문이다(대판 1999.5.25, 99다9981).

(4) 선순위권리자가 있는 경우

임차인이 주택의 인도와 주민등록을 마친 때에도 그보다 앞선 담보물권이나 가압류 등이 있는 경우에는 대항력이 인정되지 않는다. 즉, 먼저 설정된 저당권에 의하여 주택이 경매된 경우에는 대항요건을 갖춘 임차권도 소멸한다. 만일, 소멸하지 않는다면 매각(경락)이 잘 이루어지지 않을 것이고, 그것은 곧 선순위 저당권의 담보가치를 훼손하는 것이 되기 때문이다. 나아가 임차권이 먼저 대항력을 갖추고 저당권이 후순위로 설정되었다 하더라도, 그 저당권설정등기 이후에 증액한 보증금으로써는 그 주택의 매수인(경락인)에게 대항할 수 없다(대판 1990.8.14, 90다카11377).

(5) 주민등록에 관한 문제

① 주민등록의 존속

대항요건은 그 대항력 취득시에만 구비하면 족한 것이 아니고 그 대항력을 유지하기 위하여서도 계속 존속하고 있어야 한다.

임차인이 대항력을 갖춘 후에도 그 가족과 함께 일시적으로나마 다른 곳으로 주민등록을 이전하였다면 대항력은 소멸하는 것이며, 얼마 있지 않아 다시 원래의 주소지로 주민등록을 재전입하였다 하더라도 소멸되었던 대항력이 소급하여 회복되는 것은 아니다. 재전입한 때로부터 새로운 대항력이 발생할 뿐이다(대판 1998.1.23, 97다43468).[49]

만일 주민등록이 주택임차인의 의사에 의하지 않고 제3자에 의하여 임의로 이전되었다면, 대항력은 그대로 유지된다(대판 2000.9.29, 2000다37012).

주민등록이 직권말소된 경우에도, 「주민등록법」 소정의 이의절차에 따라 그 말소된 주민등록이 회복되거나 동법시행령 제29조에 의하여 재등록이 이루어짐으로써 주택임차인에게 주민등록을 유지할 의사가 있었다는 것이 명백히 드러난 경우에는, 소급하여 그 대항력이 유지된다(대판 2002.10.11, 2002다20957).

② 가족이나 전차인의 주민등록

주민등록이라는 대항요건은 임차인 본인뿐만 아니라 그 배우자나 자녀 등 가족의 주민등록으로도 충분하다. 따라서 가족의 주민등록을 그대로 둔 채 임차인만 주민등록을 일시 다른 곳으로 옮긴 경우라면, 대항력을 상실하지 않는다(대판 1996.1.26, 95다30338).

또한, 주택임차인이 임대인의 승낙을 받아 임차주택을 전대하고 그 전차인이 주택을 인도받아 자신의 주민등록을 마친 때에도 그때로부터 임차인은 대항력을 취득한다(대판 1995.6.5, 94마2134). 다만, 이 때 주택에 실제로 거주하지 아니하는 간접점유자인 임차인의 주민등록으로는 대항력을 취득하지 못한다(대판 2001.1.19, 2000다55645).

③ 부정확한 주소

임차주택의 등기부상 동·호수 표시인 'D동 103호'와 일치하지 않는 '라동 103호'로 된 임차인의 주민등록은 공시방법으로서 유효하지 않으며, 이러한 경우에는 대항력을 취득할 수 없다(대판 1999.4.13, 99다4207).

신축 중인 연립주택 중 1층 소재 주택의 임차인이 주민등록 이전시 잘못된 현관문의 표시대로 '1층 201호'라고 전입신고를 마쳤는데, 준공 후 그 주택이 공부

49) 그러나 가족의 주민등록을 그대로 둔 경우는 대항력이 유지된다.

상 '1층 101호'로 등재된 경우에도 마찬가지이다(대판 1995.8.11, 95다177).

'다가구주택'의 경우에는, 편의상 구분해 놓은 호수까지 기재할 필요가 없고, 주민등록이전시 지번만 기재한 것으로 유효하며(대판 1997.11.14, 97다29530), 임차인이 같은 건물 내에서 다른 부분으로 옮기면서 그 옮긴 부분으로 호수를 변경하여 다시 전입신고를 하였더라도 원래의 전입신고에 의하여 대항력이 발생한다(대판 1998.1.23, 97다47828). 다가구주택은 단독주택으로 취급되기 때문이다. 물론 연립주택이나 다세대주택은 같은 경우에 유효한 공시방법으로 인정되지 않는다(대판 2000.4.7, 99다66212).

④ 임차인으로서의 주민등록

주민등록이 적법한 공시방법이 되려면, 주민등록에 의하여 표시되는 점유관계가 임차권을 원인으로 하는 점유임을 제3자가 인식할 수 있어야 한다.

따라서 甲이 주택에 관하여 소유권이전등기를 경료하고 주민등록전입신고까지 마친 다음 거주하다가, 乙에게 매도함과 동시에 그로부터 이를 다시 임차하여 계속 거주하기로 약정하고 乙에게 소유권이전등기를 한 경우, 甲이 임차인으로서 대항력을 갖는 것은 乙명의의 소유권이전등기가 경료된 그 익일부터이다(대판 2000.2.11, 99다59306).

2) 우선변제권

〈관련법조문〉

제3조의2 (보증금의 회수) ① 임차인이 임차주택에 대하여 보증금반환청구소송의 확정판결 기타 이에 준하는 집행권에 기한 경매를 신청하는 경우에는 「민사집행법」 제14조의 규정에 불구하고 반대의무의 이행 또는 이행의 제공을 집행개시의 요건으로 하지 아니한다.

② 제3조 제1항의 대항요건과 임대차계약증서상의 확정일자를 갖춘 임차인은 「민사집행법」에 의한 경매 또는 「국세징수법」에 의한 공매시 임차주택(대지를 포함한다)의 환가대금에서 후순위권리자 기타 채권자보다 우선하여 보증금을 변제받을 권리가 있다.

③ 임차인은 임차주택을 양수인(또는 경락인)에게 인도하지 아니하면 제2항의 규정에 의한 보증금을 수령할 수 없다.

제3조의5 (경매에 의한 임차권의 소멸) 임차권은 임차주택에 대하여 「민사집행법」에 의한 경매가 행하여진 경우에는 그 임차주택의 경락에 의하여 소멸한다. 다만, 보증

금이 전액 변제되지 아니한 대항력이 있는 임차권은 그러하지 아니하다.

(1) 대항력과 우선변제권

임차인이 주택의 점유 및 주민등록의 요건과 임대차계약서상의 '확정일자'를 갖추면, 대항력과 우선변제권을 함께 갖게 된다.

대항력과 우선변제권을 갖추게 되면, 해당 주택이 매매 등으로 소유자가 바뀌어도 새로운 소유자에게 대항할 수 있다. 뿐만 아니라, 목적주택이 경매·공매되는 경우에는 배당에 참가하여 그 매각대금으로부터 우선변제를 받을 수도 있다. 만약, 배당에 참가하여 우선변제권을 행사하였으나 보증금 전액을 배당받지 못한 경우에 그 잔액에 관하여 매수인(경락인)에게 대항하여 이를 반환받을 때까지 임대차관계의 존속을 주장할 수 있다(주택임대차보호법 제3조의5 단서).

문제가 되는 것은 대항력은 최초의 저당권설정 이전에 갖추었으나 확정일자를 저당권설정 이후에 받은 경우인데, 이 경우에는 임차인은 우선변제권이 없다. 따라서 임차인은 자신의 보증금을 전액 회수하지 못할 수도 있는 것이다. 그러나 대항력을 이미 갖추고 있으므로 임차인은 회수하지 못한 보증금 잔액에 관해서는 매수인(경락인)에게 대항하여 임대차의 존속을 주장하고 그로부터 반환받을 수 있다.

(2) 우선변제권의 발생 시기

주택의 인도와 주민등록을 마친 당일 또는 그 이전에 임대차계약서상에 확정일자를 갖추었다면 우선변제권은 주택의 인도와 주민등록을 마친 다음 날을 기준으로 발생한다(대판 1999.3.23, 98다46938).

우선변제권은 대항력의 발생을 전제로 하기 때문이다. 물론 주택의 인도와 주민등록을 마친 그 다음 날 이후에 확정일자를 갖추었다면 즉시 우선변제권이 발생한다.[50]

(3) 보증금의 수령과 주택의 반환

임차주택의 경매 또는 공매시 임차인이 환가대금으로부터 보증금을 수령하기

50) 우선변제력은 대항력을 그 전제로 한다. 따라서 대항력이 구비되지 않은 확정일자는 아무런 의미도 없다고 할 수 있다.

위해서는 임차주택을 양수인에게 인도하여야 한다(주택임대차보호법 제3조의2 제3항).

이 경우 대상주택의 반환은 보증금의 수령과 동시이행의 관계에 있다. 물론 보증금 전액을 배당받지 못하는 경우에는 그 잔액에 관하여 경락인에게 대항하여 임대차관계의 존속을 주장할 수 있다.

3) 임차인의 경매신청시 집행개시요건의 완화

임차인이 임차보증금반환채권의 확정판결 기타 이에 준하는 집행권원에 기하여 경매신청을 하는 경우에는 반대의무의 이행 또는 이행의 제공을 집행개시의 요건으로 보지 않는다. 따라서 임차인은 대상 주택을 인도하거나 비우지 아니하고서도 경매를 신청할 수 있다.

4) 임차권등기명령제도

(1) 신 청

임대차가 '종료된 후' 보증금을 반환받지 못한 임차인은 임차주택의 소재지를 관할하는 지방법원·지방법원지원 또는 시·군법원에 임차권등기명령을 신청할 수 있다.[51] 임차권등기명령 신청을 기각하는 결정에 대하여 임차인은 항고할 수 있다. 임차인은 임차권등기명령의 신청과 임차권등기와 관련하여 소요된 비용을 임대인에게 청구할 수 있다(주택임대차보호법 제3조의3 제8항).

(2) 대항력과 우선변제권

임차권등기명령에 의하여 임차권등기가 경료 되면 임차인은 대항력 및 우선변제권을 취득하며, 다만 임차인이 임차권등기 이전에 이미 대항력 또는 우선변제권을 취득한 경우에는 그 대항력 또는 우선변제권이 그대로 유지된다.

임차권등기 이후에는 대항요건을 상실하더라도, 예컨대 임차인이 이사하거나 주민등록을 이전하더라도 이미 취득한 대항력 또는 우선변제권을 상실하지 않는다(주택임대차보호법 제3조의3 제4항). 그리고 임차권등기가 경료된 주택을 그 이후에 임차한 임차인은, 소액임차인인 경우에도 제8조에 의한 최우선변제권이

51) 임차권등기명령신청은 임대차기간이 만료되어야만 임차인이 단독으로 신청할 수 있다.

인정되지 않는다(주택임대차보호법 제3조의3 제6항).

(3) 「민법」에 의한 임차권등기

「민법」 제621조에 의하면, 부동산임차인은 반대약정이 없는 한 임대인에게 대하여 그 임대차 등기절차에 협력할 것을 청구할 수 있고, 그 등기를 한 때에는 대항력이 생긴다. 이 때 목적물이 '주택'인 경우에는, 대항력뿐만 아니라 우선변제권까지 생긴다(주택임대차보호법 제3조의4).

5) 소액보증금 임차인의 최우선변제권

보증금이 일정금액 이하인 자는 주택이 경매된 경우에도 최우선변제권이 인정된다. 조세채권자나 선순위로 설정된 저당권자보다도 우선한다. 다만, 그 주택에 대한 경매신청의 등기(경매기입등기)가 되기 전에 인도와 주민등록의 요건을 갖추고 있어야 한다.

〈관련법조문〉

제8조 (보증금 중 일정액의 보호) ① 임차인은 보증금 중 일정액을 다른 담보물권자보다 우선하여 변제받을 권리가 있다. 이 경우 임차인은 주택에 대한 경매신청의 등기 전에 제3조 제1항의 요건(주택의 점유와 주민등록)을 갖추어야 한다.

② 제1항의 규정에 의하여 우선변제를 받을 임차인 및 보증금 중 일정액의 범위와 기준은 주택가액(대지의 가액을 포함한다)의 2분의 1의 범위 안에서 대통령령으로 정한다.

(1) 최우선변제를 받을 임차인은 보증금이 다음의 금액 이하인 자에 한한다(시행령 제4조).

① 「수도권정비계획법」에 의한 수도권 중 과밀억제권역 : 7천5백만원

② 광역시(군지역과 인천광역시 지역을 제외한다) : 6천500만원

③ 그 밖의 지역 : 4천만원

(2) 소액보증금 임차인이 최우선변제를 받을 수 있는 금액은 주택가액의 1/2 범위 내에서 다음과 같다(시행령 제3조).

① 「수도권정비계획법」에 의한 수도권 중 과밀억제권역 : 2천500만원

② 광역시(군지역과 인천광역시 지역을 제외한다) : 2천200만원

③ 그 밖의 지역 : 1천400만원

만약, 최선순위변제를 받는 소액임차인이 다수여서 그들이 받아야 할 우선변제금의 합산액이 주택가액의 1/2을 초과하는 경우에는 1/2에 해당하는 금액을 한도로 하여 임차보증금의 비율에 따라 안분배당된다.

(3) 소액임차인판단

소액임차인여부에 대한 판단은 최선순위담보권이 설정된 날짜에 시행 중이던 주택임대차보호법 시행령을 기준으로 한다.

〈주택임대차보호법의 개정과정〉

선순위담보물권 설정일	소액보증금 최우선변제액
1984.1.1 이전	최우선변제권 인정 안 됨
1984.1.1.부터 1987.11.30.까지	특별시 및 광역시 300만 원까지 기타지역 200만 원까지
1987.12.1.부터 1990.2.18.까지	특별시 및 광역시 500만 원까지 기타지역 400만 원까지
1990.2.19.부터 1995.10.18.까지	특별시 및 광역시 2,000만 원까지(700만 원까지) 기타지역 1,500만 원까지(500만 원까지)
1995.10.19.부터 2001.9.14.까지	특별시 및 광역시 3,000만 원까지(1,200만 원까지) 기타지역 2,000만 원까지(800만 원까지)
2001.9.15.부터 2008.8.20.까지	과밀억제권역 4,000만 원까지(1,600만 원까지) 광역시(군지역 및 인천 제외)3,500만 원(1,400만 원까지) 기타지역 3,000만 원(1,200만 원까지)
2008.8.21.부터 2010.7.25.까지	과밀억제권역 6,000만 원(2,000만 원까지) 광역시(군지역 및 인천 제외)5,000만 원(1,700만 원까지) 기타지역 4,000만 원(1,400만 원까지)
2010.7.26.부터 현재까지	서울 7,500만 원(2,500만 원까지) 과밀억제권역(서울제외) 6,500만 원(2,200만 원까지) 광역시(과밀억제권역, 군 제외), 안산, 용인, 김포, 광주 5,500만 원(1,900만 원까지) 그 밖의 지역 4,000만 원(1,400만 원까지)

※(수도권)과밀억제권역: 수도권정비계획법에서 인구와 산업이 집중되었거나 집중될 우려가 있어 이전 또는 정비가 필요하다고 지정한 곳(서울, 인천 〈인천경제자유구역 등 제외〉, 의정부, 구리, 남양주 〈호평동 등 일부지역〉, 하남, 고양, 수원, 성남, 안양, 부천, 광명, 과천, 의왕, 군포, 시흥 〈반월 제외〉)

4. 임대차의 존속기간과 묵시의 갱신

1) 존속기간의 보장

〈관련법조문〉

제4조 (임대차기간 등) ① 기간의 정함이 없거나 기간을 2년 미만으로 정한 임대차는 그 기간을 2년으로 본다. 다만, 임차인은 2년 미만으로 정한 기간이 유효함을 주장할 수 있다.

② 임대차가 종료한 경우에도 임차인이 보증금을 반환받을 때까지는 임대차관계는 존속하는 것으로 본다.

2) 묵시의 갱신(법정갱신)

(1) 법정갱신

〈관련법조문〉

제6조 (계약의 갱신) ① 임대인이 임대차기간 만료 전 6월부터 1월까지에 임차인에 대하여 갱신거절의 통지 또는 조건을 변경하지 아니하면 갱신하지 아니한다는 뜻의 통지를 하지 아니한 경우에는 그 기간이 만료된 때에 전임대차와 동일한 조건으로 다시 임대차한 것으로 본다. 임차인이 임대차기간 만료 전 1월까지 통지하지 아니한 때에도 또한 같다.

② 제1항의 경우 임대차의 존속기간은 정함이 없는 것으로 본다.

③ 2기의 차임액에 달하도록 차임을 연체하거나 기타 임차인으로서의 의무를 현저히 위반한 임차인에 대하여는 제1항의 규정을 적용하지 아니한다.

묵시의 갱신이 되는 경우에는 그 존속기간은 정함이 없는 것으로 본다고 규정하고 있으나(본조 제2항), 이때에는 제4조 제1항에 의하여 2년으로 된다는 것이 판례의 태도이다.

(2) 법정갱신과 해지

〈관련법조문〉

제6조의2 (묵시적 갱신의 경우의 계약의 해지) ① 제6조 제1항의 경우 임차인은 언제든지 임대인에 대하여 계약해지의 통지를 할 수 있다.

② 제1항의 규정에 의한 해지는 임대인이 그 통지를 받은 날부터 3월이 경과하면 그

효력이 발생한다.

묵시의 갱신이 되는 경우, 임차인은 2년의 존속기간을 주장하든지 아니면 계약을 해지하든지 임의적으로 선택할 수 있다. 그러나 임대인에게는 그러한 권리가 인정되지 않는다.

5. 기 타

1) 차임증감청구권 등

(1) 차임 등의 증감청구권

〈관련법조문〉

제7조 (차임 등의 증감청구권) 약정한 차임 또는 보증금이 임차주택에 관한 조세·공과금 기타 부담의 증감이나 경제사정의 변동으로 인하여 상당하지 아니하게 된 때에는 당사자는 장래에 대하여 그 증감을 청구할 수 있다. 그러나 증액의 경우에는 대통령령이 정하는 기준에 따른 비율을 초과하지 못한다.

증액청구는 약정한 차임의 1/20의 금액을 초과하지 못한다(주택임대차보호법 시행령 제2조 제1항). 그리고 임대차계약 또는 증액이 있은 후 1년 이내에는 다시 증액하지 못한다. 다만, 제7조의 규정은 임대차계약의 존속 중 당사자 일방의 약정한 차임 등의 증감을 청구한 때에 한하여 적용되고, 임대차계약이 종료된 후 재계약을 하거나 또는 임대차계약 종료 전이라도 당사자의 합의로 차임 등이 증액된 경우에는 적용되지 않는다(대판 1993.12.7, 93다30532).

(2) 월차임 전환시 산정률의 제한

〈관련법조문〉

제7조의2 (월차임 전환시 산정률의 제한) 보증금의 전부 또는 일부를 월 단위의 차임으로 전환하는 경우에는 그 전환되는 금액에 「은행법」에 의한 금융기관에서 적용하는 대출금리 및 당해 지역의 경제여건 등을 감안하여 대통령령이 정하는 비율을 곱한 월차임의 범위를 초과할 수 없다.

현재 대통령령이 정하는 비율은 연 1할 4푼이다(주택임대차보호법 시행령 제2조의2).

2) 임차권의 승계

〈관련법조문〉

제9조 (주택의 임차권의 승계) ① 임차인이 상속권자 없이 사망한 경우에 그 주택에서 가정공동생활을 하던 사실상의 혼인관계에 있는 자는 임차인의 권리와 의무를 승계한다.

② 임차인이 사망한 경우에 사망 당시 상속권자가 그 주택에서 가정공동생활을 하고 있지 아니한 때에는 그 주택에서 가정공동생활을 하던 사실상의 혼인관계에 있는 자와 2촌 이내의 친족은 공동으로 임차인의 권리와 의무를 승계한다.

③ 임차인이 사망한 후 1개월 이내에 위 승계인이 임대인에 대하여 반대의사를 표시한 때에는 그 승계는 생기지 않는다.

(1) 의의

주택의 임차인이 사망한 경우에 그 임차권은 상속인에게 상속된다. 그런데 임차인이 상속권이 없는 사실혼 배우자와 동거를 하다가 사망한 경우, 임차인의 상속권자가 있어서 그가 상속을 주장하게 되면, 사실혼 배우자는 그 주택을 인도하고 퇴거를 하여야 하는지가 문제된다. 「민법」에 의할 때에는 상속권 없는 사실혼자는 보호받지 못하겠지만 「주택임대차보호법」에 특별규정을 마련하고 있다.

(2) 특별규정

① 임차권이 상속권자 없이 사망한 경우, 그 주택에서 가정공동생활을 하던 사실상의 혼인관계에 있는 자는 임차인의 권리와 의무를 승계한다(주택임대차보호법 제9조 제1항). 그러나 임차인이 사망한 후 1개월 이내에 위 승계인이 임대인에 대하여 반대의사를 표시한 때에는 그 승계는 생기지 않는다(주택임대차보호법 제9조제3항).

② 임차인이 사망한 경우에 사망 당시 상속권자가 그 주택에서 가정공동생활을 하고 있지 아니한 때에는, 그 주택에서 가정공동생활을 하던 사실상의 혼인관계에 있는 자와 2촌 이내의 친족은 공동으로 임차인의 권리와 의무를 승계한다(주택임대차보호법 제9조 제2항).

상속권자가 가정공동생활을 하고 있었다면 당연히 그 상속권자에게 임차인의 권리와 의무가 승계된다). 이 경우에도 임차인이 사망한 후 1개월 이내에 위 승계인이 임대인에 대하여 반대의사를 표시한 때에는 그 승계는 생기지 않는다(주택임대차보호법 제9조 제3항).

3) 강행규정성

〈관련법조문〉

제10조 (강행규정) 이 법의 규정에 위반된 약정으로서 임차인에게 불리한 것은 그 효력이 없다.

4) 준용

(1) 담보책임과 동시이행의 항변권 규정의 준용

〈관련법조문〉

제3조 (대항력 등)

③「민법」제575조(제한물권 있는 경우와 매도인의 담보책임) 제1항·제3항 및 제578조의 규정은 이 법에 의하여 임대차의 목적이 된 주택이 매매 또는 경매의 목적물이 된 경우에 이를 준용한다.

④「민법」 제536조(동시이행의 항변권)의 규정은 제3항의 경우에 이를 준용한다.

예컨대, 매매의 목적물인 주택에 대항력 있는 임차권이 있는데 매수인이 이를 알지 못한 경우, 그로 인하여 계약의 목적을 달성할 수 없다면 매수인은 계약을 해지할 수 있고, 그렇지 않은 때에는 손해배상만을 청구할 수 있다. 그리고 이러한 권리는 매수인이 그 사실을 안 날로부터 1년 내에 행사하여야 한다(「민법」 제575조 제1·3항).

(2)「소액사건심판법」의 준용

〈관련법조문〉

제13조 (「소액사건심판법」의 준용)「소액사건심판법」 제6조·제7조·제10조 및 제11조의2의 규정은 임차인이 임대인에 대하여 제기하는 보증금반환청구소송에 관하여 이를 준용한다.

임차인의 보증금반환청구소송을 보다 쉽고 신속하게 처리하기 위하여「소액사건심판법」의 일부규정을 준용한다.

제 2 절 상가건물임대차 보호법

1. 상가건물임대차보호법의 입법 목적

상가임대차보호법은 상가건물의 임대차에서 약자인 임차인을 보호하고 임차인들의 경제생활의 안정을 도모하고 국민경제생활의 안정을 보장함을 목적으로 제정되었다. 민법의 특례규정으로 상가건물의 임대차에 있어 민법상 임대차의 특례규정이다.

2. 적용범위

1) 보증금의 제한

상가임대차보호법의 적용을 받기 위해서는 보증금이 일정액 이하이어야 한다. 대통령령이 정하는 보증금액을 초과하지 않는 상가건물의 임대차에 한하여 동법이 적용된다. 대통령령이 정하는 보증금은 지역별로 구분하여 정하고 있는데, 서울특별시는 3억원, 수도권 중 과밀억제권역은 2억5천만원, 광역시(군지역과 인천광역시 지역 제외)는 1억 8천만원 그리고 그 밖의 지역은 1억5천만원 이하이다.

보증금 외에 차임이 있는 경우에는 차임을 환산하여 보증금에 합하여야 한다. 월단위의 차임액이 있는 경우, 보증금 + (월차임 × 100)으로 환산한 환산보증금을 기준으로 적용범위를 확정한다.

지역 \ 내용	상가임대차보호법 적용대상 보증금액	우선변제 소액임차인의 범위 (a)	우선변제받을 소액보증금의 범위 (b)
서울특별시	300,000,000원 이하	50,000,000원 이하	15,000,000원 이하
과밀억제권역 (서울 제외)	250,000,000원 이하	45,000,000원 이하	13,500,000원 이하
광역시 (과밀억제권역, 군제 외), 안산, 용인, 김포, 광주	180,000,000원 이하	30,000,000원 이하	9,000,000원 이하
그 밖의 지역	150,000,000원 이하	25,000,000원 이하	7,500,000원 이하

2) 미등기전세와 일시사용을 위한 임대차

동법은 등기하지 아니한 전세계약, 즉 '미등기전세'에 관해서도 적용되며, 이 경우 전세금은 임대차의 보증금으로 본다(상가임대차보호법 제17조). 그러나 일시사용을 위한 임대차임이 명백한 경우에는 동법을 적용하지 않는다(상가임대차보호법 제16조).

3) 강행규정과 준용규정

이 법의 규정에 위반된 약정으로서 임차인에게 불리한 것은 그 효력이 없다(상가임대차보호법 제15조). 그리고 임차인이 임대인에 대하여 제기하는 보증금반환청구소송에 관해서는 「소액사건심판법」의 규정을 준용한다(제18조).

그리고 이 법에 의하여 임대차의 목적이 된 건물이 매매 또는 경매의 목적물이 된 경우에 담보책임에 관한 민법 규정을 준용하는 것은 주택임대차보호법과 동일하다(제3조 제3항).

3. 대항력과 우선변제권

1) 대항력

상가임대차는 등기가 없는 경우에도 임차인이 건물의 '인도'와 「부가가치세법」 제5조 등에 의한 '사업자등록을 신청'한 때에는 그 다음 날부터 제3자에 대하여 효력이 생긴다. 이 경우, 임차건물의 양수인이나 그 밖에 임대할 권리를 승계한 자는 임대인의 지위를 승계하게 된다(상가임대차보호법 제3조).

임차건물에 대하여 경매가 행하여지면 임차권은 그 임차건물의 매각에 의하여 원칙적으로 소멸하지만, 다만 보증금이 전액 변제되지 아니한 대항력이 있는 임차권은 소멸하지 않는다(상가임대차보호법 제8조).

2) 우선변제권

(1) 우선변제의 요건

대항요건을 갖추고 관할'세무서장'으로부터 임대차계약서상의 '확정일자'를 받은 임차인은 경매·공매시 임대인소유의 대지를 포함하는 임차건물의 환가대금에서 후순위권리자 및 그 밖의 채권자보다 우선하여 보증금을 변제받을 권리를 가진다(상가임대차보호법 제5조 제2항).

다만, 임차인은 임차건물의 매수인(경락인)등 양수인에게 목적부동산을 인도하지 않고는 우선변제의 대상이 되는 보증금을 수령할 수 없다(제5조 제3항). 이때 우선변제의 순위와 보증금에 대하여 이의가 있는 이해관계인은 경매법원 또는 체납처분청에 이의를 신청할 수 있다(상가임대차보호법 제5조 제4항).

(2) 경매신청요건의 완화

임차인이 임차건물에 대하여 보증금반환청구소송의 확정판결 그 밖에 이에 준하는 집행권원에 기한 경매를 신청하는 경우에는 「민사집행법」 제41조의 규정에 불구하고 반대의무의 이행 또는 이행의 제공을 집행개시의 요건으로 하지 아니한다(상가임대차보호법 제5조 제1항). 따라서 임차인이 우선 변제를 받기 위하여 경매를 신청하는 경우, 임차건물을 반환하지 않아도 된다.

3) 임차권등기와 대항력 및 우선변제권

(1) 신 청

임대차가 '종료된 후' 보증금을 반환받지 못한 임차인은 상가건물의 소재지를 관할하는 지방법원·지방법원지원 또는 시·군법원에 임차권등기명령을 신청할 수 있다. 임차권등기명령신청을 기각하는 결정에 대하여 임차인은 항고할 수 있다. 그리고 임차인은 임차권등기명령의 신청과 임차권등기와 관련하여 소요된 비용을 임대인에게 청구할 수 있다(상가임대차보호법 제6조 제1·4·8항).

(2) 대항력과 우선변제권

임차권등기명령의 집행에 의하여 임차권등기가 경료되면 임차인은 대항력 및 우선변제권을 취득하며, 다만 임차인이 임차권등기 이전에 이미 대항력 또는 우선변제권을 취득한 경우에는 그 대항력 또는 우선변제권이 그대로 유지된다.

임차권등기 이후에는 대항요건을 상실하더라도, 이미 취득한 대항력 또는 우선변제권이 소멸하지 않는다. 그리고 임차권등기가 경료된 상가건물을 그 이후에 임차한 임차인은, 소액임차인인 경우에도 최우선변제권이 인정되지 않는다.

4) 소액보증금 임차인의 최우선변제권

(1) 보증금이 일정금액 이하인 자는 상가건물이 경매된 경우에 최우선변제권이 인정된다. 이 경우 임차인은 건물에 대한 경매신청의 등기 전에 건물의 인도와 사업자등록이 요건을 갖추어야 한다.

최우선변제를 받을 소액임차인 및 보증금 중 일정액의 범위와 기준은 임대건물가액(임대인소유의 대지가액 포함)의 3분의 1의 범위 안에서 당해 지역의 경제여건, 보증금 및 차임 등을 고려하여 대통령령으로 정한다.

(2) 최우선변제권이 인정되는 소액임차인은 보증금이 아래의 구분에 의한 금액 이하인 자라야 한다(상가임대차보호법 시행령 제6조).

① 서울특별시 : 5천만원

② 「수도권정비계획법」에 의한 수도권 중 과밀억제권역(서울특별시를 제외) : 4천500만원

③ 광역시(군지역과 인천광역시 지역을 제외) : 3천만원

④ 그 밖의 지역 : 2천500만원

(3) 최우선변제를 받을 보증금 중 일정액의 범위는 다음과 같다.

① 서울특별시 : 1천500만원

② 「수도권정비계획법」에 의한 수도권 중 과밀억제권역(서울특별시를 제외) :

1천350만원

③ 광역시(군지역과 인천광역시 지역을 제외) : 900만원

④ 그 밖의 지역 : 750만원

임차인의 보증금중 일정액이 상가건물가액의 3분의 1을 초과하는 경우에는 상가건물가액의 3분의 1에 해당하는 금액에 한하여 우선변제권이 있으며, 하나의 상가건물에 임차인이 2인 이상이고, 그 각 보증금 중 일정액의 합산액이 상가건물가액의 3분의 1을 초과하는 경우에는 그 각 보증금 중 일정액의 합산액에 대한 각 임차인의 보증금 중 일정액의 비율로 그 상가건물가액의 3분의 1에 해당하는 금액을 분할한 금액을 각 임차인의 보증금 중 일정액으로 본다.

4. 임대차의 존속 기간과 갱신

1) 1년의 존속기간의 보장

기간의 정함이 없거나 기간을 1년 미만으로 정한 임대차는 그 기간을 1년으로 본다. 다만, 임차인은 1년 미만으로 정한 기간이 유효함을 주장할 수 있다. 그리고 임대차가 종료한 경우에도 임차인이 보증금을 반환받을 때까지는 임대차관계는 존속하는 것으로 본다(상가임대차보호법 제9조).

2) 계약갱신요구권

상가건물임대인과 임차인은 약정으로 존속기간을 갱신할 수 있다. 임대인은 임차인이 임대차기간 만료 전 6월부터 1월까지 사이에 행하는 계약갱신요구에 대하여 정당한 사유 없이 이를 거절하지 못한다. 다만, 갱신거절사유 중 하나에 해당하는 경우에는 거절할 수 있다(상가임대차보호법 제10조 제1항).

임차인의 계약갱신요구권은 최초의 임대차기간을 포함한 전체 임대차기간의 5년을 초과하지 않는 범위 내에서만 행사할 수 있으며, 갱신되는 임대차는 전임대차와 동일한 조건으로 다시 계약된 것으로 본다. 다만, 차임과 보증금은 법률의 규정에 의한 범위 내에서 증감할 수 있다(상가임대차보호법 제10조 제2·3항).

〈판례〉

'최초의 임대차 기간'이라 함은 법 시행 이후에 체결된 임대차계약에 있어서나 법 시행이전에 체결되었다가 법 시행 이후에 갱신된 임대차계약에 있어서 모두 당해 상가건물에 관하여 최초로 체결된 임대차계약의 기간을 의미한다(대판 2006.3.23. 2005다74320).

▶임대인이 임차인의 계약갱신요구를 거절할 수 있는 경우

① 임차인이 3기의 차임액에 달하도록 차임을 연체한 사실이 있는 경우
② 임차인이 거짓 그 밖의 부정한 방법으로 임차한 경우
③ 쌍방 합의하에 임대인이 임차인에게 상당한 보상을 제공한 경우
④ 임차인이 임대인의 동의 없이 목적건물의 전부 또는 일부를 전대한 경우
⑤ 임차인이 임차한 건물의 전부 또는 일부를 고의 또는 중대한 과실로 파손한 경우
⑥ 임차한 건물의 전부 또는 일부가 멸실되어 임대차의 목적을 달성하지 못할 경우
⑦ 임대인의 목적건물의 전부 또는 대부분을 철거하거나 재건축하기 위해 목적건물의 점유회복이 필요한 경우
⑧ 그 밖에 임차인이 임차인으로서의 의무를 현저히 위반하거나 임대차를 존속하기 어려운 중대한 사유가 있는 경우

3) 법정갱신

임대인이 임대차기간 만료 전 6월부터 1월까지 사이에 임차인에 대하여 갱신거절의 통지 또는 조건의 변경에 대한 통지를 하지 아니한 경우에는 그 기간이 만료된 때에 전임대차와 동일한 조건으로 다시 임대차한 것으로 본다. 다만, 이 경우에 임대차의 존속기간은 정함이 없는 것으로 본다.

이와 같이 법정갱신되는 경우, 임차인은 언제든지 임대인에 대하여 계약해지의 통고를 할 수 있고, 임대인이 그 통고를 받은 날부터 3월이 경과하면 그 효력이 발생한다(상가임대차보호법 제10조 제4·5항).

5. 차임증감청구권 등

1) 차임 등의 증감 청구권

차임 또는 보증금이 임차건물에 관한 조세, 공과금 그 밖의 부담의 증감이나

경제사정의 변동으로 인하여 상당하지 아니하게 된 때에는 당사자는 장래에 대하여 그 증감을 청구할 수 있다.

다만, 증액의 경우에는 대통령령이 정하는 기준에 따른 비율(현재 12%, 즉 청구 당시의 차임 또는 보증금의 100분의 12)을 초과하지 못한다. 그리고 증액청구는 임대차계약 또는 약정한 차임 등의 증액이 있은 후 1년 이내에는 이를 하지 못한다(상가임대차보호법 제11조, 상가임대차보호법 시행령 제4조).

2) 월차임 전환시 산정률의 제한

보증금의 전부 또는 일부를 월단위의 차임으로 전환하는 경우에는 그 전환되는 금액에 「은행법」에 의한 금융기관에서 적용하는 대출금리 및 당해 지역의 경제여건 등을 감안하여 대통령령이 정하는 비율(현재 15%, 즉 1할 5푼)을 곱한 월차임의 범위를 초과할 수 없다(상가임대차보호법 제12조, 상가임대차보호법 시행령 제5조).

6. 전대차관계에 대한 적용

계약갱신요구권, 차임 등의 증감청구권, 월차임전환시산정률의 제한규정은 전대인과 전차인의 전대차관계에 적용한다(제13조 제1항). 임대인의 동의를 받고 전대차계약을 체결한 전차인은 임차인의 갱신요구권행사기간 범위 내에서 임차인을 대위하여 임대인에게 계약갱신요구권을 행사할 수 있다(상가임대차보호법 제13조 제2항).

7. 이해관계인의 등록사항 열람, 제공 요청권

상가건물임대차보호법이 시행됨으로 인하여 임대인 등 임대차계약당사자가 임대차계약사실을 숨기고 거래를 하였다면 채권자 등 제3자가 불측의 손해를 입을 가능성이 있다. 이런 손해를 막기 위하여 건물의 임대차에 관하여 이해관계가 있는 자는 이해관계인임을 증명할 수 있는 자료를 세무서장에게 제시하여 상가임대차계약의 내용을 열람 또는 제공을 요청할 수 있다.

〈주택임대차와 상가임대차의 비교〉

구분	주택임대차	상가건물임대차
적용범위	주된 용도가 주거용 건물의 전부 또는 일부임대차에 적용됨(제2조). 자연인(외국인 포함)의 임대차에 적용됨. 법인의 임대차에는 적용되지 않음. 보증금에 제한이 없음.	주된 용도가 영업용 건물의 전부 또는 일부 임대차에 적용됨. 단, 대통령령이 정하는 보증금액을 초과하는 임대차에는 적용되지 않음(제2조).
존속기간	최단존속기간 2년 보장(제4조)	최단존속기간 1년 보장(제9조)
법정갱신 (묵시적 갱신)	임대인이 임대차기간 만료 전 6월에서 1월 사이에 임차인에 대하여 갱신거절의 통지 또는 조건을 변경하지 아니하면 갱신하지 아니한다는 뜻의 통지를 하지 아니한 경우에는 그 기간이 만료된 때에 전에 임대차와 동일한 조건으로 다시 임대차한 것으로 본다. 임차인이 임대차기간 만료 전 1월까지 갱신거절의 통지를 하지 아니한 때에도 같다(제6조 제1항).이렇게 법정갱신이 된 경우에 임대차기간은 정함이 없는 것으로 본다(제6조 제2항). 그리고 기간을 정하지 않은 임대차는 그 기간을 2년으로 본다(제4조 제1항). 이 경우에 임차인은 언제든지 해지통고할 수 있는 권리도 있는데, 임대인이 해지통지를 받은 날로부터 3월이 경과하면 그 효력이 생긴다(제6조의2).	임대인이 임대차기간 만료 전 6월에서 1월까지의 사이에 임차인에 대하여 갱신거절의 통지 또는 조건을 변경하지 아니하면 갱신하지 아니한다는 뜻의 통지를 하지 아니한 경우에는 그 기간이 만료된 때에 전에 임대차와 동일한 조건으로 다시 임대차한 것으로 본다. 이 경우에 임대차의 존속기간은 정함이 없는 것으로 본다(제10조 제4항). 그리고 기간을 정하지 않은 임대차는 그 기간을 1년으로 본다(제9조제1항). 이 경우에 임차인은 언제든지 해지통고할 수 있는 권리도 있는데, 임대인이 해지통지를 받은 날로부터 3월이 경과하면 그 효력이 생긴다(제10조 제5항).
계약갱신요구	갱신요구제도 없음.	임대인은 임차인이 임대차기간 만료 전 6월에서 1월까지의 사이에 행하는 갱신요구에 대하여 정당한 사유 없이 거절하지 못한다. 단, 갱신거절할 수 있는 사유 8가지를 인정함(제10조 제1항). 임차인의 계약갱신요구권은 최초 임대차기간을 포함한 전체 임대차 기간이 5년을 초과하지 않는 범위 내에서만 행사할 수 있다(제10조 제2항).
사실혼자의 임차권승계제도	사실혼자의 임차권승계제도 있음.	사실혼자의 임차권승계제도 없음.

대항력	주택의 인도와 주민등록을 마친 다음 날부터 대항력이 있음(제3조 제1항).	건물의 인도와 사업자등록을 신청한 그 다음날부터 대항력이 있음(제3조 제1항).
임차권등기명령	임대차가 종료된 후 보증금을 반환받지 못한 임차인은 임차건물의 소재지를 관할하는 지방법원·지방법원지원 또는 시·군법원에 임차권등기명령을 신청할 수 있다(제3조의3제1항). 임차권등기명령을 갖춘 경우 대항력과 우선변제적 효력이 인정됨	왼쪽 내용과 같음(「상가건물임대차보호법」제6조 제1항).
우선변제권	제3조 제1항의 대항요건과 임대차계약증서상의 확정일자를 갖춘 경우에 인정됨(제3조의2 제2항).	제3조 제1항의 대항요건과 관할세무서장으로부터 임대차계약서상의 확정일자를 갖춘 경우에 인정됨(제5조 제2항).
보증금의 회수	보증금반환청구소송의 확정판결 그 밖에 이에 준하는 집행권원에 의한 경매를 신청하는 경우에 반대의무의 이행 또는 이행의 제공을 집행개시의 요건으로 하지 아니한다(제3조의2 제1항).	왼쪽 내용과 같음(제6조 제1항).
보증금 중 일정액의 보호(최우선변제권)	주택에 대한 경매신청의 등기 전에 임차인이 대항요건을 갖춘 경우에 대지 포함하는 주택가액의 2분의 1의 범위에서 인정됨(제8조 제 1·3항).	건물에 대한 경매신청의 등기 전에 임차인이 대항요건을 갖춘 경우에 대지 포함하는 건물가액의 3분의 1의 범위에 인정됨(제14조 제1·3항).

제3부

부동산 경매와 절차의 이해

제 1 장

부동산 경매의 개념

제1절 부동산 경매의 의의

일반적인 의미의 경매는 매도인이 다수의 매수자를 경쟁시켜 그 가운데 가장 유리한 조건을 제시하여 매수 신고한 사람을 선택, 매매계약을 체결하는 경쟁방식의 매각방법을 말한다.[1)]

여기에는 개인이 경매의 주체가 되는 사경매 혹은 민간경매와 국가기관이나 집행기관이 채무자의 소유재산을 매각하는 공경매가 있다.

법률적 의미의 부동산 경매란 민사집행법상의 경매를 의미하는데, 채무자가 채무변제 기일까지 채무변제를 하지 않을 경우, 채권자가 자기 채권을 회수하기 위하여 국가기관인 법원에 강제집행을 신청하여 채무자나 물상보증인의 부동산을 압류하고, 경매절차를 통해 강제로 매각하여 자신의 채권을 회수하는 강제집행의 한 방법이다.[2)] 즉, 돈을 빌려간 채무자가 약속한 날짜까지 돈을 갚지 못할 경우, 돈을 빌려준 채권자의 신청에 의해 법원에서 대신 돈을 받아주는 것을 말한다.[3)] 이 때, 채권자들의 채권액을 만족하고 남는 금액이 있는 경우, 그 금액은 소유자

---

1) 한국자산관리공사, KAMCO경매, 2008, 1면.
2) 최문진, 『누드경매』, 박문각, 2007, 11면; 최동홍, 『부동산경매강의 -이론과실제-』, 부연사, 2009, 29면.
3) 서진형 외 4인, 『부동산 경매 이론과 실무(Ⅰ)』, 한국공인중개사협회, 2006, 175면.

에게 지급한다. 따라서 법률적 의미의 경매절차는 압류에서 현금화 그리고 배당까지를 의미한다고 할 수 있다.

법률적 의미에서 경매의 종류에는 집행권원(執行權源) - 대부분의 경우 소송을 통해 확보한다. - 을 근거로 집행하는 강제경매(强制競賣)와 근저당권이나 전세권 등의 담보권 실행을 위한 임의[4]경매(任意競賣)가 있다.

과거 부동산 경매절차는 강제경매에는 민사소송법이 적용되었고, 임의경매는 경매법이 규율 대상이었다. 이후 경매법이 폐지되고, 민사소송법의 강제집행절차편에서 경매를 규율하였으나, 2002. 1. 22. 법률 제6627호로 민사집행법이 제정되어 오늘날 법원경매를 규율하는 단행법으로 시행되고 있다.

제 2 절 부동산 경매의 분류

1. 강제경매와 임의경매

강제경매란 집행권원[5]을 가진 채권자의 신청에 따라 채무자 소유의 부동산을 압류 · 경매를 통한 환가(換價) 후에 그 매각대금으로 경매신청 채권자와 그 경매대상 부동산 위의 담보물권 등의 권리를 갖고 있는 채권자들의 금전채권만큼을 배당받는 것을 목적으로 하는 강제집행 절차이다.

즉, 채권자가 약속된 날까지 채권을 변제받지 못하면 법원에 소송(대여금 반환청구소송, 임차보증금 반환청구소송 등)을 제기하여 판결을 얻은 후 집행문 부여 등의 절차를 거쳐 법원에 경매신청을 하게 되면 법원은 채권자의 경매신청에 의하여 경매개시결정을 내리고, 동시에 부동산을 압류한 다음에 경매절차에 의해

4) 법률적인 의미에서 임의(任意)라는 것은 크게 두 가지의 의미를 가지고 있다고 할 수 있다. 하나는 상대방의 허가나 허락이 존재한다는 것이고, 다른 하나는 "자유의사에 의하여"라는 것이다. 임의경매에서의 '임의'라는 것은 전자를 의미하는 것이라 할 수 있고, 후자는 형사법(刑事法)에서 빈번하게 등장하는 의미이다.

5) 집행권원이란 국가의 강제력에 의해 실현될 청구권의 존재와 범위가 표시되고 또한 집행력이 부여된 공정증서를 말한다. 집행권원에는 판결문 이외에도 확정된 지급명령, 민사조정조서, 공동어음이 있는데 이러한 집행권원에 의한 강제집행을 신청하기 위해서는 채무명의에 집행문을 부여받아야 하고 송달증명원을 첨부하여야 한다.

부동산을 강제 매각하는 것을 말한다.

임의경매란 근저당권 또는 전세권 등의 담보권자가 채무자가 약속된 기일까지 채무변제를 하지 않을 시에 그 저당목적물이나 전세목적물을 경매 신청하여 자기보다 후순위 권리자들보다 우선하여 경매목적물의 매각대금에서 자기채권의 만족을 얻는 강제집행절차이다.

임의경매라는 용어는 원래 법전상의 용어는 아니지만 그 실행에 집행권원을 필요로 하지 아니하는 경매, 즉 민사집행법 제3편에 규정된 담보권실행 등을 위한 경매를 가리켜 강학상 임의경매라고 부른다. 실정법상 우선권이 주어진다는 점에서 강제경매와 차이점이 있다.

다시 말해서 임의경매[6]는 강학상(講學上) 강제경매에 대응하는 것으로서 저당권, 질권, 전세권 등 담보권의 실행을 위한 경매(이를 실질적 경매라 한다)와 민법, 상법, 그 밖의 법률 규정에 의한 현금화를 위한 경매(이를 형식적 경매[7]라 한다)가 있다.

저당권 등의 담보물권은 채무자가 돈을 빌리면서 약속된 날짜까지 돈을 갚지 않으면 채권자가 채무자 소유의 부동산을 처분하여 채무변제에 충당해도 좋다는 합의를 하고 설정된 권리이다. 따라서 약속된 기일에 채무변제가 이루어지지 않으면 채권자는 강제경매와 같이 별도의 재판을 거치지 않고도 곧바로 법원에 경매신청을 할 수 있다.

이 경우 법원은 등기부등본상의 저당권 등의 경매신청이 가능한 권리가 존재하는가를 확인하고 경매개시 결정을 내리게 된다.

강제경매와 임의경매는 그 절차(경매개시결정, 경매실시, 매각허가결정, 대금납부, 소유권이전, 배당, 명도 등)가 동일하다. 즉 임의경매의 절차는 강제경매의 절차를 준용하고 있다. 따라서 당사자가 아닌 객관적인 입찰자의 입장에서 강제경매인지, 임의경매인지 크게 신경쓸 필요는 없다. 그러나 주의를 요하는 점이 있다면 절차적으로 안정성이 보장되는 것은 오히려 임의경매보다 강제경매인 것이다. 강제경매는 소송 등의 절차를 통해 그 진정성이 확실하게 보장되는 반면,[8]

---

6) 임의경매란 실무적·강학적 용어이고, 법조문에서는 '담보권의 실행을 위한 경매'라는 표현을 쓰고 있다.

7) 형식적 경매는 유치권에 의한 경매, 공유물분할을 위한 경매, 청산을 위한 경매 등이 있다.

담보권실행경매인 임의경매는 담보권의 실질성에 충분한 의문이 제기될 수 있다. 또한 임의경매는 등기에 의해 우선권이 인정되는 반면, 담보목적물에 한하여 집행할 수 있으나, 강제경매는 채권자의 입장에서 볼 때 채무자의 집행가능한 모든 재산을 대상으로 집행할 수 있다는 것에서 다르다고 할 수 있다.

〈임의경매와 강제경매의 차이점과 공통점[9]〉

구 분		임의 경매	강제 경매
차이점	집행권원	불필요	필 요
	공신적 효과	없 다	있 다
	경매개시결정 이의사유	실체상 · 절차상의 흠	절차상의 흠
	한국자산관리공사 법상 특례적용 여부	○ 송달특례규정 적용 ○ 입찰참가시 매수신청 보증금을 지급계약서로 대체	없 음
공통점	경매진행절차	○ 매각기일공고 및 가격체감 ○ 매각절차 및 매각 허부 결정 항고절차 ○ 인도명령신청 ○ 과잉매각의 경우 매각불허 ○ 채무자 및 전 매수인의 매수신청 불허 ○ 배당요구의 종기 ○ 남을 가망이 없을 경우 경매 취소 등	

2. 새매각과 재매각

1) 새매각

적법한 절차를 거쳐 경매를 실시하였으나 매수신고인이 존재하지 않는 경우에 새로이 매각기일을 정하여 경매를 실시하는 경우를 새매각이라고 한다.

새매각을 하기 위해 법원은 최저매각 가격을 상당히 낮추고 새매각기일을 정하여야 한다.[10] 이때 다시 허가할 매수가격의 신고가 없는 때에는 순차적으로

8) 공신력이 인정된다고 한다.
9) 한국자산관리공사, 앞의 책, 2면.
10) 민사집행법 제119조.

최저매각가격을 낮추고 동일한 방법으로 새매각기일을 정하여 경매를 진행한다.

새매각 사유로는 ㉠ 경매가 유찰되었을 때 ㉡ 최고가 입찰자는 있었으나 이해관계인이 이의신청을 하여 법원이 매각불허가를 한 경우 ㉢ 매각기일 이후 매각결정기일 사이에 천재지변 등 불가항력적인 사유 또는 낙찰자가 책임질 수 없는 사유로 낙찰 부동산이 심각하게 훼손되어 매각불허가를 한 경우 등이 있다.

2) 재매각

최고가매수신고인이 매각허가 결정을 받고 대금지급기일에 대금을 납부하지 않은 경우에 차순위 매수신고인도 없는 경우라면 법원은 직권으로 다시 경매를 실시하는데 이것을 재매각이라고 한다.

재매각은 한번 실시한 경매를 다시 실시하는 것이므로 최저매각가격등 기타 매각 조건은 이전 경매와 동일하다. 다만, 입찰보증금은 달라지는데 보증금이 최저매각가액의 10%에서 20~30%로 인상된다. 따라서 법원경매에 등장한 재매각 물건에 관심을 가지고 참가하고자 하는 사람은 반드시 재매각의 조건을 확인하여야 한다.

재매각기일이 지정된 경우에 전 최고가 매수신고인은 재매각기일 3일 전까지 매각대금을 납부하면 재매각은 취소되고 전 최고가 매수신고인은 소유권을 취득하게 된다. 이때 전 최고가 매수신고인은 매각대금뿐만 아니라 매각대금납부일 이후부터 대금을 납부하는 날까지의 지연이자, 재매각 기일 공고 등의 비용을 납부해야 한다.

※ 차순위 매수신고인이 있는 경우에 최고가 매수신고인의 대금미납으로 차순위 매수신고인에게 매각허가를 해 주고 대금납부를 명했으나 차순위 매수신고인도 대금납부를 하지 않은 경우에 다시 재매각일이 지정되는데, 이 경우 최고가 매수신고인과 차순위 매수신고인 중 먼저 매각대금 등을 납부한 자가 소유권을 취득하게 된다.[11]

전의 최고가 매수신고인은 재매각기일에 경매에 참여하여 매수신청을 할 수 없다. 그리고 대금미납으로 재매각이 진행되게 되면 전 최고가 매수신고인의 보증금은 몰수되어 배당재단에 포함되게 된다. 다만, 재매각 명령 후 경매절차가

11) 민사집행법 제138조 제3항.

취소되거나, 경매신청이 취하된 경우에는 전 낙찰자는 보증금의 반환을 요청할 수 있다.

3. 개별경매와 일괄경매

1) 개별경매

채권자가 채권담보의 목적으로 채무자로부터 여러 개의 부동산을 담보로 제공받아 그 위에 저당권을 설정하는 경우, 이를 공동저당 또는 공동담보라고 한다. 공동담보의 경우에 경매를 신청하게 되면 담보목적물 모두에 경매가 진행되게 되는데 이 경우에 각각의 물건마다 사건번호 외에 물건 번호를 부여하여 개별적으로 입찰에 부친다. 이것을 개별경매 또는 개별입찰이라고 하는데 공동담보물의 입찰은 개별입찰을 원칙으로 한다.

2) 일괄경매

공동담보라 하더라도 예를 들어 토지와 그 위의 건물이 공동담보물인 경우와 같이 그 부동산의 위치, 형태, 이용관계 등을 고려하여 동일인으로 하여금 토지와 건물을 같이 매수하게 하는 것이 고가로 매각시킬 수 있다고 판단되거나 또는 개별입찰을 하는 것이 현저한 가치의 감소를 가져오는 것으로 우려되는 경우에는 경매신청권자의 신청이나, 법원의 직권으로 일괄입찰을 할 수 있다.

제 3 절 경매용어 풀이[12)]

〈경매와 관련 구 민사소송법과 민사집행법상 용어의 정리〉

구 민사소송법(경매)	구 민사소송법(입찰)	민사집행법
채무명의(제601조)	채무명의(제601조)	집행권원(제80조, 부칙제7조)
최저경매가격(제615조) 일괄경매	최저입찰가격 일괄입찰	최저매각가격(제97조) 일괄매각(제98조)
경매기일(제617조) 경매물건명세서(제617조의2)	입찰기일 입찰물건명세서	매각기일(제104조) 매각물건명세서(제105조)
경락기일(620조) 최고가매수신고인(제627조)	낙찰기일 최고가입찰자	매각결정기일(제109조) 최고가매수신고인(제115조)
차순위매수신고인(제626의2) 경매조서(제628조) 경낙조서	차순위입찰신고인 입찰조서 낙찰조서	차순위매수신고인(제114조) 매각기일조서(제116조) 매각결정기일조서(제126조)
신경매(제631조) 경낙허부결정(제638조)	신입찰 낙찰허부결정	새매각기일(제119조) 매각허가여부 결정(제126조)
경낙인(제646조의2 등) 경낙대금	낙찰자 낙찰대금	매수인(제135조 등) 매각대금(제86조, 135조)
경낙허가결정(제640조)		매각허가결정(제128조)
재경매(제648조) 대금지급기일(제654조)	재입찰	재매각(제138조) 대금지급기한(제142조)
우선경낙권 매득금(買得金) 환가(換價)		우선매수권(제206조) 매각대금(제207조) 현금화(제247조)

1. 경매법원(집행법원)

강제집행에 관하여 법원이 할 권한을 행사하는 법원을 말한다. 부동산에 대한 경매는 그 부동산소재지의 지방법원이 집행법원으로 관할한다.

강제집행의 실시는 원칙적으로 집행관이 하나, 비교적 곤란한 법률적 판단을 요하는 집행행위라든가 관념적인 명령으로 족한 집행처분에 관하여는 민사소송

12) 서진형 외, 앞의 책, 240-269면 참조; 최문진, 앞의 책, 14-17면 참조; 남우현, 『부동산경매 -무작정따라하기-』, 길벗, 2008, 32-33면.

법상 특별히 규정을 두어 법원으로 하여금 이를 담당하도록 하고 있다. 또 집행관이 실시하는 집행에 관하여도 신중을 기할 필요가 있는 경우에는 법원의 협력 내지 간섭을 필요로 하도록 하고 있는데, 이러한 행위를 하는 법원이 곧 집행법원이다. 집행법원은 원칙적으로 지방법원이며 단독판사가 담당한다.

2. 경매 ○ 계

경매계는 「입찰 후부터 경매가 끝날 때까지」 제반업무를 총괄하고 있는 대법원 산하의 경매 담당부서이다. 경매계는 법원경매를 효율적으로 집행하기 위하여 경매부동산 1백 여건을 한 덩어리씩 묶어 관리하는 법원행정조직이다. 이에 따라 본원 ○계, 또는 남부지원 ○계 등으로 불리게 된다.

1) 경매계의 주요 업무는 아래와 같은 것들을 진행한다.

① 매각허가에 대한 이의신청 및 매각허가여부에 대한 즉시 항고
② 매각허가결정의 취소신청 및 매각대금 납부신청 및 재매각절차취소신청
③ 집행에 관한 이의신청 및 부동산관리명령신청
④ 인도명령신청 및 매각대금과 배당액의 상계신청
⑤ 점유이전금지가처분 신청 및 소유권이전등기의 촉탁
⑥ 배당이의소송 및 부당이득금 반환청구소송
⑦ 매수신고인이 이해관계인으로서 전반적인 입찰 서류의 열람

3. 집행관(執行官)

집행관은 강제집행을 실시하는 자로서, 지방법원에 소속되어 법률이 정하는 바에 따라 재판의 집행과 서류의 송달 기타 법령에 의한 사무에 종사하는 사람이다. 집행관은 국가로부터 봉급을 받지 않으나, 실질적 의미에서 국가공무원으로서 그 직무상 불법행위로 타인에게 손해를 끼친 경우에는 국가가 배상 책임을 진다. 집행관은 법정(法定)의 자격 있는 사람 중에서 지방법원장이 임명한다.

1) 집행관이 행하는 주요 업무는 아래와 같은 것들을 수행한다.

① 송달업무의 수행
② 경매에 있어 부동산의 현황조사
③ 입찰기일에 입찰의 실시 및 입찰조서의 작성
④ 부동산 점유이전금지가처분의 집행
⑤ 유체동산에 대한 압류 · 가압류 · 경매집행
⑥ 동산 및 부동산의 인도명령 및 명도청구의 집행
⑦ 부동산의 강제관리에 있어서 관리인이 부동산을 점유하는 경우의 참여 및 보조

2) 집행관의 특별위임 권한은 아래와 같은 것들이 있다.

① 집행관은 채권자로부터 적법한 집행을 위임받았을 때에는 국가의 집행기관으로 합법적으로 채무자 등에게 강제집행을 할 권한과 직책을 가진다.
② 집행시 채무자의 주거, 차고와 기타 장소를 수색하고 시건장치가 되어 있는 문과 기구를 여는 등 적절한 조치를 취할 수 있다.
③ 강제집행시 채무자 주거에서 채무자나 성장한 친족, 고용인을 만나지 못한 경우 성년 2명이나 시 · 구청 · 동직원, 읍 · 면직원, 경찰관 1명을 증인으로 참여하여 집행한다.
④ 야간이나 휴일에는 집행할 수 없는 것이 원칙이나 부득이한 사유가 있는 경우 집행법원의 허가를 받아 집행할 수 있다.
⑤ 강제집행시에 채무자 및 점유자 등의 저항을 받을 때는 경찰 또는 국군의 원조를 청구할 수 있고, 국군의 원조는 법원에 신청함을 요한다.

4. 사건번호

대한민국에서 사람이 태어나면 주민등록번호를 부여하는데 처음 숫자는 생년월일이고 뒷자리는 그 사람의 번호로서 남자는 1번으로 시작하고, 여자는 2번으로 시작한다.[13)]

13) 2000년부터는 남자는 3을, 여자는 4를 부여하여 사용하고 있다.

마찬가지로, 사건번호도 경매가 시작되어 종결될 때까지 법원에서 사용하는 관리번호로서 채권자에 의해 경매신청서가 접수되면 법원은 경매신청이 적법한지를 검토한 뒤 경매물건마다 번호를 부여한다. 이때, 사건번호의 앞부분의 숫자는 사건이 접수된 연도를 표시하고 두 번째의 부호는 사건별로 부여하게 되는데 부동산 등 경매사건은 「타경」이라는 부호를 부여한다. 맨 뒤의 숫자는 해당 지원의 접수번호의 성격을 가진다.

【사건번호의 예】 2006 타경 1472, 2005 타경 1052

5. 물건번호

한 개의 사건번호에서 2개 이상의 개별적 물건을 경매 진행하는 경우에 각 개별물건을 지칭하는 번호를 물건번호라 한다. 따라서 입찰 사건목록 또는 입찰공고에 물건번호가 기재되어 있는 경우에는 입찰표에 사건번호 외에 응찰하고자 하는 물건의 번호를 반드시 기재하여야 한다. 이 때에는 먼저 사건번호(2006-1472)를 기재하고 그 옆 칸에 물건번호 (1 or 2 or 3)를 기재해야 한다. 물건번호가 없는 경우에는 기재할 필요가 없다.

6. 매수보증금

경매물건을 매수하고자 하는 사람은 최저매각가격의 10분의 1에 해당하는 보증금액을 입찰표와 함께 집행관에게 제출하는 방법으로 제공하여야 한다.

매각절차가 종결된 후 집행관은 최고가매수신고인이나 차순위매수신고인 이외의 매수신청인에게는 즉시 매수보증금을 반환하여야 한다.

매각허가결정이 확정되고 최고가매수인이 대금지급기한 내에 매각대금을 납부하면 차순위매수신고인의 보증금을 반환하게 되고, 만일 최고가 매수인이 납부를 하지 아니하면 그 보증금을 몰수하여 배당할 금액에 포함하며, 이후 차순위매수신고인에 대하여 낙찰허가여부의 결정 및 대금납부의 절차를 진행하게 되고 차순위매수신고인이 매각대금을 납부하지 아니하면 역시 몰수하여 배당할 금액에 포함하여 배당하게 된다.

7. 매각기일(구법 : 입찰기일)

경매법원이 목적부동산에 대하여 실제 매각을 실행하는 날로 매각할 시각, 매각할 장소 등과 함께 매각기일 14일 이전에 법원게시판에 게시함과 동시에 일간신문에 공고할 수 있다.

8. 매각결정기일(구법 :낙찰기일)

입찰을 한 법정에서 최고가매수신고인에 대하여 매각허가 여부를 결정하는 날로 입찰법정에서 선고한 후 법원게시판에 공고만 할 뿐 최고가매수신고인, 채권자, 채무자, 기타 이해관계인에게 개별적으로 통보하지 않는다.

집행법원이 입찰기일에 경매를 종결한 후 이해관계인에게 매각에 관한 의견을 듣고 매각허가 또는 불허가결정 등 매각허부의 재판을 하기 위하여 정해 놓은 기일을 말한다.

매각허가결정은 매각기일(입찰기일)로부터 통상 7일 이내에 이루어진다. 그러나 반드시 그러한 것은 아니다.

9. 매각물건명세서(구법 : 경매물건명세서)

법원은 부동산의 표시, 부동산의 점유자와 점유권의 권원, 점유할 수 있는 기간, 차임 또는 보증금에 관한 관계인의 진술, 등기된 부동산에 관한 권리 또는 가처분으로서 매각으로 효력을 잃지 아니하는 것, 매각에 따라 설정된 것으로 보게 되는 지상권의 개요 등을 기재한 매각물건명세서를 작성하고, 이를 매각기일의 1주일 전까지 법원에 비치하여 일반인이 열람할 수 있도록 작성해 놓은 것이다.

경매를 참가하는 사람이라면 반드시 사전에 숙지하고 있어야 하는 중요한 문서로 민사집행법 제121조에서는 매각물건명세서의 중대한 하자가 발생한 경우에는 매각허가에 대한 이의 신청사유가 된다.

10. 차순위매수신고인(구법: 차순위입찰신고인)

최고가매수신고인 이외의 입찰자 중 최고가 매수신고액에서 보증금을 공제한

액수보다 높은 가격으로 매수신청한 사람은 차순위매수신고를 할 수 있다. 차순위매수신고를 하게 되면 매수인은 매각대금을 납부하기 전까지는 보증금을 반환받지 못한다. 그 대신 최고가매수신고인에 국한된 사유로 그에 대한 매각이 불허되거나 매각이 허가되더라도 그가 매각대금 지급의무를 이행하지 아니할 경우 다시 매각을 실시하지 않고 집행법원으로부터 매각 허부의 결정을 받을 수 있는 지위에 있는 자이다.

11. 신건

경매사건으로 최초로 공개되는 물건을 말한다. 몇 가지 이유로 인하여 매수인이 결정되지 않아 다시 새로운 기일을 정하여 실시하는 새매각과는 차이가 있다.

12. 유찰

매각기일의 매각불능을 유찰이라고 한다. 매각기일에 입찰을 실시했으나 응찰자가 없는 경우 및 응찰자는 있으나 입찰자가 준수해야 할 사항이 지켜지지 않아 최고가 매수신고인으로 인정할 수 없어 결국 최고가 매수신고인이 없는 상태가 된 경우를 말한다. 유찰이 되면 최저경매가격이 20%~30% 감액되어 다시 매각이 실시되는데 이것을 새매각이라 한다.

13. 새매각

매수신고인이 생겨서 낙찰허가결정의 확정 후 집행법원이 지정한 대금지급기일에 최고가매수신고인이 매각대금지급 의무를 완전히 이행하지 아니하고, 차순위매수신고인도 없는 경우에 법원이 직권으로 다시 실시하는 경매. 신경매는 입찰보증금이 10%인 데 비해 재경매는 20~30%이다.

그러나 재경매는 이전 낙찰자가 새로 지정된 입찰기일 3일 전까지 낙찰대금을 전부 납부하면 취소된다. 이때 전 낙찰자는 매각대금납부일 이후부터 대금을 납부하는 날까지의 지연이자, 매각대금, 재매각 공고 등의 비용을 납부하여야 한다.

14. 이중경매(압류의 경합)

강제경매 또는 담보권의 실행을 위한 경매절차의 개시를 결정한 부동산에 대하여 다시 경매의 신청이 있는 때에는 집행법원은 다시 경매개시결정(2중 개시 결정)을 하고 먼저 개시한 집행절차에 따라 경매가 진행되는 경매를 이중경매라고 한다.

15. 일괄경매

민사집행법은 수개의 부동산을 경매하는 경우에 1개의 부동산의 매각대금으로 각 채권자에게 변제하고 또 그 집행비용에 충분한 때에는 다른 부동산에 대한 경락을 허가하지 아니한다고 규정하고 있기 때문에 이 규정의 취지에 비추어 보면 민사집행법은 개별경매를 원칙으로 하고 있다.

그러나 개별입찰을 할 경우 현저한 가치 감소가 우려되는 경우에는 경매신청권자의 신청이나 법원의 직권을 통해 입찰자가 일괄하여 낙찰받을 수 있도록 하고 있다.

예를 들어 토지와 건물이 있는 경우 그 부동산의 위치, 형태, 이용관계 등을 고려하여 동일인으로 하여금 토지와 건물을 같이 매수하게 하는 것이 고가로 매각시킬 수 있고, 또한 사회경제적으로 유익하다고 인정되는 경우에 일괄 경매를 할 수 있다.

16. 감정평가

집행법원은 감정인으로 하여금 부동산을 평가하게 하고 그 평가액을 참작하여 최저매각가격을 정한다. 감정인의 평가액을 그대로 최저매각가격으로 정하여야 하는 것은 아니지만 실무에서는 대부분 감정인의 평가액을 그대로 최저매각가격으로 정하고 있다.

감정평가에서는 최소한 감정가격의 결정을 뒷받침하고 응찰자의 이해를 도울 수 있도록 감정가격을 산출한 근거를 밝히고 평가요항, 위치도, 지적도, 사진 등을 첨부하여야 한다.

또한, 이 감정평가서는 매각 기일 1주일 전부터 매각물건명세서에 첨부하여 일반인의 열람이 가능하도록 비치하게 되어 있다.

17. 제시외 물건

감정평가에서 조사된 부동산 내역에서 미등기상태의 증·개축된 부분이 있는 경우 또는 미등기상태의 부속물 등을 경매실무용어로 제시외 물건이라 표시한다. 다시 말해 집행관의 부동산 현황조사나 감정평가인의 감정평가 결과 '부동산등기부상에 표시되어 있지 않는 미등기상태의 증개축부분'이 존재할 때 그 증개축부분을 '제시외 물건'이라고 한다.

따라서 입찰대상 물건에 제시외 물건이 존재하는 경우에는 감정평가서를 살펴 제시외 건물의 가격이 감정평가액에 포함되어 있는지의 여부를 확인하여 가격이 평가되어 있다면 안심하고 응찰해도 된다. 이러한 제시외 물건은 통상 경매 목적물에 포함되고, 낙찰자에게는 '제시외 물건'의 소유권도 인정되는 것이 보통의 경우다.

그러나, 제시외 물건이 감정평가에 포함되지 않았다면 세심한 주의가 필요하고, 실무에서는 주유소의 경매 진행시 감정평가서에 캐노피가 포함되지 않았다면 낙찰 후에 다툼의 분쟁이 발생할 수도 있기 때문이다.

18. 공동입찰

경매물건에 대하여 2인 이상이 공동으로 매수 신고하는 것을 말한다.

2002년 7월 1일 민사집행법이 새롭게 제정, 시행되면서 그동안 공동입찰에 참가할 때 있었던 각종 제약이 사라지고 누구나 자유롭게 공동입찰이 가능해졌다.

구법에서는 입찰 전에 공동입찰을 집행관에게 사전에 허가를 받아서 입찰할 수밖에 없었으나 신법에서는 신고만으로 입찰에 참가할 수 있다.

19. 최고가매수신고인(최고가 입찰자, 낙찰자, 경락자)

입찰시간이 종료되면 집행관은 사건번호 순서대로 입찰자의 이름과 입찰액수를 밝히고, 최고가입찰자를 결정한다.

이때 차순위자를 알리고 차순위 입찰신고인으로 신고할 것인지 여부를 묻는다.

이때 입찰 보증금을 적게 내거나 입찰표를 잘못 기재하는 등으로 무효로 처리될 수 있다.

동일한 최고가를 쓴 입찰자가 2인 이상 발생하면 그들만을 상대로 즉시 추가 입찰을 실시한다.

20. 최저가매각가격(최저입찰가격)

경매기일의 공고에는 경매부동산의 최저경매가격을 기재해야 한다. 최초 경매기일의 최저경매가격은 감정인이 평가한 가격이 기준이 되며 경매기일에 있어서 경매신청인이 없어 신경매기일을 지정한 때에는 상당히 저감(통상 20%~30%)한 가격이 최저경매가격이 된다.

응찰하고자 할 때에는 항상 공고된 최저경매가격보다 같거나 높게 응찰해야 무효처리가 되지 않는다.

21. 토지별도등기

토지에 건물과 다른 등기가 있다는 뜻으로 집합건물은 토지와 건물이 일체가 되어 거래되도록 되어 있는바, 토지에는 대지권이라는 표시만 있고 모든 권리관계는 전유부분의 등기부에만 기재하게 되어 있는데, 건물을 짓기 전에 토지에 저당권 등 제한물건이 있는 경우 토지와 건물의 권리관계가 일치하지 않으므로 건물등기부에 "토지에 별도의 등기가 있다"는 표시를 하기 위한 등기를 말한다.

22. 매수청구권

다른 사람의 부동산을 이용하는 경우에 이용자가 그 부동산에 부속시킨 물건에 대하여 이용관계가 종료함에 즈음하여 타인에 대하여 부속물의 매수를 청구할 수 있는 권리, 일종의 형성권이다.

민법상 인정되는 매수청구권으로서는 지상권 설정자 및 지상권자의 지상물매수청구권, 전세권 설정자 및 전세권자의 부속물매수청구건, 토지임차인 및 전차인의 건물 기타 공작물의 매수청구권 등이 있다. 한편 민사소송법상으로는 부동산 공유자는 경매기일까지 보증을 제공하고 최고 매수신고가격과 동일한 가격으로 채무자의 지분을 우선 매수할 것을 신고할 수 있다.

1) 지상권자의 매수청구권(민법 제283조)

① 지상권이 소멸한 경우에 건물 기타 공작물이나 수목이 현존한 때에는 지상권자는 계약의 갱신을 청구할 수 있다.

② 지상권설정자가 계약의 갱신을 원하지 아니하는 때에는 지상권자는 상당한 가액으로 전항의 공작물이나 수목의 매수를 청구할 수 있다.

2) 임차인의 갱신청구권, 매수청구(민법 제643조)

① 건물 기타 공작물의 소유 또는 식목, 채염(소금 채취), 목축을 목적으로 한 토지임차인이 적법하게 그 토지를 전대한 경우에 임대차 및 전대차의 기간이 동시에 종료되고 건물, 수목 기타 지상시설이 현존한 때에는 전차인은 임대인에 대하여 전전대차와 동일한 조건으로 임대할 것을 청구할 수 있다.

② 전항의 경우에 임대인이 임대할 것을 원하지 아니하는 때에는 제283조 제2항의 규정을 준용한다.

3) 전세권의 원상회복의무, 매수청구권(민법 제316조)

전세권이 그 존속기간의 만료로 인하여 소멸한 때에는 전세권자는 그 목적물을 원상에 회복하여야 하며 그 목적물에 부속시킨 물건은 수거할 수 있다. 그러나 전세권설정자가 그 부속물건의 매수를 청구한 때에는 전세권자는 정당한 이유없이 거절하지 못한다.

23. 가압류

가압류는 금전채권이나 금전으로 환산할 수 있는 채권에 관하여 장래 그 집행을 보전하려는 목적으로 미리 채무자의 재산을 압류하여 채무자가 처분하지 못하도록 하는 제도이다.

가압류는 종국적 판결, 즉, 승패가 날 때까지의 임시조치이므로 앞에 [가]자를 붙인 것이며 일반적으로 채권자의 신청만을 가지고 법원이 결정을 내린다.

24. 가처분

금전채권 이외의 특정물의 지급·인도를 보전하기 위해 또는 다툼 중에 있는 권리관계에 관하여 임시적으로 지위를 정하기 위해 동산 또는 부동산을 상대방이 처분하지 못하도록 금지시키는 잠정적이고 임시적인 법원의 처분을 말한다.

금전채권이나 금전으로 환산할 수 있는 채권에 대하여 집행보전을 목적으로 하는 절차인 가압류와는 구별된다.

채권자가 금전채권이 아닌 특정계쟁물에 관하여 청구권을 가지고 있을 때 판결이 확정되어 그 강제집행시까지 방치하면 그 계쟁물이 처분되거나 멸실되는 등 법률적·사실적 변경이 생기는 것을 방지하고자 판결을 받기 전에 그 계쟁물의 현상변경을 금지시키는 집행보전제도로서 그 방법은 천태만상이므로 가처분의 형식도 일정하지 않으나, 일반적으로는 처분행위를 금지하는 처분금지가처분과 점유 이전행위를 금지하는 점유이전금지가처분이 있다.

또한 당사자 간에 현재 다툼이 있는 권리관계 또는 법률관계가 존재하고 그에 대한 확정판결이 있기까지 현상의 진행을 그대로 방치한다면 권리자가 현저한 손해를 입거나 목적을 달성하기 어려운 경우에 잠정적으로 임시의 조치를 행하는 보전제도로서 가처분을 할 수 있다.

가처분신청 관할법원 현재 본안소송(통상의 소송절차 및 독촉절차, 제소전화해절차, 조정절차, 중재판정절차 등)이 계속 중이라면 그 법원이 관할법원이 되고, 현재 본안이 계속 중에 있지 않으면 앞으로 본안이 제소되었을 때 이를 관할할 수 있는 법원에 제출하면 된다.

25. 가등기

예비등기의 일종, 본등기를 할 수 있을 만한 실체법적 또는 절차법적 요건을 완비하지 못한 경우, 장래 그 요건이 완비된 때에 마련할 본등기를 위하여 미리 그 순위를 보전해 두는 효력을 가지는 등기(소유권 이전 청구권보존 가등기)와 타인으로부터 돈을 빌려 쓰고 저당권 대신 가등기를 해주는 경우(담보 가등기)로 구별된다.

담보 가등기의 경우는 담보의 실행을 통지하고 청산절차(금액의 정산)를 거쳐서 2개월이 지난 후에 소유권을 취득할 수 있다.

후일에 요건을 갖추어서 본등기를 하면 그 본등기의 순위는 가등기의 순위로 한다. 따라서 본등기의 순위를 보전하기 위하여 이용되는 것이 보통이다.

26. 근저당

계속적인 거래 관계로부터 발생하는 다수의 채권에 관하여, 미리 일정 한도액을 정하고, 그 범위 내에서 장래의 결산기에 확정되는 채권을 담보하려고 하는 저당권이다.

근저당은 장래 증감 변화하는 '불특정의 채권'을 담보하는 점에서 장래의 '특정의 채권'을 담보하는 일반저당권과 다르다. 일반저당권에서는 피담보채권이 소멸하면 저당권도 소멸하지만, 근저당권에서는 설정 기간 내에 채무가 다시 발생하면 그 채권을 담보하게 된다.

일반저당권에서는 특정된 '피담보채권액'이 등기되지만, 근저당권에서는 특정되지 않은 '채권최고액'이 등기된다. 즉, 일반저당권에서는 민법 제360조에 의해 피담보채권(저당권에 의해 담보되는 채권)의 범위가 정해지는데 반해, 근저당권은 장래의 불특정채권을 '채권최고액'의 한도로 하여 담보한다.

27. 전세권

전세금을 지급하고 타인의 부동산을 점유하여 그 부동산의 용도에 따라 사용·수익하며(용익물권), 그 부동산 전부에 대하여 후순위 권리자 기타 다른 채권자보다 전세금을 우선하여 변제를 받을 수 있는 권리(담보물권)이다. 전세권은 용익물권이면서 제한적인 담보물권이라고 할 수 있다.

왜냐하면 전세권은 당사자의 전세권 설정계약과 등기에 의하여 사용·수익할 수 있는 권리가 성립하는 용익물권이지만, 전세금을 반환받지 못하는 경우에 전세권 자체에 기하여 경매를 신청할 수도 있고, 다른 사람이 경매 신청한 사건의 배당절차에서 후순위 권리자 기타 채권자보다 우선하여 자기 순서에 의하여 배당받을 수 있는 우선변제력이 있는 담보물권의 성질도 갖고 있다.

28. 공유자 우선매수권

공동소유로 인해 지분을 나눈 부동산의 일부가 경매 신청되었을 때 소유권 분쟁을 방지하기 위해 공유자가, 집행관이 경매기일 종결을 고지하기 전까지 매수청구를 할 수 있는 권리. 즉, 공유물 지분의 경매는 채무자가 아닌 다른 공유자는 경매기일까지 최고 매수 신고가격의 10분의 1에 해당하는 현금이나 법원이 인정하는 유가증권을 보증으로 제공하고, 최고매수 신고가격과 동일한 가격으로 채무자의 지분을 우선 매수할 것을 신고할 수 있는데, 이때 법원은 최고가 매수 신고에 불구하고 그 공유자에게 낙찰을 허락해야 한다.

따라서 공유자는 우선매수청구권을 행사하여 다른 입찰자보다 우선하여 낙찰을 받을 수 있다.

민사집행법 제140조에 의하면 집행관이 최고가매수신고인의 성명과 가격을 고지하기 전까지 그 기한을 두고 있다.

29. 대위변제

제3자 또는 공동채무자의 한 사람이 채무자를 위하여 변제하는 때에는 그 변제자는 채무자 또는 다른 공동채무자에 대하여 구상권을 취득하는 것이 보통이다. 이때에 그 구상권의 범위 내에서 종래 채권자가 가지고 있었던 채권에 관한 권리가 법률상 당연히 변제자에게 이전하는 것을 가리켜 변제자의 대위 또는 대위변제라고 한다.

30. 대항력

주택임차인이 임차주택을 인도받고 주민등록까지 마치면 그 다음날부터 그 주택의 소유자가 제3자로 변경되더라도 그 제3자에 대하여 임차권을 가지고서 대항할 수 있게 된다. 이와 같이 대항할 수 있는 힘을 주택임차인의 대항력이라고 부른다.

다시 말해 임차보증금 전액을 반환받을 때까지 주택임차인이 새로운 매수인에 대하여 집을 비워 줄 필요가 없다는 것을 의미한다. 다만, 대항요건(주택인도, 주민등록)을 갖추기 전에 등기부상 선순위의 권리(근저당권, 가압류, 압류 등)가 있었다면 주택이 매각된 경우 그 매수인에게 대항할 수 없다.

31. 우선변제권

다른 채권에 앞서서 자신의 채권을 우선적으로 변제 받을 수 있는 권리이다.

세입자가 배당절차에서 우선변제를 받으려면 반드시 주민등록상 전입신고를 해야 하는 것은 물론 주소지에 거주해야 하며 관할 등기소 또는 공증사무소에서 전세계약의 사실 관계를 증명해주는 '확정일자'를 반드시 받아두어야 한다.

32. 확정일자

임대차로 입주한 집이 경매절차가 진행될 경우 전세보증금 범위 내에서 보증금을 우선 변제받을 수 있도록 임대차계약서 원본에 관할 등기소 또는 공증사무소에서 날인을 받도록 하는 제도. 전세권 설정등기와는 달리 집주인의 동의가 필요 없다.

확정일자는 동사무소에서는 최초 주민등록 전입시에 한하여 확정일자를 계약서 원본에 부여하고 있다.

33. 말소등기

부동산과 관련된 등기 중에서, 기존 등기의 전부를 말소하는 등기를 말한다. 기존 등기가 원시적 또는 후발적인 사유로 인하여 실체 관계와 부합하지 않게 된 경우에 기존 등기를 전부 소멸시킬 목적으로 하는 등기다

말소의 대상이 되는 등기는 등기사항 전부가 부적법한 것이어야 한다. 그 부적법의 원인은 원시적(원인무효)이든, 후발적(채무변제로 인한 저당권 소멸)이든, 실체적(원인무효나 취소)이든 또는 절차적(중복등기)이든 이를 가리지 않는다.

34. 선순위

경매는 일반적으로 변제를 하지 못하는 채무자의 재산을 공개 매각하여 그 매각대금으로 채무를 변제하는 데 쓰이게 하는 제도이다.

선순위는 말 그대로 임차권을 포함한 등기상의 권리 중 '보다 앞선다.'는 의미로 이해될 수 있다. 따라서 선순위 ○○○는 후순위의 권리자보다 먼저 배당을 받을 수 있고, 혹은 매수인에게 대항할 수 있다는 것이다.

35. 인수주의

경매에 있어서 경매종결 시에(매수인에게 소유권이 이전되는 때) 소멸되지 않

고 남아 있는 물적 부담을 그대로 매수인에게 인수시키는 방식을 경매에서 인수주의라고 한다.

최선순위 담보물권보다 앞선 용익물권 등과 담보물권이 없는 경우에는 경매개시결정등기(가압류)보다 빠른 용익물권 등은 매수인이 인수하여야 하며, 특히 유치권, 법정지상권, 분묘기지권, 예고등기 등은 순서에 관계없이 항상 그 권리자체가 인수되는 특성을 가지고 있다.

36. 소멸주의(소제주의)

경매로 인하여 기존의 권리들이 소멸한다는 것은 당연한 논리적 귀결이다. 말소기준권리(등기)이후에 전입신고 한 임차인이나, 권리자들은 매각에 의한 소유권이전등기시 그 권리가 소멸하는데, 이와 같이 권원 없는 권리들이 소멸되는 것을 소멸주의라 한다.

37. 취하

경매신청 후 채무자가 채무를 변제한 경우와 경매신청채권자가 경매신청을 철회하는 것으로서 최고가 매수신고인이 결정된 후에는 최고가 매수신고인의 동의가 필요하며 차순위 매수신고가 있는 경우에는 그의 동의도 필요하다. 경매취하기간은 경매절차가 개시된 때부터 경매가 종결되는 시기까지이다.

38. 변경

경매절차의 진행 중 새로운 사항의 추가 또는 매각조건의 변경 등으로 지정된 기일에 경매를 진행시킬 수 없을 때 법원의 직권으로 경매일정을 변경시키는 것을 의미한다.

39. 연기

채무자, 소유자 또는 이해관계인 신청에 의하여 경매신청채권자의 동의하에 지정된 매각기일을 다음 기일로 미루는 것을 말하는데, 1개월 후에 매각기일이 다시 지정되며 실무에서는 변경과 연기를 합쳐 '변연'이라고 한다. 경매신청자에게 연기해 주는 경우에는 2회에 한하여 연기된다.

40. 정지

채권자 또는 이해관계인이 법원에 대하여 경매진행절차를 정지시키는 것을 말하며 임의경매의 경우 경매절차 정지에 필요한 서류로는 담보권의 등기가 말소된 등기부의 등본, 담보권등기의 말소를 명한 확정판결의 정본, 채권자가 담보권을 실행하지 않거나 경매신청을 취하하겠다는 취지, 피담보채권의 변제를 받거나 변제의 유예를 승낙한 취지를 기재한 사유서 등이 필요하다.

41. 취소

채무의 변제 또는 경매원인의 소멸, 잉여 없는 경매의 경우 법원이 경매개시결정을 취소하는 것을 말하며 압류채권자에게 사유를 통지한다.

무잉여통지서를 받은 압류채권자가 7일 이내에 잉여증명을 하지 않거나 매수신청 및 그에 대한 충분한 담보제공이 없는 경우에 경매절차가 취소된다. 이해관계인은 취소결정이 확정되면 즉시항고를 할 수 있다.

42. 각하

각하는 각종 신청시 절차나 형식이 부적법한 경우 법원이 이를 처리하지 않는 조치를 말한다.

43. 기각

기각은 신청내용이 이유 없다고 인정될 때 법원이 신청 자체를 받아들이지 않는 것을 말한다.

44. 법정매각조건

법정매각조건은 민사소송법에서 정한 경매의 일반적인 조건과 절차를 말한다. 법정매각조건에는 최저매각가격의 결정, 부동산상 권리의 인수, 잉여가 없는 경우 매각허가, 낙찰자의 소유권 취득, 낙찰자의 인도청구시기, 소유권의 이전등기시기, 등기 및 말소 비용 등이 이에 해당된다.

45. 특별매각조건

특별매각조건은 이해관계인 상호간의 합의나 법원의 직권에 의한 매각조건을 말한다. 대개 입찰보증금이 20% 또는 30%로 높아지는 것과 경매 대상물이 농지[14]인 경우 농지취득자격증명이 필요한 물건도 있다.

법정매각조건이 모든 경매절차에 공통적으로 적용되는 것임에 비하여 특별매각조건은 각각의 경매 절차에서 특별히 정한 매각조건을 말한다.

46. 잉여의 가망이 없는 경우 경매취소

집행법원은 법원이 정한 최저경매가격으로 압류채권자의 채권에 우선하는 부동산상의 모든 부담과 경매비용을 변제하면 남는 것이 없다고 인정한 때에는 이러한 사실을 압류채권자에게 통지하고, 압류채권자가 이러한 우선채권을 넘는 가액으로 매수하는 자가 없는 경우에는 스스로 매수할 것을 신청하고 충분한 보증을 제공하지 않는 한 경매절차를 법원이 직권으로 취소하게 된다.

47. 인도명령

채무자, 소유자 또는 압류의 효력이 발생한 후에 점유를 시작한 부동산 점유자에 대하여는 매수인이 대금을 완납한 후 6개월 내에 집행법원에 신청하면 법원은 이유가 있으면 간단히 인도명령을 발하여 그들의 점유를 집행관이 풀고 낙찰인에게 부동산을 인도하라는 취지의 재판을 한다.

민사집행법의 적용을 받는 사건에 대하여는 인도명령의 상대방을 확장하여 점유자가 매수인에게 대항할 수 있는 권원을 가진 경우 이외에는 인도명령을 발할 수 있도록 개선하였다.

48. 배당요구

배당요구라 함은 채권자 중의 일부가 채무자의 특정재산에 관하여 강제경매 또는 담보권실행을 위한 임의경매 등의 절차를 진행하는 경우, 다른 채권자들이 그 절차에 참여하여 채무자의 재산을 환가하여 얻은 낙찰대금 중에서 채권의 우

---

14) 전(田), 답(畓), 과수원(果樹園)

열에 따라 자기 채권액에 해당하는 금액의 지급을 구하는 민사집행법상의 의사표시를 말한다.

우리나라 민사집행법은 평등배당주의를 채택하고 있으므로 압류채권자(경매신청채권자) 이외의 채권자도 배당요구에 따라서 평등한 배당을 받을 수 있다. 배당요구의 종기는 '첫 입찰기일 이전에 집행법원이 정한 때'를 의미한다.

49. 배당기일

강제집행의 절차에 있어서 배당절차를 진행하는 때에 배당표에 관한 진술을 하고 배당을 실시하기 위하여 지정된 기일을 말한다.

50. 예고등기

등기원인의 무효나 취소로 인한 등기의 말소 또는 말소회복의 소송이 제기된 경우에 이를 제3자에게 이 사실을 알리고 경고하기 위하여 법원이 직권으로 촉탁하여 행하는 등기이다.

등기원인이란 등기부에 기재된 등기원인 뿐만 아니라 등기부에 기재되어 있지 않은 실질적인 원인까지도 포함하는 의미이다.

예고등기의 경우 경매가 진행되는 기간은 물론 낙찰자가 낙찰대금을 납부하고 소유권이전등기를 경료하더라도 예고등기의 원인이 된 소송의 결과가 나오지 않았다면 등기공무원의 직권 또는 경매법원의 촉탁으로도 말소되지 않고 소송이 끝날 때까지 존속된다.

51. 담보가등기

담보가등기는 소유권이전이 목적이 아니라 채무변제의 담보를 위한 일종의 담보물권의 성질을 가지는 것이다. 즉, 채무자가 채권자로부터 금전을 차용하면서 만일 변제기가 도래하여도 갚지 못할 경우에는 채무자 소유의 부동산에 관한 소유권을 채권자에게 넘겨준다는 대물변제의 예약을 하고 나아가 담보의 목적으로 가등기를 하게 되고 만약 채무자가 변제기에 이르러서도 채무를 하지 않을 경우,

(1) 채권자는 일정기간의 청산기간이 경과한 후 청산금을 지급하고 본등기를

경료하는 방법으로 채권자가 그 소유권을 취득하게 되거나,

(2) 채권자가 가등기의 목적이 된 부동산을 임의경매 신청하여 그 낙찰대금에서 배당을 받아 자기 채권의 만족을 얻게 되는 것이다.

52. 담보물권(擔保物權)

담보물권은 채권담보를 위하여 물건이 가지는 교환가치의 지배를 목적으로 하는 물권이며 민법상 유치권, 질권, 저당권의 3가지가 있다. 그 밖에 민법은 전세권자에게 전세금의 반환을 확보해 주기 위해서 전세권에 대하여 담보물권적인 성질을 부여하고 있다.

그리고 담보물권 중 유치권은 법률에 의하여 일정한 요건이 갖추어질 때에 당연히 성립하는 법정담보물권이며, 질권과 저당권은 원칙적으로 당사자의 설정행위에 의하여 성립하는 약정담보물권이다.

53. 권리금

일반적으로 어떤 종류의 권리를 양도하는 대가로서 지원되는 금전을 말한다. 특히, 도시에서 토지 또는 건물의 임대차에 부수해서 주로 그 부동산이 갖는 특별한 이익의 대가로서 임차인으로부터 임대인에게 지급되는 보증금이 아닌 그 외에 지불되는 금전을 말한다.

점포와 같은 부동산을 인계·인수할 경우 보증금 외에 먼저 경영했던 인계자가 특수한 장소의 대가 또는 시설한 시설비, 영업활동에 따른 영업비를 받는 것을 권리금이라고 할 수 있다. 즉 상권이나 보이지 않는 가치를 금전으로 환산하여 지급하는 금원이다.

임대차 만료 후 점포 소유주가 직접 그 점포를 사용하겠다고 하면 전 경영자는 권리금을 회수할 방법이 없다.

권리금이라는 것은 법률적으로 보호되는 것도 아니어서 여기에 관한 분쟁을 대비하기 위해서는 계약서의 작성시 권리금에 관한 내용을 포함시키는 것이 필요하다.

54. 공탁

변제자가 변제의 목적물을 채권자를 위하여 공탁소에 임치(任置)하여 채권자의 협력이 없는 경우에도 채무를 면하는 제도이다.

변제자, 즉, 채무자를 보호하기 위한 제도로서, 그 성질을 제3자를 위한 임치계약으로 봄이 일반적이나, 판례는 공법관계(행정처분)로 본다. 공탁의 성립요건으로는, 채권자가 변제를 받지 않거나 받을 수 없어야 하는바, 변제자의 과실 없이 채권자를 알 수 없는 경우도 이에 해당한다. 공탁의 목적물은 채무의 내용에 적합한 것이어야 하고 일부공탁은 원칙적으로 무효이다.

채권소멸을 위한 공탁, 즉, 채무자가 채권자의 협력 없이 채무를 면하는 수단으로 하는 변제공탁과 채권담보를 위한 공탁, 즉, 상대방에 생길 손해의 배상을 담보하기 위한 수단으로 하는 담보공탁, 그리고 단순히 보관하는 의미로 하는 보관공탁과 기타 특수한 목적으로 하는 특수공탁 등이 있다.

55. 유치권

타인의 물건 또는 유가증권의 점유자가 그 물권 또는 유가증권에 관하여 생긴 채권을 가질 경우에 그 변제를 받을 때까지 그 물건 또는 유가증권을 유치하는 권리이다.

공평의 원칙에 근거하여 법률상 인정되는 담보물권이고 유치권은 물권이므로 제3자에 대해서도 효력이 있어 확실한 변제를 받을 수 있다.

56. 관습법상의 법정지상권

관습법상의 법정지상권이란 토지와 그 지상의 건물이 동일인에게 속하고 있었으나, 그 중 어느 하나가 매매 기타의 원인으로 각각 소유자를 달리하게 된 때에, 그 건물을 철거한다는 특약이 없으면, 건물소유자에게 그의 건물소유를 위하여 관습상 당연히 인정되는 법정지상권을 의미한다.

57. 분묘기지권

타인의 토지에 분묘를 설치한 자가 그 분묘를 소유하기 위하여 분묘의 기지부분인 토지를 사용할 수 있는 지상권에 유사한 권리이다.

58. 매수신고인

경매부동산을 매수할 의사로 매수신고를 할 때 통상 매수신고가격(민사집행법의 적용을 받는 사건은 최저매각가격)의 10분의 1에 해당하는 현금 또는 유가증권을 집행관에게 보관시킨 사람이다. 매수신고인은 다시 다른 고가의 매수허가가 있을 때까지 그 신고한 가격에 구속을 받고 매수신고를 철회할 수가 없다.

59. 보증보험증권의 제출

가압류, 가처분 사건에서 주로 사용되는 증권으로서 일정액의 보증료를 보증보험회사에 납부한 후 경매보증보험증권을 발급받아 매수신청보증으로 제출할 수 있도록 하는 것으로, 입찰자들의 현금소지로 인한 위험방지 및 거액의 현금을 준비하지 않고서도 손쉽게 입찰에 참가할 수 있도록 하는 방법이며, 입찰자의 선택에 따라 매수신청의 보증으로 현금 또는 경매보증보험증권을 자유롭게 활용할 수 있도록 하기 위하여 새로이 입찰절차에 도입한 규정이다.

매수신청의 보증으로 보험증권을 제출한 매수인이 매각대금납부기한까지 매각대금을 납부하지 않을 경우에는 경매보증보험증권을 발급한 보증보험회사에서 매수인 대신 매수보증금을 납부하게 하여 배당시 배당재단에 포함하여 배당하게 된다.

60. 소유권이전등기촉탁

최고가매수신고인이 대금을 완납하면 낙찰부동산의 소유권을 취득하므로, 집행법원은 최고가매수신고인이 등기비용을 부담하고 등기촉탁 신청을 하면 집행법원은 매수인을 위하여 소유권이전등기, 낙찰인이 인수하지 아니하는 각종 등기의 말소를 등기공무원에게 촉탁하는 절차이다.

61. 임의경매(담보권의 실행 등을 위한 경매)

민사소송법은 담보권의 실행 등을 위한 경매라는 이름 아래 부동산에 대한 경매신청을 조문화하여 경매 신청에 집행권원을 요하지 아니하는 경매에 관한 규정을 두고 있는데, 일반적으로 경매를 통틀어 강제경매에 대응하여 임의경매라고 부른다. 임의경매에는 저당권, 질권, 전세권 등 담보물권의 실행을 위한 이른바 실질적 경매와 민법, 상법 기타 법률의 규정에 의한 환가를 위한 형식적 경매가 있다.

62. 강제경매

채무자 소유의 부동산을 압류, 환가하여 그 매각대금을 가지고 채권자의 금전 채권의 만족을 얻음을 목적으로 하는 강제집행 절차 중의 하나이다.

63. 채권자

채권을 가진 사람으로 곧 채무자에게 재산상의 급부 등을 청구할 권리가 있는 사람을 말한다. 채무자가 임의로 그 행위를 이행하지 않을 때에는 채권자는 법원에 소를 제기하여 현실적 이행을 강제할 수 있다.

64. 채권신고의 최고

법원은 경매개시결정일로부터 3일내에 이해관계인으로 규정된 일정한 자에게 채권계산서를 낙찰기일 전까지 제출할 것을 최고하는데, 이 역시 우선채권유무, 금액 등을 신고 받아 잉여의 가망이 있는지 여부를 확인하고 적정한 매각조건을 정하여 배당요구의 기회를 주는 것이다.

민사집행법의 적용을 받는 사건은 경매개시결정에 따른 압류의 효력이 생긴 때부터 1주일 내에 배당요구의 종기를 결정하게 되고, 일정한 이해관계인에게 채권계산서를 배당요구의 종기까지 제출할 것을 최고하며, 이 때까지 배당요구를 하지 아니하면 불이익을 받게 된다.

65. 상계

채권자가 동시에 매수인인 경우에 있을 수 있는, 매각대금의 특별한 지급방법이다. 현금을 납부하지 않고, 채권자가 받아야 할 채권액과 납부해야 할 매각대금을 같은 금액만큼 서로 감가하여 계산하는 것이다.

채권자는 매각대금을 상계 방식으로 지급하고 싶으면, 매각결정기일이 끝날 때까지 법원에 위와 같은 상계를 하겠음을 신고하여야 하며, 배당기일에 매각대금에서 배당받아야 할 금액을 제외한 금액만을 납부하게 된다. 그러나 그 매수인(채권자)이 배당받을 금액에 대하여 다른 이해관계인으로부터 이의가 제기된 때에는 매수인은 배당기일이 끝날 때까지 이에 해당하는 대금을 납부하여야 한다.

66. 환가

경매신청에서 경매실시까지의 제 절차 진행 요소들을 환가절차라고 한다.

67. 최고

타인에게 일정한 행위를 할 것을 요구하는 통지를 말한다. 이는 상대방이 있는 일방적 의사표시이고, 최고가 규정되어 있는 경우에는 법률규정에 따라 직접적으로 일정한 법률효과가 발생한다. 최고에는 두 종류가 있다. 하나는 의무자에게 의무 이행을 구하는 경우이고, 다른 하나는 권리자에 대한 권리의 행사 또는 신고를 요구하는 경우이다.

제 2 장

경매 진행절차

제 1 절 경매절차도

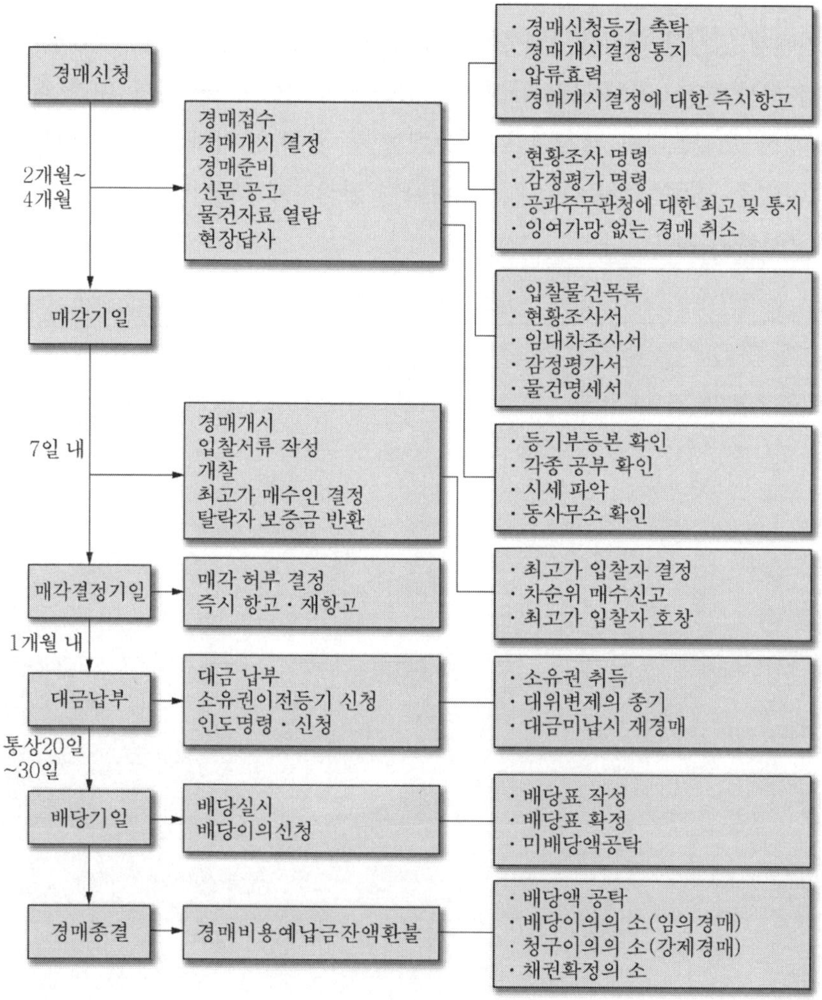

제 2 절 경매절차의 이해

경매절차를 간단히 살펴보면 다음과 같다

1. 경매신청

채권자가 경매신청을 하기 위해서는 강제경매의 경우에는 집행력 있는 정본과 강제집행개시의 요건이 구비되었음을 증명하는 서류 등을, 임의경매의 경우에는 유효한 담보권이 존재하고 있음을 증명하는 서류 등을 첨부하여 경매신청서를 작성하고 경매비용[15]을 예납하여 제출하면 된다.

이 경우 집행법원은 경매대상 부동산의 소재지를 관할하는 지방법원 또는 지원이 된다. 2005년 7월 1일을 기준으로 이전에 접수된 경매사건은 지방법원 단독판사가 그 이후에 접수된 경매사건은 사법보좌관이 담당할 수 있다.[16]

2. 경매개시결정

1) 경매개시결정과 효력

경매신청이 있으면 경매법원은 경매신청서 및 첨부서류를 검토하여 적법하다고 판단되면 경매개시결정을 한다. 경매개시결정은 경매신청 접수일로부터 2일 내에 해야 한다.

경매개시결정과 함께 경매부동산은 압류의 효력이 발생한다. 즉 경매개시결정의 효력은 압류이다.[17]

압류의 효력은 소유자의 처분권 자체를 박탈하는 것이 아니라 경매신청채권자와 매수인에게 대항하지 못하게 하는 상대적 처분금지의 효력으로서 경매개시결

---

15) 경매비용이라 함은 서류의 송달비용, 신문공고비용, 현황조사수수료, 감정수수료, 매각수수료 등을 의미한다.

16) 사법보좌관의 처분에 관한 이의사건은 단독판사가 담당한다.

17) 민사집행법 제83조.

정으로 인한 압류 후에도 소유자는 목적부동산을 관리 · 이용할 수 있다.

따라서 제3자가 압류의 효력이 발생하는 경매목적부동산 위에 권리를 취득한 경우에는 그 제3자는 경매신청이나 낙찰자에게 대항할 수 없다.[18] 목적부동산에 부합된 물건과 종물에도 압류의 효력을 미친다.

경매개시결정이 된 부동산에 대하여 다른 경매의 신청이 있는 경우 법원은 다시 경매개시결정을 하게 되는데 이를 이중경매 혹은 압류의 경합이라고 한다. 이 경우 먼저 경매개시결정된 절차에 의해 경매가 진행된다.

만약 선행한 경매절차가 취하되거나 취소된 경우, 남을 가망이 없어 취소되는 경우를 제외하고는 후행 경매개시결정에 따라 계속 진행된다.

문제가 되는 것은 국세채납처분에 의한 공매절차와 법원 경매가 동시에 진행되는 경우가 있는데 이를 규율할 법적 근거가 없다. 결국 각각의 절차에 따라 진행될 수밖에 없다는 것이다. 이 경우 양 절차의 매수인 중 먼저 대금을 납부하여 소유권을 취득한 자가 진정한 소유자로 확정된다.[19]

▶부동산경매집행의 대상

부동산강제집행의 주된 대상은 부동산이다. 그러나 예외적으로 아래와 같은 대상에 대하여 부동산경매 절차에 관한 규정이 준용된다.

1. 등기된 부동산(토지, 건물)
2. 미등기 부동산(등기할 수 있다는 증명서류가 있는 경우), 다만 무허가건물은 경매대상에서 제외된다.
3. 등기할 수 있는 선박, 등록된 자동차 · 건설기계 · 항공기
4. 등기된 입목
5. 공장재단, 광업재단
6. 광업권, 어업권, 지상권, 전세권
7. 부동산에 부가된 유체동산 등

2) 경매개시결정에 대한 이의신청

경매개시결정에 불복하는 이해관계인은 매수인의 대금 완납 전까지 경매법원에 이의를 신청할 수 있다.[20] 이의신청은 서면 또는 구두로 가능하다.[21] 강제경

18) 민사집행법 제92조.
19) 한국자산관리공사, 앞의 책, 26면.

매에 대한 이의신청은 '절차상의 흠'을 이유로만 할 수 있고, 임의경매의 경우에는 '실체상의 흠'[22]과 '절차상의 흠'[23]을 모두 이의사유로 하고 있다.

이의신청은 권리 신고한 이해관계인만이 할 수 있고 이의사유를 서면으로 명시해 신청한다. 그러나 이의신청은 특별한 사유가 없는 한 집행정지의 효력은 없다.

이해관계인은 법원으로부터 통지를 받을 수 있는 권리가 있고, 매각허가에 대한 의견진술권이 있으며 즉시항고를 할 수 있다. 법률에 규정된 이해관계인은 압류채권자(경매신청채권자)와 정본에 의한 배당요구채권자, 채무자(집행채무자) 및 소유자 및 등기부에 기입된 부동산 위의 권리자[24] 그리고 부동산 위의 권리자로서 그 권리를 증명한 자로 한정하고 있다.[25]

※ 가압류권자, 가처분권자, 예고등기권리자, 재매각을 실시하는 경우 전의 매수인은 이해관계인이 아니다. 경매개시 전의 가압류권자는 배당요구하지 않았더라도 당연히 배당요구한 것과 동일하게 취급되지만, 이해관계인은 아니다.[26]

3) 경매개시기입등기 촉탁

법원의 경매개시결정이 내려지면 법원사무관 등은 관할 등기소에 경매개시결정의 기입등기를 촉탁한다. 이때 등기부상에는 '강제경매개시결정' 또는 '임의경매개시결정'이라고 등기한다. 또한 법원사무관 등은 경매개시결정 정본을 채무자에게 송달하여야 한다.

---

20) 민사집행법 제86조 제1항.
21) 한국자산관리공사, 앞의 책, 28면.
22) 실체상의 이의사유는 저당권의 부존재 혹은 무효, 피담보채권의 불성립, 무효 또는 변제, 변제공탁 등에 의한 소멸, 채권이행기의 미도래, 채권이행기의 유예, 채권소멸시효의 완성 등이 있다.
23) 절차상의 이의 사유라 함은 경매신청방식의 적부, 신청인 적격의 유무, 대리권의 존부, 매각부동산 표시의 불일치 등 경매신청의 형식적 요건과 개시결정 자체의 형식적인 효력에 흠결 즉, 하자가 있음을 주장하는 것이다.
24) '등기부에 기입된 부동산 위의 권리자'라 함은 경매개시결정 시점이 아닌 경매 개시결정등기 시점을 기준으로 그 당시에 이미 등기가 되어 등기부에 나타난 자를 말하며, 용익권자(전세권자, 지상권자, 임대차등기를 한 임차권자), 담보권자(저당채권에 대한 질권자, 저당권자)등이 이에 해당한다.
25) 민사집행법 제90조.
26) "가압류권자는 경매절차에 있어서 이해관계인에 해당되지 않는다."(대법원 1968.5.13. 자68마367 결정.)

경매개시결정에 의한 압류의 효력은 그 결정이 채무자에게 송달된 때 혹은 경매개시결정의 기입등기가 된 때 중 먼저 된 시기에 부동산 압류의 효력이 발생한다.

4) 배당요구 종기일의 결정과 공고

경매개시결정에 따른 압류의 효력이 생긴 때에는 집행법원은 절차에 필요한 기간을 고려하여 배당요구를 할 수 있는 종기를 첫 매각기일 이전으로 정한다.[27] 실무에서는 배당요구 종기를 통상 첫 매각기일의 1개월 이내로 정하고 종기의 결정과 동시에 공고하고 이해관계인에게도 고지한다.[28]

배당요구 종기일은 고정불변의 기일을 의미하는 것은 아니다. 비록 함부로 연기하여서는 아니되나 절차상의 하자[29]가 있는 경우, 법원은 배당요구의 종기를 연기하는 결정을 할 수 있다.[30]

▶배당요구 종기까지 배당요구를 하여야 할 채권자[31]

- 집행력있는 정본을 가진 채권자
- 경매개시결정기입등기 후에 가압류한 채권자
- 법률에 의하여 우선변제청구권이 있는 채권자
- 국세 등 교부청구하여야 할 채권자

위의 채권자들은 배당요구종기일까지 배당요구를 하여야만 배당받을 수 있다. 참고로 최선순위 임차인이 배당신청을 하지 않은 경우 매수인이 이를 인수하여야 한다.

▶배당요구를 하지 않아도 배당받을 수 있는 채권자[32]

- 배당요구의 종기까지 경매신청을 한 이중압류채권자

27) 민사집행법 제84조 제1항.
28) 신창용, 『부동산 경매실무 119』, 다산북스, 2005, 350면.
29) 감정평가나 현황조사가 늦어지는 경우도 있고, 촉탁이나 통보 등의 과정에서 절차가 누락되거나 지연되는 경우도 있다.
30) 민사집행법 제84조 제6항.
31) 민사집행법 제88조 제1항.
32) 민사집행법 제148조.

- 경매개시결정등기 전에 등기된 가압류채권자
- 저당권자, 전세권자, 조세채권자 기타의 우선변제청구권으로서 경매개시결정전에 등기되었고 매각으로 소멸하는 것을 가진 채권자

3. 채권신고의 최고 및 통지

법원이 경매개시결정을 한 때에는 부동산 위에 권리를 갖고 있는 채권자[33] 및 공과주관 공무소 등에 채권의 유무와 그 원인 액수를 배당요구 종기까지 채권신고를 하도록 최고한다.[34] 또한 소유자 및 채무자에게 경매개시결정 정본 및 매각기일 등을 통지하고, 임차인에게 권리 신고 및 배당요구를 하여야만 배당받을 수 있다는 사실을 통지한다.

최고를 하는 이유는 우선변제채권의 유무와 남을 가망이 있는지 확인하고, 채권자들로 하여금 배당요구의 기회를 부여함과 동시에 공공기관의 조세 등에 대한 교부청구의 기회를 부여하기 위함이라 할 수 있다.

1) 공과를 주관하는 공무소에 대한 최고

법원이 경매개시결정을 한 때에는 조세 기타 공과를 주관하는 공무소에 대하여 그 부동산에 관한 국세 및 지방세의 체납 등 채권의 유무와 그 원인 및 액수를 배당요구 종기까지 법원에 신고하도록 최고하여야 한다.

2) 이해관계인에 대한 채권신고의 최고

법원은 배당요구의 종기를 지정함과 동시에 등기부에 기입된 부동산 위의 권리자 등[즉, '첫 경매개시결정등기 전에 등기된 가압류채권자'(민사집행법 148조 3호), '저당권 · 전세권, 그 밖의 우선변제청구권으로서 첫 경매개시결정등기 전에 등기되었고 매각으로 소멸하는 것을 가진 채권자'(민사집행법 148조 4호), 가등기권리자]에 대하여 자신의 채권의 원금, 이자, 비용 기타 부대채권에 관한 계산서를 배당요구의 종기까지 제출할 것을 최고하게 된다.

33) 첫 경매개시결정등기 전에 등기된 가압류 채권자와 저당권자 · 전세권자, 그 밖의 우선변제청구권으로서 첫 경매개시 결정등기 전에 등기되었고 매각으로 소멸하는 것을 가진 채권자.
34) 민사집행법 제84조 제4항.

3) 가등기권자에 대한 최고[35)]

소유권이전에 관한 가등기가 되어 있는 부동산에 대하여 경매개시 결정이 있는 경우 그 가등기가 소유권이전청구권보전을 위한 가등기인지 담보가등기인지 등기부만 보아서는 알 수 없다.

따라서 법원은 가등기권리자에게 그 가등기가 담보가등기인 경우에는 그 내용 및 채권의 존부 그리고 원인 및 금액을, 담보가등기가 아닌 때에는 그 내용을 법원에 신고할 것을 상당한 기간을 정하여 최고한다.

판례에 의하면 부동산의 강제경매절차에서 경매목적 부동산이 매각된 때에도 소유권이전등기청구권의 순위보전을 위한 가등기는 그보다 선순위의 담보권이나 가압류가 없는 이상 담보목적의 가등기와는 달리 말소되지 아니한 채 매수인에게 인수된다. 따라서 권리신고가 되지 않아 담보가등기인지, 순위보전을 위한 가등기로 보아 매수인에게 그 부담이 인수될 수 있다는 취지를 매각물건명세서에 기재한 후 그에 기하여 경매절차를 진행하면 족한 것이지, 반드시 그 가등기가 담보가등기인지 순위보전의 가등기인지 밝혀질 때까지 경매절차를 중지하여야 하는 것은 아니다.[36)]

4) 공유자에 대한 통지

공유부동산의 지분에 관하여 경매개시결정을 하였을 때에는 다른 공유자에게 그 경매개시결정이 있다는 것을 통지하여야 한다. 그러나 상당한 이유가 있는 때에는 통지하지 아니할 수 있다.[37)][38)]

수인공동소유의 공유부동산의 일부 지분에 경매진행이 있을 경우 경매법원은 다른 공유자에게 그 사실을 통지하여야 한다. 채무자가 아닌 공유지분권자에게는 우선 매수신청권이 있는데 지분이 경매 진행된다는 사실을 통보함으로써 이러한

---

35) 가등기담보등에관한법률 제16조.

36) 대법원 2003.10.6 2003마1438 판결.

37) 민사집행법 제139조 제1항.

38) 대법원에 의하면 공유물분할판결에 기하여 공유물 전부를 경매에 붙여 그 매득금을 분배하기 위한 현금화의 경우 공유자에 대한 통지가 필요한 것은 아니라는 취지의 판시가 있다(대법원 1991.12.16. 91마239 판결).

우선매수신고의 기회를 주기 위함이다.

공유자는 집행관이 최고가매수신고인의 이름과 가격을 호창(呼唱)하고 매각의 종결을 고지하기 전까지 최고매수신고가격과 동일가격으로 매수할 것을 신고하고 즉시 입찰보증금을 내면 적법한 우선매수권을 행사할 수 있다.[39] 공유자가 우선매수신고를 한 경우 최고가매수신고인은 차순위매수신고인이 된다.[40] 그러나 그 지위를 포기하는 의사표시를 집행관에게 할 수 있다.

여러 개의 부동산을 일괄매각하기로 결정한 경우 매각대상 부동산중 일부의 공유자가 전부에 대하여 우선매수권을 행사할 수 있는가에 대하여 대법원은 공유자의 우선매수신청권은 가급적 제한적으로 운용되어야 하며, 다른 매수신고인의 과도한 희생을 바탕으로 한 특전을 인정하는 것이 아니므로 일부에 대한 공유자에 불과한 자에게 매각대상부동산 전체에 대한 우선매수신청권은 인정될 수 없다고 판시하고 있다.[41]

만일 다른 공유지분권자에 대한 통보 없이 경매가 진행된 경우에는 매각불허가 사유에 해당된다. 그러나 아파트나 연립주택과 같이 공동주택의 경우에는 다른 대지 공유지분권자에게 이러한 사실을 통지하지 않는다. 공동주택 등의 대지권의 본질과 관련하여 당연하다고 할 수 있다. 즉 '대지권의 목적인 토지의 공유지분'에 대하여 누가 소유자가 되더라도 이해관계가 없다고 볼 수 있기 때문이다.

어떤 토지에 대하여 위치와 면적을 특정하여 여러 사람이 구분소유하기로 약정하거나 공유자들 사이에 분할을 약정하고 각자의 소유로 분할된 부분을 특정하여 각각 점유·사용하여온 경우를 구분소유적 공유관계라 하는데[42] 이러한 경우 공유자는 공유자우선매수신청권을 행사할 수 없다.

5) 임차인에 대한 통지

매각부동산이 주택 또는 상가건물인 경우 집행법원은 집행관의 현황조사보고서 등의 기재에 의하여 주택임차인 또는 상가건물인차인으로 판명된 자, 임차인

39) 민사집행법 제140조 제1항.
40) 민사집행법 제140조 제4항.
41) 대법원 2006.3.13. 자2005마1078 결정.
42) 신창용, 앞의 책, 385면.

인지 여부가 명백하지 아니한 자, 임차인으로 권리신고를 하고 배당요구를 하지 아니한 자에 대하여 법원 소정의 통지서 양식을 송부하여 주택임대차보호법 제3조 제1항이 정하는 대항요건과 임대차계약서상에 확정일자를 구비한 임차인 또는 동법 제8조 제1항 소정의 소액임차인이거나, 상가건물임대차보호법 제3조 제1항이 정하는 대항요건을 갖추고 임대차계약서상의 확정일자를 받은 임차인 또는 같은 법 제14조 제1항이 정하는 소액임차인이라도 배당요구의 종기까지 배당요구를 하여야만 우선변제를 받을 수 있다는 내용을 고지한다.

6) 통지대상에서 제외되는 자

가압류권자나 처분금지가처분권자, 예고등기권리자 등은 이해관계인으로 취급하지 않으므로 법원의 통지대상에서 제외된다.

배 당 요 구 신 청

- 사건번호 ○○○○타경 ○○○○
- 채 권 자 :
- 채 무 자 :
- 배당요구채권자:

○시 ○동 ○번지

- 배당요구채권

1. 금 ○○○,○○○,○○○원정

○○법원 가단(합)○○호 ○○○청구사건의 집행력있는 판결정본에 기한 채권금 ○○○,○○○,○○○원의 변제금.

2. 위 원본에 대한 ○○○○년 ○○월 ○○일 이후 변제일까지의 연○할○푼의 지연손해금.

신 청 원 인

위 채권자와 채무자 간의 귀원 ○○○○타경○○○○호 부동산경매사건에 관하여 채권자는 채무자에 대하여 상기 집행력 있는 정본에 기한 채권을 보유하고 있으므로 위 사건의 매각대금에 대하여 배당을 요구합니다.

년 월 일

배당요구채권자 (인)
연락처

지방법원 (지원) 귀중

4. 경매준비절차

1) 집행관에 대한 현황조사명령

경매개시결정이 있으면 집행법원은 경매개시결정일로부터 3일 이내에 집행관에게 현황조사명령을 하고[43] 이 명령을 받은 집행관은 2주 이내에 조사보고서를 제출해야 한다. 집행관의 현황조사는 경매목적부동산의 현황을 정확히 파악하여 일반인에게 공시함으로써 입찰희망자에게 입찰대상 물건에 대한 정보를 제공하고 예측하지 못한 손해를 방지하는 데에 그 의의가 있다.

현황조사서에는 도면·사진 등을 첨부하여야 하는데 이 때 일부를 촬영한 것이라도 그 현황을 파악할 수 있을 정도면 충분하다.

(1) 조사사항

- 부동산의 현상 및 점유관계 : 부동산의 위치 및 현상, 부동산의 내부구조, 사용용도,[44] 부동산 점유자의 사용권원
- 임대차관계 : 임차목적물, 임차인, 임대차 내용(보증금, 임대차기간 등), 주민등록전입 여부와 그 일자, 확정일자 여부 및 그 일자[45]
- 기타 현황 : 공장에 설치된 기계, 기구 등 부속물 설치상황 등의 구체적 내용

(2) 집행관의 조사권한

현황조사를 집행관에게 명하여야 하며, 집행관 이외의 자에게 명할 수 없다.[46] 다만 집행법원의 소재지에 집행관이 없는 때에는 지방법원장이 미리 정한 바에 따라 법원사무관 등으로 하여금 집행관의 직무를 대행하게 할 수 있다.[47]

집행관은 현황조사를 하기 위하여 부동산을 출입할 수 있고 채무자 또는 그

---

43) 민사집행법 제85조 제1항.

44) 등기부상 지목이 농지 즉, 전·답·과수원인 경우라도 현황의 지목이 농지인지의 여부에 대하여 의문이 있는 경우에는 집행법원에 보고하여야 한다.

45) 집행관의 조사·보고는 현실로 존재하는 임대차의 실체를 있는 그대로 보고하면 족하고 그 임대차가 제3자에게 대항할 수 있는가 여부의 법률적인 판단을 요하지는 않는다.

46) 민사집행법 제85조 제1항.

47) 집행관법 제11조.

부동산을 점유하는 제3자에게 질문하거나 또는 문서의 제시를 요구할 수 있다. 필요한 때에는 부동산에 출입하기 위하여 잠긴 문을 여는 등 적절한 처분을 할 수 있고, 잠긴 문을 여는 등의 처분을 한 경우에는 현황조사에 그 조사방법을 구체적으로 기재하야 한다. 조사과정에서 관계인의 저항이 있을 때에는 경찰 또는 국군의 원조를 요청할 수 있다.

(3) 현황조사보고서의 비치

법원은 현황조사보고서의 사본을 매각물건명세서 및 평가서의 사본과 함께 비치하여 누구든지 볼 수 있도록 하여야 한다.[48] 비치시기는 매각기일마다 그 1주 전까지이며, 매각기일 1주 전부터 매각일까지 계속해서 비치하여야 한다.

(4) 불복

현황조사명령의 발령이 위법한 경우(예컨대 현황조사의 목적물이 틀렸다든가, 압류가 경합된 경우에 있어서 후행사건으로 절차를 속행하는 것이 아닌데도 다시 현황조사명령을 발한 경우 등) 이에 대하여 불복이 있는 자는 집행에 관한 이의를 신청할 수 있다.[49](민사집행법 제16조 제1항)

2) 최저매각가격결정

(1) 최저매각가격

집행법원은 감정인에게 경매부동산을 평가하게 하고 그 평가액을 참작하여 최저매각가격을 정하도록 하고 있다.[50] 보통은 감정평가사의 평가금액이 그대로 최저매각가격으로 결정되고 있다.

최저매각가격은 경매에 있어서 매각을 허가하는 최저의 가격으로 그 최저가격에 미달하는 매수신고는 무효이다. 법정매각조건이며, 이해관계인의 합의 등으로 변경할 수 없다.[51]

최저매각가격제도를 두고 있는 이유는 매각부동산이 시세보다 저가로 매각되

48) 민사집행법 제105조 제2항.
49) 민사집행법 제16조 제1항
50) 민사집행법 제97조 제1항.
51) 민사집행법 제110조 제1항.

면 이해관계인의 이익을 해하게 되므로, 공정 타당한 가격을 유지하여 부당하게 염가로 매각되는 것을 방지함과 아울러 매수신고를 하려는 사람에게 매수가격의 기준을 제시함으로써 매각이 공정하게 이루어지도록 함에 있다.[52]

따라서 경매사건의 매각기일에 당해 부동산을 그 가격보다 저가로 매각할 수 없고 그 가격 이상으로 매각함을 요하는 기준가격을 말하며, 매각을 허가하는 최저의 가격으로 그 금액에 미달하는 매수신고에 대하여는 매각이 허가되지 않는다.

(2) 재평가

감정인의 평가가 합리적 근거가 없거나 평가 시에 당연히 고려하여야 할 사정을 고려하지 않고 평가하여 이를 최저경매가격으로 삼을 수 없다고 인정되는 경우에는 법원은 재평가를 할 수 있다.

3) 매각기일과 매각결정기일

(1) 매각기일의 지정

매각기일이란 집행법원이 매각부동산에 대한 매각을 실시하는 기일[53]을 말하며, 집행법원이 부동산을 매각하기 위해서는 우선 매각기일과 매각결정기일(기간입찰의 경우에는 입찰기간을 포함)을 지정·이해관계인에게 통지하고 이를 공고하여야 한다. 집행법원은 공과주관공무소에 대한 최고, 현황조사, 최저매각가격결정 등의 절차가 끝나고 경매절차를 취소해야 할 사유(남을 가망이 없는 경매 등의 사유)가 없는 경우에는 직권으로 매각기일을 정하고 공고하며(민사집행법 제104조 제1항), 이를 이해관계인에게 통지하여야 한다.[54](민사집행법 제104조 제2항).

최초 매각기일은 신문 공고일로부터 14일 이후로 지정된다. 즉 매각기일의 공고는 입찰기일의 2주일 전까지 하여야 한다.[55] 매각기일의 공고는 공고사항을 기재한 서면을 법원 게시판에 게시하는 방법으로 실시한다.

최초 매각기일에 관한 공고는 신문에 게재하도록 되어 있으나 이것 또한 최초

52) 대법원 1995.7.29. 95마540 판결.
53) 이승길·박정희, 『부동산 경매·공매 플러스 민간경매 완전정복』, 책과 사람들, 2009, 110면; 한국자산관리공사, 앞의 책, 74면.
54) 민사집행법 제104조 제2항.
55) 민사집행규칙 제56조.

매각이지만 신매각, 재매각 모두 동일하게 신문 및 법원게시판 공고를 병행 실시하고 있는 것이 실무이다. 또한 대법원 홈페이지 법원경매 공고란에 게시되고 있다.

(2) 매각결정기일의 지정 및 변경

매각결정기일이란 매각결과 최고가 매수신고인이 결정되면 일정한 기일 후에 경매법원에서 이해관계인의 진술 등을 듣고 매각불허가 사유에 해당되지 않으면 매각허가 결정을 하고 불허가사유에 해당된다면 매각불허가 결정을 하는 날이다.[56]

매각기일을 지정할 때 매각결정기일도 함께 지정하는데 통상 매각기일 7일 후로 지정 · 공고한다.[57] 법원은 매각기일 전에는 매각기일과 매각결정기일을 함께 변경하나, 매각 후에는 매각결정기일만 변경할 수 있다. 즉 매각결정기일의 지정에 관한 규정은 훈시규정이다. 매각기일 후 매각결정기일을 변경하는 때에는 최고가매수신고인, 차순위매수신고인, 이해관계인 등에게 변경된 매각결정기일을 통지하여야 한다.

4) 남을 가망이 없는 경우의 경매취소

집행법원은 법원이 정한 최저매각가격으로 압류채권자의 채권에 우선하는 부동산상의 모든 부담과 절차비용을 변제하여야 하며 남을 것이 없을 것으로 인정되면 그 사실을 압류채권자에게 통지한다. 이 통지를 받은 날로부터 1주 이내에 압류채권자가 매각대상부동산의 집행비용과 우선채권을 변제하고 남을 만한 금액을 정하여 그 금액에 맞는 매수신고가 없을 때에는 자신이 그 금액으로 매수하겠다고 신청하고 충분한 보증을 제공하지 않으면 법원은 경매절차를 취소하여야 한다.[58]

이는 무익한 경매를 막고, 압류채권자나 우선채권자를 보호하기 위한 규정으로서 무용한 집행을 방지하기 위한 것이다.[59] 또한 우선채권자가 그 의사에 반한

56) 한국자산관리공사, 앞의 책, 117면.
57) 민사집행법 제109조 제1항.
58) 민사집행법 제102조 제1항 및 제2항.
59) 한국자산관리공사, 앞의 책, 62면.

시기에 투자의 회수를 강요당하는 것과 같은 부당한 결과를 피하기 위한 것이다.[60]

남을 가망이 없는 경매의 판단 기준은 1차 매각기일부터 매회 매각기일에 남을 가망이 있는 경매인지 여부를 판단한다.

만약 매각대상물에 대하여 이중으로 경매가 신청된 경우, 즉 압류의 경합이 있는 경우 먼저 개시결정된 사건이 취하되거나 취소되어 뒤에 개시된 경매사건에 의하여 진행되는 경우에도 뒤의 경매신청인에 대한 우선채권총액에 최저매각가격에 미달하는 경우도 남을 가망이 없는 경매에 해당한다.

최저매각가격이 압류채권자의 채권에 우선하는 채권과 절차비용에 미달함에도 불구하고 경매절차를 진행한 경우와 관련 대법원은 최고가매수신고인의 매수가액이 우선채권 총액과 절차비용을 초과하는 한 그 절차위반의 하자가 치유되지만, 미달하는 경우에는 경매법원은 매각을 불허가하는 결정을 하여야 한다고 하고 있다.[61]

5. 매각실시

매각[62]은 통상 부동산 경매의 실무에서 대부분 이용되는 기일입찰은 매각기일 오전 10시에 시작한다. 집행관의 입찰개시선언과 함께 입찰자들은 입찰서류를 열람한 후 입찰표와 입찰봉투를 작성하여 입찰함에 투입한다.

통상적으로 입찰시간은 1시간 정도가 주어지며 이시간이 지나면 집행관은 입찰마감을 선언하고 개찰을 하여 최고가매수신고인을 결정한다.

차순위 매수신고자격이 있는 입찰자가 있는 경우에는 차순위매수신고를 받고 기타 입찰자들에게 보증금을 반환하는 것으로 입찰종결을 선언하게 된다.

60) 대법원 1987.10.30. 87마861 결정.

61) 대법원 1995.12.1. 95마1143 판결.

62) 부동산의 매각은 매각기일에 하는 호가경매, 매각기일에 입찰 및 개찰을 하는 기일입찰, 입찰기간 내에 입찰하여 매각기일에 개찰하는 기간입찰의 세 가지 방법이 있다(민사집행법 제103조 제2항). 호가경매의 경우 동산경매의 방법으로 제도화되어 있고, 부동산경매의 경우 기일입찰과 기간입찰이 동시에 시행되고 있다.

6. 매각허가결정

통상적으로 매각기일로부터 1주일 후에 매각허가를 하게 되는데,[63] 이는 훈시 규정이므로 1주일 후라도 위법이라 할 수 없다. 매각결정기일이 변경된 때에는 법원사무관 등은 최고가매수신고인 · 차순위매수신고인 및 이해관계인[64]에게 변경된 기일을 통지하여야 하고, 그 통지는 집행기록에 표시된 주소지에 등기우편으로 발송하는 방법으로 할 수 있다.

이때에는 최고가매수신고인의 낙찰에 대한 이해관계인의 진술을 듣는 등 매각허부결정에 대한 검토를 하여 매각불허가 사유에 해당된다면 불허가를, 매각불허가 사유가 존재하지 않는다면 매각허가 결정을 하게 된다.

이해관계인의 진술은 원칙적으로 매각결정기일에 구두로 하거나 서면으로 제출하여도 무방하며, 의견을 진술할 수 있는 시기는 매각허가가 있을 때까지이다.[65]

매각불허가 결정이 내려지면 차순위매수신고인이 있는 경우에는 그 자에게 매각허가를 하게 되고 차순위매수신고인이 없는 경우에 매각절차를 다시 진행한다.

7. 항고

이해관계인은 매각허가여부의 결정에 따라 손해를 볼 경우에만 그 결정에 대하여 즉시항고를 할 수 있고,[66] 매각허가에 정당한 이유가 없거나 결정에 적은 것 외의 조건으로 허가하여야 한다고 주장하는 매수인 또는 매각허가를 주장하는 매수신고인도 즉시항고를 할 수 있다.[67]

---

63) 민사집행법 제109조 제1항.

64) 이때의 이해관계인이라 함은 민사집행법 제90조의 이해관계인보다 넓은 개념으로서 동조가 규정하는 이해관계인 뿐만 아니라 최고가매수신고인 또는 자기에게 매각을 허가할 것을 구하는 그 외의 매수신고인도 포함한다(한국자산관리공사, 앞의 책, 118면.).

65) 민사집행법 제120조 제2항.

66) 민사집행법 제129조 제1항.

67) 민사집행법 제129조 제2항.

8. 대금납부와 소유권이전등기 촉탁

매수인은 대금지급기한까지 지정된 장소에 출두하여 매각대금 전액을 현금 또는 금융기관 발행의 자기앞수표로 법원에 납부하여야 한다.68)

대금납부일은 통상적으로 매각허가일로부터 1개월 이내에 정해지는데 낙찰자는 대금납부와 동시에 소유권이전등기와 관계없이 소유권을 취득하게 된다. 일반적으로 대금납부와 함께 소유권이전등기 촉탁등기를 신청한다.

만일 대금납부기일에 대금미납이 있는 경우에는 차순위매수신고인이 있으면 그 자에게 대금납부를 명하고 차순위매수신고인이 없으면 재매각을 명하게 된다. 재매각의 경우에 전 낙찰자는 재매각기일 3일 전까지 매각대금과 연체이자, 재매각비용 등을 납부하면 유효한 소유권을 취득하게 되고 재매각은 취소된다.

9. 배당실시

최고가매수신고인의 대금납부로부터 약 2주 후에 배당을 실시하게 된다. 또한 배당일 3일 전에 미리 배당표를 작성하여 열람케 한다.

배당기일에 배당에 대하여 이의가 있는 이해관계인은 배당이의신청을 할 수 있고 배당 이의신청일로부터 7일 이내에 배당이의의 소송을 제기해야 한다.

10. 인도명령 및 명도소송

매수인은 소유자나 채무자, 그리고 권원이 없는 모든 점유자를 대상으로는 인도명령신청으로 기타의 점유자는 명도소송으로 대상 부동산을 명도 집행하고 점유를 회복하여야 한다.

인도명령신청은 매각대금납부 후 경매법원에 신청하는 것으로 대금납부 후 6개월 내에 신청해야 한다. 대금납부 후 6개월 내에 인도명령을 신청하지 않아 기간이 경과되면 그 때에는 명도소송에 의해야 한다.

---

68) 민사집행법 제142조 제2항.

〈부동산경매사건의 진행기간 등에 대한 예규〉

종 류	가산일	기 간	민사집행법
경매신청서 접수		접수 당일	법§80, 264①
미등기건물 조사명령	신청일부터	3일 안(조사기간은 2주안)	법§81③④,82
개시결정 및 등기촉탁	접수일부터	2일 안	법§83, 94, 268
채무자에 대한 개시결정 송달	임의경매 : 개시결정일부터 강제경매 : 등기필증접수일부터	3일 안	법§83, 268
현황조사명령	임의경매 : 개시결정일부터 강제경매 : 등기필증접수일부터	3일 안(조사기간은 2주안)	법§85, 268
평가명령	임의경매 : 개시결정일부터 강제경매 : 등기필증접수일부터	3일 안(조사기간은 2주안)	법§97① 268
배당요구종기결정, 배당요구종기등의 공고·고지	등기필증 접수일부터	3일 안	법§84①②③, 법§268
배당요구종기	배당요구종기결정일부터	2월 후 3월 안	법§84①⑥, 법§87③ 268
채권신고의 최고	배당요구종기결정일부터	3일 안(최고기간은 배당요구 종기까지)	법§84④
최초 매각기일·매각결정기일의 지정·공고(신문공고의뢰)이해관계인에 대한 통지	배당요구종기부터	1월 안	법§104, 268
매각물건명세서의 작성, 그 사본 및 현황조사 보고서·평가서 사본의비치		매각기일(입찰기간 개시일)1주 전까지	법§105② 법§268, 규§55
최초매각기일	공고일부터	2주 후 20일 안	규§56
새매각기일·새매각결정기일 또는 재매각기일·재매각결정기일의 지정·공고이해관계인에 대한통지	사유발생일부터	1주 안	법§119, 138, 법§268

새매각 또는 재매각기일	공고일부터	2주 후 20일 안	법§119,138, 법§268, 규§56
배당요구의 통지	배당요구일부터	3일 안	법§89,268
매각실시		매각기일	법§112, 268
매각기일조서 및 보증금 등의 인도	매각기일부터	1일 안	법§117, 268
매각결정기일	매각기일부터	1주 안	법§109①268
매각허부결정의 선고		매각결정기일	법§109② 법§126①268
차순위매수신고인에 대한 매각결정기일의 지정, 이해관계인의 통지	최초의 대금지급기한 후	3일 안	법§104①②, 법§137①268
차순위매수신고인에 대한 매각결정기일	최초의 대금지급기한후	2주 안	법§109①, 법§137①268
매각부동산 관리명령	신청일부터	2일 안	법§136②268
대금지급기한의 지정 및 통지	매각허가결정확정일 또는상소법원으로부터 기록송부를 받은 날부터	3일 안	법§142①268, 규§78,194
대금지급기한	매각허가결정확정또는 상소법원으로부터 기록송부를 받은 날부터	1월 안	규§78,194
매각부동산 인도명령	신청일부터	3일 안	법§136①268
배당기일의 지정 · 통지 계산서 제출의 최고	대금납부 후	3일 안	법§146,268 규§81
배당기일	대금납부 후	4주 안	법§146,268
배당표원안의 작성 및 비치		배당기일 3일전까지	법§149①268
배당표의 확정 및 배당실시		배당기일	법§149②159, 법§268
배당기일조서의 작성	배당기일부터	3일 안	법§159④268
배당액의 공탁 또는 계좌입금	배당기일부터	10일 안	법§160,268 규§82

매수인 앞으로 소유권 이전등기 등 촉탁	서류제출일부터	3일 안	법§144,268
기록인계	배당액의 출급, 공탁 또는 계좌입금 완료 후	5일 안	

제 3 장

경매절차진행과 참가

입찰기일에 입찰참가 전에 먼저 자신이 입찰하려는 사건의 진행여부를 확인해야 한다. 경매물건이 취하 · 변경 · 연기되었거나 재매각사건의 경우 전 낙찰자가 대금을 납부한 경우에는 입찰이 실시되지 않는다.69)

입찰진행이 확인되면 집행관에게 사건기록의 열람을 신청하여 사건기록을 살펴보아야 한다. 이 때 입찰 전에 조사하였던 내용과 사건기록상의 내용이 차이가 있는지 등을 비교 · 확인해야 한다. 주요 확인 사항으로는 현행 민사집행법상 물건명세서, 현황조사보고서, 감정평가서만 열람할 수 있다.

사건기록 열람이 끝나고 입찰을 결정하게 되면 집행관으로부터 입찰서류를 교부받아 작성한다. 먼저 입찰표와 입찰보증금 봉투를 작성하여 입찰봉투에 넣고 입찰함에 투입한다. 이 때 입찰봉투 상단의 수취증을 떼고 입찰함에 투입해야 한다. 입찰마감 후 개찰을 실시하고 당해 사건의 최고가 매수신고인이 결정된다.

입찰자 자신이 최고가 매수신고인이 되면 보증금영수증을 교부받고 만일 탈락했다면 입찰봉투에서 떼어서 보관하고 있던 입찰자용 수취증과 신분증을 집행관에게 제시하고 입찰표 하단의 보증금 반환란에 서명 후 입찰보증금을 반환받는 것으로 해당사건의 입찰은 종결된다.

69) 통상 경매법원의 입구 등에 경매의 진행여부에 대해 게시되어 있다. 따라서 경매기일 제일 먼저 법정에 도착하여 확인하여야 하는 것이 이것이다.

제 1 절 입찰자의 준비물

1. 개인명의로 응찰할 때: ① 입찰보증금, ② 주민등록증, 운전면허증 등 신분증, ③ 도장

* 주소의 기재에 있어 반드시 주민등록상의 주소를 기재하여야 한다는 것이다.

2. 대리응찰할 때: ① 입찰보증금, ② 본인의 위임장, ③ 본인의 인감증명, ④ 대리인의 신분증과 대리인의 도장

* 입찰자는 동일 물건에 관하여 다른 입찰자의 대리인이 될 수 없고, 동일인이 2인 이상의 다른 입찰자의 대리인이 될 수 없다.

3. 법인명의로 응찰할 때: ① 입찰보증금, ② 법인등기부등본 1통, ③ 법인 인감도장, ④ 법인 대표의 주민등록증, 운전면허증 등 신분증, ⑤ 대리인 응찰시에는 위임장 및 법인인감증명, 대리인 신분증, 대리인 도장

4. 입찰에 참가할 수 없는 자
   ① 채무자
   ② 채무자인 소유자(채무자가 아닌 소유자, 즉 물상보증인은 입찰에 참여 가능)
   ③ 미성년자 등 무능력자
   ④ 재매각사건의 전 최고가 매수 신고인
   ⑤ 강제집행면탈죄의 범죄자 및 입찰을 방해하거나 교사한 자
   ⑥ 공무집행방해 범죄자
   ⑦ 기타 이해관계 법원의 법관, 법원직원, 감정인 및 그 친족 등

제 2 절 입찰방법 및 주의사항 고지

매각절차는 집행관이 주제한다. 집행관은 매각기일공고에 기재된 일시와 장소에서 매각기일을 열어야 하며, 매각기일은 집행관의 개시선언 즉 출석한 이해관계인과 일반매수희망자에 대하여 적당한 방법으로 매각을 개시한다는 취지를 선언함으로써 개시된다.

경매는 대상의 선정과 현황의 파악 · 입찰 · 소유권이전 · 명도에 이르기까지 각각의 단계에서 다양한 위험요소가 있다. 특히 입찰기일의 사소한 실수는 당사자에게 예기치 못한 손해를 야기하기도 한다.

따라서 이러한 실수를 사전에 방지하기 위해 매각기일에 집행관은 입찰개시를 선언하기 전 입찰표기재방법 등 입찰참여시의 각종 주의 사항을 고지하는데[70] 주요고지 사항은 다음과 같다.

① 입찰표의 기재방법 및 입찰표는 기재대 그 밖의 다른 사람이 보지 못하는 장소에서 적을 것.

② 최고가 매수신고인의 결정방법, 최고가입찰자로 선정되지 않는 입찰자의 보증금 반환 및 수령방법, 무효로 인정되는 입찰행위.

③ 차순위 매수신고방법, 공유자 우선 매수신고방법.

④ 특별매각조건-특별매각조건이 매각기일공고에 기재되어 있더라도 그 고지를 생략할 수 없다.

⑤ 입찰연기, 경매취하사건고지

⑥ 입찰개시 및 마감시간안내-입찰 마감 후에는 매수신청을 받지 않는다는 것.

⑦ 입찰표 개찰시각안내

⑧ 대리입찰방법-입찰자는 같은 물건에 관하여 동시에 다른 입찰자의 대리인이 될 수 없으며, 한 사람이 공동입찰자의 대리인이 되는 경우 외에는 두

70) 부동산등에 대한 경매절차 처리지침(재민 2004-3), 제31조.

사람 이상의 다른 입찰자의 대리인이 될 수 없다는 것 및 이를 위반한 경우의 입찰은 무효라는 것.

⑨ 공동입찰신고, 공동입찰방법

⑩ 기타 주의사항 고지

집행관은 기일입찰 또는 호가경매의 방법에 의한 매각기일에는 매각물건명세서[71] · 현황조사보고서[72] 및 평가서의 사본을 볼 수 있게 하고,[73] 특별한 매각조건이 있는 때에는 이를 고지하며, 법원이 정한 매각방법에 따라 매수가격을 신고하도록 최고하여야 한다.[74]

▶부동산경매절차의 매각조건

매각조건이란 집행법원이 경매목적 부동산을 매각하여 그 소유권을 그 소유자에게 취득시키는 조건을 말한다. 즉 경매의 성립과 효력에 관한 조건을 말한다.[75] 매각조건에는 법정매각조건과 특별매각조건이 있다.

민사집행법과 민사집행규칙 등에서 매각조건을 일괄적으로 정하고 있는데, 여기에 정한 매각조건을 법정매각조건이라 한다.

법정매각조건 중에서 공공의 이익이나 경매의 본질과 관계가 없는 조건은 관련 이해관계인 전원의 합의가 있으면 이를 변경할 수 있는 바, 이와 같이 변경된 매각조건을 특별매각조건이라 한다.

법정매각조건으로 압류채권자보다 우선인 채권을 변제하고 남을 것이 있는 등 압류채권자 입장에서 그 매각을 실시할 이익이 있는 경우가 아니면 매각하지 못

71) 매각물건명세서에는 부동산의 표시, 점유관계와 관계인의 진술, 매각으로 효력을 잃지 아니하는 부동산 위의 권리 또는 가처분, 지상권의 개요 등이 기재된다. 매수인이 인수하여야 할 권리를 확인할 수 있는 자료가 된다고 할 수 있다.

72) 현황조사보고서란 집행관이 현황조사를 하고 사건의 표시 부동산의 표시, 조사의 일시 · 장소 및 방법, 그 밖의 법원이 명한 사항 등을 기재한 서류이다. 현황조사보고서는 매각물건명세서 작성의 기본이 되며, 임차인의 우선변제권과 대항력유무를 판단하는 자료가 된다.

73) 경매절차에 있어서 부동산현황조사 및 매각물건명세서의 작성은 매각대상 부동산의 현황을 되도록 정확히 파악하여 일반인에게 그 현황과 권리관계를 공시함으로써 매수희망자가 매각대상 물건에 필요한 정보를 쉽게 얻을 수 있게 하여 예측하지 못한 손해를 입는 것을 방지하고자 함에 있다(대법원 2004.11.9, 2004마94 판결).

74) 민사집행법 제112조.

75) 김창식, 『부동산 경매 백서』, 동아일보사, 2008, 89면; 신창용, 앞의 책, 367면; 한국자산관리공사, 앞의 책, 85면.

하며(민사집행법 제91조 제1항, 제102조), 경매절차에서는 미리 결정, 공고된 최저매각가격 미만으로는 매각을 허가할 수 없다(민사집행법 제97조 제1항, 제119조, 제134조, 제138조 제2항).[76] 또한 매수신청인은 대법원규칙이 정하는 바에 따라 집행법원이 정하는 금액과 방법으로 집행관에게 보증을 제공하여야 하며(민사집행법 제113조), 매수인은 대금지급기한까지 매각대금을 지급하여야 한다(민사집행법 제142조 제2항). 아울러 매수인은 대금을 다 낸 때에는 매각의 목적인 권리를 취득한다(민사집행법 제135조). 대금이 다 지급된 경우에 매수인 앞으로의 소유권이전등기 및 매수인이 인수하지 아니하는 부동산상의 부담의 말소등기는 법원사무관등의 촉탁에 의하여 하며(민사집행법 제144조 제1항), 그 비용은 매수인이 부담한다(민사집행법 제144조 제2항)는 것이며, 매수인은 대금을 다 낸 후 6월 이내에 인도명령을 신청하여 인도를 받을 수 있다(민사집행법 제136조 제1항)는 등이다. 이외에 담보권・용익권의 소멸 및 인수에 관한 규정(민사집행규칙 제91조)과 공유지분매각의 경우의 최저매각가격결정(민사집행법 제139조 제2항), 공유자우선매수권(민사집행규칙 제140조), 농지매각의 경우 매수인의 자격에 관한 규정(농지법 제8조)이 법정매각조건이라 할 수 있다.

최저매각가격 이외의 법정매각조건은 배당요구의 종기까지 이해관계인 전원의 합의에 의하여 변경할 수 있다.[77] 특별매각조건의 예로 토지별도등기(저당권부)가 있는 집합건물에 관하여 경매신청이 있는 경우 토지에 대한 저당권을 인수할 것을 조건으로 매각한다는 특별매각조건이 요구되기도 한다.

76) 이 조건은 이해관계인 전원의 합으로도 변경할 수 없다(민사집행법 제110조 제1항).
77) 민사집행법 제110조.

(앞면)

기 일 입 찰 표

지방법원 집행관 귀하 입찰기일 : 년 월 일

<table>
<tr><td>사 건
번 호</td><td colspan="4">타 경 호</td><td>물건
번호</td><td colspan="2">※물건번호가 여러 개 있는 경우에는 꼭 기재</td></tr>
<tr><td rowspan="6">입
찰
자</td><td rowspan="3">본인</td><td>성 명</td><td colspan="3"></td><td>전화
번호</td><td></td></tr>
<tr><td>주민(사업자)
등록번호</td><td colspan="2"></td><td>법인등록
번 호</td><td colspan="2"></td></tr>
<tr><td>주 소</td><td colspan="5"></td></tr>
<tr><td rowspan="3">대리인</td><td>성 명</td><td colspan="3"></td><td>본인과의
관 계</td><td></td></tr>
<tr><td>주민등록
번 호</td><td colspan="3"></td><td>전화번호</td><td>−</td></tr>
<tr><td>주 소</td><td colspan="5"></td></tr>
</table>

입찰가격	천억	백억	십억	억	천만	백만	십만	만	천	백	십	일	
													원

보증금액	백억	십억	억	천만	백만	십만	만	천	백	십	일	
												원

보증의 제공방법	☐ 현금 · 자기앞수표 ☐ 보증서	보증을 반환받았습니다. 입찰자

주의사항.

1. 입찰표는 물건마다 별도의 용지를 사용하십시오, 다만, 일괄입찰시에는 1매의 용지를 사용하십시오.
2. 한 사건에서 입찰물건이 여러 개 있고 그 물건들이 개별적으로 입찰에 부쳐진 경우에는 사건번호외에 물건번호를 기재하십시오.
3. 입찰자가 법인인 경우에는 본인의 성명란에 법인의 명칭과 대표자의 지위 및 성명을, 주민등록란에는 입찰자가 개인인 경우에는 주민등록번호를, 법인인 경우에는 사업자등록번호를 기재하고, 대표자의 자격을 증명하는 서면(법인의 등기부 등·초본)을 제출하여야 합니다.
4. 주소는 주민등록상의 주소를, 법인은 등기부상의 본점소재지를 기재하시고, 신분확인상 필요하오니 주민등록증을 꼭 지참하십시오.
5. <u>입찰가격은 수정할 수 없으므로, 수정을 요하는 때에는 새 용지를 사용</u>하십시오.
6. 대리인이 입찰하는 때에는 입찰자란에 본인과 대리인의 인적사항 및 본인과의 관계 등을 모두 기재하는 외에 본인의 <u>위임장(입찰표 뒷면을 사용)</u>과 인감증명을 제출하십시오.

7. 위임장, 인감증명 및 자격증명서는 이 입찰표에 첨부하십시오.
8. 일단 제출된 입찰표는 취소, 변경이나 교환이 불가능합니다.
9. 공동으로 입찰하는 경우에는 공동입찰신고서를 입찰표와 함께 제출하되, 입찰표의 본인란에는 "별첨 공동입찰자목록 기재와 같음"이라고 기재한 다음, 입찰표와 공동입찰신고서 사이에는 공동입찰자 전원이 간인 하십시오.
10. 입찰자 본인 또는 대리인 누구나 보증을 반환 받을 수 있습니다.
11. 보증의 제공방법(현금 · 자기앞수표 또는 보증서)중 하나를 선택하여 ☑표를 기재하십시오.

제 3 절 입찰표 작성 및 투함

입찰에 참가하고자 하는 자는 사전에 현황조사 등을 통해 대상물건에 대해 법률적 · 사실적 제한요소를 충분히 확인하여야 한다. 또한 입찰당일에도 해당 물건에 대하여 등기부를 열람하고 경매법정에 미리 도착하여 취소나 변경 등의 여부를 확인하여야 한다. 일반적으로 등기부, 물건명세서, 현황조사서, 감정평가서 등을 확인하여 문제가 없는 경우에 입찰에 참가하여야 한다.

입찰표 작성은 입찰표 기재대에서 하도록 되어 있는데, 보통은 자신이 편한 곳에서 작성하는 입찰자들이 많다.

그러나 이러한 경우 경매당일 분위기에 좌우되어 적정가격을 현저하게 초과한 금액으로 입찰에 참가할 가능성이 현저하다고 할 수 있다.

따라서 미리 입찰표 등을 준비하여 적정가를 확정하고, 매각기일에 등기부, 물건명세서, 현황조사서, 감정평가서 등을 확인하여 문제가 없는 경우 미리 준비한 입찰봉투를 투함하는 것이 오히려 안전할 수도 있다.

매수신청희망자는 매각기일 이전에 현장을 답사하여 물건의 입지나 외형, 사실적 권리관계,[78] 주변의 거래가액 등을 조사 · 탐문하여 적정가를 정하여 입찰표 등을 미리 작성하고, 매각기일 변동사항을 확인하여 문제가 없다면 입찰에 응하는 것이 현명하다 할 것이다.

입찰표에는 사건번호, 물건번호, 입찰자성명, 주민등록번호, 주소, 입찰가액, 보증금액 등을 정확하게 기재하여야 하고 입찰에 떨어졌을 때, 보증금을 돌려받을

78) 사실적 권리관계라 함은 법원의 현황조사와는 달리 실제 임차인의 점유여부나 타인 토지의 점유 및 타인에 의한 대상물의 점유 등을 탐문을 통해 확인하는 것이라 설명할 수 있다.

때 서명하는 보증금반환란은 비워두어야 한다.

1. 사건번호

각 경매물건마다 부여한 고유의 일련번호이다. 예를 들면 '2010타경1234'라고 되어 있고 여기서 '타경'은 특별한 의미가 있는 것이 아니고 법원의 사건분류기호로서 경매사건의 분류기호이다.

따라서 '2010타경1234'는 2010년도에 신청된 경매사건이라는 뜻이다. 입찰표에 정확하게 기재하여야 한다.

2. 물건번호

하나의 사건번호에 둘 이상의 물건이 경매 진행되는 경우가 있다. 이는 둘 이상의 물건이 공동담보로 제공된 경우라 할 수 있다, 이 경우 사건번호 외에 경매물건을 특정하기 위하여 물건번호를 부여한다. 개별경매사건에서는 사건번호 외에 물건번호를 반드시 기재하여야 한다. 이때 물건번호가 바뀌지 않도록 각별히 주의하여야 한다. 통상 '2010-1234(3)' 표시되는데 2010-1234는 사건번호이고 (3)은 물건번호이다.[79]

각각의 물건번호마다 응찰하려고 하는 경우에는 한 장의 입찰표 물건번호란에 응찰하고자 하는 모든 물건번호를 기재하는 것이 아니고 물건번호마다 각각의 입찰표를 작성하여야 한다.

3. 인적사항의 기재

집행관은 주민등록증, 기타 신분을 증명하는 서면이나 대리권을 증명하는 서면에 의하여 매수신청인이 본인인지 여부, 행위능력 또는 정당한 대리권이 있는지

79) 최근 경매정보를 제공하는 유료사이트를 맹신하고 여기에서 제공되는 사진 등을 참고하여 입찰에 참가하는 경우가 많이 있다. 그러나 일괄경매와는 달리 개별경매의 경우에는 주의하여야 한다. 어차피 여기에서 제공되고 있는 사진이라는 것이 그러한 정보업체에서 촬영하거나 조사한 것이 아니라 법원의 자료를 그대로 올려놓은 것에 불과한 것이라 개별경매의 경우 물건번호 몇 번에 해당하는 것인지 정확히 지정하는 경우는 드문 일이다. 따라서 물건번호가 있는 개별경매의 경우보다 정확한 확인을 요구한다.

여부를 확인한다.

입찰자는 권리능력과 행위능력이 있어야 한다. 행위무능력자는 법정대리인에 의해서만 입찰에 참가할 수 있다.

또한 입찰부동산이 일정한 자격을 가진 자만이 취득할 수 있는 것인 때에는 그 자격이 있어야 한다. 특히 관청의 증명 또는 허가가 필요한 경우에는 그 증명이나 허가서를 매각결정기일까지 제출하여야 한다(예: 농지취득자격증명, 어업권 이전인가 등). 이를 미제출하였을 경우 법원은 직권으로 매각불허가결정을 한다.80)

1) 본인이 응찰하는 경우

본인의 성명과 주민등록번호, 주소를 기재한 후 도장을 날인한다. 반드시 인감도장일 필요는 없고 소위 '막도장'이라도 관계없다.

누구의 도움 없이 스스로 매각절차에 참여하는 것이 쉬운 일은 아니다. 그러나 항상 당당하고 차분하게 절차에 임하는 것이 중요하다.

흔히 자신의 소유물이 매각대상물이 된 경우에 비로소 법원경매법정을 찾는 것이 보통이다. 그러한 경우 당혹감과 긴장 때문에 냉정을 유지하기 힘들고, 소위 '초보'투자자들 또한 매각당일의 분위기 때문에 이리 저리 기웃거리다가 아무 소득 없이 집으로 돌아간다.

이러한 이유로 소위 '자칭 전문가'81)라는 이들을 찾는 경우가 많다. 분명한 것은 그들이 공인된 전문가인지 반드시 확인하기를 바란다. 설령 그들의 도움(?)으로 원하는 물건을 매수하는 행운(?)이 있더라도, 그 들의 배를 채운 비용과 매수가격을 합치면, 아마도 후회하게 될 것이다.

---

80) 한국자산관리공사, 앞의 책, 102면.

81) 소위 '우리 동네 경매전문가'라는 사람들은 경매법정의 무용담을 자랑스럽게 이야기하고, 매각기일에 초보들에게 접근하여 호기심을 자극하는 등 작업(?)을 하고, 근소한 차이로 매수에 성공했다는 등을 떠벌리고 다닌다. 그러다가 누군가 도움(?)을 요청하면 인간적인 친분을 쌓은 뒤, 경매법정으로 그를 유도하고, 의외의 비용이 필요하고 현장에 가서 미리 협의를 해야 된다는 등 그럴싸한 이유를 들어 계속적인 금전적인 요구를 하기 마련이다. 대부분의 경우 이들은 현실적인 요구로 경매에 임하려고 하는 이들을 이용하여 개인적인 부를 축척하려고 하는 "00꾼"들이다. 현행의 제도에 의하면 높은 비용을 부담하지 않고도 충분한 상담을 받을 수 있고, 입찰에 참가할 수도 있다.

천천히 그리고 끊임없이 공부하고, 발품을 팔면 경매전문가가 따로 있는 것이 아님을 알게 될 것이다. 따라서 조언에 귀 기울이는 것도 중요하지만 반드시 확인하고 스스로 조사하는 것을 게을리하여서는 아니 된다.

2) 대리입찰의 경우

입찰표에 본인 및 대리인의 인적사항을 모두 기재하고 대리인의 도장을 대리인 인적사항에 날인하면 된다. 대리입찰시에는 본인의 인감도장이 날인된 위임장과 인감증명을 입찰표에 첨부하여 제출하여야 한다. 즉 임의대리인에 의하여 매수신청을 할 수 있다. 대리입찰의 경우 집행관은 대리권의 유무를 확인한다. 이때 임의대리인의 자격은 변호사일 필요가 없고, 법원의 허가를 얻을 필요도 없다.[82]

3) 법인입찰의 경우

법인명의로 입찰에 참가하는 경우, 본인의 성명란에 법인명과 대표자 이름을, 주민등록번호란에는 법인등록번호를 기재하면 되고, 주소란에는 등기부상의 본점 소재지를 적어야 한다. 법인의 직원이 대리입찰하는 경우에는 본인란에 법인과 관련된 내용을 기재하고, 대리인란에 입찰참여하는 직원의 인적사항을 기재하며, 직원의 도장을 날인하면 된다.

중요한 것은 법인의 경우 대표자의 이름을 기재하지 아니하면 무효처리가 된다는 것을 알아야 한다.

4) 공동입찰을 할 경우

공동입찰이란 하나의 경매물건에 수인이 공동으로 입찰하는 것을 말한다. 다시 말해 여러 사람이 공유 또는 합유를 목적으로 공동하여 입찰신청하는 경우라 할 수 있다.

과거 공동입찰을 하기 위해서는 입찰기일 집행관으로부터 공동입찰에 대한 허가를 받아야 하며, 공동입찰자 상호간에 특별한 관계가 인정되는 경우에만 공동입찰허가를 받을 수 있었으나 현행법에서는 허가가 공동입찰신고로 바뀌고 공동

82) 대법원 1985.10.12. 85마613판결.

입찰자 상호간의 특별한 관계도 요구하지 않는다.

공동으로 입찰하는 경우 입찰표에 각자의 지분을 분명하게 표시하여야 한다. 그렇지 않을 경우 무효처리하여야 한다는 견해도 있지만, 실무에서는 이러한 경우 평등한 비율로 취득[83]하는 것으로 본다.

또한 공동입찰인의 각자의 입찰보증금 및 매각대금의 납부가 전부 이루어지지 않을 경우 전체에 대하여 재매각이 이루어진다.

83) 민법 제262조 제2항.

공 동 입 찰 신 고 서

○○지방법원 집행관 ○○○귀하

1. 사건번호: ○○○○ 타경 ○○○○ 호

2. 물건번호: ○ 번

위 사건에 관하여 공동입찰을 신고합니다.

신청인 ○○○○외 ○ 인 (별지목록 기재와 같음)

※ 주의

1. 공동입찰을 할 경우 입찰표에 각자의 지분을 명확하게 표시하여야 한다.
2. 공동입찰신고서와 별지목록 사이에는 공동입찰자 전원의 간인이 필요하다.

4. 입찰가액 및 보증금액

경매법정에서 가장 빈번하게 등장하는 실수 가운데 하나가 보증금과 입찰금액의 기재란을 바꾸어 기재하는 경우이다. 일응 그 금액이나 상황에 비추어 분명히 입찰자의 입찰금액을 예견할 수 있는 경우일지라도 실무에서는 이러한 것을 고려하지 않는다. 오로지 입찰가격란의 기재 금액에 의하여 최고가매수신고인을 확정할 뿐이다.[84)]

입찰액은 매각기일 당일 법관이 공고한 최저매각가격 이상으로 하여야 한다. 예를 들어 최저매각가격이 1억원이라면 최소 1억원 이상을 입찰가액으로 표시하여야 하며, 보증금액은 최저매각가액의 10%, 재매각의 경우 20% 내지 30%가 되어 이에 해당하는 금액만큼 기재하여야 한다.

입찰보증금과 관련 재매각의 경우 입찰 전에 반드시 재매각 보증금을 확인해 보는 것이 중요하다.

법원 경매는 말 그대로 경쟁매각이다. 따라서 높은 가격으로 응찰하면 누구나 대상물건의 소유자가 될 수 있다. 그러나 터무니없는 높은 가격으로 응찰하는 것은 법원경매의 최대 장점이라고 할 수 있는 "저렴한 가격의 부동산 취득"이 가능한 영역이라는 것이 의미가 없다고 할 수 있다.

매수가격은 최고가를 의미하는 것이 아니다. 평가가액이 반드시 시가와 일치하는 것도 아니다. 단지 참고할 만한 가격에 불과하다. 입찰가는 스스로 적정한 가격을 정하는 것이며, 따라서 미래의 가치를 기준으로 혹은 활용능력에 따라 천차만별일 수 있다.[85)]

5. 입찰표 작성시 주의사항

입찰표를 투함하거나 현장에서 작성하기 전 매수희망자는 자신의 매수대상물

84) 최동홍, 앞의 책, 89면.

85) 단독입찰의 경우 입찰 참가시기를 잘 맞추지 못했다거나, 평가가액보다 월등히 높은 가액으로 매수 신청하는 경우 '묻지마 경매'라는 등 비판하는 경우가 있는데, 우스운 일이다. 부동산은 객관적인 가치뿐만 아니라 누가 소유하는가에 따라 얼마든 가치가 높아질 수 있다는 것을 잊어서는 아니 된다.

건과 관련하여 경매법정에 있는 게시판을 확인하여야 한다. 이 게시판에는 통상적으로 경매자체가 취하되거나 취소가 된 경우, 입찰기일이 변경되거나 연기되어 당일 진행되지 않는 경매사건이 표시되어 있다.

사건번호는 반드시 확인하고 기재하여야 하며 잘못 기재할 경우 전혀 다른 경매물건을 낙찰받게 되는 수가 있으므로 주의해야 한다.

입찰금액은 수정이 불가능하므로 기재를 잘못한 경우에는 다른 입찰표를 사용하여야 한다. 소위 '수정테이프나 수정액의 사용'이나 붉은색으로 선을 긋고 인장을 찍는 방법은 허용되지 않는다.

여러 개의 부동산이 개별입찰로 진행되는 경우 한 장의 입찰표에 여러 개의 부동산을 일괄하여 입찰가액의 총액만을 기입하면 무효 처리된다. 즉 사건번호만을 기재하고 그 물건의 입찰금액의 총액을 기재하는 것은 무효에 해당한다.

같은 사건번호 속에 여러 개의 물건이 있을 때에는 물건번호별로 매수가격을 각각 기재하여 제출하여야 한다.

입찰보증금은 특별매각조건이 아닌 경우 최저매각가격의 1/10을 초과하는 경우는 보증금으로 인정해 준다. 그러나 보증금액이 1/10 미만이거나 금액을 적게 기재한 경우 무효 처리된다.

공동입찰일 경우에는 입찰자 상호간의 지분을 분명히 기재한 공동입찰신고서를 입찰표 제출 전에 미리 제출하여 집행관에게 신고를 해야 한다. 입찰표에 공동입찰자간의 지분의 표시가 없는 경우 실무에서는 같은 비율로 취득하는 것으로 본다. 또한 공동입찰자 중 일부에 대하여 매각불허가 사유가 있으면, 전체에 대하여 불허가 결정이 된다.

입찰봉투는 입찰표와 마찬가지로 입찰하고자 하는 물건마다 1개를 사용한다. 수취증은 보증금을 돌려받을 때 반환하는 것이므로 잃어버리지 않도록 주의한다. 또한, 일단 투함한 후에는 취소, 변경, 교환이 불가능하다.

6. 입찰봉투의 작성과 투함(현금에 의한 매수신청보증)

1) 매수신청 보증금봉투

매수신청 보증금봉투(백색의 작은 봉투) 앞면에 사건번호, 물건번호를 기재하고 제출자란은 본인 성명을 기재하고 날인하며, 대리입찰의 경우는 대리인의 성명을 기재하고 날인한다. 입찰보증금봉투에 날인해야 한다.

보증금봉투는 통상의 규격봉투와 크기가 비슷하며, 앞면에는 '법원 매수신청보증봉투'라는 문구가 인쇄되어 있고, 사건번호와 물건번호 및 제출자 표시란이 동시에 인쇄되어 있다. 또한 뒷면에는 봉투의 양끝과 중앙에 날인의 표시가 있다.

보증금봉투 속에는 현금 또는 자기앞수표를 입찰표상 보증금액만큼 넣되, 자기앞수표는 이면에 사건번호를 기재하고 입찰자의 날인을 하여 넣는다. 경매진행의 신속성이나 안전을 위해서 가급적 자기앞수표를 사용하는 것이 좋다.[86]

2) 입찰봉투

입찰표와 입찰보증금봉투를 입찰봉투(황색 큰 봉투)에 넣은 후 앞부분이 속으로 들어가게 하여 반으로 접은 후 입찰봉투의 앞면에는 사건번호, 물건번호 및 입찰자의 성명을 기재하고 입찰봉투 뒷면의 날인표시가 있는 곳에 날인한다.

입찰봉투에는 앞면 하단에 "1. 매수신청보증봉투와 입찰표를 넣고 호치키스로 봉하십시오. 2. 입찰자용 수취증의 절취선에 집행관의 날인을 받으십시오. 3. 사건번호를 타인이 볼 수 없도록 접어서 입찰함에 넣으십시오."라고 친절하게 기록되어 있다. '입찰자용 수취증'이라 기재된 부분에는 "이 부분을 절취하여 보관하다가 매수신청보증을 반환 받을 때 제출하십시오. 분실시에는 매수신청보증을 반환받지 못할 수가 있으니 주의 하십시오"라고 친절히 설명하고 있다.

3) 입찰함에 투함

입찰봉투를 입찰함에 투입하기 전에 앞서 집행관에게 제출하여 입찰봉투에 일련번호를 부여받고 입찰자용 수취증의 절취선에 집행관의 날인을 받아 입찰봉투

86) 최문진, 앞의 책, 33면.

로부터 입찰자용 수취증을 떼어 내 잘 보관해야 하는데, 이는 입찰에서 떨어졌을 경우에 보증금을 반환받을 때 집행관에게 제출해야 하기 때문이다.

입찰봉투가 입찰함에 투입된 후에는 입찰을 취소·변경 또는 교환할 수 없다.

입찰표에 정하여진 보증이 제공되어 있는지의 여부는 개찰 후 집행관이 확인하게 되며, 개찰 결과 적법한 보증이 제공되어 있지 아니한 경우에는 그 입찰은 무효로 처리된다.

참고로 보증서에 의한 매수신청보증은 보증서를 매수신청보증봉투(흰색 작은 봉투)에 넣지 않고 기일입찰표와 함께 기일입찰봉투(황색 큰 봉투)에 함께 넣어 봉하여 날인한 후 입찰자용 수취증 절취선상에 집행관의 날인을 받고 집행관의 면전에서 입찰자용 수취증을 떼어내 따로 보관하고 기일입찰봉투를 입찰함에 투입하는 방식으로 한다.

▶입찰의 무효사유

- 입찰표상의 금액의 기재를 수정한 경우
- 입찰보증금이 부족한 경우
- 동일사건에 관하여 입찰자이면서 다른 입찰자의 대리인이 된 경우
- 동일물건에 관하여 이해관계가 다른 2인 이상의 대리인이 된 경우
- 자격증명서면을 제출하지 않은 경우
- 한 장의 입찰표에 여러 개의 사건번호나 물건번호를 기재한 경우
- 채무자, 매각절차에 관한 집행관이나 매각부동산을 평가한 감정인 또는 재매각절차에서 전의 매수인이 응찰한 경우
- 입찰가격이 최저매각가격 미만인 경우

제 4 절 입찰의 마감 및 최고가 매수신고인 결정

입찰을 마감하면 개찰을 위한 준비로 입찰봉투를 사건번호 순서대로 정리하기 위해 일정한 시간을 소요하고 곧바로 개찰에 들어간다.

집행관은 입찰표 개봉시에 입찰을 한 사람을 참여시켜야 하며, 입찰을 한 사람이 참여하지 아니한 때에는 법원사무관 등 적당하다고 인정하는 사람을 대신 참

여시켜야 한다.[87] 개찰 결과 최고의 가격으로 응찰하고 정해진 매수신청의 보증을 제출한 자로 판명된 자를 최고가매수신고인으로 결정한다.

1. 최고가매수신고인 결정

사건번호 순서에 의해 사건번호별로 정리한 다음 그 중 최고가매수신고 대상자는 서류 확인과 입찰보증금 확인 및 현금 확인을 하고 하자가 없을 때 최고가매수신고인으로 즉석에서 성명과 입찰금액을 호창함으로써 최고가매수신고인을 결정하게 된다.

기타 후순위의 입찰자는 영수인란에 기명날인하고 입찰용 수취증과 교환하여 입찰보증금이 들어 있는 입찰봉투를 돌려받는다.

최고가매수신고인은 사건번호별로 작성하는 입찰조서와 법원보관금납부명령서에 기명날인하고, 입찰보증금 영수증을 교부받는다.

2. 최고가매수신고인이 2인 이상인 경우

하나의 입찰물건에 동일한 최고가격으로 입찰한 자가 2인 이상인 경우 그 자들을 대상으로 추가입찰을 실시하며, 추가입찰 결과 또다시 동일한 가격이 제시되었거나 모두 추가입찰에 응하지 아니하면 그들 중에서 추첨에 의해 최고가매수신고인을 결정한다.

추가입찰시에는 처음 입찰가격보다 적은 금액으로 응찰할 수 없다. 추가입찰시 증액되는 보증금은 증액되는 차액만 제출하면 된다.

3. 차순위 매수신고제도

1) 차순위 매수신고

매각기일에 최고가매수신고인으로 결정된 자가 대금을 납부하지 않을 경우 재매각 등의 절차를 다시 되풀이하여야 한다. 이는 절차의 지연과 동시에 비용의 낭비를 초래할 수밖에 없다.

---

87) 민사소송규칙 제65조 제2항.

차순위매수신고제도를 도입한 이유는 절차의 지연과 비용낭비를 막기 위해 재매각절차를 거치지 아니하고 매각절차를 속행할 수 있다는 것에 의의가 있다. 즉, 매각기일에 응찰한 자 중에서 최고가매수신고인 이외의 입찰자가 차순위매수신고를 할 수 있으며 차순위매수신고가 있게 되면 만일 최고가 매수신고인이 매각허가를 받지 못하거나 또는 매각허가를 받았다 하더라도 낙찰대금을 납부하지 못한 경우에 재매각을 진행하지 않고 차순위매수신고인에게 매각허가 결정을 하고 대금을 납부케 하는 제도이다.

2) 차순위 매수신고방법

차순위매수신고 자격이 있는 자는 최고가매수신고액에서 그 보증액(최저매각가격의 10분의 1 또는 10분의 2 등)을 제외한 금액을 넘는 가격으로 입찰한 자이다. 예를 들어 최고가 매수신고인이 10억원에 응찰하여 최고가 매수신고인으로 결정된 경우에 그의 입찰가액 10억에서 보증금액 1억원을 제외한 9억원보다 높은 가격으로 응찰한 자들을 말한다.

집행관은 개찰시에 이러한 응찰자가 존재하는 경우에는 차순위 매수신고 여부를 구두로 최고하게 되는데 차순위매수신고의 자격을 갖춘 매수신고인은 매각기일을 마칠 때[88]까지 집행관에게 차순위매수신고를 할 수 있다.[89]

2인 이상이 차순위매수신고를 하게 되면 그 중 입찰가격이 높은 자를, 그들의 입찰가격이 동일하면 추첨에 의하여 차순위매수신고를 결정한다.

3) 차순위 매수신고의 효력

차순위매수신고인은 일단 신고하여 집행관에 의하여 호창된 이상 그 신고를 임의로 철회하지 못한다.

차순위매수신고를 하게 되면 이 신고자의 보증금도 최고가매수신고인의 보증

88) 최고가매수신고인을 결정하고 입찰을 종결하는 때에는 집행관은 "~사건에 관한 최고가매수신고인은 금000원으로 응찰한 00(주소)에 사는 000(이름)입니다. 차순위매수신고를 할 사람은 신고 신고하십시오"라고 한 후 있으면 차순위매수신고인을 정하여 "차순위매수신고인은 입찰가격 000원을 신고한 00(주소) 000(이름)입니다."라고 한 다음, "이로써 000호 사건에 관한 입찰절차가 종결되었습니다"라고 고지한다(최동홍, 앞의 책, 99면, 각주 21번.).

89) 민사집행법 제114조.

금과 함께 법원에 보관된다. 차순위매수신고인의 보증금은 최고가매수신고인이 낙찰대금을 납부할 때까지 그 반환을 요구할 수 없으며[90] 최고가매수신고인이 낙찰대금을 납부한 후에야 비로소 보증금을 반환받을 수 있다.

차순위매수신고인은 최고가매수신고인이 낙찰대금을 납부하지 않을 경우에 재매각 절차 없이 바로 매각대금을 납부함으로써 경매물건의 소유권을 취득할 수 있는데 만일 이 때 차순위매수신고인마저도 대금을 납부하지 않는다면 재매각에 부쳐지게 되고 이때는 그 재매각일 3일 전까지 최고가매수신고인이나 차순위매수신고인 중에서 아무나 먼저 매각대금 및 지연이자, 재매각절차비용 등을 납부하면 소유권을 취득하게 된다.

만일 매수신고가 있은 뒤 경매신청채권자가 경매신청을 취하하고자 하는 경우에는 최고가매수신고인 또는 매수인뿐만 아니라 차순위매수신고인의 동의도 받아야 그 효력이 생긴다.[91]

4. 공유자 우선매수신청

1) 제도의 취지

대법원은 공유자 우선매수권과 관련하여, 공유자는 공유물전체를 이용하고 관리하는데 있어서 다른 공유자와 협의하여야 하고,[92] 그 밖에 다른 공유자와 인적인 유대관계를 유지할 필요가 있기 때문에, 공유지분의 매각으로 인하여 새로운 사람이 공유자로 되는 것보다는 기존의 공유자에게 우선권을 부여하여 그 공유지분을 매수할 수 있는 기회를 주는 것이 타당하다고 판시[93]하여 제도의 의의를 밝히고 있다.[94]

---

90) 민사집행법 제137조 제2항.
91) 민사집행법 제93조 제2항.
92) 민법 제265조.
93) 대법원 2006.3.13 2005마 1078 결정.
94) 이 제도는 우리나라에 특유한 제도로서, 민사집행규칙에서 그 행사절차에 관한 규정을 신설하였다. 이는 호가경매, 기일입찰과 기간입찰 모두에 적용된다(신창용, 앞의 책, 379면; 한국자산관리공사, 앞의 책, 112면.).

2) 매각허가

공유물지분경매에서 공유자는 매각기일까지 매수신청의 보증을 제공하고 최고가매수신고인과 같은 가격으로 채무자의 지분을 우선매수하겠다는 신고를 할 수 있다. 이 경우 법원은 최고가매수신고가 있더라도 그 공유자에게 매각을 허가하여야 한다.[95]

이 경우 최고가매수신고인은 자신의 의사와는 무관하게 차순위매수신고인의 지위가 부여된다.[96] 따라서 보증금을 즉시 돌려받을 수 없다. 이 경우 최고가매수신고인은 집행관의 매각기일 종결 선언이 있기 전에 차순위매수신고인의 지위를 포기한다는 의사를 집행관에게 할 수 있다.

3) 우선매수권 행사 시한

공유자는 집행관이 최고가매수신고인의 성명과 가격을 부르고 매각의 종결을 고지하기 전까지 최고매수신고가격과 동일가격으로 매수할 것을 신고하고 즉시 보증을 제공하면 적법한 우선매수권의 행사가 될 수 있으나, 매각의 종결 후에는 위 매수권을 행사할 수 없다.

공유자우선매수의 시한과 관련하여 대법원은 공유자의 우선매수권은 일단 최고가매수신고인이 결정된 후에 공유자에게 그 가격으로 경락 내지 낙찰을 받을 수 있는 기회를 부여하는 제도이므로, 입찰의 경우에도 공유자의 우선매수신고 및 보증의 제공은 집행관이 입찰의 종결을 선언하기 전까지 가능하고, 입찰마감시간까지로 제한해야 하는 것은 아니다. 또한 공유자가 우선매수권을 행사한 경우, 최고가입찰자가 더 높은 가격을 제시할 수 없다고 판시하고 있다.[97]

따라서 공유자는 입찰 전에 미리 공유자우선매수신청을 할 이유가 전혀 없다고 할 수 있다. 공유자는 조용히 기다리다가 최고가매수인이 확인되면 그 때에 우선매수신고를 하는 것이 현명하다 할 수 있다.

---

95) 민사집행법 제140조.
96) 민사집행법 제140조 제4항.
97) 대법원 2004.10.14. 자2004마581.

4) 공유자의 우선매수신청은 있었지만 다른 매수신고인이 없는 경우의 처리

공유자가 민사집행법 제140조 제1항의 규정에 따른 우선매수신고를 하였으나 다른 매수신고인이 없는 때에는 최저매각가격을 민사집행법 제140조 제1항의 최고매수신고가격으로 보아, 우선매수를 인정한다.[98]

5) 공유물 분할 판결과 공유자우선매수

공유물분할판결에 기하여 공유물 전부를 경매에 붙여 그 매각대금을 분배하기 위한 현금화의 경우(공유물분할판결에 기한 공유물경매)에는 공유자의 우선 매수신청에 관한 규정이 적용되지 않는다.

98) 그러나 상당수 법원에서는 아직도 입찰불능 시(時) 우선매수권을 신고한 공유자에게 자동 유찰의 혜택을 주고 있다고 한다(황경진, 『부동산경매 권리분석과 실전 노하우』, 신아사, 2009, 586면.).

공유자 지분 우선매수신고서

- 사건번호: ○○○○ 타경○○○○(2)
- 채 권 자: 홍 길 동

  ○시(군, 구) ○동 ○번지 ○○○아파트 ○○○동 ○○○호
- 소 유 자 (공 유 자)

  ○시(군, 구) ○동 ○번지

위 사건에 관하여 공유자는 다음과 같이 민사집행법 제140조에 따라서 공유자 지분우선매수권행사를 신고합니다.

다 음

1. 우선매수신고대상 매각목적물

○○지방법원 ○○○○타경 ○○○호 부동산강제(임의)경매사건의 목적물 번호 제○번 토지 ○○ 시 ○○○동 ○○번지 대 ○○○㎡의 토지에 대한 지분

2. 위 항 목적물에 대하여 공유자 ○○○은 위 목적물에 대한(지분 %의) 공유자인 바, 최고매수신고가격과 동일한 가격으로 우선매수할 것을 신고합니다.

3. 보증의 선제공에 관하여 최고매수신고가격을 금 ○○○원으로 예상하고 민사소송법에 따라서 보증금으로 그 가격의 분의 에 해당하는 금 ○○○원의 현금 또는 자기앞수표를 집행관에게 ○○○년 ○○월 ○○일 보관하였습니다.

첨 부 서 류

1. 집행과보증금보관영수증 1통
1. 등기부등본 1통
1. 주민등록표등본 1통(공유자의 것)

년 월 일

우선매수신고인 공유자 (인)
연락처

지방법원 귀중

※ 공유자는 매각기일까지 신고할 수 있습니다.

제 4 장

매각허가결정 및 항고

제 1 절 매각허가결정

1. 매각결정기일

매각결정기일이란 집행법원이 매각기일의 종결 후 법원 내에서 매각허부의 결정에 관하여 이해관계인의 진술을 듣고 직권으로 법정의 이의사유가 있는지 여부를 조사한 후 매각허가 또는 불허가결정을 하는 기일이다.

매각결정기일은 매각일로부터 1주일 이내로 정하여야 한다.[99] 그러나 이 규정은 강행규정이 아니라 훈시규정에 불과하므로 1주 이후라도 위법은 아니다.[100] 또한, 매각결정기일은 미리 매각기일과 함께 정해져 공고되고 통지되므로(민사집행법 제104조) 이해관계인이나 매수신고인에게 따로 소환장을 발하지 않는다.

매각결정기일은 필요에 의해 연기가 가능한데 집행법원은 직권으로 매각기일 전에 매각기일과 함께 매각결정기일을 변경하거나 또는 매각실시 후에 매각결정기일 만을 변경할 수도 있고 매각결정기일을 개시한 후에 이를 연기할 수도 있다. 매각결정기일이 변경된 때에는 법원사무관등은 최고가매수신고인·차순위매수신고인 및 이해관계인에게 변경된 기일을 통지하여야 한다.

---

99) 민사집행법 제109조 제1항.
100) 한국자산관리공사, 앞의 책, 117면.

2. 매각허부결정 여부

통상적으로 경매법원은 매각기일로부터 7일 이내에 (일반적으로 매각기일로부터 7일 후) 최고가매수신고인에 대한 매각허부를 이해관계인의 진술을 서면이나 구두로 듣고 일정한 불허가 사유가 있는지 여부(법정이의사유)를 조사한 후에 직권으로 매각의 허가나 불허가 결정을 하게 된다.[101)]

매각허부결정은 선고한 때에 고지의 효력을 발생하므로 별도로 이해관계인에게 송달하지 않고 법원게시판 등에 게시한다.

3. 매각불허가사유

매각불허가의 결정이 있게 되면 매각기일의 최고가매수신고인 결정은 무효가 되며 다시 입찰절차를 진행한다. 매각불허가결정은 매각결정기일에 하여야 하며 불허가의 결정은 확정되어야 그 효력이 있다.[102)]

매각불허가결정은 법에서 정한 일정한 불허가사유에 해당되는 경우에 경매법원이 직권으로 불허가결정을 하는 경우와 이해관계인의 이의나 불허가신청이 있을 때 그것이 정당하다고 인정되는 경우에 불허가결정을 한다.

매각을 허가하지 아니한 결정이 확정된 때에는 매수인과 매각허가를 주장한 매수신고인은 매수에 관한 책임이 면제되므로 즉시 보증금반환청구권이 생긴다.

1) 이해관계인의 이의신청이 정당한 때[103)]

법원은 매각결정기일에 출석한 이해관계인에게 매각허가에 관한 의견을 진술하게 하여야 하고, 이의신청이 정당하다고 인정한 때에는 매각을 허가하지 아니한다.

101) 민사집행법 제120조, 제126조.
102) 민사집행법 제126조.
103) 민사집행법 제120조 제1항, 제123조 제1항.

2) 직권으로 매각불허가할 사유가 있을 때[104)]

이해관계인의 매각허가에 대한 이의가 없더라도 법원이 직권조사의 결과 민사집행법 제121조에 열거된 이의사유가 인정되는 때에는 직권으로 매각을 허가하지 아니한다. 다만, 매각기일 당시에 존재하였던 흠이 추후 매각허가결정여부의 재판시까지 보완된 경우에는 불허가결정을 하여서는 아니된다.

3) 과잉매각으로 되는 때

여러 개의 부동산을 매각하는 경우에 그 가운데 한 개의 부동산의 매각대금으로 모든 채권자의 채권액과 강제집행비용을 변제하기에 충분하면 다른 부동산의 매각을 허가하여서는 아니 된다.[105)] 이 경우에 채무자는 그 부동산 가운데 매각할 것을 지정할 수 있다.

그러나, 토지와 그 위의 건물을 일괄매각하는 경우나 재산을 분리하여 매각하면 그 경제적 효용이 현저하게 떨어지는 경우 또는 채무자의 동의가 있어 일괄매각결정을 한 경우에는 과잉매각금지규정이 적용되지 아니한다.[106)]

4) 집행정지결정 정본이 제출된 경우

매각기일 후 매각허가결정 선고 전에 집행법원에 집행정지결정 정본이 제출된 경우는 강제집행을 계속 진행할 수 없을 때(민사집행법 제121조 1호 후단)에 해당되어 매각불허가결정을 하여야 한다.

4. 매각허가결정에 대한 이의

매각허가에 대한 이의란 이해관계인이 일정한 사유에 기하여 매각허가 결정을 하여서는 아니 된다고 주장하는 진술을 말한다.

이의는 구두나 서면으로 할 수 있고 매각허가에 대한 이의에 대해 법원은 정당하다고 받아들일 경우 매각불허가 결정을 하고, 이를 받아들이지 않을 경우에

104) 민사집행법 제123조 제2항.
105) 민사집행법 제124조 제1항.
106) 민사집행법 제124조 제1항 단서, 제101조 제3항 단서.

는 매각허가결정을 한다.

매각허가에 관한 이의는 다음 각 호 가운데 어느 하나에 해당하는 이유가 있어야 신청할 수 있다(민사집행법 제121조).

1) 강제집행을 허가할 수 없거나 집행을 계속 진행할 수 없을 때

"강제집행을 허가할 수 없을 때"라 함은 강제집행의 요건과 그 절차의 요건, 경매신청의 요건에 흠결이 있는 경우라 할 수 있다.

"집행을 계속 진행할 수 없을 때"라 함은 집행의 정지 또는 취소사유가 있을 때,[107] 경매신청이 취하[108]된 것을 간과하고 매각기일을 진행한 후에 발견한 경우, 매각기일을 이해관계인에게 통지하지 아니한 경우 등을 예로 들 수 있다.

2) 최고가매수신고인이 부동산을 매수할 능력이나 자격이 없는 때
3) 부동산을 매수할 자격이 없는 사람이 최고가매수신고인을 내세워 매수신고를 한 때
4) 최고가매수신고인, 그 대리인 또는 최고가매수신고인을 내세워 매수신고를 한 사람이 제108조 각 호 가운데 어느 하나에 해당되는 때
5) 최저매각가격의 결정, 일괄매각의 결정 또는 매각물건명세서의 작성에 중대한 흠이 있는 때
6) 천재지변, 그 밖에 자기가 책임을 질 수 없는 사유로 부동산이 현저하게 훼손된 사실 또는 부동산에 관한 중대한 권리관계가 변동된 사실이 경매절차의 진행 중에 밝혀진 때
7) 경매절차에 그 밖의 중대한 잘못이 있는 때

매각허가에 대한 이의는 이해관계인은 자신의 권리에 관한 이유로 하여야 하고 타인의 권리에 관한 이유로 신청할 수 없다.[109] 그러나 채무자에 대한 경매개시결정 송달의 흠결이 있는 경우에는 다른 이해관계인도 매각허가결정에 대한 항고사유로 삼을 수 있으므로 매각허가에 대한 이의 사유에 해당된다.[110]

107) 민사집행법 제49조, 제50조.
108) 민사집행법 제49조.
109) 민사집행법 제122조.
110) 대법원 1991. 12. 16. 자91마239 결정.

5. 부동산의 훼손 · 권리의 변동 그리고 취소신청

매수가격의 신고 후에 천재지변, 그 밖에 자기가 책임질 수 없는 사유로 부동산이 현저하게 훼손된 사실 또는 부동산에 관한 중대한 권리관계가 변동된 경우 매각허가결정확정 전에는 최고가매수신고인은 매각허가에 대한 이의신청을 하거나 매각허가결정에 대한 항고를 할 수 있다.

또한, 매각허가결정확정 후 대금을 낼 때까지는 매수인은 매각허가결정의 취소신청을 할 수 있다.

매각허가결정단계에서 부동산의 현저한 훼손이나 중대한 권리관계의 변동을 간과하여 매각허가결정이 되고 매수인도 이를 모르고 즉시항고를 제기하지 않아 매각허가결정이 확정된 경우에는 민사집행법 제127조 제1항에 의하여 매각허가결정 취소신청을 할 수 있으며, 선순위 근저당권의 존재로 후순위 임차권의 대항력이 소멸하는 것으로 알고 부동산을 매수하였으나, 그 이후 근저당권의 소멸로 인하여 임차권의 대항력이 존속될 시 매수인은 매각허가결정의 취소신청을 할 수 있다.

6. 매각목적물의 하자와 담보책임[111)]

경매한 물건, 권리의 전부 또는 일부가 타인에게 속하거나 또는 수량부족이나 일부멸실, 제한물건이 있는 경우, 저당권 등이 행사된 경우 등으로 매수인이 완전한 권리를 취득할 수 없는 경우를 매각목적물의 하자라고 할 수 있다.

이러한 경우 매수인은 매수의 목적을 온전히 달성할 수 없다. 이러한 경우, 매수인은 채무자에 대하여 각 해당 조문이 규정하는 바에 따라 계약의 해제 또는 대금감액의 청구를 할 수 있다. 채무자가 무자력인 때는 매수인은 대금의 배당을 받은 채권자에 대하여 그 대금의 전부 또는 일부의 반환을 청구할 수 있다.

최고가매수신고인은 매각허가에 대한 이의신청을, 매수인은 대금을 납부할 때까지 매각허가결정의 취소신청을 할 수 있고, 대금납부 전인 때에는 집행법원에

111) 한국자산관리공사, 앞의 책, 123면.

대하여 매각허가결정에 의한 매매를 해제하여 납부한 대금의 반환을 청구할 수 있다.

매각허가에 대한 이의신청서

- 사건번호: ○○○○타경○○○○호
- 채무자(이의신청인)
  ○시 ○구 ○동 ○번지
- 채권자(상대방)
  ○시 ○구 ○동 ○번지

위 사건에 관한 매각허가에 대하여 다음과 같이 이의 신청합니다.

신 청 취 지

별지목록 기재 부동산에 대한 매각은 이를 불허한다.
라는 재판을 구함.

신 청 이 유

년 월 일

채무자(이의신청인) (인)
연락처

지방법원 귀중

▶유의사항

신청서에는 인지를 붙일 필요가 없고, 채권자(상대방)는 특정하지 않을 수도 있으며, 법원은 이 신청에 대하여 결정을 하지 아니할 수도 있다.

제 2 절 매각허부결정에 대한 항고

1. 항 고

항고[112]란 소송절차에 관한 신청을 기각한 결정이나 명령에 대하여 불복이 있는 경우에 제기할 수 있는 것이며, 경매절차에서의 항고란 경매법원의 매각허가·불허가결정에 대하여 불복하는 경우에 하는 것을 의미한다.

항고는 매각허가 또는 불허가 결정을 고지(선고한 때로부터 고지의 효력이 발생한다)한 때로부터 1주일 이내(불변기간)에 매각허부 결정을 한 원심법원인 경매법원에 제기하여야 한다. 즉 항고장을 원심법원에 제출하여야 한다.[113]

매각허가여부의 결정에 대한 불복방법으로서 즉시항고 외에 통상항고나 특별항고, 비송사건절차법에 의한 항고는 허용되지 않으며 집행에 관한 이의로 그 시정을 구할 수도 없다.

2. 항고와 집행정지의 효력

경매절차에 관한 재판에 대한 즉시항고에는 민사소송법의 즉시항고와는 달리 집행정지의 효력이 없다.

3. 항고권자

매각허가결정 또는 불허가결정에 의하여 손해를 받을 가능성이 있는 이해관계인이 항고권자이다.[114] 매각허가에 정당한 이유가 없거나 결정에 적은 것 외의

112) 항고는 통상항고와 즉시항고가 있다. 통상항고는 불복신청의 기간을 별도로 정함이 없이 원래의 판결을 제외한 원래의 결정과 명령에 대해 취소를 구할 실익이 있는 한 언제든지 제기할 수 있다. 이에 반해 즉시항고는 재판의 성질상 신속한 확정의 필요성이 있는 경우 불변기간으로서의 항고 기간을 두고 그 항고에 의하여 집행정지의 효력이 있는 항고를 말한다.

113) 민사집행법 第15조 第2항.

114) 민사집행법 第129조 第1항.

조건으로 허가하여야 한다고 주장하는 매수인 또는 매각허가를 주장하는 매수신고인도 즉시항고를 할 수 있다.[115)]

4. 항고장의 작성 및 접수

항고장에는 항고인, 원결정을 표시하고 그 결정에 불복하여 항고한다는 내용, 항고취지(원결정을 취소하고 다시 상당한 재판을 구합니다)를 기재하고, 민사집행법에 의해 모든 항고인의 항고이유서 제출이 의무화되어 있다. 따라서 항고장에 항고이유를 적지 아니한 때에는 항고인은 항고장을 제출한 날로부터 10일 이내에 항고이유서를 원심법원인 경매법원에 제출하여야[116)]만 항고장을 항고법원에 이관하게 된다.

만일 위 기간 내에 항고이유서를 제출하지 않는다면 원심법원인 경매법원은 결정으로 그 즉시항고를 각하하여야 한다. 항고장의 접수는 매각허부의 결정을 선고한 경매법원에 하면 된다.

5. 항고이유

1) 매각허가결정의 경우

매각허가결정에 대한 항고는 민사집행법 제121조에 규정한 매각허가에 대한 이의신청사유가 있다거나, 그 결정절차에 중대한 잘못이 있다는 것을 이유로 드는 때에만 할 수 있다(민사집행법 제130조 제1항). 다른 이해관계인의 권리에 관한 이유로 항고를 신청하지 못한다(민사집행법 제131조 제3항, 제122조).

2) 매각불허가결정의 경우

매각불허가결정에 대한 항고는 그 결정의 사유에 대하여 할 것이므로, 민사집행법(제96조, 제121조, 제123조, 제124조)에 규정한 매각불허가사유가 없음을 이유로 해야 하는 것은 아니다.

---

115) 민사집행법 제129조 제2항.
116) 민사집행법 제129조 제3항.

3) 재심사유가 있는 경우

민사소송법 제451조의 재심사유에 해당하는 경우도 매각허가 또는 불허가결정에 대한 항고의 이유로 삼을 수 있다(민사집행법 제130조 제2항).

4) 임의경매에서 실체상의 이유에 의한 항고

임의경매에 있어서 실체상의 하자가 민사집행법 제121조 1호의 강제집행을 허가할 수 없거나 집행을 계속 진행할 수 없을 때에 해당하는가에 관하여는 학설의 대립이 있으나 판례는 이를 긍정한다.[117] 그러나 매각허가결정에 대한 항고기각이 고지된 후의 저당채무 및 집행비용 변제는 적법한 재항고 이유가 되지 못한다.[118]

6. 항고보증금 공탁

모든 항고인은 항고시 낙찰가액의 10분의 1에 해당되는 현금이나 법원이 인정한 유가증권을 공탁하여야만 한다.[119] 만일 항고를 제기하면서 항고장에 보증금을 제공하였음을 증명하는 서류를 붙이지 아니한 때에는 원심법원인 경매법원은 항고장을 받은 날로부터 1주 이내에 결정으로 항고를 각하한다. 그리고 채무자나 소유자가 위의 공탁을 제공하고 항고한 경우에 항고가 기각된 때에는 항고인은 보증으로 제공된 금전이나 유가증권의 반환을 요구하지 못한다. 그 보증금은 나중에 배당할 금액(즉, 배당재단)에 산입된다.

채무자나 소유자 이외의 사람이 제기한 항고가 기각된 때에는 항고인은 보증으로 제공한 금전이나 유가증권을 현금화한 금액 가운데 항고한 날로부터 항고기각결정이 확정된 날까지의 매각대금에 대한 대법원 규칙이 정하는 이율에 의한 금액(보증으로 제공한 금전이나, 유가증권을 현금화한 금액을 한도로 한다)에 대하여는 반환을 요구할 수 없다.

---

117) 대법원 1980.9.14 80마166 결정, 대법원 1991.1.21 90마946 결정.

118) 대법원 1991.2.6. 90마898 결정, 대법원 1992.6.11 92마356 결정.

119) 민사집행법 제130조 제3항. 이는 항고를 남용하여 절차를 지연시키는 것을 방지하기 위한 것이다. 여기서 법원이 인정한 유가증권이란 미리 법원에 유가증권 지정신청을 하여 법원으로부터 지정을 받은 것을 말한다(한국자산관리공사, 앞의 책, 125면.).

그러나 항고가 이유 있다고 받아들여져 매각허가결정이 취소되거나, 추후 경매신청이 취하되었을 경우 또는 기타의 사유로 경매절차가 취소된 때에는 항고인은 공탁한 보증금을 반환받을 수 있다.

6. 항고에 대한 판단

1) 원심법원

원심법원인 경매법원이 항고가 이유 있다고 인정하는 때에는 매각허부결정에 대한 취소 또는 변경 등의 경정결정을 할 수 있다. 항고가 이유 없다고 인정되는 때에는 원심법원의 의견서를 붙여서 사건기록을 항고심을 위하여 항고법원으로 보내게 된다.

2) 항고심

항고법원은 항고인의 항고가 부적법한 경우에는 각하를 하고, 항고가 이유 없는 경우에는 기각을 시키며, 항고가 이유 있어 원심법원인 경매법원의 결정을 변경 또는 파기하는 경우에는 인용결정을 하게 된다.

3) 재항고

항고인의 항고가 항고심에서 기각되면 항고인은 민사소송절차에 의한 재항고를 할 수 있다.

7. 매각허가결정의 확정

매각허가결정은 항고기간이 도과된 때, 항고에 대한 각하·기각결정이 확정된 때, 항고 각하·기각결정에 대한 재항고가 기각된 때에 확정되고, 매각허가결정이 확정되면 매수인의 대금지급의무가 발생하게 된다.

항 고 장

- 사건번호: ○○○○타경○○○○호 부동산 임의(강제)경매

- 항고인 (채무자): ○ ○ ○ 연락처
  ○시 ○구 ○동 ○번지

위 사건에 관한 귀원의 ○○○○년 ○○월 ○○일의 결정은 ○○○○년 ○○월 ○○일 그 송달을 받았습니다. 그러나 전부에 대하여 불복하므로 항고를 제기합니다.

항 고 취 지

원 결정을 취소하고 다시 상당한 재판을 구합니다.

항 고 이 유

첨 부 서 류

년 월 일

위 항고인 (인)

지방법원 귀중

제 3 절 관련 판례

1. "유찰시 최저경매가를 10%씩 저감한 것에 대한 낙찰허가결정이 위법하지 않다."

대법원 1997.4.24, 96마1929 결정: 경매법원은 경매절차의 진행과 각 이해관계인의 이해를 비교·교량하여 자유재량에 의하여 최저경매가격 저감의 정도를 정할 수 있는 것인바, 경매 목적물의 규모와 그 감정평가액, 이해관계인의 이해 등 여러 사정에 비추어 경매법원이 매 입찰불능시마다 최저경매가격을 10%씩 저감한 것에 위법이 있다고 볼 수 없다.

2. "낙찰허가결정 후 대금납부 전에 대위변제로 인해 후순위 임차인을 인수하게 되는 경우의 낙찰자의 구제방법은 낙찰허가결정의 취소 신청이다."

대법원 1998.8.24, 98마1031 결정: 선순위 근저당권의 존재로 후순위 임차권의 대항력이 소멸하는 것으로 알고 부동산을 낙찰받았으나, 그 이후 선순위 근저당권의 소멸로 인하여 임차권의 대항력이 존속하는 것으로 변경됨으로써 낙찰부동산의 부담이 현저히 증가하는 경우에는 낙찰인으로서는 민사소송법 제639조 제1항의 유추적용에 의하여 낙찰허가결정의 취소신청을 할 수 있다

3. "공동소유의 경우에 공동소유자 중 일부 소유자의 지분을 경매시에는 다른 공유자에게는 입찰기일과 낙찰기일을 통지하여야 한다."

대법원 1998 3.4, 97마962 결정: 경매법원은 공유물의 지분을 경매함에 있어 다른 공유자에게 경매기일과 경락기일을 통지하여야 하므로 경매부동산의 다른 공유자들이 그 경매기일을 통지받지 못한 경우에는 이해관계인으로서 그 절차상의 하자를 들어 항고를 할 수 있다.

4. "주택임차인이 그 권리 신고를 하기 전에 임차목적물에 대한 경매절차의 진행사실에 관한 통지를 받지 못한 경우에 낙찰허가결정에 대한 불복사유가 될 수 없다."

대법원 2000.1.31, 99마7663 결정: 주택임대차보호법상의 대항요건을 갖춘 임차인이라 하더라도 낙찰허가결정이 있을 때까지 경매법원에 스스로 권리를 증명하여 신고하여야만 경매절차에 있어서 이해관계인으로 되는 것이고, 대법원예규에 의한 경매절차 진행사실의 주택임차인에 대한 통지는 법률상 규정된 의무가 아니라 당사자의 편의를 위하여 주택임차인에게 임차 목적물에 대하여 경매절차가 진행 중인 사실과 소액임차권자나 확정일자부 임차권자라도 배당요구를 하여야 우선변제를 받을 수 있다는 내용을 안내하여 주는 것일 뿐이므로 임차인이 그 권리신고를 하기 전에 임차 목적물에 대한 경매절차의 진행사실에 관한 통지를 받지 못하였다고 하더라도 이는 낙찰허가결정에 대한 불복사유가 될 수 없다.

5. "경매법원이 이해관계인에게 입찰기일을 통지함에 있어서 최저입찰가격을 잘못 통지한 경우에 낙찰허가결정이 선고되었다 하더라도 그러한 사유로 낙찰허가결정에 대한 취소사유가 되지 않는다."

대법원 1999.7.22, 99마2906 결정: 민사소송법 제663조 제2항, 제617조 제2항에서 입찰절자의 이해관계인에게 입찰기일과 낙찰기일을 통지하도록 규정하고 있는 취지는, 입찰절차의 이해관계인은 입찰기일에 출석하여 목적 부동산이 지나치게 저렴하게 매각되는 것을 방지하기 위하여 필요한 조치를 취할 수도 있고, 채무자를 제외하고는 스스로 매수신청을 하는 등 누구에게 얼마나 매각되느냐에 대하여 직접적인 이해관계를 가지고 있을 뿐 아니라, 입찰기일에 출석하여 의견진술을 할 수 있는 권리가 있는 이해관계를 가진 사람들이므로, 입찰기일과 낙찰기일을 공고만으로 고지하는 것은 충분하지 못하다는 점을 고려하여, 개별적으로 이러한 기일에 관하여 통지 없이는 강제집행을 적법하게 속행할 수 없고, 이러한 통지를 게을리하거나 통지의 내용에 하자가 있는 경우에는 경락에 대한 이의사유가 되는 것이지만, 경매법원이 이해관계인에게 통지할 의무가 있는 사항은 입찰기일과 낙찰기일에 관한 것에 한하고 최저입찰가격은 통지의무가 있는 사항이 아니므로, 당사자의 편의를 위해 통지하여 주는 것에 지나지 않는 최저입찰가격을 착오로 잘못 통지하였다고 하여도 낙찰을 허가한 경매법원의 결정을 취소할 만한 사유가 될 수 없다.

6. "입찰물건명세서나 집행관의 임대차조사보고서에 선순위 임차인의 주민등록에 대한 기재가 누락되어 있다면 낙찰불허사유에 해당한다."

대법원 1995.11.22, 95마1197 결정: 민사소송법 제603조의 2 및 제617조의 2의 규정취지는 입찰대상 부동산의 현황을 되도록 정확히 파악하여 일반인에게 그 현황과 권리관계를 공시함으로써, 매수희망자가 입찰대상 물건에 필요한 정보를 쉽게 얻을 수 있게 하여 예측하지 못한 손해를 입는 것을 방지하고자 함에 있다. 따라서 선순위 임차인의 주민등록에 대한 기재가 누락된 집달관의 임대차조사보고서 및 입찰물건명세서의 하자는 낙찰불허가사유가 된다.

7. "실제면적이 1,507m²인 부동산을 15.7m²로 잘못 표시해 입찰기일 공고를 한 경우와 같이 경매법원의 잘못으로 입찰기일공고가 법률의 규정에 위반한 경우에 경매법원은 직권으로 낙찰불허가결정을 할 수 있다."

대법원 1999.10.12, 99마4157 결정: 민사소송법 제635조 제2항, 제633조 제5호는 경매기일공고가 법률의 규정에 위반한 때에는 직권으로 경락을 허가하지 아니한다고 규정하고 있을 뿐 위반의 원인이 경매법원의 잘못 때문인지, 이해관계인의 잘못 때문인지에 따라 이를 달리 규정하고 있는 것은 아니므로 경매법원의 잘못으로 경매기일공고가 법률의 규정에 위반한 때에도 직권으로 경락을 허가하지 아니하여야 하고 따라서 그 규정에 따라 낙찰을 허가하지 않은 입찰법원의 결정이 신의칙 위반은 아니다.

8. "최고가 매수신고인의 성명과 가격을 호창하지 아니하고 경매를 종결한 경우에는 항고를 할 수 있다."

대법원 1981.6.9, 80사8 판결: 부동산경매에 있어서 집달관이 최고가경매인의 성명과 그 가격을 호창하지 않고 경매의 종결을 고지한 경우에는 경락허가결정에 대한 항고사유가 된다.

9. "임차인이 즉시항고할 수 있는 이해관계인에 해당되기 위한 요건 - 낙찰허가일 전까지 권리신고를 해야 한다."

대법원 1999.8.26. 99마3792 결정: 민사소송법 제607조 제4호 소정의 이해관계인이라고 하여 경락허가결정이나 낙찰허가결정에 대하여 즉시항고를 제기하기 위하여는 경락허가결정이나 낙찰허가결정이 있을 때까지 그러한 사실을 증명하여야 하고, 경락허가결정이나 낙찰허가결정이 있은 후에 그에 대하여 즉시항고를 하면서 그러한 사실을 증명한 자는 그 제4호 소정의 이해관계인이라고 할 수 없으므로 그 즉시항고는 부적법한 바, 주택임대차보호법상의 대항요건을 갖춘 임대인이 경매목적 부동산 위의 권리권자라고 하더라도 그러한 사실만으로 당연히 이해관계인이 되는 것이 아니고 경매법원에 스스로 그 권리를 증명하여 신고하여야 비로소 이해관계인으로 되는 것으로서, 그와 같은 권리신고는 자기의 책임으로 스스로 하여야 하는 것이므로, 집행관의 현황조사의 결과 임차인으로 조사·보고되어 있는지 여부와는 관계없이 스스로 집행법원에 권리를 증명하여 신고하지 아니한 이상 이해관계인이 될 수 없으며, 대법원송무예규(송민98-6)에 의한 경매절차 진행사실의 주택임차인에 대한 통지는 법률상 규정된 의무가 아니라 당사자의 편의를 위하여 주택임차인에게 임차목적물에 대하여 경매절차가 진행 중인 사실과 소액임차권자나 확정일자 부 임차권자라도 배당요구를 하여야 우선 변제를 받을 수 있다는 내용을 안내하여 주는 것일 뿐이므로, 임차인이 위와 같은 통지를 받지 못하였다고 하더라도 경락허가결정이나 낙찰허가결정 이후에 권리신고를 한 경우에는 경락허가결정이나 낙찰허가결정에 항고를 제기할 수 있다는 정당한 이해관계인이 될 수 없다

제 5 장

대금납부와 소유권 이전

제 1 절　대금납부

매수인은 매각허가결정 확정후 법원이 정한 기한(매각허가결정확정일 또는 상소법원으로부터 기록송부를 받은 날부터 1월 안)까지 언제든지 매각대금을 지급하고 소유권을 취득할 수 있다.[120)]

매각허가결정 후 통상 1주일 이내에 이해관계인이 항고를 하지 않는다면 매각허가결정이 확정되고 낙찰허가결정이 확정되면 경매법원은 대금지급 기한을 정하여 최고가매수신고인 및 차순위매수신고인에게 통지하게 된다.

만일 이해관계인의 항고가 있는 경우에는 그 항고가 기각되어 사건기록이 경매법원으로 돌아온 후에 대금지급기한을 정하게 된다.

대금지급기한은 사유발생일로부터 3일 안에 연, 월, 일 및 시까지 정하여 매수인에게 통지하여야 한다.[121)] 매수인은 대금지급기한까지 지정된 장소에 출두하여 매각대금 전액을 현금 또는 금융기관 발행의 자기앞수표로 법원에 납부하여야 한다.[122)]

매수신청의 보증으로 금전이 제공된 경우에 그 금전은 매각대금으로 산입된다

120) 민사집행법 제142조 제2항; 민사집행규칙 제78조.
121) 최동홍, 앞의 책, 111면.
122) 민사집행법 제142조 제2항.

(민사집행법 제142조 제3항). 매수신청의 보증으로 금전 외의 것이 제공된 경우로서 매수인이 매각대금 중 보증액을 뺀 나머지 금액만을 낸 때에는 법원은 보증을 현금화하여 그 비용을 뺀 금액을 보증액에 해당하는 매각대금 및 이에 대한 지연이자에 충당하고 모자라는 금액이 있으면 다시 대금지급기한을 정하여 매수인으로 하여금 내게 한다(민사집행법 제142조 제2항).

매수신청의 보증으로 제공된 것이 유가증권인 때에는 법원은 집행관에게 현금화하게 하여 그 비용을 뺀 금액을 배당할 금액에 산입하여야 한다. 이 경우 현금화비용은 보증을 제공한 사람이 부담한다(민사집행규칙 제80조 제1항). 현금화의 방법은 민사집행법 제210조 내지 212조의 규정을 준용하여 유체동산집행방법으로 하며, 현금화를 마친 후에는 바로 그 대금을 법원에 제출하여야 한다(민사집행규칙 제80조 제3항 제4항).

▶법원 경매계의 매각대금 납부 절차

1. 매수인은 담당경매계에서 납부명령서를 수령한다.
2. 매수인은 납부명령서를 가지고 총무과 보관금접수계에 납부명령서를 제출한다.
3. 보관금접수계에서 법원보관금납부서를 교부받아 구내은행을 방문한다.
4. 법원 구내은행에서 납부명령서와 함께 매각대금을 납부한다.
5. 구내은행은 매각대금을 납부받고 매수인에게 법원보관금 영수증을 발급한다.
6. 대금완납증명원 2부를 작성하여 법원보관금 영수증과 함께 경매계에 제출한다.
7. 담당경매계에서 매각대금완납증명원을 1부 교부받고 시청 등에서 소유권이전에 필요한 첨부서류 등을 준비한다.

1. 대금납부의 효력

1) 소유권취득

최고가매수신고인은 매각대금납부와 동시에 소유권이전등기 여부와 관계없이 대상부동산의 소유권을 취득하게 된다. 소유권이전등기는 낙찰자가 낙찰대금을 납부한 후에 법원에 소유권이전등기에 필요한 서류를 갖추어 신청하면 경매법원이 등기소에 소유권이전등기를 촉탁하게 된다.

낙찰대금을 납부함과 동시에 소유권을 취득하지만 소유권이전등기 없이는 처분할 수 없다. 매수인은 법률의 규정[123]에 의하여 소유권을 취득하게 되며, 판례에 의하면 경매에 의한 소유권 취득은 승계취득이라고 한다.[124]

2) 경매신청취하의 종기

이해관계인은 경매신청의 취하신청과 경매개시결정에 대한 이의신청을 할 수 있는데 경매신청취하나 경매개시결정에 대한 이의신청은 낙찰자의 대금납부 전에 하여야 한다.

임의경매의 경우 저당권이 처음부터 존재하지 않는 경우를 제외하면, 대금완납으로 인해 경매절차상의 흠(하자)은 치유되어 더 이상 다툴 수 없는 것으로 되기 때문이다.

3) 인도명령신청

매수인은 대금납부 후에 소유자 등을 상대로 인도명령을 신청할 수 있다. 이때 인도명령신청은 대금납부 후 6개월 이내에 하여야 한다. 6개월이 경과한 후에는 더 이상 인도명령을 신청할 수 없고 명도소송을 제기하여야 한다.

4) 차순위 매수신고인의 보증금 반환시기

차순위 매수신고인이 있는 경우 매수인의 대금납부에 의하여 차순위매수신고인은 대금납부의 의무가 없어지며 자신의 입찰보증금의 반환을 청구할 수 있다.

2. 대금납부기한

민사집행법 시행 전에는 낙찰허가결정이 확정되면 경매법원은 대금납부 기일을 지정하여 주었는데 보통 낙찰허가일로부터 1개월 이내에 대금납부기일이 지정되었다. 즉, 대금납부기일이 지정된 경우에 만일 낙찰자가 그 기일 이전에 대금납부를 하더라도 대금지급기일이 되어서야 대금납부의 효력이 발생하였다. 이는 대금납부기일까지 경매의 취하 등 이해관계인의 권리는 보호해 주기 위함이었다.

123) 민법 제187조.
124) 대법원 1991.8.27. 91다3703 판결.

그러나 민사집행법의 제정으로 2002년 7월 1일 이후에 경매신청된 사건에 관하여는 이와 같이 기일이 지정되는 것이 아니라 대금납부의 기한이 지정되게 된다. 따라서 대금지급기한을 통보받은 매수인이나 차순위매수신고인은 그 지정된 대금지급기한 내에 언제든지 자신이 원하는 시기에 낙찰대금을 납부하면 되게 되었다. 이는 매수인이 소유권취득 시기를 조절할 수 있는 등 매수인의 권리를 한층 더 보호하려는 데 그 입법취지가 있다고 할 수 있다.

3. 대금의 미납

1) 재매각

(1) 의 의

재매각이란 매각허가결정이 확정된 후 집행법원이 지정한 대금지급기한까지 매수인(차순위매수신고인이 매각허가결정을 받은 경우를 포함) 그 의무를 완전히 이행하지 아니한 경우(차순위매수신고인이 없는 경우 포함)에 법원이 직권으로 다시 실시하는 매각을 말한다.[125)]

(2) 재매각과 새매각

재매각은 매각절차를 다시 실시하는 점에서 새매각과 같으나, 재매각은 매각허가결정이 확정된 후 매수인의 대금지급의무불이행을 원인으로 함에 반하여, 새매각은 매각허가결정이 확정에 이르지 아니하였거나 천재지변, 그 밖의 자기가 책임질 수 없는 사유로 부동산이 현저하게 훼손된 사실 또는 부동산에 관한 중대한 권리관계가 변동된 사실이 매각허가결정이 확정된 뒤에 밝혀진 경우에 매수인이 대금을 낼 때까지 매각허가결정의 취소신청을 하여 경매절차가 취소된 때에 실시하는 점에서 다르다.

(3) 재매각명령

법원은 재매각의 요건이 구비되면 그 사유발생일로부터 1주 안에 직권으로 재매각을 명하여야 한다. 재매각의 경우 매수신청보증금이 통상의 최저매각가격의

125) 한국자산관리공사, 앞의 책, 130면; 김창식, 앞의 책, 97면.

10%가 아니라 20-30%로 정해지고 있으므로 재매각 대상물에 대해 매수신청을 하려는 자는 이를 반드시 확인하여야 한다.

재매각절차에서는 중간에 정한 최저매각가격, 그 밖의 매각조건을 그대로 적용한다(민사집행법 제138조 제2항). 재매각기일에 적법한 매수신고인이 없는 경우에는 일반의 매각절차와 마찬가지로 새매각기일을 지정하고 매각절차를 속행한다.

재매각명령에 대하여 이해관계인은 집행에 관한 이의신청으로 불복할 수 있으며, 이 불복은 재매각기일이 종결될 때까지 할 수 있다.

2) 재매각절차의 실시와 전의 매수인에 대한 효력

매수인이 대금지급기한까지 또는 민사집행법 제142조 제4항에 따라 다시 정한 기한까지 그 의무를 완전히 이행하지 아니하고 차순위매수신고인이 없는 때에는 바로 재매각을 실시한다.

그러나 차순위매수신고인이 있는 때에는 그에 대한 매각불허가결정이 확정되거나, 차순위매수신고인에 대하여 매각허가결정이 확정되었지만 차순위매수신고인도 대금지급기한까지 대금을 지급하지 않는 때에 비로소 재매각을 실시할 수 있다.

매수인은 대금지급기한이 지난 후에도 재매각기일 3일 이전까지는 대금지급을 할 수 있으므로(민사집행법 제138조 제3항), 재매각명령 전에 대금지급을 한 때에는 재매각을 명하는 결정 자체를 할 수 없게 된다.

재매각기일이 지정되었다 하더라도 재경매사건의 전매수인은 재매각기일의 3일 전까지 대금납부허가절차를 거쳐 낙찰대금 및 연체이자와 신문공고비 등의 재경매비용을 납부하면 대금납부의 효력이 있어 유효한 소유권을 취득하게 된다.

차순위매수신고인이 매각허가결정을 받았던 때에는 최고가매수신고인과 차순위매수신고인중 대금 등을 먼저 지급한 매수인이 매매목적물의 소유권을 취득한다(민사집행법 제138조 제3항).

4. 채무인수와 상계신청

1) 매수인의 채무인수

매수인은 매각조건에 따라 부동산의 부담을 인수하는 외에 배당표의 실시에 관하여 매각대금의 한도에서 관계채권자의 승낙이 있으면 대금의 지급에 갈음하여 채무를 인수할 수 있다(민사집행법 제143조 제1항).

매수인은 낙찰대금 한도 내에서 채권자의 동의가 있으면 그 채권자에 대하여 채무자가 부담하고 있던 채무를 인수할 수 있다. 채무인수는 모든 채권자의 채무를 인수하는 것이 아니고 일부채권자의 채무만 인수할 수도 있다.

이 채무의 인수는 현금의 지급을 구하는 권리를 포기한 채권자와 매수인간의 합의에 의한 것이며 채무자는 현금의 지급에 의해서 채권자가 변제받을 수 있는 한도에서 그 채무를 면하고 대신 이후에는 매수인이 그 의무를 부담하게 된다.

이때 통상적으로 절차상 그 채권자에 대하여 변경등기를 실행한다.[126)]

다만 매수인이 인수한 채무에 대하여 이의가 제기된 때에는 매수인은 배당기일이 끝날 때까지 이에 해당하는 대금을 내야한다(민사집행법 제143조 제3항).

채무인수를 하기 위하여는 먼저 채권자와 협의하여 채무인수에 대한 승낙을 서면으로 받은 법원에 채무인수신청서를 대금지급기한 전까지 제출하면 된다.[127)]

2) 채권자인 매수인의 상계신청

채권자가 매수인이 된 경우 배당기일에 실제로 배당받을 수 있는 금액이 있는 때에는 매각결정기일이 끝날 때까지 법원에 차액지급신고(배당 받을 수 있는 금액을 제외한 대금을 배당기일에 지급하겠다는 채권상계신고)를 할 수 있다.[128)] 이를 상계신청이라 한다.

---

126) 김창식, 앞의 책, 108면.

127) 그러나 이 채무의 인수를 실시하는 경우는 실제 거의 없다. 채권자와 매수인이 협의한다는 것이 쉽지 않기 때문이다. 채무인수에 대해 관심이 증가하고 실제 많이 이용된다면 법원 경매시장은 상당히 활기를 띠게 될 것이고, 많은 이들이 경매에 참가할 수 있는 기회가 제공된다고 할 수 있다.

128) 민사집행법 제143조 제2항.

상계신청서(차액지급신고서)가 제출되면 법원은 따로 대금지급기한을 정하지 않고 바로 배당기일을 정하게 된다.

상계를 하면 그 한도 내에서 대금지급의 효력이 생기는 한편 자신의 채권에 대한 배당액 교부의 효과가 생긴다. 이 때 상계신청이 받아들여지면 낙찰자는 자신의 채권액과 상계되고 남은 부분만 대금을 납부하면 된다.

채무인수신고서

사건번호: ○○○○ 타경 ○○○○호
채 권 자:
채 무 자:
소 유 자:

매수인은 채권자(근저당권자)의 승낙을 얻었으므로 동채권자에 대한 채무자의 채무를 매각대금의 지급에 갈음하여 인수하고, 그 배당액상당의 매각대금의 지급의무를 면제받기 위하여 민사집행법 제143조 제1항의 규정에 따라 신고합니다. 만일 매수인이 인수한 채무에 대하여 이의가 제기된 때에는 매수인은 배당기일에 이에 해당하는 금액을 납부하겠습니다.

첨 부

1. 채무인수승낙서
2. 관계채권자의 인감증명서 1부

년 월 일

신고인(매수인) (인)
연락처

○○지방법원 귀중

※ 유의사항

1) 채권자가 매수인인 경우에 그 채권의 배당액이 매입대금을 지급함에 충분한 때에는 매입대금의 상계로 채권이 소멸될 수 있습니다.
2) 이미 배당기일이 정해져 있는 경우에는 상계신청으로 인하여 배당기일은 새로 지정될 수 있습니다.

채무인수승낙서

사건번호 : ○○○○타경 ○○○○호

채 권 자 : ○○○

채 무 자 : ○○○

소 유 자 : ○○○

위 사건에 관하여 채권자(근저당권자) ○○○는 위 채무자와 ○○지방법원 ○○지원 ○○등기소 ○○○○년 ○○월 ○○일 접수 ○○○○호로 설정된 근저당권의 채권채고액 금○○○,○○○원을 위 매수인이 매각대금의 지급에 갈음하여 채무인수함을 승낙합니다.

년 월 일

위 승낙인(근저당권자) ○○○ (인)

주소 ○○○시(군,구) ○○○동(읍,면) ○○○번지

연락처

○○지방법원 ○○지원 귀중

※ 유의사항

1) 채권자가 매수인인 경우에 그 채권의 배당액이 매입대금을 지급함에 충분한 때에는 매입대금의 상계로 채권이 소멸될 수 있습니다.
2) 이미 배당기일이 정해져 있는 경우에는 상계신청으로 인하여 배당기일은 새로 지정될 수 있다.

채권상계신청서

사건번호 ○○○○ 타경 ○○○○ 호

채 권 자

채 무 자

위 사건에 관하여 매수인이 납부할 매각대금을 민사집행법 제143조 제2항에 의하여 매수인이 채권자로서 배당받을 금액한도로 상계하여주시기 바랍니다.

년 월 일

매수인 겸 채권자 (인)

연락처

지방법원 귀중

※ 유의사항

1) 채권자가 매수인인 경우에 그 채권의 배당액이 매입대금을 지급함에 충분한 때에는 매입대금의 상계로 채권이 소멸될 수 있습니다.
2) 이미 배당기일이 정해져 있는 경우에는 상계신청으로 인하여 배당기일은 새로 지정될 수 있다.

▶소유권 취득의 제한

1. 강제경매의 경우

강제경매의 경우 집행권원의 무효사유가 존재하거나 집행권원의 부존재가 아닌 한 경매절차에 하자가 있더라도 매각허가결정이 확정되고 매수인이 대금을 납부한 이상 경매절차 밖에서 별도로 매각허가결정의 무효를 주장하여 매수인의 소유권취득의 효과를 다툴 수 없다.

예를 들어 무효인 공정증서에 기한 강제경매에서 채무자가 매수인에 대하여 그 공정증서가 유효하다는 신뢰를 부여한 경우에는 무효인 공정증서에 기하여 이루어진 강제경매가 무효라고 주장하는 것은 금반언 및 신의칙에 위반된다(대법원 2002.2.11. 99다31193 판결).

2. 임의경매의 경우

임의경매의 경우 담보권설정계약이 무효이거나 위조서류에 의하여 담보권설정등기가 된 경우와 같이 처음부터 담보권이 부존재인 경우 또는 담보권은 유효하게 성립되었으나 경매개시결정 전에 피담보채무가 변제되어 담보권이 소멸된 경우에는 이에 기한경매절차 역시 당연무효이므로 그 절차에서 매수인이 대금을 납부하였다 하더라도 경매부동산의 소유권을 취득하지 못한다(대법원 1999.2.9 98다51855 판결).

그러나 일단 유효하게 성립되었던 담보권이 경매절차개시 후에 피담보채권의 변제, 담보권의 포기 등의 사유로 인하여 사후적으로 소멸한 경우에는 대금을 모두 지급한 이상 소유권을 취득하는데 아무런 장애가 되지 않는다(민사집행법 제267조, 대법원 1992.11.11 92마719 결정, 대법원 2001.2.27 00다 44348 판결).

3. 감독관청의 허가 없이 처분된 경우

학교법인의 기본재산이 감독청의 허가 없이 강제경매절차에 의하여 매각허가결정이 된 경우(대법원 1994.1.25. 93다42993 판결, 대법원 1994.9.27. 93누22784 판결), 전통사찰보존법 제6조 제1항 2호 소정의 경내지 등이 문화관광부장관이 허가 없이 강제경매절차에 의하여 처분된 경우(대법원 1999.10.22. 97다49817 판결) 그 매각허가결정을 원인으로 하여 이루어진 소유권이전등기는 효력이 없다.

사회복지법인의 기본재산, 공익법인의 기본재산, 사립학교법에 의한 학교법인의 기본재산, 전통사찰보존법에 의한 사찰소유의 부동산 등은 감독관청의 허가를 요하며 허가 없이 강제경매절차에 의하여 매각허가결정이 된 경우 소유권을 취득하지 못한다.

4. 수목

수목은 입목법에 의하여 등기 되거나 토지의 사용권원에 의하여 식재된 경우 및 명인방법에 의해 공시된 수목을 제외 하고는 토지에 부합하므로 매수인은 그 소유권을 취득한다.

▶매수인이 취득하는 소유권의 범위[129)]

매각허가결정서에 기재된 부동산과 동일성이 인정되는 범위 내에서 그 소유권의 효력이 미치는 범위와 같다. 따라서 매각 대상 부동산의 구성부분, 종물 및 종된 권리(건물을 위한 지상권, 요역지를 위한 지역권 등)는 매각허가결정서에 기재되어 있지 않더라도 매

---

129) 한국자산관리공사, 앞의 책, 145면.

수인이 소유권을 취득하는 범위에 포함된다.

법원이 매각허가결정을 하면서 착오로 부동산목록에 매각대상이 아닌 부동산을 포함시킨 경우 이는 명백한 오기로서 결정의 경정사유가 될 뿐 매각허가결정의 효력이 그 부동산에 미치지 아니한다(대법원 1993.7.6. 93마720 결정).

경매신청이 되지 아니하였고 경매개시결정을 받은 바도 없는 부동산이 경매 신청된 다른 부동산과 함께 경매되어 매각허가결정이 확정된 경우 그 경매 신청되지 아니한 부동산에 대한 매각허가결정은 당연 무효이므로 매수인은 그 부동산에 대한 소유권을 취득할 수 없다(대법원 1991.12.10. 91다20922 판결).

제 2 절 소유권이전등기

1. 소유권이전등기 촉탁신청

매수인이 매각대금을 납부하면 매수인은 매각의 목적이 되는 권리를 취득한다.[130] 매수인이 매각대금을 완납한 후 소유권이전 및 말소등기촉탁신청서에 등록세와 지방교육세를 납부한 영수증, 등기권리자의 주소를 증명하는 서면(주민등록등본, 법인등기부등본), 토지대장등본, 건축물관리대장등본을 첨부하고, 국민주택채권 발행번호를 기재하여 제출하면, 법원사무관 등은 매각허가결정등본을 첨부하여 매수인 명의의 소유권이전등기와 매수인이 인수하지 아니하는 부동산의 부담에 관한 기입을 말소하는 등기, 경매개시결정등기를 말소하는 등기를 등기관에게 촉탁하여야 한다.[131]

매수인이 사망한 경우에는 매각허가결정등본 외에 상속을 증명하는 서면(제적등본, 가족관계등록증명서 등)을 첨부하여 직접 상속인 명의로 소유권이전등기를 촉탁하고 있다.

등기를 필한 등기관은 등기필증을 집행법원의 법원사무관에게 송부하고 법원사무관 등은 이를 매수인에게 교부하거나 우송한다.

130) 상속, 공용징수, 판결, 경매, 기타 법률의 규정에 의한 물권의 변동은 등기를 요하지 않는다(민법 제187조).

131) 민사집행법 제144조 제1항.

2. 말소촉탁 대상이 되는 등기부상의 권리들

매수인은 소유권이전등기 촉탁신청과 함께 낙찰로 인하여 매수인이 인수하지 아니한 부동산상의 기입, 즉 매각으로 인하여 말소되는 등기부상의 권리들에 대하여도 말소촉탁신청을 하여야 한다.

매수인이 인수하지 아니한 부동산의 부담에 관한 기입이라 함은 매각에 의하여 소멸하는 저당권의 등기뿐 만 아니라 매수인에 대항할 수 없는 모든 권리의 등기를 말한다. 주의할 것은 매수인이 인수하지 아니한 부동산의 부담에 관한 기입인지 여부는 오로지 부동산등기부에 적힌 것을 기준으로 판단하여야 하고,[132) 등기부에 기입되지 아니한 권리로서 특별법에 의하여 우선변제권이 인정되는 권리가 성립한 때를 기준으로 판단하여서는 안 된다는 것이다.[133)]

1) 저당권설정등기 등

저당권, 가등기담보권 등은 압류채권자보다 선순위라도 매각에 의하여 소멸되므로 각 그 등기는 말소촉탁의 대상이 된다. 설정등기 후에 소유권의 변동이 있어도 저당권자나 가등기담보권자는 모두 배당받을 수 있고 모두 말소의 대상이 된다.

2) 용익물권의 등기, 임차권의 등기

지상권·지역권·전세권 및 등기된 임차권 중 저당권·압류채권·가압류채권에 대항할 수 없는 경우(민사집행법 제91조 제3항)에는 매각으로 소멸되므로 말소촉탁의 대상이 된다.

그 밖의 권리는 매수인에 대항할 수 있으므로 소멸되지 아니하고 존속한다. 그러나 전세권의 경우에는 전세권자가 배당요구를 하면 매각으로 소멸되므로(민사집행법 제91조 제4항 단서) 이 경우에는 말소촉탁의 대상이 된다.

---

132) 원칙적으로 말소기준이 되는 최우선 순위로 등기된 (근)저당권등기, 담보가등기, 가압류등기, 강제경매기입등기 이후의 모든 등기는 원칙적으로 말소촉탁의 대상이다.

133) 한국자산관리공사, 앞의 책, 150면.

3) 주택 · 상가건물임대차보호법 적용대상의 임차권

주택이나 상가건물임대차보호법의 적용대상인 주택이나 상가건물의 임차권은 등기여부를 불문하고 임차목적물에 대하여 경매가 행하여진 경우에는 임차목적물의 매각에 의하여 소멸한다. 그러나 매수인에게 대항할 수 있는 임차권은 보증금이 전액 변제되지 아니하면 그 임차주택의 매각에 의하여 소멸되지 아니한다.[134] 따라서 매수인은 이를 인수하여야 한다.

이때 매수인이 인수하는 임차권이란 매각에 의하여 소멸하는 최선순위의 담보권이나 압류 · 가압류의 효력발생 전의 보증금을 의미하고, 그 후에 증액된 부분은 해당하지 아니한다.

4) 소유권이전등기 · 가등기

압류의 효력발생 후에 제3자의 명의로 마쳐진 소유권이전등기와 소유권이전청구권보전의 가등기는 매수인에게 대항할 수 없으므로 말소촉탁의 대상이 된다.

5) 가압류등기

압류의 효력발생 전에 가압류등기를 한 가압류채권자는 매각대금으로부터 배당을 받을 수 있다. 따라서 가압류등기는 그 존재이유를 상실하여 매각에 의하여 소멸한다. 또한 압류의 효력발생 후에 등기한 가압류채권자는 매수인에 대항할 수 없으므로 매각에 의하여 소멸한다.

문제가 되는 것은 전 소유자를 채무자로 한 가압류등기가 존속할 경우 말소촉탁의 대상이 되느냐 하는 것인데, 전 소유자에 대한 가압류권자가 경매를 신청한 경우에는 당연히 말소의 대상이 된다. 그러나 현 소유자의 채권자가 경매를 신청한 사건의 경우 전 소유자에 대한 가압류등기의 말소 여부는, 집행법원이 전소유자의 가압류를 말소대상으로 정하고 그 취지를 매각물건명세서에 기재한 경우에

134) 임차권등기는 원칙적으로 말소촉탁의 대상이 되지만, 최선순위의 대항력과 우선변제권을 모두 보유한 임차인이 경매절차에서 보증금전액에 관하여 배당요구를 하였으나 대항력 있는 보증금 중 일부라도 변제받지 못한 경우에는, 대항력 있는 보증금 중 경매절차에서 반환받을 수 있었던 금액을 공제한 잔액에 관하여 매수인에게 대항하여 이를 반환받을 때까지 임차관계의 존속을 주장할 수 있다.

한하여 말소된다고 한다.[135] 실무에서는 전 가압류권자의 배당문제에 대하여 배당을 하는 것이 합당하고 그 배당금은 공탁하여야 한다고 한다.

6) 가처분등기

압류의 효력발생 후에 된 처분금지가처분등기는 매수인에 대항할 수 없으므로 말소촉탁의 대상이 되며, 압류의 효력발생 전에 된 가처분등기라 할지라도 그보다 선순위로 매각으로 소멸하는 담보권·압류·가압류 등기가 존재하는 경우에는 역시 말소의 대상이 된다.

그러나 토지소유자가 그 지상 건물소유자에 대한 건물철거 및 토지인도청구권을 보전하기 위하여 건물에 대한 처분금지가처분을 한 때에는, 그 가처분이 경매개시결정등기 또는 담보권설정등기 이후에 이루어졌다 하더라도 매각으로 인하여 말소되지 아니한다. 따라서 말소촉탁의 대상이 될 수 없다.

이에 반하여 근저당권자인 경매신청채권자가 매각대상 목적물에 관한 근저당권설정등기청구권을 보전하기 위하여 처분금지가처분을 한 뒤, 본안에서 승소하여 본안 판결로 근저당권설정등기를 마치고 이에 기하여 임의경매를 신청한 경우에는 그 가처분을 말소촉탁 할 수 있다.[136]

7) 국세 지방세체납처분에 의한 압류등기

국세·지방세 체납처분에 의한 공매와 강제경매 또는 임의경매를 의한 경매절차는 각각 독자적으로 진행할 수 있고 양 절차 중 먼저 진행된 절차에서 소유권을 취득한 자가 진정한 소유자로 확정된다(대판 99.5.14. 99다3686 등). 즉 먼저 매각대금을 납부한 매수인이 소유자가 된다.

국세·지방세 체납처분에 의한 공매와 법원경매는 매각후의 배당에 있어서 국세는 우선적으로 변제되어야 하므로 경매절차에서 국세·지방세 체납처분에 의한 압류등기에 관계된 국세·지방세를 우선변제하고 그 압류등기를 말소하여야 한다.

---

135) 김창식, 앞의 책, 115-116면.
136) 김창식, 앞의 책, 118면.

8) 대금납부 후 최선순위 담보권이 말소된 경우 후순위 등기의 말소

근저당권설정등기, 지상권설정등기, 가등기가 순차 기입되고, 강제경매에 의한 매각허가결정이 확정된 후 매각대금을 지급하였으나, 그 배당기일 전에 채무자의 임의변제에 따라 근저당권설정등기가 말소된 경우에도, 위 지상권설정등기 및 가등기는 말소촉탁의 대상이 된다(등기선례 2-605).[137]

9) 채무자 회생 및 파산에 관한 법률상의 등기

채무자회생 및 파산에 관한 법률상의 보전처분등기나 개시결정의 기입등기의 말소촉탁도 하여야 한다.

3. 세금과 국민주택채권

1) 취득세

매수인이 매각대금을 완납하면 경매부동산의 소유권을 취득하게 되므로 일반적인 소유권취득과 마찬가지로 매수인은 취득신고 및 취득세를 납부해야 한다.

취득세의 과세표준은 낙찰가이다. 취득세율은 낙찰가액의 2%이며, 기한은 대금 납부 후 30일 이내이다. 이 기간을 경과하면 산출세액의 20%에 해당하는 가산금을 납부해야 하므로 주의해야 한다. 또한 취득세를 납부하는 때에는 전용면적 85평방미터 이하의 국민주택을 제외하고 취득세의 10%인 농어촌특별세를 동시에 납부하여야 한다.

2) 등록세

매수인은 매수부동산에 대한 소유권을 이전하면서 등록세를 납부하여야 한다. 등록세율은 낙찰가의 2%(농지의 경우 1%)이며 등록세를 납부하면 등록세액의 20%에 해당하는 교육세도 함께 부담해야 한다. 등록세의 납부기한은 대금납부 이후 60일 이내이다.

소유권이전등기를 하기 위해서는 등록세 및 교육세 영수필통지서가 있어야 하

137) 한국자산관리공사, 앞의 책, 153면.

므로 실무에서는 잔금납부와 동시에 등록세를 납부하고 소유권이전등기를 한다.

3) 주택매입채권

소유권이전등기를 촉탁하기 위해서는 제1종 국민주택채권 매입필증, 등록세 및 교육세 납입영수증이 첨부되어야 한다. 주택채권은 낙찰금액이 아닌 지방세 시가표준액으로 환산한 후 그 금액에 맞는 매입금액만큼의 제1종 국민주택채권을 매입하고 국민주택채권 매입필증을 수령하여 역시 등기촉탁신청서 제출시 첨부하면 된다.

부동산소유권이전등기 촉탁신청서

-사건번호 타경 부동산강제(임의)경매
-채 권 자
-채 무 자(소유자)
-매 수 인

위 사건에 관하여 매수인 는(은) 귀원으로부터 매각허가결정을 받고 년 월 일 대금전액을 완납하였으므로 별지목록기재 부동산에 대하여 소유권이전 및 말소등기를 촉탁하여 주시기 바랍니다.

첨부서류

- 부동산목록 4통
- 부동산등기부등본 1통
- 토지대장등본 1통
- 건축물대장등본 1통
- 주민등록등본 1통
- 등록세 영수증(이전, 말소)
- 대법원수입증지-이전 원, 말소 1건당 원(토지, 건물 각각임)-금액확인요망
- 말소할 사항(말소할 각 등기를 특정할 수 있도록 접수일자와 접수번호) 4부

년 월 일

신청인(매수인) (인)
연락처

지방법원 귀중

☞ 유의사항

1. 법인등기부등(초)본, 주민등록등(초)본, 토지대장 및 건물대장등본은 발행일로부터 3월 이내의 것이어야 함
2. 등록세 영수필확인서 및 통지서에 기재된 토지의 시가표준액 및 건물의 과세표준액이 각 500만원 이상일 때에는 국민주택채권을 매입하고 그 주택채권발행번호를 기재하여야 함

제 6 장

인도 및 명도

부동산경매의 중심에는 권리분석이 있고, 권리분석의 목적은 명도에 있다고 할 수 있다. 즉 권리분석은 얼마나 효율적으로 예상 비용의 범위 내에서 목적 부동산의 점유를 이전할 수 있는가 하는 것에 목적이 있다.

부동산 경매에 참여하고 소유권이전등기를 마쳤다 하더라도 전소유자나 임차인 등이 그 부동산을 점유하고 있다면 매수인은 사실상 소유권을 취득하였다고 볼 수 없다. 대상부동산의 점유자들로부터 부동산을 명도 받아 사실상 매수인의 점유상태가 되었을 때 매수인은 진정한 소유자가 된다.

현행법상 명도방법에는 인도명령과 명도소송의 방법이 있다.

가장 안전하고 훌륭한 명도의 방법은 대상부동산의 점유자 등을 만나 성실히 협의하고 그들의 마음을 움직이는 것이다. 그러나 부동산 경매시장에서 만나게 되는 사람들은 그렇게 쉬운 상대가 아니다.

이들은 이미 자신이 배당을 받을 수 있는지, 소위 '이사비'라는 명목으로 얼마를 받을 것인지 미리 정하고 있으며, 심지어는 어떻게 하면 절차를 지연하여 매수인을 곤경에 처하게 할 수 있는지 계산하고 있는 경우가 대부분이며, 극단적으로 경매를 통해 '간접적인 이익'[138]을 취하려는 자들도 있다.

일반적이지는 않지만 개인적인 경험에 의하면, 배당의 여지가 없는 임차인 등

138) 부동산경매는 채권의 만족을 위해 선택하는 마지막 수단이다. 그러나 일부에서는 허위의 채권자를 내세우거나 허위의 임차인을 만드는 등 또 법원경매를 하나의 부동산 시장으로 활용하고 있고, 법률의 보호를 빙자한 부의 축적이 이루어지는 곳으로 이용하고 있다.

은 일반적인 인식과는 달리 협의의 과정이 거칠지도 않으며, 오히려 적극적이고 현실을 직시한다. 그러나 일부라도 배당을 받는 임차인들이 더욱 거칠고, 각각의 명목으로 매수인을 괴롭히는 경우가 많다. 물론 반대의 경우도 있다.

분명한 것은 점유의 이전이 있기 전에는 어떠한 명목으로도 금원을 지급해서는 아니 되며, 명도확인서의 제출에 대한 협조도 하지 말아야 한다. 금원의 지급이나 명도확인서의 확인협조가 선행하면 매수인을 더욱 쉽게 보고, 또 다른 명목으로 더 많이 요구하는 것이다.

따라서 명도의 합의를 진행하면서 동시에 인도명령신청이나 명도소송 등을 병행하는 것이 바람직하다.

제1절 인 도

1. 인도명령

인도명령이란 경락대금을 납부하고 소유권을 취득한 매수인이 매각부동산에서 퇴거를 거부한 채무자, 소유자, 매각으로 인하여 소유자에게 대항할 수 없는 채무자, 소유자, 임차인 등 점유자를 대상으로 경매법원에 인도명령을 신청하여 그 결정으로 집행관으로 하여금 해당 점유자를 대상 부동산으로부터 강제로 퇴거시킬 수 있도록 명하는 법원의 명령을 이야기한다.[139]

인도명령은 명도소송을 제기하지 않고 경매법원의 명령에 따라 부동산을 인도할 수 있도록 명령문을 부여받는 것이며, 대금납부 후 6개월 이내에 신청하여야 하고, 이 기간이 지나면 인도명령대상자에 대해서도 명도소송을 제기하여야 한다.

1) 인도명령신청서

인도명령신청서에는 채권자, 채무자, 임차인, 낙찰자를 기재하고 인도대상자들에게 인도를 요구하였으나 거부하므로 인도명령을 구한다는 취지를 기재한다.

---

139) 신창용, 앞의 책, 774면; 박용석, 『부동산 경매 실전』, 위즈덤하우스, 2008, 255면; 한국자산관리공사, 앞의 책, 142면.

2) 인도명령신청권자와 대상

(1) 인도명령신청권자

인도명령신청은 대금을 완납한 매수인, 매수인으로부터 매각부동산을 상속받은 자 등의 일반승계인, 매수인이 법인인 경우 법인합병에 의해 승계한 법인, 매매·증여 등을 원인으로 하여 매수인으로부터 매각부동산을 양수받은 매수인·수증자 등의 특정승계인 등이 신청할 수 있다.

인도명령은 매수인이나 그 승계인이 매각대금을 완납하였음을 증명하면 되기 때문에 소유권 이전등기가 경료되는 것과는 무관하다.

(2) 인도명령신청의 상대방

인도명령신청대상자에는 채무자, 소유자(물상보증인 등 채무자 아닌 소유자 포함), 매각으로 인해 매수인에게 대항할 수 없는 후순위 임차인, 경매개시결정의 효력발생 후의 점유개시자(경매개시결정 효력발생 후 전입한 임차인 등), 상기인의 동거가족 및 피고용인·근친자로서 점유할 정당한 권원 없는 자·특수한 관계에 있는 자로서 점유할 정당한 권원이 없는 자 및 이들과 공모하여 인도집행을 방해할 목적으로 점유한 자 등이 인도명령의 상대방이다.

그러나 유치권자, 법정지상권자, 채무자이면서 동시에 선순위 대항력 있는 임차인은 인도명령의 대상이 아니다.

3) 인도명령절차

법원은 인도명령신청이 있으면 서면심리로 인도명령을 결정할 수 있고 필요한 경우 당사자를 직접 심문하거나 변론할 수 있다. 신청을 기각 또는 각하하는 경우에는 신문을 요하지 아니한다.

법원은 인도명령이 결정되면 신청인과 피신청인에게 인도명령결정문을 송달하게 되고 신청인은 송달받은 인도명령결정문과 인도명령대상자에게 결정문이 송달되었다는 송달증명원을 첨부하여 집행관사무소에 강제집행을 신청한다.

4) 인도명령집행

인도명령대상자가 인도명령결정서를 받고도 자진하여 인도명령에 응하지 않을 경우에는 신청인은 집행관사무소에 인도명령집행을 신청할 수 있다.

집행을 신청하기 위해서는 인도명령결정문이 대상자에게 송달되었다는 것을 증명하는 인도명령송달증명서와 신청인에게 보내진 인도명령결정문, 강제집행신청서, 물건목록비치 물건지(地) 약도, 신청비용 등을 제출하여야 한다.

강제집행신청이 접수되면 경매사건과는 별도의 강제집행사건번호가 부여되게 되고, 담당부서와 담당관이 배정된다. 집행담당관의 면담을 통하여 목적부동산의 현황과 그간의 집행상황을 설명하고 강제집행비용을 산정하게 되고 강제집행일자를 지정받게 된다.

강제집행시에는 매수인 본인 이외에 1인의 참관인이 참석하여야 한다. 주거용 부동산의 강제집행은 보통 출근전 오전 7~9시 이전에 실시하고, 영업용 부동산의 경우에는 영업시작시간을 고려하여 실시하며, 소요시간은 보통 1시간 내외이다.

그러나, 강제집행대상 부동산에 사람이 없거나 문을 열어주지 않을 경우에는 집행관은 직권으로 열쇠공을 불러 강제로 문을 열고 집행을 하게 되며, 만약 기타 사유로 인해 집행이 곤란할 때에는 필요에 따라 경찰이나 국군의 원조를 요청할 수도 있다.

채무자 등이 대상부동산에 부재한 경우의 강제집행은 법원지정 물품보관소를 이용하게 된다. 보관비용은 채무자 등에게 청구할 수 있는데, 비용지급을 거절할 경우에는 집행권원을 얻어 유체동산 압류 및 경매신청을 하여 그 환가대금으로 회수할 수 있다.

문제는 인도명령의 강제집행으로써 또는 채무자·소유자로부터 매수인이 부동산의 인도를 받은 후에 제3자가 불법으로 이를 점유한 경우, 그 자를 상대방으로 하여 인도명령을 신청할 수 없다는 것이다. 이러한 경우 불법침입 등으로 점유한 자를 형사고소 하거나 명도소송을 통하여 그 승소 판결을 가지고 강제퇴거를 시켜야 한다.

또한, 인도명령의 강제집행에 의해 퇴거당한 채무자·소유자 등 인도명령의 상대방이 재침입하여 점유하여도 그 자를 상대방으로 하여 인도명령을 신청할 수 없다. 따라서 매수인은 이를 대비하여 인도명령을 신청하면서 동시에 점유이전금지가처분신청[140]을 함께 하는 것이 효과적이다. 현재의 점유자가 절차의 진행중에 다른 사람에게 점유를 이전하면, 소송에서 승소하고도 그 상대방이 달라질 수 있으므로 다시 새로운 점유자를 대상으로 명도소송을 재기해야 하는 문제가 발생할 수도 있기 때문이다.

제 2 절 명도소송

낙찰부동산의 점유자로서 인도명령대상자가 아니거나 또는 인도명령대상자라 하더라도 인도명령신청기간 6개월을 넘긴 점유자가 있는 경우에 그러한 자가 낙찰자에게 자진하여 낙찰부동산을 넘겨주지 않을 경우에 그를 상대로 명도소송을 제기하고 승소판결을 받은 후에 이를 집행권원으로 집행관에게 강제집행을 위임하여 강제로 부동산을 명도 받아야 한다. 이를 명도소송이라 한다. 명도소송의 제기 기간에는 제한이 없다.

1. 명도소송대상

인도명령대상자에 해당되지 않거나 인도명령대상자에 해당된다 하더라도 낙찰자가 낙찰대금납부 후 6개월내에 그를 상대로 인도명령을 신청하지 않아 기간이 경과된 점유자가 명도소송 대상자이다.

2. 명도소송절차

명도소송은 법원 민사신청과에 접수하면 되는데 이때 필요한 서류는 민사소송 소장, 낙찰허가결정정본, 부동산등기부등본, 건물도면, 권리신고 및 부동산 현황 조사서, 피고의 주민등록등본, 낙찰대금납부서 등이다.

---

140) 점유이전금지가처분이란 부동산의 점유관계를 현재의 상태로 유지하기 위해 하는 보전처분이다.

명도소송은 대략 6개월 정도의 기간이 소요되며, 대다수의 경우 승소가 확실한 재판이라 할 수 있다. 따라서 특이한 문제가 개입된 경우와 일반적이지 않은 법률적인 쟁점이 소송의 승패를 좌우하는 경우는 거의 없다고 할 수 있다.

따라서 '나 홀로 소송'을 해보는 것도 어려운 일은 아니다. 단 절차의 진행과 서식의 작성과 관련하여 주위의 법률전문가의 도움을 받는 것이 효율적이다. 사실 소송이라는 것이 변호사의 전유물인 시대는 이미 지난 이야기이고, 승소가 확실한 문제를 다액의 대리비용을 지급하며 대리인을 선임하는 것도 불합리하다. 해보면 잘 할 수 있는 것이고, 하지 않으면 평생 못하는 것이다.

3. 점유이전금지가처분 신청

인도명령의 신청과 마찬가지로 명도소송을 제기하여 승소판결을 받는다 하더라도 소송 중간에 부동산의 점유자가 변경되었다면 강제집행이 불가능하고 다시 새로운 점유자를 상대로 소송을 제기해야 하는 등 웃지 못할 상황이 벌어질 수 있다. 따라서 명도소송의 경우에도 이러한 상황을 예방하기 위하여 명도소송을 제기하면서 동시에 점유이전금지가처분을 신청하는 것이 효과적이다.

4. 명도소송에 의한 강제집행

명도소송에서 승소한 후 원고인 소유자는 판결문정본에 집행문을 부여받고 피고에게 판결문이 송달되었음을 증명하는 송달증명원을 첨부하여 관할법원 소속 집행관사무소에 강제집행위임을 신청한다.

강제집행 후에는 점유자 등이 재침입할 경우에 대비하여 감시카메라를 설치하거나 출입문의 열쇠 등을 교체하는 것이 필요하다.

강제집행 후에 점유자가 다시 침입한 경우 형법상 부동산강제집행효용침해죄에 해당되어 형사처벌의 대상이 된다.[141]

141) 형법 제140조의 2 (부동산강제집행효용침해죄)
"강제집행으로 명도 또는 인도된 부동산에 침입하거나 기타 방법으로 강제집행의 효용을 해한 자는 5년 이하의 징역 또는 700만원 이하의 벌금에 처한다."

부동산인도명령 신청

사건번호 20 타경
신 청 인(매수인)
ㅇ시 ㅇ구 ㅇ동 ㅇ번지
피신청인(임차인)
ㅇ시 ㅇ구 ㅇ동 ㅇ번지

위 사건에 관하여 매수인은 . . . 에 낙찰대금을 완납한 후 채무자(소유자, 부동산점유자)에게 별지 매수부동산의 인도를 청구하였으나 채무자가 불응하고 있으므로, 귀원 소속 집행관으로 하여금 채무자의 위 부동산에 대한 점유를 풀고 이를 매수인에게 인도하도록 하는 명령을 발령하여 주시기 바랍니다.

20 년 월 일

매 수 인 (인)
연락처

지방법원 귀중

☞ 유의사항
1) 낙찰인은 대금완납 후 6개월내에 채무자, 소유자 또는 부동산 점유자에 대하여 부동 산을 매수인에게 인도할 것을 법원에 신청할 수 있습니다.
2) 신청서에는 1,000원의 인지를 붙이고 1통을 집행법원에 제출하며 인도명령정본 송달료(2회분)를 납부하셔야 합니다.

명 도 확 인 서

사건번호 :

이 름 :
주 소 :

위 사건에서 위 임차인은 임차보증금에 따른 배당금을 받기 위해 매수인에게 목적 부동산을 명도하였음을 확인합니다.

첨부서류 : 매수인 명도확인용 인감증명서 1통

20 년 월 일

매 수 인 (인)
연락처

지방법원 귀중

☞ 유의사항

1) 주소는 경매기록에 기재된 주소와 같아야 하며, 이는 주민등록상 주소이어야 합니다.
2) 임차인이 배당금을 찾기 전에 이사를 하기 어려운 실정이므로, 매수인과 임차인간에 이사날짜를 미리 정하고 이를 신뢰할 수 있다면 임차인이 이사하기 전에 매수인은 명도확인서를 해줄 수도 있습니다.

▶민사집행법 제정으로 달라진 경매제도의 주요내용

2002년 7월 1일부터 효력을 갖는 민사집행법 제정 전에는 임의경매이든 강제경매이든 간에 모두 민사소송법 중 제7편 강제집행편의 적용을 받아왔다 그러나 이법의 제정으로 이제 2002년 7월 1일 이후에 경매신청된 사건에 대하여는 이 법을 적용을 받게 되는데 법 제정으로 변경된 주요내용은 다음과 같다.

내용 관련조문	제정 전	제정 후	비고
입찰방법의 다양화 (민사집행법 제103조)	기일입찰제만 실시	· 기일입찰제 · 기간입찰제 · 호가제	· 각 집행법원이 입찰방식을 결정할 수 있도록 규정 · 입찰의 신속한 진행목적
배당요구의 종기 (민사집행법 제84조)	입찰기일 후 낙찰기일 이전	첫 입찰기일 이전	첫 입찰기일 전까지 경매부동산의 권리관계를 확정함으로써 경매부동산의 안정성을 확보
항고제도의 강화 (민사집행법 제13조, 제15조, 제130조)	· 채무자, 소유자, 낙찰자가 항고시에는 낙찰대금의 10%를 공탁. · 채권자, 임차인 등의 기타 이해관계인의 항고시에는 공탁 불요	· 모든 항고인의 항고보증금 공탁의무화 · 채무자, 소유자 항고기각시 보증금 몰수 · 기타자 항고기각시 일정이자 공제 후 보증금 반환 · 모든 항고인의 항고이유제출 의무화, 항고이유서를 제출해야 항고법원으로 이송	항고의 남발이나 항고심의지연을 방지함으로써 경매절차의 신속한 진행을 도모함
입찰보증금 감소 (강제집행규칙 제63조 제1항)	· 입찰가의 10% 이상 · 보증금 : 현금, 자기앞수표	· 최저입찰가의 10% · 보증금에 은행의 지급보증위탁계약서 추가	보증금을 인하함으로써 입찰참여의 기회 확대
대금지급기한제 (민사집행법 제142조)	대금지급기일에 납부	집행법원이 정한 대금지급 기한내에 납부	낙찰자의 권리를 보호하기 위함
미등기건물의 경매신청가능 (민사집행법 제81조)	집행할 수 없음	건축신고나 허가 후 미등기상태인 건물에 대한 강제집행 가능	채권자의 이익을 보호하기 위함

인도명령대상 확대 (민사집행법 제136조)	소유자, 채무자, 경매개시결정 이후의 점유자	낙찰자에게 대항할 권원이 없는 모든 점유자로 확대	낙찰자의 권리를 보호하기 위함

제4부

부동산 권리분석

제 1 장

권리분석의 기초

제 1 절 권리분석의 의의

1. 권리분석의 필요성

부동산에 대한 투자를 생각하는 사람은 우선 대상 부동산의 취득이 합법적이고, 장래 가격상승의 가능성이 충분한 것인지를 살핀다. 경매대상 부동산 또한 예외가 아니어서 부동산의 가치나 그것을 둘러싼 사법상의 권리, 사후처리의 과정에 대해 고민하는 당연한 일이다.

경매대상 부동산은 부실채권의 정리와 관계한 것이 대부분이라 등기부상의 권리관계가 상당히 복잡하다. 등기부에는 나타나지 않지만 명도를 하는 데 걸림돌이 될 수 있는 것들이 많이 있다.

부동산경매는 사실상 소유자의 의사와 무관하게 진행되는 경우들이 대부분이므로, 일반적인 거래와는 달리 저당권 등 제한물권을 말소하거나 인수하는데 대한 사전 협의가 불가능하고, 부동산의 현황이나 문제점을 소유자에게 확인하는 것도 어려운 일이다. 그리고 부동산을 둘러싸고 있는 법률들은 공·사법에 걸쳐 대단히 광범위하고 복잡하게 구성되어 있다.

따라서 경매참가 이전에 현황에 대한 답사활동과 정보 수집을 통해 사실상의 문제점을 발견하고 해결책을 모색하여야 하고, 부동산공부 등을 통해 공·사법상의 권리나 권리의 제한 사항을 면밀히 검토해야 한다.

권리분석의 실패는 명도의 지연뿐만 아니라 매수인에게 정신적·금전적으로 심각한 손해를 의미한다. 즉 권리분석의 실패는 경매의 실패를 의미하는 것이다.

2. 권리분석의 개념

권리분석의 의의와 관련하여 권리분석이란 대상 부동산을 적정가격으로 안전하게 취득하기 위하여 소유권의 완전성에 관련한 문제와 권리관계의 내용에서 기대되는 실질적 손익에 관하여 조사, 확인 및 판단을 하는 부동산에 대한 법률관계의 분석이라고[1] 정의하는 경우도 있고, 부동산 경매의 위험을 회피하고 보다 큰 수익을 발생케 하기 위하여 경매부동산이 지니고 있는 권리상태를 정확히 파악하는 일련의 작용이라 하는 경우도 있다.[2] 그 외에도 부동산의 권리분석은 말 그대로 권리에 관한 법률상의 분석으로 한정하고 있는 것이 다수의 견해라 볼 수 있다.[3]

그러나 부동산의 권리분석을 그 자체의 문구의 범위내로 한정할 필요는 없다고 생각된다. 부동산학 자체가 종합적인 학문성을 가지는 것임을 고려할 때 부동산권리분석이라는 개념을 좁게 해석하기보다는 넓고, 포괄적으로 해석하는 것이 보다 현실적이고 실천적이며, 현상에 부합하는 것이라 사려된다.

따라서, 경매대상 부동산의 권리분석이란 대상부동산과 관계되는 지적공부와 사실 상태를 비교 평가하고 등기부상의 권리와 등기부외의 권리 등을 발견한 다음, 이를 해석하여 하자유무 등을 판단하여 명도의 난이(難易)를 평가하고, 장래의 가치를 향상시키는 방안을 모색하는 일련의 작업이라 할 수 있다.

---

1) 최동홍, 『부동산경매강의 -이론과 실제-』, 부연사, 2009, 158면.
2) 최광수, 『경매부동산의 권리분석』, 중외, 2008, 12면.
3) 권리분석의 개념과 관련하여 권리상의 하자여부에 대한 판단이라 하여 좁게 규정하는 경우(최문진, 『누드경매』, 박문각, 2007, 131면.)도 있고 등기부 및 등기부외의 권리의 해석 문제라고 보는 경우도 있으며(김창식, 『부동산 경매 백서』, 동아일보사, 2008, 179면.), 권리분석의 핵심은 부동산을 매수한 후에도 여전히 인수해야 하는 부동산의 권리가 무엇인지, 인수되는 권리에 수반하여 매수인이 부담해야 하는 추가적인 금액은 어느 정도 인지를 파악하는 것이라 하여(황경진, 『부동산경매 권리분석과 실전 노하우』, 신아사, 2009, 606면.) 현실적이고 구체적으로 정의하는 경우도 있다.

3. 권리분석을 위한 준비서류

1) 등기부등본

부동산 상의 권리관계를 공시하는 공적인 장부가 등기부등본이다. 등기부등본을 통해 부동산상의 권리의 종류와 우선순위 및 경매의 원인을 확인할 수 있다.

경매와 관련하여, 갑구에서 주의하여야 할 것은 선순위의 가등기(소유권이전등기청구권보전가등기)와 전 소유자를 채무자로 하는 가압류, 선순위의 환매등기, 가처분의 등기, 예고등기는 주의를 기울여야 하며, 을구에서는 선순위의 지상권 등기와 선순위의 전세권등기 등을 주의 깊게 분석하여야 한다.

보통 임의경매의 경우 (근)저당권이 설정되어 있고, 강제경매의 경우 가압류 등기가 되어 있는 것을 확인할 수 있을 것이다. 임의경매의 경우 말소기준이 되는 저당권의 채권금액을 확인하여야 한다. 채무의 다소에 따라 경매의 취하 가능성이나 후순위 임차인의 대위변제를 통한 순위상승을 예측할 수 있다.

2) 지적도(임야도)

토지를 대상으로 하는 경우 지적도(임야도)의 확인은 필수적이다. 실제 현장에서 보는 토지의 모양과 지적도상의 모양이 일치하지 않는 경우도 있고, 현황의 경계와 지적도상의 경계가 다른 경우도 있으며, 도서(島嶼)지방이나 농촌의 경우 경매대상토지에 타인소유의 건물이 있는 경우가 있어 소유권취득이후 문제가 되는 경우를 쉽게 볼 수 있다.

특히 지적도상의 도로의 유무는 토지가치에 절대적이라 할 수 있으므로 현황도로의 확인에 그치지 말고, 지적도상의 도로 유·무와 그 폭을 확인하는 것이 중요하다. 도로는 토지의 눈이라는 사실을 잊지 말아야 한다.

〈도로의 종류와 너비〉

도로의 종류	내용
주간선도로	광로 1류 : 너비 70m 이상인 도로
	광로 2류 : 너비 50m 이상 70m 미만인 도로
	광로 3류 : 너비 40m 이상 50m 미만인 도로
보조간선도로	대로 1류 : 너비 35m 이상 40m 미만인 도로
	대로 2류 : 너비 30m 이상 35m 미만인 도로
	대로 3류 : 너비 25m 이상 30m 미만인 도로
집산도로 또는 지선도로	중로 1류 : 너비 20m 이상 25m 미만인 도로
	중로 2류 : 너비 15m 이상 20m 미만인 도로
	중로 3류 : 너비 12m 이상 15m 미만인 도로
국지도로 또는 이면도로	소로 1류 : 너비 10m 이상 12m 미만인 도로
	소로 2류 : 너비 8m 이상 10m 미만인 도로
	소로 3류 : 너비 8m 미만인 도로

3) 토지대장(임야대장) · 건축물관리대장

토지대장(임야대장)은 토지의 소재, 지번, 지목, 면적, 소유자 등이 표시되어 있다. 지목이 임야인 경우 임야대장이라고 한다.

건축물관리대장은 건축물의 효율적인 관리를 위하여 만든 공적장부를 말한다. 건축물관리대장에는 건축물의 준공(사용승인) 연월일, 건축물의 규모와 용도, 소유자현황 등이 표시되어 있다.

흔히 건축물의 소유권보존등기의 연월일을 확인하고 건축물의 잔존가치를 평가하는 오류를 범하는 경우가 많이 있는데 잘못된 것이다. 건축물의 정확한 나이를 알기 위해서는 건축물 관리대장을 확인하여야 한다.

또한, 건축물관리대장과 현황이 다른 경우는 입찰에 주의하여야 한다. 이런 경우 불법건축물일 가능성이 매우 높으며, 관리청으로부터 행정처분의 대상이 될 수도 있다. 특히, 건축물관리대장이 발급되지 않거나 건축물대장상에 위법건축물로 표시되어 있는 건축물은 관청으로부터 건물을 강제철거당하거나 이행강제금

을 물어야 하는 경우가 있다.[4]

건축물의 용도는 공법상의 규제 등을 확인한 다음 용도변경의 가능성이 있는지 미리 살펴보고 입찰에 참가하는 것이 건축물의 활용과 관련하여 필요하다 할 수 있다.

4) 토지이용계획확인서

토지의 팔자는 용도지역이 정한다. 즉 토지의 가치는 얼마나 활용도가 높은가에 의해 결정된다. 다시 말해, 어떠한 용도의 건축물을 얼마나 넓게, 얼마나 높게 건축할 수 있느냐 하는 것이 토지의 가치를 결정하는 것이다.

토지에 대해 공법에서는 상당히 많은 규제를 하고 있는데, 그 규제라는 것의 대표적인 것이 건축물의 용도와 토지에 대한 건축물의 바닥면적의 비율(건폐율), 그리고 각층 바닥면적의 합의 비율(용적률) 즉 높이의 제한이다.

이러한 제한들을 확인할 수 있는 공적장부가 토지이용계획확인서이다.

5) 전입세대확인서

경매대상물건 중 투자대상을 주택으로 정하였다면 반드시 확인해야 하는 일이 대상주택을 누가 점유하고 있느냐 하는 것이다. 단순히 소유자가 점유하고 있으면 별 문제가 없으나 소유자 이외의 다른 사람이 점유하고 있는 경우, 혹은 주택의 일부를 타인이 점유하고 있는 경우에는 임대차보호법상 우선변제권이나 대항력이 있는 임차인인지 반드시 확인하여야 한다. 단독주택은 물론이고 다가구주택은 특히 중요한 자료가 아닐 수 없다.

이를 위해 확인하여야 하는 것이 전입세대확인서이다. 전입세대확인서는 대상건물의 경매진행사실을 소명할 수 있는 자료(대법원 검색자료 기타)와 신분증을 지참하여 읍·면·동의 주민자치센터에서 신청하면 해당 부동산소재지에 주민등록이 되어 있는 세대주(말소된 자 포함)의 성명과 전입일자 및 세대주보다 전입일자가 빠른 세대원의 성명과 전입일자를 열람할 수 있다.

---

4) 박갑현·권정, 『부동산 경매 교과서』, 미래지식, 2010, 58면.

6) 사업자등록 등의 열람

투자대상을 상가로 정한 경우 상가임대차보호법의 보호대상 즉, 대항력, 우선변제권, 최우선변제권의 여부 등을 파악하기 위해 사업자등록사항 등의 열람이 필요하다.

상가건물의 경매참여자는 부동산 소재지를 관할하는 세무관서를 방문하여 상가건물임차인의 사업자등록 신청시기와 보증금, 차임 등의 자료를 열람할 수 있다.

이 때 경매진행사실을 소명할 수 있는 자료와 '등록사항 등의 열람제공 요청서'를 작성·제출하여야 한다.

제 2 절 권리분석의 단계

권리분석의 목적은 궁극적으로 예측치 못한 비용의 지출을 하지 않고 안전하게 소유권을 이전하는데 있다고 할 수 있다. 따라서 대상물건의 권리를 면밀히 분석하여 그 위험을 사전에 피하는 것이 가장 좋은 방법이다.

경매목적물과 관련된 위험의 유형은 크게 네 가지로 분류할 수 있다. 첫째는 경매의 결과와 무관하게 소유권을 상실할 수도 있는 경우이고, 둘째는 예측하지 못한 비용의 부담이 생기는 경우, 셋째는 비록 소유권을 취득하더라도 온전히 나의 것으로 사용하는 데 제한이 있는 경우이며, 마지막으로 행정상의 처벌이나 형사처벌의 대상이 될 수 있다는 것이다.

따라서 권리분석은 우선 선순위의 가등기, 가처분, 환매권 및 예고등기의 여부를 판단하여 온전히 소유권의 이전이 가능한 것인지를 먼저 분석하여야 한다. 둘째, 유치권이 존재하거나 선순위 배당의 요구가 없는 전세권이 존재하는 경우, 대항력 있는 선순위 임차인이 존재하는지의 여부를 확인하여 비용의 추가적인 부담이나 인수의 가능성이 있는지 확인하여야 한다. 셋째, 선순위의 용익물권이나 법정지상권의 성립여부, 분묘기지권의 여부, 도로의 여부, 활용목적에 따르는 공법적 제한 등을 확인하여 사용의 제한이 따르는지 밝혀야 하며, 대상물의 인·허가 여부 즉, 불법건축물 여부, 폐기물의 불법매립 등 형사책임의 소재를 밝혀

나가야 한다.

제 3 절 권리분석의 대상[5)]

부동산 경매관련 권리분석의 대상은 일차적으로 경매목적 부동산과 종물, 종된 권리, 매수인이 인수하게 될 부동산상의 부담 등이다.

1. 경매목적 부동산

경매목적부동산은 평가의 대상이 되는 부동산 그 자체를 의미한다. 즉 압류의 대상이 된 한 필지(일괄경매의 경우 수 필지)의 토지와 한 동의 건물 혹은 구분소유가 인정되는 건축물의 일부(1호)(일괄입찰의 경우 수동 혹은 수호)를 이야기 한다.

문제가 되는 것은 공부상의 표시와 현황이 차이가 있는 경우인데 이 경우에는 현황대로 한다. 또한 판례에 의하면, 압류 후 또는 저당권 설정 후에 새로이 부합물이 된 경우에도 마찬가지이다.[6)]

그러나 타인의 정당한 권원(지상권, 전세권, 임차권 등)에 의하여 부속(부합된 물건이 어느 정도의 독립성을 갖춘 경우)된 것은 경매대상물에 포함되지 않는다.[7)] 또한 저당권 설정행위에 특정 부합물을 제외시키기로 하는 다른 약정이 있는 경우에도 경매의 목적물에서 제외된다.[8)]

명인방법을 갖추지 않은 수목, 정원수, 정원석, 석등, 주유소의 땅 속에 부설된 유류 저장탱크는 토지의 부합물이 되는 경우가 대부분이다.[9)] 타인의 토지상에 권원 없이 식재한 수목의 소유권은 토지소유자에게 귀속하고, 권원에 의하여 식

---

5) 최동홍, 앞의 책, 187-191 참조.
6) 대법원 1973.12.12. 73다298 판결.
7) 민법 256조 단서
8) 민법 358조 단서: 부합이란 분리 · 훼손하지 아니하면 분리할 수 없거나 분리에 과다한 비용을 요하는 경우, 분리하게 되면 경제적 가치를 심히 감손케 하는 경우를 포함한다(최광수, 앞의 책, 106면).
9) 대법원 1998.10.28. 자 98마1817 결정 ; 대법원 1995.6.29. 94다6345 판결.

재한 경우에는 그 소유권은 식재한 자에게 있다[10]는 것이 판례의 태도이다.

2. 종물

경매의 직접적인 대상물은 아니나, 경매의 목적물의 상용에 공(供)하기 위하여 소유자 등이 다른 물건을 대상물에 부속하게 한 경우를 종물이라 할 수 있다. 예를 들어, 건축물의 건축이후에 보일러실을 축조하는 경우, 마당 한 쪽에 화장실을 건축하는 경우를 들 수 있다.

문제는 부동산에 동산이 부속된 경우인데, 예를 들어 정원석이나 정원수, 주유소의 주유기 등이 대표적이다. 이 경우 민사집행법 189조 2항 1호는 등기할 수 없는 토지의 정착물로서 독립하여 거래의 객체가 될 수 있는 것은 유체 동산 집행의 대상이 되는 것으로 규정하고 있으나 부동산 등의 종물인 동산은 경제상 주물과 일체를 이루므로 주물인 부동산 등이 압류된 후에는 독립하여 유체동산 압류의 대상이 되지 못한다.[11]

경매시 압류의 효력은 종물에 미치므로 종물도 경매의 목적 부동산이다. 또한 압류 후나 저당권설정등기 후의 종물도 포함된다.[12]

부동산의 종물 중, 동산인 것은 보일러시설, 지하수펌프, 주유소의 주유기, 농지에 부속한 양수시설 등이 있고, 부동산인 것은 별동으로 되어 있되 주물의 경제적 효용을 보존하기 위하여 계속적으로 이바지되는 화장실, 창고 등이 있다.

따라서 이러한 경우 적어도 법정지상권의 문제는 고민의 대상이 아니다. 다만 주택의 주된 용도와는 거리가 있는 축사나 창고의 경우는 대다수의 경우 불법건축물이거나 평가의 대상에서 제외된 '제시외 건물'일 경우가 많아 주의해야 한다.

3. 종된 권리

압류 및 저당권의 효력은 목적 부동산의 종된 권리에도 미친다. 매수인(경락인)은 종된 권리도 취득한다.

---

10) 대법원 1980.9.30. 80도1874 판결 ; 대법원 1998.4.24. 97도3425 판결.
11) 법원행정처, 법원실무제요, 민사집행(Ⅲ), 2003, 130면.
12) 대법원 1971.12.10. 자 71마757 결정.

부동산의 종된 권리에는 토지에 관하여는 지역권(경매목적 토지가 요역지인 경우, 민법 292조), 건물에 관하여는 지상권이 있다.

부동산 경매에서 문제가 되는 것은 공동주택의 경우 대지사용권이나 대지권의 분리처분 가능성에 대한 것인데, 아파트 등 집합건물에 있어서 대지사용권[13]의 분리처분이 가능하도록 하는 규약 등이 없거나, 대지권[14] 이전(以前)에 설정된 근저당 또는 가압류에 기한 토지에 대한 경매 실행으로 대지권이 소멸되는 경우가 아닌 한 대지사용권 또는 대지권은 구분건물의 종물 내지 종된 권리로서 경매목적물인 전유부분을 매각허가 받음에 따라 종물 내지 종된 권리인 대지 지분도 함께 취득한다.[15]

4. 천연과실

천연과실은 물건의 일반적인 경제적 목적에 따라서 생기는 산출물이다.[16] 부동산경매에 관계되는 천연과실에는 과수의 열매, 곡물, 석재, 토사 등이 있다.

압류의 효력은 압류물에서 생기는 천연과실에도 미치므로(민사집행법 제194조), 천연과실은 토지에는 분리하기까지는 토지의 정착물로서 그에 대한 강제집행은 토지에 대한 강제집행에 따를 수밖에 없다.

또한, 압류는 부동산에 대한 채무자의 관리 · 이용에 영향을 미치지 아니하고(법 제83조 제2항), 토지에서 분리하기 전의 과실로서 1월 이내에 수확할 수 있는 것은 유체동산의 집행대상이므로(법 제189조 제2항 제2호) 그것이 매각허가결정시까지 성숙기에 달하여 채무자에 의하여 수취될 것이 예상되거나 채굴이 예상되는 미분리의 천연과실은 강제경매에서는 토지의 목적물에 포함되지 않는다.

---

13) 대지사용권은 구분건물 소유자가 그 전유부분을 소유하기 위하여 대지에 대하여 가지는 권리를 말한다. 대지사용권은 규약이나 공정증서로서 분리 처분할 수 있다고 별도로 정한 경우를 제외하고는 그가 가지는 전유부분과 분리 처분할 수 없다(집합건물의 소유 및 관리에 관한 법률 제20조 제2항).

14) 대지권은 전유부분과 분리처분을 할 수 없는 대지사용권을 말한다. 이 분리처분의 금지는 등기를 하지 아니하면 선의의 제3자에게 대항할 수 없다(집합건물의 소유 및 관리에 관한 법률 제20조 제3항).

15) 대법원 1997.6.10. 자 97마814 결정.

16) 민법 제101조 제1항.

그러나 임의경매의 경우에는 민법 제359조가 "저당권의 효력은 저당부동산에 대한 압류가 있는 후에 저당권설정자가 그 부동산으로부터 수취한 과실 또는 수취할 수 있는 과실에 미친다."고 규정하고 있으므로 명인방법을 갖추지 않는 과수의 천연과실은 임의경매에서는 토지의 목적물에 포함된다.

5. 매수인이 인수하게 되는 부동산 위의 부담

경매부동산의 매수인의 입장에서 대상부동산의 가치에서 인수하게 되는 부동산상의 부담만큼 감액하여 입찰가격을 결정해야 적정한 가격에 의한 매수가 이루어졌다고 할 수 있다.

만일 인수되는 부담을 정확히 파악하지 않을 경우 매수가격 이외의 인수된 부담만큼 비싼 가격으로 지불하게 되는 결과가 되거나 종국에는 소유권을 상실하게 되는 경우도 생길 수 있다.

따라서 부동산경매로 부동산을 매수하고자 하는 경우에는 무엇보다도 가장 먼저 매수인이 인수하게 되는 부동산상의 부담을 정확하게 파악해야 한다.

매각으로 (가)압류, 경매개시결정, (근)저당권, 담보가등기 등의 이른바 말소기준권리보다 후순위의 권리는 소멸되고, 말소기준권리보다 선순위의 권리는 매수인이 인수한다(법 제91조).

매수인이 인수해야 하는 부동산상의 부담은 매수인이 추가부담을 해야 하는 경우로서 유치권, 대항력 있는 임차권, 말소되지 않는 선순위 전세권이 있고, 사용제한을 받는 경우로서 법정지상권, 선순위 지상권, 분묘기지권, 지역권이 있고, 소유권 상실의 위험이 있는 경우로서는 선순위담보권이 피담보채권의 소멸로 말소될 때에 그 다음 등기가 가등기 또는 가처분인 경우, 선순위가등기, 선순위가처분, 건물의 경우 후순위의 건물철거청구권 보전을 위한 처분금지가처분, 선순위환매권, 예고등기(종전 소유자의 소유권이전등기말소청구의 소제기, 임의경매의 경우 경매신청의 담보권인 근저당설정등기의 말소청구의 소제기가 된 경우) 등이 있다.

인수되는 부담은 대부분 등기부에 기재가 되어 있으나 대항력 있는 주택 및 상가건물 임차인의 임차권, 법정지상권, 유치권 등 등기부에 나타나지 않음에도 불구하고 매수인에게 인수되는 경우가 있기 때문에 권리분석에 있어서는 유의해야 한다.

제4절 재산권 - 물권과 채권

1. 의 의

재산권은 크게 물권과 채권으로 분류할 수 있다. 물건 기타 재산권을 직접적 · 배타적으로 지배할 수 있는 권리를 물권이라고 하고, 특정인(채권자)이 다른 특정인(채무자)에 대하여 일정한 행위(급부)를 요구할 수 있는 권리를 채권이라고 한다.

2. 물권과 채권의 차이점

물권은 물건 또는 재산권을 직접 지배할 수 있는 권리로서 지배권이다. 직접 지배한다는 것은 권리를 실현하기 위하여 타인의 행위나 도움 등을 필요지 아니하다는 것을 의미한다.

이에 대해 채권은 채권자가 채무자에 대하여 일정한 행위를 해달라고 요구할 수 있는 권리로서 청구권이다.

물권은 물건을 직접적 · 배타적으로 지배하는 권리이므로 이 세상 어느 누구에게나 주장할 수 있는 대세적(對世的) · 절대적(絶對的)인 권리이다. 반면에 채권은 원칙적으로 채권자가 채무자에 대해서만 주장할 수 있는 대인적 · 상대적인 권리에 불과하다.

물권은 타인의 간섭을 배제하고 물건을 소유, 사용 · 수익 또는 처분할 수 있는 배타적 지배권이다. 따라서 하나의 물건 위에 양립할 수 없는 물권이 동시에 두 개 이상 성립할 수 없고(일물일권주의), 물권자는 후순위 권리자 또는 일반채권자에 우선한다(우선적효력).

반면에 채권자평등의 원칙이 지배되는 채권은 배타성이 없으므로 동일한 내용의 채권이 동시에 두 개 이상 병존할 수 있고, 채권자 상호간에는 우열관계가 없으므로 선행주의가 지배한다.

물권은 당연히 양도성을 가지는 재산권이므로 약정에 의하여 양도성을 배제할 수 없음이 원칙이다(다만 전세권은 설정행위로 양도 등을 제한할 수 있다). 채권은 당연히 양도성을 본질로 하는 것이 아니므로, 양도성이 부정되거나 제한될 수 있다.

물권은 법률 또는 관습법에 의하는 것에 한하여 인정되며, 당사자가 그 밖의 종류나 내용을 함부로 창설하지 못한다(물권법정주의). 따라서 물권법의 규정은 원칙적으로 강행규정이다. 반면에 계약자유의 원칙이 지배되는 채권은 그 종류와 내용이 원칙적으로 개인의 자유에 맡겨져 있으므로, 채권법의 규정은 임의규정으로서의 성질을 강하다.

〈물권과 채권의 차이점〉

	물 권	채 권
의 의	물건을 직접 지배하는 권리(지배권)	특정인(채무자)에게 일정한 행위를 요구할 수 있는 권리(청구권)
객 체	물건(또는 재산권)	특정인의 행위(급부)
효력의 범위	대세적 · 절대적인 권리	대인적 · 상대적인 권리
배 타 성	있다(일물일권주의)	없다(채권자평등주의)
양 도 성	당연히 양도성을 가진다.	양도성이 부정되거나 제한된다.
종류 · 내용	물권법정주의(→강행규정)	계약자유의 원칙(→임의규정)

3. 물 권

1) 물권의 의의

물권이란 특정의 물건을 직접 지배하여 이익을 얻는 배타적인 권리이다.

2) 물권의 종류

민법이 인정하는 물권의 종류는 8가지가 있다. 점유권, 소유권, 지상권, 지역권,

전세권, 유치권, 질권, 저당권이 그것이다.

(1) 소유권

소유권이란 법률의 범위 내에서 특정물건을 사용·수익·처분할 수 있는 권리이다(민법 제211조). 사용·수익이란 소유 부동산을 사용하고, 한편 그것으로부터 이익을 얻는 것을 말하고, 처분에는 소유권의 대상인 부동산을 개조·용도변경하는 등의 사실상의 처분과 담보설정과 같은 법률상의 처분이 있다.

소유권은 물건이 갖는 가치를 전면적·포괄적으로 지배할 수 있는 완전물권으로서, 물건의 사용가치 또는 교환가치만을 제한적으로 지배할 수 있는 제한물권과는 구별된다.

(2) 점유권

점유권이란 소유권 유·무와 관계없이 특정물건을 '사실상 지배'함으로써 갖게 되는 권리이다.

점유권은 어디까지나 물건에 대한 지배관계를 일단 적법한 것으로 보는 일시적인 권리에 지나지 않는다. 따라서 점유할 수 있는 권리(본권)에 기하여 반환을 청구하면 본권이 없는 점유자는 그 물건을 반환하여야 한다.

(3) 지상권

지상권은 타인의 토지 위에 건물 기타 공작물이나 수목을 소유하기 위하여 그 토지를 사용하는 권리로서, 지역권·전세권과 함께 용익(用益)물권에 속하는 권리이다.

지상권은 토지소유자와 지상권자와의 계약에 의하여 성립되는 것이며, 지상권 설정기간 동안 지상권자는 그 토지를 배타적으로 사용할 수 있는 반면에, 토지소유자에게는 별도의 약정에 의하여 지료(地料)를 지불해야 한다. 한편, 법률이 요구하는 일정한 요건만 갖추고 있으면 당사자의 의사와 관계없이 당연히 지상권이 성립되는 것으로 취급되는 경우가 있는데 법정지상권 등이다.

(4) 지역권

지역권이란 자기 토지의 이용가치를 높이기 위하여 타인의 토지를 이용할 수 있는 권리이다.

경매의 경우에 등기부상에 이러한 지역권이 등기되어 있는 부동산의 매수인은 만일 지역권 등기가 말소기준보다 먼저 등기되어 있다면 낙찰로 인하여 자신에게 소유권이 이전되더라도 기존의 지역권자의 토지이용을 막지는 못한다(인수). 그러나 지역권등기가 말소기준권리보다 뒤에 등기되어 있다면 낙찰로 인한 소유권 취득과 함께 지역권은 소멸하게 되어 낙찰자는 기존의 지역권자의 토지이용을 거절할 수 있다(말소).

(5) 전세권

전세권이란 전세금을 지급하고, 타인의 부동산을 점유하여 그 부동산의 용도에 좇아 사용·수익하며, 그 부동산 전부에 대하여 후순위 권리자 또는 기타 채권자보다 전세금에 관하여 우선변제권이 인정되는 권리이다.

타인의 부동산을 사용·수익한다는 점에서는 지상권·지역권과 같은 용익물권이지만 전세권은 특수하게 저당권과 같은 담보물권의 성격도 아울러 가지고 있다. 이러한 전세권의 담보물권성 때문에 경매절차에서 전세권자는 자기의 권리순서에 의해서 후순위 권리자보다 우선하여 배당받을 수 있는 우선변제력이 인정되는 것(민법 제303조 제1항)이며, 전세권자는 전세권 자체에 의해서 별도의 소송절차를 거치지 않고도 전세금 미반환의 경우에 전세목적물을 경매신청할 수도 있다.

(6) 질권

질권이란 금전을 대여하고 여기에 대한 담보로 채무자나 제3자가 제공한 목적물을 점유하고[질(質)로 잡고] 채무자가 채무를 변제할 때까지 목적물의 반환을 거절할 수 있고, 나아가 동산경매 등의 경우에 다른 채권자보다 우선하여 자기 채권의 변제를 받을 수 있는 권리이다(민법 제329조).

(7) 유치권

유치권이란 타인의 물건을 점유하는 자가 그 물건에 관하여 생긴 채권이 존재하는 경우 채권의 변제를 받을 때까지 그 물건을 점유하고 인도를 거절할 수 있는 권리이다.

유치권은 점유를 본질로 성립되는 것이고, 점유를 상실함으로써 소멸되는 물권이기에 등기할 수 있는 권리가 아니다. 따라서 경매참가자의 입장에서는 투자대상 부동산에 유치권이 성립되어 있는지 여부를 사전에 판단하는 것은 어려운 일이다.

(8) 저당권

채권자가 채무자나 물상보증인 소유의 부동산을 담보로 하여 금원을 지급하고, 저당권 등기를 한 후에 채무자가 변제하지 않을 경우에 저당권자는 별도의 소송절차 없이 저당권 자체에 기하여 경매를 신청하거나, 다른 저당권자 등 담보물권자가 경매신청한 경우에 그 매각대금에서 자기의 권리순위에 의하여 후순위 권리자보다 우선하여 변재(배당)받을 수 있는 우선변제력을 갖는 권리를 저당권이라 한다.

〈물권의 종류와 내용〉

물권의 종류		물권의 내용	비고
소유권		소유자가 그 소유물을 사용, 수익, 처분할 수 있는 권리	
점유권		소유권과 관계없이 물건을 사실상 지배하고 있는 경우의 지배권	
용익물권 (사용하기 위한 물권)	지상권	타인의 토지에서 건물, 기타의 공작물이나 수목을 소유하기 위해 그 토지를 사용할 수 있는 권리	등기됨
	지역권	타인의 토지를 자기토지의 편익에 이용하는 권리	등기됨
	전세권	전세금을 지급하고 타인의 부동산을 그 용도에 따라 사용, 수익하는 권리	등기됨
담보물권 (담보 제공을 위한 물권)	저당권	채무자 또는 보증인이 채무의 담보로 제공한 부동산 기타의 목적물을 채권자가 질권에 있어서 와 같이 제공자로부터 인도 받지 않고서 그 목적물을 다만 관념상으로만 지배해서 채무의 변제가 없는 경우에 그 목적물로부터 우선변제를 받는 권리	등기됨
	유치권	타인의 물건을 점유한 자가 그 물건에 관해 생긴 채권을 가지는 경우에 그 채권의 변제를 받을 때까지 그 물건을 유치할 수 있는 권리	등기되지 않음
	질권	돈을 빌려주면서 물건을 질로 잡고 갚지 않을 때는 그 목적물에서 우선 변제받는 권리	등기됨

관습법상 물권	관습법상 분묘기지권	타인의 토지에 분묘를 설치한 자가 있는 경우, 그 자가 그 분묘를 소유하기 위해 기지 부분의 타인 소유 토지를 사용할 수 있는 권리로서 지상권에 비슷한 성질을 갖는 권리	등기되지 않음
	관습법상 법정지상권	토지와 건물이 동일인에게 속했다가 그 중 어느 하나가 매매 기타의 일정 원인으로 각각 소유자를 달리하게 된 때에 그 건물을 철거한다는 특약이 없으면 건물 소유자가 관습상 당연히 취득하게 되는 권리	등기되지 않음

4. 채 권

채권이란 특정인(채권자)이 특정인(채무자)에게 특정한 행위 자체를 청구할 수 있는 권리이다.

부동산경매와 관련하여 물권자인 저당권자는 별도의 절차 없이 저당권을 원인으로 자신의 채권을 만족하기 위해 경매(임의경매)를 신청할 수 있는 반면, 채권자의 경우 그의 채권은 채무자에 대해서만 청구할 수 있고, 따라서 채권자의 주장만으로는 그 진정성을 인정하기 어렵다고 할 수 있다. 이러한 이유로 채권자는 확정적인 사실(재판을 통해 사실을 인정받고 집행권원을 확보) 바탕으로 경매(강제경매)를 청구할 수 있다.

5. 물권과 채권의 우선순위

1) 물권의 우선적 효력

우선적 효력이란 동일물 위에 수 개의 권리가 존재하는 경우에는 그 중 한 권리가 다른 권리에 우선하여 취급되는 효력을 말하는데, 물권은 우선적 효력을 갖는 권리이므로 물권자는 후순위 권리자 또는 일반채권자에 우선하여 자신의 권리를 주장할 수 있다.

2) 물권과 물권 간의 효력

물권과 물권 간에는 먼저 성립한 물권이 뒤에 성립한 물권보다 언제나 우선한다. 따라서 부동산의 경우 먼저 등기된 물건이 뒤에 등기된 물권보다 언제나 우선한다. 즉 부동산물권의 우선순위는 등기의 선·후에 의한다.

3) 물권과 채권 간의 우선적 효력

물권은 성립시기에 관계없이 언제나 채권에 우선하는 것이 원칙이다. 그러나 법률에 특별한 규정이 있는 경우나 물권화된 경우는 물권에 우선한다.

예를 들어 토지임대차는 토지전세권에 대하여 언제나 후순위에 불과하다. 그러나 주택임대차보호법에 의해 대항력이 인정되는 임대차는 대항력 성립이후에 등기된 물권에 우선한다. 또한 등기된 임대차는 물권과 동일하게 취급된다.

제 5 절 권리의 소멸과 인수

1. 말소기준(등기)

1) 의 의

일반 거래의 대상이 되는 부동산과는 달리 경매대상이 되는 부동산은 등기상의 권리관계가 상당히 복잡한 것이 하나의 특징이라고 할 수 있다. 그럼에도 복잡한 권리관계에 대해 미리 소유자와 협의를 할 수 있는 제도적인 장치는 없다. 즉, 경매대상부동산의 권리관계의 정리를 획일적으로 정리할 필요가 있다. 즉 매각으로 인하여 소멸하는 것과 소멸되지 않는 권리를 나누어야 한다.

민사집행법은 '매각부동산 위의 모든 저당권은 매각으로 소멸된다. 지상권·지역권·전세권 및 등기된 임차권은 저당권, 압류채권, 가압류채권에 대항할 수 없는 경우에는 매각으로 소멸된다[17]'고 규정하고 있다.

말소기준권리 혹은 말소기준등기란 경매대상 부동산이 매각으로 인하여 소유권이 이전될 때 해당 등기를 포함하여 그 등기의 등기(기입)이후의 모든 등기를 말소시키는 등기, 즉 매각이후 매수인이 책임지지 않을 권리와 책임을 져야 할

17) 민사집행법 제91조 제2항, 제3항.

권리를 구분하는 등기를 이야기한다. 다시 말해 인수와 말소의 기준으로 작용하는 등기를 의미한다.[18)]

〈권리분석과 관련한 각종 권리[19)]〉

법률			권리종류	등기부 표시 여부
민법상의 권리	물권	용익물권	지상권	표시
			법정지상권	미 표시
			지역권	표시
			전세권	표시
		담보물권	(근)저당권	표시
			유치권	미 표시
	채권		환매권	표시
			임차권	표시(미 표시 존재)
주택(상가)임대차보호법상의 권리			선순위 임차권	미 표시
			임차권등기명령이 된 임차권	표시
절차법상의 권리			가압류등기	표시
			가처분등기	표시
			가등기	표시
			예고등기	표시
공법상의 권리			압류등기	표시
			환지등기	표시

18) 이승주, 『나는 아내보다 권리분석이 좋다』, 다산북스, 2010, 27면; 신창용, 『부동산 경매실무 119』, 다산북스, 2008, 278면; 박용석, 『부동산경매실전』, 위즈덤하우스, 2008, 350면; 이승길·박정희, 『부동산 경매·공매 플러스 민간경매 완전정복』, 책과사람들, 2009, 228면; 김길태, 『경매, 실전에서 강해지는 비법』, 리츠옥션, 2007, 144면; 김창식, 앞의 책, 180면; 최동홍, 앞의 책, 161면; 최광수, 앞의 책, 54면; 최문진, 앞의 책, 140면; 여기에 대하여 같은 의미를 설명함에도 말소기준권리, 말소기준, 말소기준등기 라는 용어가 혼용되고 있다. 이는 말소기준이라는 용어가 법률적인 용어가 아니라 '경매시장'에서 나온 용어이기 때문이다. 생각건대, 말소기준에는 아직 확정적이지 않은 채권인 가압류 등기가 포함되어 있다. 따라서 권리라고 표현하는 것은 무리라고 할 수 있고, 등기사항이 기준이 되는 것으로 볼 때 '말소기준등기' 혹은 '말소기준'이라고 하는 것이 적절하다고 판단된다.

19) 황경진, 앞의 책, 607면.

2) 말소기준이 되는 등기

저당권과 근저당권은 항상 말소기준이 된다. 가압류등기와 압류등기도 말소기준권리가 된다. 문제는 선순위가압류등기후 경매부동산의 소유권이 이전되고, 새로운 소유자의 채권자가 경매신청을 한 경우 선순위가압류는 말소기준이 되지 않을 수 있다. 이에 대해 대법원은 "구체적인 매각절차를 살펴 집행법원이 위 가압류등기의 부담을 매수인이 인수하는 것을 전제로 하여 매각절차를 진행했는가의 여부에 따라 가압류 효력의 소멸여부를 판단해야 한다."고 판시하였다(대법원 2005다8682 판결). 따라서 입찰참가자는 물건명세서 등을 확인하고 입찰여부를 결정하여야 한다.

담보가등기는 등기접수일이 1984. 1.1. 이후에 설정된 경우 가등기담보에관한법률 제12조 및 제13조에 의하여 경매실행과 관련 저당권으로 본다. 따라서 말소기준이 된다.

경매개시결정기입등기는 등기가 이루어지면 압류의 효력이 발생한다. 따라서 말소기준이 된다.

말소기준은 오로지 부동산등기부에 등기된 것만 해당하는 것이며, 이중 등기순서가 가장 빠른 것이 경매사건의 말소기준이 된다.

〈말소기준권리가 될 수 있는 권리[20]〉

말소기준권리가 될 수 있는 권리	말소기준권리 인정여부
근저당권, 저당권	최선순위 근저당권(①번 설정)이 말소기준권리임
강제경매개시결정 기입등기	항상 말소기준권리임(단, 다른 말소기준권리가 없는 경우)
압류, 가압류	말소되는 경우만 말소기준권리로 인정됨
담보가등기	담보가등기일 경우만 말소기준권리로 인정됨

20) 황경진, 앞의 책, 607면.

2. 인수주의

말소기준을 중심으로 그보다 먼저 등기된 권리들은 매각으로 인하여 소유권이 이전 하더라도 소멸되지 않고 등기부에 남아 매수인이 인수한다.

지상권, 지역권, 전세권은 말소기준보다 선순위인 경우 매수인이 인수한다. 등기된 임차권도 등기 시점이 말소기준보다 빠른 경우 매수인이 인수한다. 그러나 전세권은 전세권자의 배당요구가 있으면 매수인이 인수하지 않는다. 주택임대차보호법과 상가임대차보호법상의 대항력을 갖춘 임차인인 경우 그 대항력의 발생일자가 말소기준보다 먼저인 경우 매수인이 인수한다. 소유권이전등기청구권보전가등기는 말소기준보다 선순위인 경우 본등기의 실행이 있으면 매수인은 소유권을 잃을 수 있다.

〈매수인이 인수하는 권리[21]〉

인수될 수 있는 권리	인수 여부
예고등기	항상 인수됨(말소기준권리보다 선후를 불문하고)
유치권	
법정지상권	
용익물권(지상권, 지역권, 전세권)	말소기준권리보다 앞선 일자로 설정된 경우에만 인수됨 -전세권의 경우에는 말소기준권리보다 앞서 설정되었더라도 전세권자가 경매 절차에서 배당 요구를 하면 매각으로 소멸
환매권	
임차권	
가처분	
가등기	
(가)압류	구법 : 전 소유자를 상대로 설정된 (가)압류만 인수됨 신법(2002. 7. 1 이후) : 전소유자의 가압류는 100% 공탁 및 가압류는 말소

전소유자를 채무자로 한 가압류가 존재하고 현소유자의 채권자가 경매를 신청한 경우 그 가압류는 말소되지 않을 수 있다. 가처분의 경우 말소기준보다 앞선

21) 황경진, 앞의 책, 608면.

경우 매수인이 인수한다. 현재 실무에서는 채권액을 공탁하고 가압류등기는 말소하고 있다. 말소기준보다 선순위로 등기된 환매등기는 환매권자의 환매권실행이 있으면 소유권을 잃는다.

그러나 이러한 기준에도 불구하고 예고등기, 법정지상권, 관습법상의 법정지상권, 분묘기지권, 유치권은 언제나 매수인이 인수한다.

3. 말소주의

말소기준 이후에 등기된 제한물권이나 대항력이 없는 임차권은 매각으로 인한 소유권이전으로 등기부에서 말소되고, 권리를 주장할 수 없다.

〈말소기준권리 식별표(인수 · 소멸)〉

구 분	등기부에 등재되는 권리	등기부에 등재되지 않는 권리	비 고
인수 대상 권리	1. 예고등기 2. 지상권 3. 지역권 4. 전세권 5. 가처분 6. 환매등기 7. 임차권 등기 8. 소유권이전청구권 가등기 9. 전소유자이었을 당시의 (가)압류	10. 대항력 있는 임차인 11. 유치권 12. 법정지상권 13. 분묘기지권	▷ 1번 예고등기는 항상 인수 ▷ 9번 (가)압류가 된 후의 소유권이전이 되고 새로운 소유자의 채권 자가 경매 신청한 경우에만 해당 ▷ 11,12,13번 권리는 소멸기준권리와 관계없이 모두 인수(이 권리들은 권리 분석 결과 성립되면 모두 인수되므로 특별한 주의 요망)
선순위인수 ⇧	▷경매 사건에서 말소기준권리를 확정한 경우 그 기준권리보다 "선순위"인 경우의 뜻		
소멸 기준 권리	① 최선순위 담보물권(저당권, 근저당권) →대원칙 ② 최선순위(가)압류 ③ 최선순위(담보) 가등기 ④ 경매기입등기		▷최우선순위 ① (근)저당권이 대 원칙이고, ②,③이 앞설 경우 ②,③이 기준 ④는 위의 ①,②,③이 없는 상태에서 경매신청된 경우에 해당됨.
후순위 소멸 ⇩	▷ 경매사건에서 기준권리를 확정한 경우 그 소멸기준권리보다 "후순위"인 경우라는 뜻		

소멸 대상 권리	1. (근)저당권 2. (가)압류 3. 담보가등기 4. (소유권이전청구권) 가등기 5. 지상권 6. 지역권 7. 전세권 8. 가처분 9. 환매등기 10. 임차권등기 11. 모든 임대차	▷예고등기→ ▷가처분(인수)특별한 경우:가처분은 인수되는 수가 있음	▷1~9 : 매수인이 인수하지 않아도 되는 부동산 등기부상의 기입등기 권리들 ▷예고등기 : 예고등기는 소멸기준권리보다 후순위일지라도 등기부에서 소멸되지 않는다. ▷토지소유자가 그 지상건물 소유자에 대하여 토지인도 청구권을 위한 가처분등기를 경료한 때에 건물만의 경매에 있어서는 매각으로 소멸하지 않는다.

제 2 장

물권의 분석

제 1 절 전세권(傳貰權)

1. 경매와 전세권

전세권이란 전세금을 지급하고 타인의 부동산을 그 용도에 따라 사용·수익하며, 그 부동산 전부에 대하여 후순위 권리자 기타 채권자보다 전세금을 우선변제받을 수 있는 권리이다(민법 제303조 제1항).

부동산 경매에서 전세권이 가지는 의미는 말소기준권리보다 먼저 전세권설정등기가 완료된 선순위의 전세권인 경우와 전세권자가 그 대상이 되는 주택을 실제로 점유하고 전입신고를 마친 경우, 즉 대항력을 갖춘 경우에 의미를 가진다. 그리고 전세권자가 경매를 신청한 경우에 전세권의 지위가 문제가 될 수 있다.

2. 전세권의 소멸과 인수

전세권은 말소기준이 아니다. 따라서 민사집행법의 '지상권·지역권·전세권 및 등기된 임차권은 저당권, 압류채권, 가압류채권(이른바 말소기준등기)에 대항할 수 없는 것은 매각으로 소멸되고, 대항할 수 있는 경우에는 매수인이 인수한다. 다만, 그 중 전세권의 경우에는 배당요구를 하면 매각으로 소멸된다(민사집행법 제91조 제3항, 제4항).'는 규정에 의해 운명이 결정된다.

다시 말해 전세권이 말소기준보다 후순위인 경우 매각으로 인하여 소멸하게 된다. 그러나 말소기준보다 먼저 설정되었다면 원칙적으로 소멸되지 않고 매수인에게 인수된다.[22)]

이 경우에도 최선순위의 전세권자가 배당요구를 하면 그 전세권은 매각으로 소멸되지만, 존속기간이 만료된 최선순위의 전세권이라도 배당요구를 하지 않는 한 매각으로 소멸되지 않고 매수인에게 인수된다.

따라서 경매참가를 하려는 자는 선순위전세권자의 배당요구 여부를 매각물건명세서를 통해 살펴야 한다. 배당요구가 없으면 전세권자의 전세금을 인수하게 될 수 있다.

3. 전세권자가 대항력을 갖춘 경우

선순위전세권의 대상이 주거용의 건물이고 전세권자가 실제로 점유하고, 전입신고를 한 경우 즉, 선순위전세권자이면서 대항력을 갖춘 경우 전세권자는 전세권자로서의 지위와 대항력있는 임차인으로서의 지위를 동시에 가지게 된다.

이 경우 전세권자는 선순위전세권자로서 전세금에 대한 완전한 만족을 구하지 못한 경우 매수인에게 대항력을 주장하여 주택의 인도를 거절할 수 있다.

특히 대항력은 저당권에 앞서고 전세권설정등기는 저당권등기보다 후순위인 경우 전세권자는 대항력있는 임차인의 지위만을 주장하여 전세금을 매수인에게 인수시킬 수 있고, 먼저 전세권에 기해 배당에 참여하고 전세금 전액을 배당받지 못한 경우 그 부분에 대하여는 대항력을 주장하여 매수인에게 인수케 할 수도 있다.

4. 전세권과 경매신청

전세권자는 전세권설정자가 전세금의 반환을 지체한 때에는 민사집행법이 정한 바에 의하여 전세권의 목적물의 경매를 청구할 수 있다.[23)]

22) 최문진, 앞의 책, 171면; 이승주, 앞의 책, 190면; 최광수, 앞의 책, 238면.
23) 민법 제318조.

전세금의 반환과 목적물인도 및 전세권말소등기의무는 동시이행관계에 있다. 따라서 전세권자가 전세금을 반환받기 위하여 전세목적물에 대한 경매를 청구하려면 우선 전세권설정자에 대하여 목적물인도 및 전세권말소등기의무의 이행제공[24]을 하여 전세권설정자는 이행체제에 빠져야 한다.[25]

전세권이 부동산의 일부에 설정된 경우에 전세권자가 그 부동산 전부의 경매를 청구할 수 있는지에 대하여 판례는 “전세권의 목적물이 아닌 나머지 건물부분에 대하여는 우선변제권은 별론으로 하고 경매신청권은 없으므로, 건물 일부의 전세권자는 전세권의 목적이 된 부분을 초과하여 건물 전부의 경매를 청구할 수 없다.”고 하였고, “전세권의 목적이 된 부분이 구조상 또는 이용상 독립성이 없어 독립한 소유권의 객체로 분할할 수 없고 따라서 그 부분만의 경매신청이 불가능하다고 하여 달리 볼 것은 아니다.”[26]라고 하여 일부의 전세권자에게 건물전부에 대한 경매신청권을 인정하지 않고 있다.[27]

말소기준보다 먼저 설정된 선순위의 전세권자가 경매를 신청한 경우 전세권이 말소기준이 될 수 있는가가 문제이다.

이에 관하여 전세권자가 경매를 신청한 경우 말소기준이 된다는 견해[28]와 임의경매가 신청된 경우에는 말소기준이나 강제경매의 경우는 말소기준이 될 수 없다는 견해[29], 전세권은 말소기준이 될 수 없다는 견해[30]가 대립하고 있다. 또한 판례도 정확한 기준을 제시하지 못하고 있다.

5. 우선변제권

전세권이 존속기간의 만료 등으로 소멸하더라도 전세권자는 대상 부동산 전부에 대하여 후순위 권리자 기타 일반채권자보다 전세금의 우선변제를 받을 권리

24) 민법 제317조.
25) 대법원 1977.4.13. 77마90 결정.
26) 대법원 2001.7.2. 2001마212 결정.
27) 건물 일부의 전세권자는 전세금반환청구의 소를 제기하여 집행권원을 얻은 다음 주택전부에 대한 강제경매를 신청하여야 할 것이다.
28) 최문진, 앞의 책, 172면; 김창식, 앞의 책, 218면.
29) 최광수, 앞의 책, 241-242면.
30) 이승주, 앞의 책, 33면.

가 있다.[31]

전세권과 저당권 등은 등기의 순위에 따라 우선순위가 정해진다. 전세권자는 원칙적으로 일반채권자에 대하여 우선한다. 그러나 대항력 있는 임차인이 있는 경우에는 임차권이 대항요건을 갖춘 시점과 전세권이 등기된 시점의 선후에 따라 그 우선순위가 결정된다. 또한 가압류등기가 경료된 이후의 전세권자는 가압류권자에 대한 관계에서는 우선변제권을 주장할 수 없다.

건물전세권자는 건물의 환가대금으로부터만 우선변제를 받을 수 있고, 그 대지의 환가대금으로부터는 우선변제를 받을 권리가 없다.[32]

그러나, 집합건물의 전유부분에 대한 전세권자는 규약이나 공정증서로서 대지사용권의 분리 처분이 가능하도록 별도로 정하지 않는 한, 종된 권리인 대지권의 매각대금에 대하여도 우선변제를 받는다.[33]

제 2 절 지상권(地上權)

1. 경매와 지상권

지상권이란 타인의 토지에서 건물 기타 공작물이나 수목을 소유하기 위하여 그 토지를 사용할 수 있는 물권이다(민법 제279조).

지상권은 당사자간 지상권설정의 협의와 지상권설정등기에 의하여 성립하는 약정지상권과 법률의 규정에 의해 당연히 성립되는 것으로 정한 법정지상권, 판례에 의해 확립된 관습법상의 법정지상권과 분묘기지권이 있다.

부동산경매에서 지상권의 문제는 상당히 중요한 위치를 차지하고 있다. 지상권에 대한 완벽한 분석이 가능하다면 아마도 경매의 명인으로 추앙받게 될지도 모를 일이다.

---

31) 민법 제303조 제1항.

32) 단독주택이 경매처분 될 경우에 대항력 있는 확정일자부 임차인은 건물대금과 토지대금에서 모두 배당을 받으나 전세권자는 건물대금에서만 배당을 받는다. 따라서 물권의 설정이 언제나 이로운 결과를 가지고 오는 것만은 아니다.

33) 대법원 2002.6.14. 2001다68389 판결.

부동산경매에서 문제가 되는 것은 약정지상권 중 말소기준보다 먼저 등기된 선순위 지상권이며, 법률의 규정에 의해 성립하는 법정지상권, 관습법상의 법정지상권, 분묘기지권이다.

지상권은 존속기간의 만료, 지상권에 우선하는 말소기준권리가 있는 토지의 경매, 토지수용 등에 의하여 소멸한다. 그 밖에 정기의 지료를 지급하여야 하는 지상권자가 2년 이상의 지료를 체납한 경우에는 지상권설정자는 지상권의 소멸을 청구할 수 있다(민법 제287조).

지상권이 소멸한 때에는 지상권자는 건물 기타 공작물이나 수목을 수거하여 토지를 원상에 회복하여야 한다(민법 제285조 제1항).

2. 최선순위의 지상권

지상권은 말소기준이 아니다. 또한 법률의 규정에 의해 말소기준보다 먼저 등기된 경우에는 매수인이 인수하여야 하며, 말소기준 후에 등기된 경우에는 매각으로 인해 소멸한다.

선순위의 지상권등기가 존재하는 경우 매수인은 지상권의 존재로 인하여 매각받은 토지의 사용가치를 향유할 수 없게 된다. 따라서 입찰자는 선순위의 지상권이 존재하는 경우 아주 낮은 매수가로 소유권을 취득하고 여기에 대한 지료를 통한 만족을 구할 수 있는 경우가 아니면 입찰을 피하는 것이 좋다.

지료는 지상권의 필요적 요소는 아니지만, 매수인은 지상권자에게 지료를 청구할 수 있고 지료를 2년 이상 체납하는 경우에는 지상권의 소멸과 함께 지상물의 철거 및 토지의 명도를 청구할 수 있다.

그러나 지상권설정의 목적이 직접 토지를 사용·수익하려는 것보다 저당 토지의 담보가치의 하락을 막기 위한 목적으로 저당권과 함께 설정되었거나(이른바 담보지상권), 소유권이전청구권 보전을 위한 가등기를 마치면서 그 토지상에 타인이 건물 등을 축조하여 점유, 사용하는 것을 방지할 목적으로 설정한 지상권의 경우에는 그 지상권 설정의 목적인 권리의 소멸과 함께 소멸된다.[34)]

---

34) 대법원 1991.3.12. 90다카27570 판결 ; 대법원 1991.10.11. 91다23462 판결.

3. 법정지상권

법정지상권은 전세권설정자의 법정지상권, 저당권실행에 의한 법정지상권, 가등기담보에 관한 법률에 의한 법정지상권, 입목법상의 법정지상권, 관습법에 의한 법정지상권으로 나눌 수 있다.

법정지상권은 토지의 사용·수익을 장기간 제한하므로 견고한 건물이나 수목의 소유를 목적으로 한 법정지상권이 성립되는 토지를 매수하는 경우 자신의 권리를 온전히 실현할 수 없다. 따라서 법정지상권의 성립이 문제가 될 수 있는 토지의 입찰은 신중을 기하여야 한다.

경매에서 법정지상권이 문제되는 경우 경매 물건명세서에 통상 '법정지상권 성립여지 있음'이라고만 기재하고 있고 실제 성립여부를 판단할 수 있는 근거를 제시하고, 확정적으로 선언하는 문구는 어디에도 없다.

부동산경매와 관련하여 문제가 되는 것은 저당권실행에 의한 법정지상권(임의경매)과 관습법상의 법정지상권(강제경매)이라 할 수 있다.

법정지상권(임의경매)과 관습법상의 법정지상권(강제경매)은 말소기준도 아니며, 토지의 매수인은 언제나 인수하여야 하는 부담이다. 건물만이 매각의 대상인 경우에는 법정지상권을 취득하는 것이 필수적 요건이나 토지의 매수인에게는 법정지상권은 상당히 부담스러운 사실이다.

1) 저당권실행에 의한 법정지상권

(1) 의의

토지와 그 지상의 건물이 동일 소유자에게 속한 경우에, 어느 한쪽만 저당권을 실행하여 경매됨으로써 토지와 건물의 소유자가 다르게 된 때에는 토지소유자는 건물소유자에 대하여 지상권을 설정한 것으로 본다.

(2) 요건

법정지상권은 당사자의 의사와는 무관하게 법률이 정하는 일정한 요건이 있으면 등기와 무관하게 당연히 그 성립을 인정하는 것이다.

법정지상권이 성립되기 위하여는 반드시 다음과 같은 요건을 갖추고 있어야 한다.

① 저당권이 설정될 당시에 토지 위에 건물이 존재하고 있어야 한다.

건물이 없는 토지 위에 저당권을 설정하고 그 후에 건물을 신축한 경우 후에 토지상의 저당권의 실행으로 인하여 토지만 경매진행되어 낙찰된 경우에는 건물 소유자를 위하여 법정지상권이 인정되지 않는다. 따라서 권원 없이 불법으로 타인소유 토지 위에 존재하는 건물이 되어 철거의 대상이 될 수 있다.

건물은 저당권설정 당시에 존재하고 있으면 족하고[35], 그 건물의 허가여부 및 보존등기여부는 법정지상권성립에 영향이 없다.[36] 즉, 등기부가 없는 미등기의 무허가 건물이라도 법정지상권이 성립하는 데에는 문제될 것이 없다. 또한 건물이 멸실・철거된 후에 재축・신축하는 경우에도 법정지상권은 성립된다.

저당권이 설정될 당시 토지 소유자에 의하여 그 지상에 건물을 건축 중이었던 경우 그것이 사회 관념상 독립된 건물로 볼 수 있는 정도에 이르지 않았다 하더라도 건물의 규모・종류가 외형상 예상할 수 있는 정도까지 건축이 진전되어 있었고, 그 후 경매절차에서 매수인이 매각대금을 다 낼 때까지 최소한의 기둥과 지붕 그리고 주벽이 이루어지는 등 독립된 부동산으로서 건물의 요건을 갖추면 민법 제366조의 법정지상권이 성립하며, 그 건물이 미등기라 하더라도 법정지상권의 성립에는 아무런 지장이 없다.[37]

그러나 건물 없는 토지에 저당권이 설정된 후 저당권설정자가 그 위에 건물을 건축하였다가 담보권의 실행을 위한 경매절차에서 경매로 인하여 그 토지와 지상건물의 소유자를 달리하였을 경우에는 법정지상권이 인정되지 아니할 뿐 아니라 관습상의 법정지상권도 인정되지 아니한다.[38] 이와 동시에 저당권자의 동의하에 저당권설정 후 건물을 신축한 경우에도 법정지상권이 성립되지 않는다.[39]

35) 대법원 1995.7.28. 95다9075 판결.
36) 대법원 1988.4.12. 87다카2404 판결.
37) 대법원 2004.6.11. 2004다13533 판결.
38) 대법원 1995.12.11. 95마1262 결정.
39) 대법원 2003.9.5. 2003다26051 판결.

② 저당권이 설정될 당시에 토지와 건물이 동일한 소유자에게 속하고 있어야 한다.

따라서 저당권설정당시에 토지와 건물의 소유자가 각각 다른 사람이라면 매각으로 인하여 건물 소유자를 위하여 법정지상권은 성립하지 않는다.

③ 토지와 건물의 어느 한쪽에 저당권이 설정되거나 양자 위에 저당권이 설정되어야 한다.

④ 경매로 인하여 소유자가 달라져야 한다.

토지 또는 건물의 저당권자의 경매신청에 의하여 낙찰로 인하여 토지와 건물의 소유자가 달라져야 한다. 이때 경매에는 강제경매, 임의경매, 공매가 포함된다고 보고 있으나[40] 강제경매의 경우는 관습법상의 법정지상권이 성립한다.[41]

(3) 법정지상권의 성립

법정지상권이 성립하는 시기는 토지와 건물의 소유자가 달라지는 때이다. 경매의 경우 매각대금 완납과 함께 소유권을 취득하게 되므로 이 때에 법정지상권이 성립한다. 법정지상권은 법률의 규정에 의한 물권의 변동으로 등기를 필요로 하지 않는다.

(4) 법정지상권의 존속기간

법정지상권의 존속기간에 관하여는 명문의 규정이 없다. 따라서 약정 지상권의 존속기간을 준용하는 것으로 본다. 법정지상권이 성립한 후 견고한 건물의 경우 최소한 30년 이상이 보장된다고 할 수 있다.

그러나 건물이 존속하는 한 법정지상권도 존속하는 것은 아니다.[42]

(5) 법정지상권 인정 범위와 지료

법정지상권이 성립되는 경우 법정지상권자는 지상건물의 유지와 사용에 필요한 범위를 벗어나지 않는 범위에서 그 토지를 자유롭게 사용할 수 있다.

법정지상권자는 토지사용의 대가로 토지소유자에게 지료를 지급해야 하는데,[43]

---

40) 곽윤직, 『물권법』, 박영사, 2001, 471면.

41) 대법원 1991.4.9. 89다카1305 판결.

42) 대법원 1992.6.9. 92다4857 판결.

43) 법정지상권자는 토지소유자에게 지료를 지급할 의무가 있다(대법원 1997.12.26. 96다34665 판결).

지료에 관하여는 당사자가 합의하는 것이 원칙이다. 합의가 되지 않을 경우에 토지 소유자는 법원에 지료청구소송을 하게 되는데 일반적으로 법원에서 인정하는 지료는 감정평가액의 연 5~7% 정도에서 인정되고 있다.[44] 이 경우 지료는 지상권 성립 시에 소급하여 그 효력을 발생한다.

(6) 법정지상권 만료의 효과

법정지상권 존속기간이 만료되면 법정지상권자는 토지소유자에게 법정지상권의 갱신을 청구할 수 있다. 이 때 토지소유자가 갱신을 거절한다면 건물소유자는 토지위의 건물 등 지상물을 적당한 가격으로 토지소유자에게 매수하라는 지상물 매수청구권을 행사할 수 있다.

(7) 지료를 연체하는 경우

법정지상권자가 당사자의 합의나 법원의 판결에 의하여 정해진 지료를 2년 이상 연체한 경우에는 토지소유자는 법정 지상권의 소멸을 청구할 수 있다(민법 제287조).

법정지상권이 소멸되면 토지소유자는 지상건물의 철거 및 토지반환소송 등을 제기하여 토지를 반환받을 수 있다. 토지소유자는 그 밖에 지료 연체를 이유로 지상건물에 대하여 강제경매를 신청할 수도 있다.

〈판례〉

지상권자가 그 권리의 목적이 된 토지의 특정한 소유자에 대하여 2년분 이상의 지료를 지불하지 않은 경우에 그 특정의 소유자는 선택에 따라 지상권의 소멸을 청구할 수 있으나, 지상권자의 지료지급연체가 토지소유권의 양도 전후에 걸쳐 이루어진 경우 토지양수인에 대한 연체기간이 2년이 되지 않는다면 양수인은 지상권소멸청구를 할 수 없다(대판 2001.3.13. 99다171421).

2) 관습법상의 법정지상권

(1) 의의

동일한 소유자의 토지와 건물 중 어느 하나가 매매, 증여, 강제경매, 국세징수

44) 최문진, 앞의 책, 168면.

법에 의한 공매 등으로 각각 소유자를 달리하게 된 때에, 그 건물을 철거하기로 하는 합의가 있었다는 등의 특별한 사정이 없는 한, 건물소유자는 토지소유자에 대하여 그 건물을 위한 지상권이 성립하게 되는데 이를 관습법상의 법정지상권이라 한다.[45)]

이러한 관습상의 법정지상권은 건물소유자로 하여금 토지를 계속 사용하게 하려는 것이 당사자의 의사라고 보아 인정되는 것이므로 토지의 점유·사용에 관하여 당사자 사이에 약정이 있는 것으로 볼 수 있기 때문이다(대법원 2002다9660판결).

(2) 성립요건

① 처분 당시 토지와 건물의 소유권이 동일인에게 속하여야 한다.

토지와 건물이 처분당시에 동일인의 소유에 속하였으면 족하고, 처음부터 동일인의 소유일 필요는 없다.[46)] 또한 동일인의 소유에 속하는 한 반드시 등기가 되어 있어야 하는 것은 아니고 미등기의 무허가 건물이더라도 상관이 없다.[47)]

② 매매기타의 원인으로 소유자가 달라져야 한다.

토지와 건물의 소유자가 달라지는 원인은 저당권에 기한 경매 등 법률상의 법정지상권 발생사유를 제외한 모든 사유이다.[48)]

매매이외에 증여[49)], 건물부분의 대물변제[50)], 귀속재산의 불하[51)] 등의 사유가 있는 경우에도 관습법상의 법정지상권이 발생할 수 있다.

강제경매[52)] 또는 국세징수법에 의한 공매[53)]의 경우에도 법정지상권이 발생할

45) 예컨대 토지와 건물을 소유하던 자가 지상건물만을 타인에게 매도하거나 대물변제조로 소유권을 이전하였다면, 그 타인으로 하여금 그가 건물을 소유하기 위하여 자기의 토지를 사용하여도 좋다고 허락한 것으로 해석하여도 무방할 것이다. 반대로, 토지와 건물을 소유하던 자로부터 그 지상건물을 철거한다는 등의 특약이 없이 토지의 소유권만을 취득하기로 하였다면, 토지의 소유권을 취득한 자는 기존의 건물소유자에게 건물의 소유를 위하여 자신의 취득하는 토지의 사용을 승낙하였다고 보아도 될 것이다(최광수, 앞의 책, 202-203면).

46) 대법원 1995.7.28. 95다9075 판결.

47) 대법원 1988.4.12. 87다카2404 판결.

48) 이승주, 앞의 책, 244면.

49) 대법원 1963.5.9. 63아11 판결.

50) 대법원 1992.4.10. 91다45356 판결.

51) 대법원 1986.9.9. 85다카2275 판결.

52) 대법원 1970.9.29. 70다1454 판결.

수 있으나 저당권의 실행경매로 토지와 건물의 소유자가 다르게 된 경우에는 민법 제366조의 법정지상권이 발생하므로, 저당권실행경매는 관습법상 법정지상권의 발생사유가 아니다.

③ 당사자 사이에 건물을 철거한다는 특약이 없어야 한다.

당사자 사이에 건물을 철거한다는 특약이 있는 경우 지상건물은 철거의 대상물이다. 따라서 그러한 건물을 위한 지상권이 인정될 여지가 없다.

(3) 등기

관습법상의 법정지상권은 관습법에 의하여 당연히 성립하는 것이므로 민법 187조에 의하여 등기를 할 필요가 없다.

(4) 법정지상권의 포기

법정지상권을 취득한 건물소유자가 토지소유자와 임대차계약을 체결한 경우에는 법정지상권의 포기로 간주된다.

동일인에 속하였던 대지와 건물중 건물만을 매도하면서 따로 건물을 위하여 대지에 대한 임대차계약을 한 경우에는 건물매수인이 관습법상 법정지상권을 포기한 것으로 보아야 한다.[54]

기타 관습법상의 법정지상권의 성립이나 내용, 양도 및 소멸에 관한 사항은 법정지상권의 내용과 크게 다르지 않다.

4. 분묘기지권

1) 의의

분묘기지권이란 분묘를 수호하기 위하여 분묘의 기지 부분과 분묘의 수호 및 제사에 필요한 범위 내에서 타인 소유의 토지를 사용하는 것을 내용으로 하는 지상권 유사의 관습상의 물권이다.

53) 대법원 1967.11.28. 67다1831 판결.

54) 대법원 1991.5.14. 91다1912 판결.

2) 성립요건(판례)

① 타인의 소유지 안에 그 소유자의 승낙을 얻어 분묘를 설치한 경우

타인의 토지에 그 소유자의 승낙을 얻어 분묘를 설치한 경우에는 관습법상의 분묘기지권을 취득한다.[55]

② 타인 소유의 토지에 승낙 없이 분묘를 설치한 뒤 20년간 평온 · 공연히 그 분묘의 기지를 점유하여 분묘기지권을 시효취득하는 경우[56]

분묘라 함은 봉분 등 외부에서 분묘를 인식할 수 있는 형태를 갖추고 있어야 하고, 평장되어 있거나 암장되어 객관적으로 인식할 수 있는 외형을 갖추고 있지 않는 경우나 가묘상태인 경우에는 분묘기지권이 인정되지 않는다.[57]

③ 자기 소유의 토지에 분묘를 설치한 자가 이장한다는 등의 특약 없이 이 토지를 타인에게 양도한 경우

자기소유의 토지에 분묘를 설치한 자가 후에 그 분묘기지에 대한 소유권을 유보하거나 또는 분묘를 이장한다는 특약을 함이 없이 토지를 처분한 경우에 분묘기지권이 인정된다.[58]

3) 내용

분묘기지권의 성립요건을 갖추었을 때에는 분묘 소유자는 '지상권 유사의 물권'을 취득한다. 분묘기지권은 일종의 제한물권이므로 그 사용은 오직 분묘를 소유하기 위해서만 인정된다. 또한 분묘기지권은 물권이므로 분묘가 침해당한 때에는 분묘소유자가 그 침해를 배제할 수 있다.

분묘기지권이 성립하는 경우 분묘기지권의 존속기간에 대한 약정이 없는 경우에는 권리자가 수호, 봉사를 계속하는 한 그 분묘가 존속하는 동안은 계속하여

55) 대법원 2000.9.26. 99다14026 판결.

56) 대법원 1996.6.14. 96다14036 판결, 분묘기지권이 성립되기 위해서는 분묘는 내부에 시신이 안장되어 있어야 하고 외부적으로 봉분 등의 외관을 갖추어야 한다. 그러나 2001. 1. 13. 이후에 토지 소유자의 승낙 없이 해당 토지에 설치한 분묘 등의 연고자는 해당 토지 소유자, 묘지 설치자 또는 연고자에게 토지사용권이나 그 밖에 분묘의 보존을 위한 권리를 주장할 수 없다(장사 등에 관한 법률 제27조 제1항, 제3항, 부칙 재2조).

57) 대법원 1976.10.26. 76다1359 판결.

58) 대법원 1976.10.26. 76다1359 판결.

존속한다.[59)]

분묘기지권의 효력이 미치는 범위일지라도 기존의 분묘 외에 새로운 분묘를 신설할 권능은 포함되지 않으므로 기존의 분묘에 후에 사망한 부부 중 일방을 단분 형태로 합장하여 분묘를 설치하는 것도 허용되지 아니한다.[60)]

지료의 지급에 관하여는 견해가 나뉘나 여기에 대해 언급한 판례는 없다. 분묘기지권의 성립요건에 지료에 관한 사항이 없으므로 무상인 것이 합리적이라 판단된다.

※ 장사 등에 관한 법률에서는 이 법 시행(2001. 1. 12.) 후 최초로 설치되는 분묘부터는 그 분묘의 설치기간을 15년으로 하되 15년씩 3회에 걸쳐서 그 기간을 연장할 수 있도록 하고 있으며(동법 제17조), 설치기간이 종료된 분묘는 그 기간이 종료된 날부터 1년 이내에 당해분묘에 설치된 시설물을 철거하고 매장된 유골을 화장 또는 납골하도록 규정하고(동법 제18조). 이러한 의무를 이행하지 아니할 경우 일정한 이행강제금을 부과·징수할 수 있도록 하고 있다(동법 제38조).

(4) 공시방법

분묘기지권은 분묘자체가 공시의 기능을 하고 있으므로 등기는 필요치 않다. 즉, 외부에서 분묘라고 인식할 수 있는 봉분(封墳)이 공시의 기능을 한다. 따라서 봉분이 없는 평장(平葬)의 경우는 분묘기지권이 인정될 수 없다. 그러나 평장일지라도 시신의 안치 사실을 알 수 있는 비석 기타의 구조물이 설치되어 있는 경우에는 분묘기지권이 인정된다 하여야 할 것이다.

제 3 절 지역권

지역권이란 일정한 목적을 위하여 타인의 토지를 자기토지의 편익에 이용하는 권리이다(민법 제291조). 지역권은 당사자 사이의 약정에서 정한 일정한 목적을 위하여 타인의 토지를 통행하거나, 그 토지에 일정한 높이 이상의 건물을 건축하

59) 대법원 1994.8.26. 94다28970 판결.
60) 대법원 2001.8.21. 2001다28367 판결.

지 않는 등 두 개의 토지 사이의 이용을 조절하기 위하여 설정한다. 지역권의 설정 목적은 통행, 인수, 관망 등이 있다.

두 필지의 토지 중 편익을 얻는 토지를 요역지라 하고, 편익을 제공하는 토지를 승역지라고 한다. 요역지는 1필의 토지의 전부이어야 하나 승역지는 그 일부에 대하여도 설정할 수 있다.

지역권은 토지의 편익을 위하여 존재하는 종된 권리이므로, 요역지의 소유권이 이전되면 지역권도 당연히 함께 이전된다(민법 제292조 제1항). 따라서 지역권은 요역지의 소유권이 이전되면 지역권의 이전등기 없이도 다른 약정이 없는 한 법률의 규정에 의한 지역권 이전의 효력이 생긴다.

지역권은 말소기준이 아니므로 말소기준보다 선순위이면 이 설정된 승역지가 경매로 매각되는 경우, 말소기준권리보다 선순위의 지역권은 매수인에게 인수된다.

※ 지역권 설정의 등기는 신청에 의하여 승역지의 등기용지의 을구에 지역권설정의 등기를 기재하며, 요역지에 대한 등기는 등기관이 요역지 지역권인 취지와 승역지, 목적, 범위 등을 직권으로 기재하여야 한다(부동산등기법 제137조, 제138조).

제 4 절 저당권(抵當權)

1. 저당권의 의의

저당권이란 채권자가 채무자 또는 물상보증인이 채무의 담보로 제공한 부동산을 제공자의 사용·수익에 맡겨 놓고서 채무의 변제가 없는 경우 그 부동산의 가액으로부터 우선변제를 받는 담보물권을 의미한다.

예를 들어 돈을 빌려주고 돈을 갚기로 한 날(변제기)에 채무자가 돈을 갚지 못할 경우를 대비하여 채무자 또는 제3자(물상보증인)의 부동산에 저당권등기를 함으로써 채권자의 채권을 담보하기 위한 것이다. 변제기에 돈을 갚지 않으면, 채권자는 저당권이 설정된 부동산을 경매신청(임의경매)하여 그 매각대금에서 채권을 확보한다.

2. 근저당권

근저당권은 계속적인 거래관계로부터 발생·소멸하는 불특정다수의 채무를 장래의 결산기에 있어서 그 담보할 채무의 최고액만을 정하고 채무의 확정을 장래에 보류하여 설정할 수 있는데 이를 근저당이라 하며, 이 경우에는 그 확정될 때까지의 채무의 소멸 또는 이전은 저당권에 영향을 미치지 아니한다(민법 제357조).

〈판례〉

부동산에 관하여 근저당권설정등기가 경료되었다가 그 등기가 위조된 등기서류에 의하여 아무런 원인없이 말소되었다는 사정만으로는 곧바로 근저당권이 소멸하는 것은 아니라고 할 것이지만, 부동산이 경매절차에서 경락되면 그 부동산에 존재하였던 근저당권은 당연히 소멸하는 것이므로, 근저당권설정등기가 원인 없이 말소된 이후에 그 근저당 목적물인 부동산에 관하여 다른 근저당권자 등 권리자의 경매신청에 따라 경매절차가 진행되어 경락허가결정이 확정되고 경락인이 경락대금을 완납하였다면, 원인 없이 말소된 근저당권은 이에 의하여 소멸한다.

근저당권설정등기가 위법하게 말소되어 아직 회복등기를 경료하지 못한 연유로 그 부동산에 대한 경매절차에서 피담보채권액에 해당하는 금액을 전혀 배당받지 못한 근저당권자로서는 위 경매절차에서 실제로 배당받은 자에 대하여 부당이득반환 청구로서 그 배당금의 한도 내에서 그 근저당권설정등기가 말소되지 아니하였더라면 배당받았을 금액의 지급을 구할 수 있을 뿐이고, 이미 소멸한 근저당권에 관한 말소등기의 회복등기를 위하여 현소유자를 상대로 그 승낙의 의사표시를 구할 수는 없다(대법원 98다27197 판결).

▶배당에 참여할 수 있는 채권자의 범위

1. 배당요구를 하지 않더라도 배당을 받을 수 있는 채권자

압류채권, 선행사건의 배당요구의 종기 전에 이루어진 후행경매의 압류채권, 경매개시결정이 등기되기 전에 등기된 가압류채권(대판 1995.7.28, 94다57718), 경매개시결정이 등기되기 전에 등기된 저당권, 전세권 등 담보권이 소멸하는 채권 등을 가진 자는 배당요구가 없더라도 배당받을 수 있는 채권자이다.

경매법원의 사무관 등은 이러한 채권자에 대하여 채권의 유무, 그 원인 및 액수(원금·이자·비용, 그 밖의 부대채권을 포함한다)를 배당요구의 종기까지 법원에 신고하도록 최

고하여야 한다(민사집행법 제84조 제4항, 제268조).

2. 배당요구를 하여야 배당을 받을 수 있는 채권자

집행력 있는 정본을 가진 채권자, 경매개시결정이 등기된 뒤에 가압류를 한 채권자, 민법·상법 그 밖의 법률에 의하여 우선변제청구권이 있는 채권자는 배당요구(예컨대 확정일자부 주택임차인)를 하여야 배당을 받을 수 있다.

3. 공동저당

공동저당이란 동일한 채권의 담보로 수개의 부동산 위에 저당권을 설정하는 것을 말한다. 공동저당은 복수의 부동산 위에 1개의 저당권이 있는 것이 아니라, 각 부동산마다 1개의 저당권이 있고 이 저당권들이 동일채권의 담보라는 동일 목적으로 결합되어 있는 것이다.[61]

공동저당의 경우 공동저당권자는 채권의 만족을 구하기 위해 공동저당의 목적물 전부를 대상으로 경매를 청구할 수 있고, 각 부동산 중에서 선택하여 일부만 경매할 수도 있다.

따라서 목적물의 소유자나 후순위 담보권자는 공동저당권자의 자의에 의하여 불리하게 될 수 있으므로, 민법은 이해관계인들간의 공평을 도모하기 위하여 공동저당부동산의 경매대가에 비례하여 각 저당물의 책임분담액을 정하고, 그 책임분담액을 넘는 잉여가치에 대하여 설정된 후순위 저당권자를 보호하고 있다(민법 제368조 참조).[62]

목적물 전부를 경매하여 동시에 배당할 경우에는 각 부동산의 경매대가에 비례하여 배당받고(동시배당), 공동저당의 수개의 부동산 중 일부만이 매각되어 그 경매대가를 먼저 배당하는 때에는 그 경매대가에서 전부를 변제받을 수 있다(이시배당).

이시배당의 경우 그 매각한 부동산의 차순위 저당권자는 선순위 저당권자가 공동저당 목적 부동산 전부가 매각되어 동시에 배당 받았을 경우에 다른 부동산이 부담했을 금액의 한도 내에서 선순위자를 대위하여 다른 부동산의 매각절차

61) 최광수, 앞의 책, 89면.
62) 김형배, 『민법학 강의』, 신조사, 2007, 836면.

에서 우선하여 배당받을 수 있다(민법 제368조 제2항).

〈판례〉

사용자(채무자) 소유의 수개의 부동산 중 일부가 먼저 경매되어 그 경매대가에서 임금채권자들이 우선특권에 의하여 우선변제 받은 결과 그 경매한 부동산의 저당권자가 민법 제368조 제1항에 의하여 위 수개의 부동산으로부터 임금채권이 동시배당되는 경우보다 불이익을 받을 경우에는 같은 조 제2항 후문을 유추 적용하여, 위 저당권자로서는 임금채권자가 위 수개의 부동산으로부터 동시에 배당받았다면 다른 부동산의 경매대가에서 변제를 받을 수 있었던 금액의 한도 내에서 선순위자인 임금채권자를 대위하여 다른 부동산의 경매절차에서 우선하여 배당받을 수 있다(대법원 97다9352 판결).

〈판례〉

근로자의 임금채권우선변제권이 선박경매절차에서 행사된 뒤 그 사용자의 부동산이 경매되는 경우에는 민법 제368조가 유추 적용되지 아니하므로, 선박에 대한 경매절차가 먼저 진행되어 근로자들이 임금채권우선변제권에 따라 배당받음으로써 선박에 대한 저당권자가 부동산과 선박에 대한 경매절차가 함께 진행되어 동시에 배당이 이루어졌다면 받을 수 있었던 금액보다 적은 금액만을 배당받거나 또는 배당을 받지 못하게 되었다고 하더라도 선박에 대한 저당권자는 사용자의 부동산에 대한 경매절차에서 그 근로자들의 임금채권 우선변제권을 대위 행사할 수 없다(대법원 2002다34901 판결).

4. 부동산경매와 저당권

부동산 경매에서 (근)저당권은 말소기준이 된다. 또한 매각부동산 위의 모든 저당권은 매각으로 소멸된다.[63]

저당권자는 집행권원이 필요한 강제경매와는 달리 담보권을 증명하는 서류의 제출로 경매(임의경매)를 신청할 수 있다. 따라서 강제경매의 경우 공신력이 인정되는데 반해 임의경매는 공신력이 인정되지 않는다. 즉 임의경매는 원인은 되는 저당권 등의 진정성에 충분히 의문이 제기될 수 있기 때문이다.

저당권 실행의 경매는 경매의 목적물이 저당권의 객체에 한정되는 것이기 때문에 저당권이 미치는 범위가 중요한 의미를 가지며(여기에 관하여는 앞에서 언

63) 민사집행법 제91조 제2항.

급하였다), 근저당권과 관련하여 근저당권 등기가 불법하게 말소된 경우와 사실상 선순위의 근저당권이 소멸하였는데 형식적으로 말소등기가 실행되지 않아 남아 있는 경우, 대위변제로 선순위근저당권이 경매대금 납부 이전에 소멸하는 경우에 문제가 될 수 있다.

1) (근)저당권이 불법 말소된 경우

등기는 저당권의 효력발생요건이고 존속요건은 아니다. 그러므로 저당권등기가 불법말소된 경우 말소된 저당권자는 그 저당권을 상실하지 않고 회복등기를 할 수 있다.[64]

그러나 저당목적부동산이 경매절차에서 경매로 매각되면 그 부동산에 존재하였던 저당권은 소멸한다.[65]

근저당권설정등기가 원인 없이 말소된 이후에 그 목적물인 부동산에 관하여 다른 근저당권자 등 권리자의 경매신청에 따라 경매절차가 진행되고 매수인이 매각대금을 완납하였다면 원인없이 말소된 근저당권은 이에 의하여 소멸하므로, 근저당권자는 위 경매절차에서 실제로 배당받은 자에 대하여 부당이득반환청구로서 그 배당금의 한도내에서 그 근저당권설정등기가 말소되지 아니하였더라면 배당받았을 금액의 지급을 구할 수 있을 뿐 말소회복등기는 허용되지 않는다.[66]

2) 사실상 소멸된 근저당권의 등기가 말소되지 않은 경우

등기부상 1순위로 저당권설정등기가 존재하고, 2순위로 가처분등기, 3순위로 가압류등기가 경료되어 있는 부동산에 대하여 가압류등기권자에 의해 강제경매가 개시되어 매수인이 소유권을 취득하는 경우 그 결과로서 1순위 저당권을 포함한 모든 등기는 말소된다.

그러나 1순위의 저당권이 이미 소멸하였음에도 말소되지 않고 형식적으로 남아 있었던 경우 법원의 촉탁에 의한 가처분의 말소는 원인 무효가 될 수 있다. 따라서 가처분권자는 그 말소등기에도 불구하고 여전히 가처분권자로서의 지위

64) 대법원 1982.9.14. 81다카913 판결.
65) 민사집행법 제91조 제2항.
66) 대법원 1988.10.2. 98다27197 판결.

를 가지게 되고, 이후 가처분채권자가 본안 소송에서 승소하여 소유권이전등기를 하는 경우에는 가처분기입등기 이후에 개시된 강제경매절차에서 당해 토지를 낙찰 받은 매수인명의의 소유권이전등기는 가처분채권자에 대한 관계에서 무효인 것으로 말소될 처지에 놓이게 된다.[67]

3) 대위변제

임의경매에서 주택임대차보호법상의 대항력을 갖춘 임차인보다 선순위의 저당권이 있는 경우, 매각으로 인하여 선순위저당권이 소멸하면 후순위의 임차인은 대항력을 상실하고 소액임차인으로서 일정금액의 보증금에 관하여 최우선변제를 받을지 여부만이 문제 된다.

그러나 매수인의 대금지급이전에 선순위저당권이 다른 사유[68]로 소멸한 경우에는 임차권의 대항력이 소멸하지 아니한다.[69]

선순위 저당권의 채권액이 비교적 소액이고, 2순위의 대항력있는 임차인의 보증금이 다액이거나 배당받지 못하는 경우 임차인은 자신의 보증금을 지키기 위해 대위변제를 하고 대항력을 확보할 가능성이 충분하다.

4. 전세권의 존속기간 만료 후 전세권을 목적으로 하는 저당권의 실행방법[70]

전세권의 존속기간이 만료하면 전세권의 용익물권적 권능이 소멸하기 때문에 그 전세권에 대한 저당권자는 더 이상 전세권 자체에 대하여 저당권을 실행할 수 없게 된다.

이러한 경우에는 저당권의 목적물인 전세권에 갈음하여 존속하는 것으로 볼 수 있는 전세금반환채권에 대하여 미리 압류하여 물상대위권[71]을 행사하여야 한다.

---

67) 대법원 1998.10.27. 97다26104 판결.
68) 후순위 대항력있는 임차인의 대위변제가 가장 대표적인 예라 할 수 있다.
69) 대법원 1988.8.24. 98마1031 결정.
70) 최동홍, 앞의 책, 252면.
71) 질권 또는 저당권은 담보목적물의 멸실·훼손·공용징수로 인하여 질권설정자 또는 저당권설정자가 받을 금전 기타 물건에 대하여도 이를 행사할 수 있는데, 이를 물상대위(物上代位)라고 한다(민법 제342조, 제370조).

저당권자가 물상대위권을 행사하기 위하여는 저당권설정자가 받을 전세금반환채권을 지급전에 압류하여야 한다(민법 제370조, 제342조의 단서).

물상대위권을 행사한 저당권자는 전세권자에 대한 일반채권자보다 우선하여 변제 받을 수 있다.

5. 저당권 실행과 관련한 몇 가지의 문제

1) 제시외 건물

경매대상 물건을 보면 '제시 목록 이외의 건물'이라는 이름으로 현황(구조, 면적, 용도)이 밝혀져 있는 경우를 볼 수 있다. 이를 일컬어 제시외 건물이라 한다.

원칙적으로 제시외 건물은 경매대상에 포함되는 것이 아니라 법정지상권의 문제로 해결되어야 할 것이다.[72]

그러나 경매집행법원은 경매대상 목적물의 부합물 또는 종물의 제시외 건물은 매각대상에 포함시켜 경매를 진행시키는 것이 실무이다. 따라서 그 평가가액을 최저입찰가격에 포함시키고 있다. 이러한 경우 매수인은 대금납부를 통해 제시외 건물의 소유권을 취득할 수 있다.

결국 입찰자는 평가가액에 제시외 건물의 가액이 포함되어 있는지의 여부를 확인하여 입찰에 임하여야 한다.

2) 토지별도등기-토지저당권 인수부 매각조건

경매대상목적물이 집합건물인 경우 '토지별도등기'라고 기재된 경우를 볼 수 있다.

토지별도등기란 처분의 일체성이 적용되는 집합건물에 대하여 구분건물과 그 대지권의 목적인 토지에 대한 권리가 불일치할 때 기입하는 등기를 의미한다.[73]

집합건물의 건축이전에 그 대지에 대하여 저당권을 설정하고, 대지권 등기를 하였으나 어떠한 사유[74]로 인하여 저당권을 말소하지 못한 경우, 집합건물의 등

72) 제시외 건물이 경매대상부동산의 종물이나 부합물이 아닌 경우 즉, 독립성이 인정되는 경우 매수인은 소유권을 취득할 수 없고, 일정한 요건이 구비되는 경우 법정지상권이 성립할 수도 있다.

73) 이승길, 『부동산 경매론』, 법문사, 2008, 560면.

기부 전유부분의 표제부의 표제부중 대지권의 표시란(전산등기부는 비고란)에 토지별도등기의 취지가 기재되어 있다.

이러한 경우 대지권등기를 하면서 전유부분의 대지권의 비율만큼 전유부분에 저당권을 설정하여 분할하였다면 별문제가 없을 것이다. 그러나 이를 간과 하여 문제를 복잡하게 만든 것이다.

통상 토지별도등기가 있는 경우 경매법원에서는 대지전체에 설정된 저당권을 지분만큼 인수하는 것을 매각조건으로 한다는 '특별매각조건'을 붙이거나, 토지저당에 대한 인수의 조건(토지저당권 인수부 매각조건)을 부치지 않고 토지저당권자에게 채권신고를 하게하고, 경매대상이 되는 구분건물의 대지권 비율에 상응하는 배당을 해주고 토지저당권을 그 비율만큼 일부 말소시키고 있다.

따라서 토지별도등기가 존재하는 집합건물에 응찰하고자 할 때는 '토지저당권 인수부매각' 여부를 확인하여야 한다. 이 경우 매수인은 토지저당을 인수 하게 되고, 그렇지 않은 경우 저당권자의 채권신고 여부를 확인하여야 한다.[75]

3) 종중재산

종중소유의 재산은 종중의 총유재산에 해당한다. 따라서 그 관리 및 처분에 관하여 종중규약의 규정에 따라야 하고, 규약이 없는 경우 종중총회의 결의에 의하여야 한다.[76]

따라서 종중의 대표에 의해 재산의 처분이 이루어진 경우에도 위의 절차를 거치지 않는 한 그 처분행위는 무효이다.

흔히 종중재산이 개인의 소유로 등기된 것을 이유로 저당권을 설정하였다가 채무의 변제를 하지 못해 경매에 등장하는 경우가 있다. 이 경우 이러한 사실을 모르고 입찰에 참가하여 소유권을 취득한 매수인은 이후 소유권취득이 인정되지 않을 수도 있다.

저당권의 설정행위는 일종의 처분행위라고 할 수 있다. 따라서 처분에 필요한

---

74) 건물의 시공 중에 대지를 담보로 건축비용을 융자하고 이를 변제하지 못한 경우가 가장 보편적인 사유라 할 수 있다.

75) 채권신고의 확인시 저당채권의 존부, 원인, 금액을 반드시 확인하여야 한다.

76) 민법 제276조.

절차를 거쳐야 유효한 것이다. 만약 종중이 (근)저당권의 말소소송을 통해 승소한 경우 개인이 설정한 저당권은 처음부터 무효인 저당이 되는 것이다. 이런 경우 경매의 공신력이 인정되지 않아 매수인은 소유권을 잃게 된다.

제 5 절 유치권(留置權)

1. 의의

유치권은 타인의 물건 또는 유가증권을 점유한 자가 그 물건에 관하여 생긴 채권이 변제기에 있는 경우에는 변제를 받을 때까지 그 물건을 유치할 수 있는 담보물권이다(민법 제320조 제1항).

부동산 경매에서 유치권이 성립될 수 있는 경우는 신축건물이나 개축건물과 관련하여 미지급된 공사대금의 채권자가 그 건물을 점유하는 경우, 상가건물의 임차인이 필요비와 유익비의 청구를 위해 유치권을 행사하는 경우 및 경매대상 토지 위에 건축물은 없고 오로지 택지조성공사를 하던 공사업자가 그 공사대금 채권으로 토지를 점유하여 유치권을 행사하는 경우 등이다.

2. 유치권의 성립요건

1) 타인 소유의 물건 또는 유가증권을 적법하게 점유할 것

점유하는 물건은 타인 소유의 물건이어야 한다. 점유는 적법한 것이어야 하고, 그 점유가 불법행위로 인한 경우에는 제외된다(민법 제320조 제2항). 이때의 점유는 간접점유도 무방하나 간접점유자가 점유를 잃으면 유치권도 소멸한다. 즉 유치권은 점유의 상실로 인하여 소멸한다(민법 제328조).

민사집행법에서는 유치권의 경우 매수인이 그 부담을 인수한다고 하는 인수주의를 채택하고 있으나, 매수인이 인수하는 유치권이라고 하는 것은 경매절차의 압류채권자에게 대항할 수 있는 것이라야 한다.

따라서 경매부동산의 압류 당시에는 이를 점유하지 아니하여 유치권을 취득하

지 못한 상태에 있다가 압류 이후에 채무자로부터 그 점유를 이전받음으로써 유치권을 취득한 경우, 그와 같은 점유의 이전은 압류의 처분금지효에 저촉되므로 점유자로서는 유치권을 내세워 그 부동산에 관한 경매절차의 매수인에게 대항할 수 없다.[77]

건물임대차 계약의 해지 후에 임차인이 계속 건물을 점유하여 필요비를 지출하여도 그 상환청구권에 대하여는 유치권이 성립되지 않는다.

건축공사의 수급인이 자기의 재료와 노력으로 건물을 신축한 경우에는 특별한 의사표시가 없는 한 도급인이 도급대금을 지급하고 건물의 인도를 받을 때까지 그 소유권은 수급인에게 있으므로(수급인의 물건이므로) 유치권의 성립여지가 없다.[78]

도급인과의 사이에 도급인의 명의로 건축허가를 받아 소유권 보존등기를 하기로 하는 등 소유권을 도급인에게 귀속시키기로 합의한 것으로 보이는 경우에는 그 건물의 소유권은 도급인에게 원시적으로 귀속되어 도급인에 대하여 유치권 행사가 가능하다.[79]

2) 채권과 목적물간의 견련관계가 있어야 한다. 즉 유치권의 원인이 되는 채권이 유치물로 인한 것이어야 한다.

다시 말해, 채권은 목적물에 지출한 비용상환청구권, 즉 당해 목적물에 지출한 수선비, 필요비, 유익비, 공사대금 등이어야 한다.

따라서 토지상에 공사중단된 건축구조물의 건축업자가 건축공사대금으로 토지의 매수인(낙찰자)에게 유치권을 주장할 수 없다.[80] 이 공사대금은 건물과의 견련관계만 있을 뿐 토지와는 아무런 견련관계가 없기 때문이다.

임차인의 임차보증금반환채권은 그 임대차 목적물에 관하여 생긴 채권이라 할 수 없으므로 이를 이유로 목적물을 유치할 수 없다.

3) 채권의 변제기가 도래하고, 유치권 배제의 특약이 없어야 한다.

변제기의 도래는 유치권의 성립요건이다. 또한 유치권은 채권자의 이익을 보호

---

77) 대법원 2005.8.19. 2005다22688 판결.
78) 대법원 1993.3.26. 91다14116 판결.
79) 대법원 1997.5.30. 97다8601 판결.
80) 대법원 1989.2.14. 87다카3073 판결.

하기 위한 것이므로 이를 배제하는 특약이 있는 경우 유효하며, 권리의 사전적인 포기를 의미한다고 할 수 있다.

3. 유치권의 효력

유치권자는 채권 전부의 변제를 받을 때까지 유치물의 전부를 유치할 수 있다.(민법321조). 따라서 유치권자는 유치물의 보존에 필요한 범위 내에서 채무자나 소유자의 승낙 없이 유치물을 사용할 수 있다.

부동산경매의 매수인은 유치권자에게 그 유치권으로 담보하는 채권을 변제할 책임이 있다(민사집행법 제91조 제5항)고 규정하고 있다. '변제할 책임이 있다'는 의미는 부동산상의 부담을 승계한다는 취지로서 인적 채무를 인수한다는 의미는 아니므로 유치권자는 매수인에게 목적물의 인도를 거절할 수 있을 뿐, 그 피담보채권의 변제를 직접 청구할 수는 없다.[81]

경매기입등기로 인한 압류의 효력 발생 이후에, 채무자가 공사대금 채권자에게 점유를 이전하여 유치권을 취득하게 하거나 채권자가 채무자로부터 범유를 이전받고 이에 관한 공사 등을 시행함으로써 채무자에 대한 공사대금 채권 및 이를 피담보채권으로 한 유치권을 취득한 경우, 그와 같은 점유의 이전은 목적물의 교환가치를 감소시킬 우려가 있는 처분행위에 해당하여 법률의 규정[82]에 따른 압류의 처분금지효에 저촉되므로, 점유자로서는 위 유치권을 내세워 그 부동산에 관한 경매절차의 매수인에게 대항할 수 없다.[83]

유치권자는 채권의 변제를 받기 위하여 유치물을 경매할 수 있으나(민법 제322조 제1항) 그 매각대금에 대하여 우선변제권은 없다.

따라서 유치권에 의한 경매의 결과인 매각대금에 대하여 유치권자는 채권의 변제를 받을 때까지 그 매각대금을 유치할 권리가 있을 뿐 우선변제를 받을 권리는 없다.[84]

---

81) 대법원 1996.8.23. 95다8713 판결.

82) 제3자는 권리를 취득할 때에 경매신청 또는 압류가 있다는 것을 알았을 경우에는 압류에 대항하지 못한다(민사집행법 제92조 제1항).

83) 대법원 2005.8.19. 2005다22688 판결, 대법원 2006.8.25. 2006다22050 판결.

84) 대법원 1996.8.23. 95다8713 판결.

유치권자는 정당한 이유가 있는 때에는 감정인의 평가에 의하여 유치물로 직접 변제에 충당할 것을 법원에 청구할 수 있다. 이 경우에는 유치권자는 미리 채무자에게 통지하여야 한다(민법 제322조 제2항).

유치권자는 유치물의 과실을 수취하여 다른 채권보다 먼저 그 채권의 변제에 충당할 수 있다. 그러나 과실이 금전이 아닌 때에는 경매하여야 하며. 과실은 먼저 채권의 이자에 충당하고, 남으면 원본에 충당한다(민법 제323조 제1항, 2항).

채무자는 상당한 담보를 제공하여 유치권의 소멸을 청구할 수 있다(민법 제327조).

4. 유치권자의 권리신고

경매대상 부동산의 유치권자는 부동산 위의 권리자에 해당하므로 그 권리를 증명한 사람은 경매절차의 이해관계인이 되어 이중경매신청의 통지, 배당요구사실의 통지, 매각기일과 매각결정기일 등의 통지를 받고, 매각결정기일에 출석하여 매각허가에 관한 의견진술, 매각허가에 대한 즉시항고 등의 권리가 생긴다.

그러나 유치권자가 경매절차에서 유치권에 관한 권리신고를 하지 않았다 하여 유치권의 주장이 불가능하거나 유치권의 성립이 부정되는 것은 아니다. 유치권의 요건이 존재한다면 효력에는 변함이 없다. 유치권의 권리신고는 단지 민사집행법상 약간의 의미를 가질 뿐이다.[85)]

5. 유치권에 관한 몇 가지 문제

1) 필요비와 유익비에 대한 유치권

(1) 필요비와 유치권(공동주택의 관리비)

필요비란 물건의 보존·관리를 위하여 지출되는 비용으로 그 비용이 그 물건 자체의 보존이나 원래의 용법에 따른 사용에 기여하는 것이어야 한다.[86)] 필요비

85) 유치권의 신고가 있는 경우, '000로부터 유치권신고 있으나 그 성립여부는 불분명'이라 표시 되어 있는 것이 보통인데 그 중 진정한 유치권자의 비율은 현저히 낮다는 것은 주지의 사실이다. 유치권의 신고는 그 성립여부와는 별도로 경매목적물의 유찰을 유발하는 원인이 되어 자칫 악용될 소지가 충분하다.

는 평상적인 보존관리에 필요한 비용으로 통상 반복되는 지출을 의미한다.

필요비의 상환청구권은 유치권의 피담보채권이 될 수 있다.

▶공동주택의 관리비와 유치권

집합건물의 관리주체가 매수인에게 관행적으로 유치권을 행사하는 경우가 있다. 문제는 공동주택이라는 것이 전유부분과 공유부분으로 구성되어 있고, 필연적으로 피담보채권의 범위가 문제될 수 있다.

대법원은 집합건물의 전 입주자가 체납한 관리비는 공용부분에 한하여 특별승계인에게 승계되는데, 공용부분 관리비에 대한 연체료는 특별승계인에게 승계되지 않는다고 하면서, 관리비는 그 시효가 3년이라고 설시한바, 결국 매수인은 집합건물의 공용부분 관리비의 3년분 원금에 한하여 승계 책임을 진다고 판시한 바 있다.[87]

따라서 공동주택의 관리비를 피담보채권으로 하는 유치권의 주장이 있는 경우 원칙적인 피담보채권의 범위는 공용부분관리비의 3년분 원금에 한정된다고 볼 수 있다.

(2) 유익비와 유치권

유익비란 점유자가 물건의 개량이나 가치를 증가시키기 위하여 지출한 비용을 의미한다.[88] 판례에 유익비란 목적물의 객관적 가치를 증가시키기 위하여 투입한 비용을 말하는 것이므로, 인테리어 비용 또는 간판 설치비는 유익비라 할 수 없다.[89]

유익비가 인정되면 그 상환청구권을 피담보채권으로 하여 유치권이 성립될 수 있다.

(3) 비용상환청구권의 주체와 내용

① 임차인

임차인이 임차물의 보존에 관한 필요비를 지출한 때에는 임대차의 종료를 기다릴 필요없이 임대인에게 그 상환을 청구할 수 있다.

임차인이 유익비를 지출한 경우에는 임대인은 임대차종료시에 그 가액의 증가

86) 송영곤, 민법기본강의, 유스티니아누스, 2004. 587면.
87) 대법원 2007.2.22. 2005다65821 판결.
88) 송영곤, 앞의 책, 587면; 최광수, 앞의 책, 342면.
89) 대법원 1994.9.30, 94다20389 판결.

가 현존할 때에 한하여 임차인이 지출한 금액이나 그 증가액을 상환하여야 한다. 이 경우에 법원은 임대인의 청구에 의하여 상당한 상환기간을 허여할 수 있다(민법 제626조).

필요비 및 유익비상환청구권은 임대인이 목적물을 반환 받은 날로부터 6월내에 행사하여야 하는데(민법 제654조, 제617조), 비용상환청구권에 관한 민법 규정은 임의규정이므로 당사자 사이의 이와 다른 약정도 유효하다. 판례에 의하면 건물의 임차인이 임대차관계 종료 시에 건물을 원상복구하여 명도하기로 하는 약정은 비용상환청구권의 포기 취지의 특약으로 봄이 상당하다고 한다.[90]

② 지상권자 또는 전세권자

지상권자 또는 전세권자는 스스로 목적물의 현상유지의무를 부담하므로 필요비상환청구권은 인정되지 않고 유익비상환청구권은 인정된다.

③ 점유자

점유자는 그의 선의·악의, 소유의 의사 유무 등을 묻지 않고, 회복자로부터 점유물의 반환을 청구 받거나 회복자에게 점유물을 반환한 때에, 점유회복 당시의 소유자 즉 회복자에 대하여 필요비 또는 유익비의 상환을 청구할 수 있다. 단, 점유자가 과실을 수취한 때(판례에 의하면 목적물의 이용도 이에 포함된다)에는 통상의 필요비는 청구할 수 없고, 특별의 필요비만을 청구할 수 있다.

유익비는 그 가액의 증가가 현존하는 경우에 한하여 회복자의 선택에 좇아 그 지출금액이나 증가액의 상환을 청구할 수 있는데, 유익비의 상환에 관하여 법원은 회복자의 청구에 의하여 상당한 상환기간을 허여할 수 있다(민법 제203조).

2) 공사도급계약과 유치권

경매에서 가장 빈번하게 접할 수 있는 유치권의 주장이 공사대금채권을 피담보채권으로 하는 유치권의 신고이다.

도급인으로부터 공사를 수급 받아 목적물을 완성하여 인도할 의무를 지닌 수급인은 공사를 통해 목적물을 완성하였다면 공사대금에 대한 채권을 갖게 된다. 이 경우 공사대금에 관하여 변제를 받지 못하는 경우 그 채권의 만족을 구할 때

90) 대법원 1975.4.22, 73다2010 판결.

까지 그 공사의 수급인은 유치권을 주장하여 목적물의 인도를 거절할 수 있다.

공사대금채권의 소멸시효는 3년이며 공사대금채권이 시효로 소멸하면 유치권도 소멸한다. 즉 공사의 완료시부터 3년이 경과 되면 시효로 소멸하고, 목적물을 유치하고 있다고 하여 채권을 행사하고 있는 것은 아니므로 유치권의 행사는 채권의 소멸시효의 진행에 영향을 미치지 않는다.[91]

유치권자의 점유의 범위와 관련하여 대법원은 하수급인이 집합건물 중에서 한 세대를 점유하고 유치권을 주장하고 있더라도, 그 주장의 내용이 전체에 걸치고 있다면, 거기에도 유치권이 성립할 수 있다고 판시한 바 있다.[92]

91) 민법 제326조.

92) 대법원 2007.9.7. 2005다16942 판결.

제 3 장

채권의 분석

제 1 절 주택임대차

1. 주택임대차보호법의 주요내용

1) 목 적

주택임대차보호법은 1981. 3. 5. 제정 이후, 2010. 7. 26.까지 사회의 변화와 더불어 수차례 개정된 민법에 대한 특별법으로서 주거용 건물의 임대차에 관하여 민법에 대한 여러 가지 특례를 규정하고 있다. 이 법은 상대적인 약자인 주택임차인을 보호하고 주거생활의 안정을 보장하는 데 그 목적이 있다.

2) 임차인의 대항력(對抗力)

대항력이란 경매로 소유자가 바뀌어도 임차기간을 보장받고 보증금을 반환받을 때까지 계속 거주할 수 있는 권리라 할 수 있다.

주택임차인(국민주택기금을 재원으로 하여 저소득층 무주택자에게 전세 임대주택을 지원하는 법인이 주택을 임차한 경우에는 지방자치단체의 장 또는 그 법인이 선정한 입주자)이 입주하고 주민등록 전입신고를 마치면(대항요건 = 주택의 인도 + 주민등록의 전입) 그 익일부터 대항력을 취득한다.

따라서 그 다음날 오전 0시부터는 임차주택이 다른 사람에게 양도되거나 낙찰되더라도 임차인은 새로운 집주인(양수인 · 매수인)에게 임차권을 주장하여 나머지 임대기간 동안 계속 거주할 수 있고, 임대기간이 종료하면 새로운 집주인으로부터 임대보증금 전액을 반환받을 수 있으며, 임대기간이 만료되더라도 임대보증금 전액을 반환받을 때까지 집을 비워주지 않을 수 있다. 즉 보증금 전액에 대하여 매수인에게 대항할 수 있는 힘이라 할 수 있다.

3) 임차인의 우선변제권

우선변제권이라 함은 후순위권리자 보다 우선하여 보증금을 변제받을 수 있는 권리이다.

대항요건(주택의 인도+전입신고)과 임대차계약서상의 확정일자[93]를 갖춘 임차인은 임차주택이 경매 · 공매되는 경우에 배당요구신청을 함으로써 임차주택(대지 포함)의 환가대금에서 후순위 권리자나 그 밖에 일반채권자에 우선하여 보증금을 변제받을 권리가 있다(주택임대차보호법 제3조의2 제2항).

4) 소액임차인의 최우선변제권

최우선변제권이란 임차인의 보증금 중 일정한 금액을 선순위의 권리자 보다 우선하여 변제받을 수 있는 권리를 의미한다.

현행법상 임대보증금이 소액인 경우(2010. 7. 26.부터: 서울은 7,500만원, 수도권 중 과밀억제권역은 6,500만원 이하, 군 지역 · 인천을 제외한 광역시는 5,500만원 이하, 기타 지역은 4,000만원 이하) 임차주택이 경매되더라도 임차주택(대지 포함) 가액의 1/2의 범위 안에서 일정 금액(현재 서울은 2,500만원, 수도권 중 과밀억제권역은 2,200만원, 군지역 · 인천을 제외한 광역시는 1,900만원, 기타 지역은 1,400만원)까지는 다른 모든 담보물권자보다도 최우선하여 변제받을 권리가

93) 확정일자란 그 증서에 대하여 그 작성한 일자에 관한 완전한 증거가 될 수 있는 법률상 인정되는 일자로서, 당사자의 담합으로 나중에 변경하는 것이 불가능하도록 확정된 일자를 가리키고, 확정일자 있는 증서란 위와 같은 일자가 있는 증서로서 민법 부칙 제3조 소정의 증서를 말한다(대법원 1998.10.2. 98다28879 판결).

확정일자는 공증인사무소, 법무법인 공증인가 합동법률사무소 등에서 임대차계약서를 공정증서로 작성하거나, 임대차계약서에 공증기관이나 법원 · 등기소, 동사무소의 공무원으로부터 확정일자 인(印)을 받으면 된다.

있다(제8조, 시행령 3조, 4조)

그러나 이러한 보호를 받기 위하여는 임차주택에 대하여 경매신청의 기입등기가 이루어지기 전까지 대항요건(입주 + 전입신고)을 갖추고, 배당요구종기일까지 배당요구를 하여야 한다.

2. 주택임대차보호법의 보호대상

1) 국 민

주택임대차보호법은 국민의 주거생활의 안정을 그 목적으로 하고 있다. 따라서 원칙적 보호 대상은 자연인으로서의 대한민국의 국민을 의미한다. 예외적으로 일정한 요건이 갖추어진 경우 외국인도 보호의 대상이 될 수 있다.

90일을 초과하여 국내에 체류하는 외국인의 경우 출입국관리법 제31조 및 제36조에 의하여 외국인등록을 하여야 하고, 등록 외국인이 체류지를 변경한때에는 신 체류지에 전입신고를 하여야 하며, 주민등록법시행령 제6조는 외국인은 주민등록에 관한 신고 대신에 출입국관리법에 의한 외국인등록을 하도록 규정하고 있으므로 외국인등록표 또는 체류지변경신고로서 대항요건인 주민등록의 요건을 갖출 수 있어 보호받을 수 있다.[94)]

그러나 법인, 법인 아닌 사단 또는 재단은 주택임대차보호법의 보호대상이 아니다. 따라서 법인이 사원용 주택을 임차하고 사원을 입주시키고 입주한 사원명의로 주민등록을 마쳤다고 하더라도 법인은 주민등록을 구비할 수 없으므로 이 법에 의한 보호(대항력, 우선변제권, 소액임차인의 최우선변제권)를 받을 수 없다.[95)]

예외적으로 국민주택기금을 재원으로 하여 저소득층의 무주택자에게 전세임대주택을 지원하는 법인에게는 대항력과 우선변제권이 인정된다.[96)]

---

94) 국내에 30일 이상 거주할 목적으로 체류하는 재외동포는 국내에 거소를 정하고, 출입국관리사무소장 등에게 국내거주신고를 할 수 있도록 규정하고 있다(재외동포의 출입국과 법적 지위에 관한 법률 제6조).

95) 대법원 1997.7.11. 96다7236 판결.

96) 주택임대차보호법 제3조 제2항; 현재여기에 해당하는 법인으로는 대한주택공사와 주택사업을 목적으로 설립된 지방공사가 있다(주택임대차보호법 시행령 제1조의 2).

2) 주거용 건물

주택임대차보호법은 원칙적으로 주거용 건물을 적용 대상으로 한다. 주거용 건물과 비주거용 건물의 구분은 임차건물이 현재 주거용으로 일상생활을 하는데 사용되느냐 하는 사실상의 용도를 기준으로 판단하여야 하고, 등기부 · 건축물 관리대장 등 공부상의 표시만을 기준으로 판단하지 않는다.97)

다가구용 단독주택에서 옥상의 옥탑을 주거용으로 용도변경한 경우에도 임차하여 실제로 주거용으로 사용하고 있으면 보호대상이 된다.98)

집합건물의 지하실 등을 임대차한 경우에도 그 공용부분이 실질적으로 주거용으로 사용되는 한 주택임대차보호법이 적용된다.99)

그러나 비주거용건물의 일부를 주거용으로 사용하는 경우에는 구체적인 사용상황(비주거용 부분의 면적비율, 주된 용도, 임차인의 유일한 주거여부)에 따라 보호의 여부를 결정하여야 한다.100)

비주거용 건물 중 일부인 방과 주방을 비주거용 건물 용도의 일부에 부수하여 주거목적으로 사용하는 것에 불과한 경우(방 2개와 부엌이 있는 다방 150㎡를 임차하여 그곳에 살면서 다방을 경영하고 있는데 주거면적이 50㎡ 정도인 경우)에는 이 법의 적용을 받을 수 없다.

미등기 · 무허가 건물도 주거용건물이라면 이 법의 적용대상이다.

주택임대차보호법이 적용되는 임대차로서는 주택의 소유자인 임대인과 임차인간에 체결된 경우뿐만 아니라, 주택의 소유자는 아니지만 주택에 관하여 적법하게 임대차계약을 체결할 수 있는 권한(적법한 임대권한)을 가진 임대인과 사이에 임대차계약이 체결된 경우도 포함된다.101)

매매계약의 해제 전에 매수인으로부터 매매목적물인 주택을 임차하여 주택임대차보호법상의 대항요건을 갖춘 임차인은 매매계약의 해제에도 불구하고 자신의 임차권을 새로운 소유자에게 대항할 수 있다.102)

---

97) 대법원 1988.12.27. 87다카2024 판결.
98) 최문진, 앞의 책, 85면.
99) 서울지법 1998.6.18. 98나8508.
100) 대법원 1996.5.31. 96다5971 판결.
101) 대법원 1995.10.12. 95다22283 판결.

아파트 수분양자가 분양자로부터 열쇠를 교부받아 임차인을 입주케 하고, 임차인이 대항력을 갖춘 후 다른 사정으로 분양계약이 해제되어 임대인인 수분양자가 소유권을 취득하지 못한 경우, 임차인은 아파트 소유자인 분양자에 대하여 임차권으로 대항할 수 있다.[103)]

주거용 건물로 인정되기 위해서는 임대차계약의 체결 당시 그 건물이 구조상 주거로 사용될 수 있을 정도의 실질적인 형태를 갖추고 있어야 한다.[104)]

3. 대항요건(주택의 인도 + 주민등록): 대항력

부동산경매에서 선순위의 대항력 있는 임차인이 존재한다는 것은 그 임차인이 배당요구를 하지 않는 한 매수인은 그 보증금전액에 대하여 책임을 져야 한다는 것과 임차인이 목적물의 인도를 거절하는 경우 임대기간을 보장해야 된다는 것이다.

주택임차인의 대항력은 그 등기가 없는 경우에도 임차인이 입주하고 주민등록 전입신고를 마치면 그 다음날 0시부터 발생한다.[105)]

대항요건은 그 대항력 취득시에만 구비하면 족한 것이 아니고, 그 대항력을 유지하기 위하여는 배당요구종기일 또는 임차권등기가 이루어질 때까지 계속하여 존속하고 있어야 한다.[106)]

1) 주택의 인도

인도란 점유의 이전, 즉 물건에 대한 사실상의 지배를 이전하는 것을 의미한다. 따라서 주택의 인도라는 것은 임대주택의 점유를 임대인에게 이전하는 것을 말한다.

주택임대차보호법의 대항력과 관련한 인도라는 것은 주택의 현실의 인도, 임차

---

102) 대법원 2003.8.22. 2003다12717 판결.

103) 대법원 2008.4.10. 2007다38908, 38915 판결.

104) 대법원 1986.1.21. 85다카1367 판결.

105) 대항력은 물권의 본질이라고 할 수 있다. 그럼에도 채권인 임대차에 대하여 대항력을 인정하는 것은 채권인 임대차에 대하여 일정한 요건을 구비한 경우 물권적인 효력을 부여하겠다는 것이다.

106) 대법원 1997.10.10. 95다44597 판결.

인이 사용대차의 형식으로 이미 그 주택을 점유하고 있는 경우 새로이 소유자와 임대차계약을 체결하고 거주하는 것처럼 현실의 인도 없이 당사자간의 의사표시만으로 이루어지는 간이인도, 소유자가 주택을 팔면서 그 주택에 임차인으로 계속 거주하는 경우[107]인 점유개정에 의한 인도와 제3자가 거주하고 있는 주택을 임차한 임차인이 임대인으로부터 제3자에 대한 주택의 인도청구권을 양도받은 경우인 목적물 반환청구권의 양도에 의한 인도, 즉 점유[108]의 이전을 모두 포함한다.

2) 주민등록(전입신고)

주택임차인의 대항요건으로서의 주민등록은 임차권의 공시방법이다(대법원 1987.11.10. 선고 87다카1573 판결 등). 주민등록은 전입신고를 한 때에 주민등록이 된 것으로 본다.

(1) 세대합가

임차인이 임대차계약을 체결하고 동거가족만 먼저 전입신고를 하여 그 가족 중 1인을 세대주로 해놓았다가 원래 세대주였던 임차인 본인이 나중에 전입한 경우 주민등록은 나중에 전입한 임차인 본인을 세대주로 하여 다시 기재하는 '세대합가'[109]를 하게 된다.

세대합가의 경우 대항력의 판단은 세대주를 포함한 세대원을 포함하여 먼저 진입한 날을 기준으로 한다.[110]

문제가 되는 것은 이 경우 주민등록의 전입세대 구성일자가 합가한 일자를 기준으로 기재되므로, 먼저 전입한 가족들의 전입일은 주민등록등본의 기재 상 나타나지 않게 된다.

이러한 경우 입찰에 참여하고자 하는 자는 임차인의 대항력 취득의 시기를 잘

---

107) 이 때 임차인은 그 주택에 대한 '소유권이전등기를 마친 날의 다음날'부터 대항력이 생긴다(대법원 1999.4.23. 98다32939 판결).

108) 점유는 직접점유와 간접점유(임차인이 임대인의 승낙을 받아 이를 전대하고, 전차인이 주택의 인도를 받고 주민등록을 한 경우)를 모두 포함하며, 임차인의 미성년자인 자녀와 같이 점유보조자를 통한 점유도 가능하다.

109) 한 가족의 세대가 분리되어 있다가 다시 합쳐지는 것을 세대합가라고 한다.

110) 이승주, 앞의 책, 211면.

못 판단하여 임차인의 권리를 인수하게 되는 경우가 있다.

따라서 입찰에 참여하고자 하는 자는 입찰하고자 하는 물건 내용을 출력 또는 복사하여 신분증을 지참하여 부동산 소재지 읍 · 면 · 동사무소에 가서 '주소별 세대열람'(해당 물건소재지에 주민등록이 되어 있는 세대주와 최초 전입자의 성명, 전입일자, 거주형태에 한하여 열람)을 하여야 한다.[111] 경매참가자가 주민등록 전입세대의 열람을 신청할 경우에는 해당 물건 소재지에 주민등록이 되어 있는 세대주(말소된 자 포함)의 성명과 전입일자에 한하여 열람하게 할 수 있도록 하고 있다. 다만, 세대원 중에서 세대주보다 전입일자가 빠른 경우에도 세대원의 성명과 전입일자를 열람하게 할 수 있다.[112]

(2) 건물의 실제 동 표시나 지번이 공부와 다른 경우

주민등록은 공부상의 동 표시 및 지번과 일치해야만 유효한 공시방법이 될 수 있다. 만약 그렇지 않을 경우 주민등록을 공부상의 동 표시와 지번으로 정정하여야 보호대상이 된다.

따라서 다세대주택이나 공동주택에 임차하여 주민등록을 할 때는 임차의 목적이 되는 주택의 건축물관리대장상의 정확한 동 · 호수대로 주민등록을 해야 주택임대차보호법에 의한 보호를 받을 수 있다. 그러나 단독주택인 다가구주택의 경우는 지번의 정확한 기재로 족하다.

(3) 주민등록상 동 표시가 기재되지 않는 경우

다세대주택[113]과 같은 공동주택의 경우에는 지번 다음에 공동주택의 명칭과 동 · 호수를 기재하도록 규정하고 있으므로 주민등록상 동 · 호수 표시가 기재되어 있지 않으면 보호받을 수 없다.

공동주택이 아닌 다가구용 단독주택[114](1동의 주택에 출입문을 별도로 설치하는 등 2가구 이상이 독립된 생활을 할 수 있도록 건축되었으나 아파트처럼 각

111) 주민등록법시행령 제43조 제4항, 2005. 7. 1. 시행.

112) 주민등록법시행규칙 제12조의2 제1항 제1호.

113) 여러 가구가 거주할 수 있는 건물 중 아파트처럼 각 호실마다 구분등기를 할 수 있는 주택을 말한다.

114) 다가구용 단독주택 '연면적 660㎡ 이하이고 3층 이하로서 2가구 이상 19가구가 함께 거주할 수 있도록 건축법상 단독주택으로 허가받아 건축된 주택'을 말한다.

호실마다 구분등기를 할 수 없는 단독주택)의 층·호수는 편의상 구분하여 놓는데 불과하고 이를 기재하도록 규정되어 있지 않기 때문에 임차인이 전입신고를 하면서 주택 소재지의 지번만 기재하여도 이 법에 의한 보호를 받을 수 있다.

전입신고로서 대항력을 취득한 후 다가구용 단독주택이 다세대주택으로 변경되었는데도 동·호수까지 기재하는 방법으로 주민등록을 변경하지 아니하여도 이미 취득한 대항력을 잃지 않는다.[115)]

(4) 특수주소변경

특수주소란, 행정기관의 전산화 업무지침에서 사용되는 용어로서, 주택건설촉진법의 규정에 의한 공동주택의 주소를 표기할 때 지번 다음에 오는 명칭·동·호수를 의미하며, 전입신고를 하였다가 나중에 '특수주소 변경'이란 형식으로 동·호수를 추가하는 경우가 흔히 있다.

이 경우 대항력의 발생 시기에 대해 판례는 신축중인 연립주택 중 1세대를 임차한 자가 호수를 기재하지 않은 채 그 부지의 지번만으로 전입신고를 하였다가 건축물관리대장이 작성되자 호수를 기재하여 주소정정신고를 한 경우, 최초 전입신고에 따른 주민등록이 주택임대차보호법 소정의 대항요건으로서 유효하다고 볼 수 없고, 실제표시와 맞게 주민등록이 정리된 이후에야 비로소 대항력을 취득하였다고 볼 것이다.[116)]라고 판시하였다.

그러나 신고인(임차인)이 사실과 일치하는 전입신고를 하였으나 공무원의 실수로 사실과 다른 사항이 등록된 경우에는 특수주소변경의 방법에 의하여 사실과 일치하는 주민등록이 정정된 것을 전제로 당초의 주민등록 전입신고를 한 때로 소급한다.[117)]고 판단한 경우도 있다.

특수주소변경이 있는 경우 임차인의 실수인지, 공무원의 실수인지를 판단하는 것이 중요하다고 할 수 있다.

(5) 수 필지 위에 축조된 단독주택의 전입신고

건축법에 의하면 1동의 건물이 2필지 이상에 걸쳐 건축된 경우에는 이를 하나

115) 대법원 2007.2.8. 2006다70516 판결.
116) 대법원 2000.4.7. 99다66212 판결.
117) 대법원 2000.9.29. 2000다37012 판결.

의 대지로 본다. 주민등록상에도 1필지의 지번만을 기재하도록 하고 있다. 따라서 수필지에 걸쳐 건축물이 축조된 경우에는 주택의 대지인 여러 필지 중 하나만 기재한 주민등록도 유효한 공시방법이다.

(6) 일시적 주민등록 이전

임대차 기간 중 가족 전원의 주민등록을 다른 곳으로 일시 이전하였다가 다시 전입신고하였다면 다시 전입한 때에 대항력이 발생한다.

따라서 만약 그 사이에 저당권이 설정되었다면 다시 전입신고한 때에 새로운 대항력이 발생하므로 그 후 실시된 경매절차에서의 매수인(낙찰인)에게 대항할 수 없다.

그러나 가족의 주민등록은 그대로 두고 임차인의 주민등록만을 일시적으로 옮겼다면 대항력은 상실되지 않는다.

3) 대항력

(1) 임대인의 지위의 승계

임차인이 임차주택의 양수인(경매의 경우에는 낙찰인)에게 대항력이 있는 경우 임차주택의 양수인은 임대인의 지위를 당연히 승계한 것으로 된다.

따라서 임차인이 대항력이 있다는 것은, 나머지 임대기간 동안 계속하여 거주하다가 임대기간이 끝나면 매수인으로부터 보증금을 반환받을 권리가 있고, 임대기간이 만료되더라도 임대보증금 전액을 반환받을 때까지는 임대차관계가 계속되므로 설사 매수인이 명도를 청구하는 경우에도 보증금을 반환받을 때까지는 임차주택의 인도를 거절하지 않고 계속 사용할 수 있다는 의미이다.

(2) 대항력과 우선변제권을 동시에 가진 주택임차인의 권리

대항력과 우선변제권의 요건을 함께 갖춘 임차인은 임차주택의 매수인(양수인)에게 대항하여 보증금의 반환을 받을 때까지 임대차관계의 존속을 주장할 수 있는 권리와 보증금에 관하여 임차주택의 가액으로부터 우선변제를 받을 수 있는 권리를 겸유하고 있다고 해석되므로 임차인은 이 두 가지 권리 중 하나를 선택하여 행사할 수 있다.[118)]

(3) 명도확인서 제출

대항력 있는 임차인이 배당요구를 하였으나 확정일자를 선순위 담보권 설정일자보다 늦게 받아 보증금 중 일부만을 배당받는 경우에는 배당금 수령시 명도확인서[119])를 제출할 필요가 없다.

대항력 있는 임차인은 대항력의 효력으로 보증금 전액을 반환받을 때까지 매수인(낙찰인)에게 대항하여 임대차관계의 존속을 주장할 수 있다고 봄이 상당하므로 동시이행의 항변으로서 임차주택의 인도를 거절할 수 있기 때문이다.[120])

(4) 대항력 있는 임차권의 양수인과 전차인의 대항력

임대인의 동의를 얻어 대항력을 갖춘 임차인으로부터 적법하게 임차권을 양도받았거나, 임대기간 중에 임대인의 동의를 얻어 임차인으로부터 전대차 계약을 체결하고 임차인의 주민등록 퇴거일에 전입신고를 마치고 주택에 입주하였다면 원래의 임차인이 갖고 있던 대항력을 주장할 수 있다.

(5) 토지와 건물의 선순위저당권 설정일자가 다를 경우의 대항력 판단기준

토지에 대하여 1순위 저당권이 설정되고, 그 후 임차인이 대항력을 갖춘 다음 건물에 1순위 저당권이 설정된 경우 건물의 매수인에게 대항할 수 있는지의 여부는 건물만을 기준으로 한다.

따라서 이 경우 임차인은 건물의 매수인에게 대항할 수 있다.[121])

4. 확정일자부 임차인의 우선변제권

임대차는 채권에 불과 하므로 원칙적으로 우선변제권이 없다. 그러나 주택임대차보호법에서는 대항력을 갖추고 임대차계약서상에 확정일자를 부여받은 경우 담보물권과 유사한 권리를 부여하여 법원경매나 공매가 있는 경우 그 매각대금

---

118) 대법원 1996.7.12. 94다37646 판결.

119) 주택임대차보호법 3조 3항 "임차인은 임차주택을 양수인에게 인도하지 아니하면 제2항의 규정에 의한 보증금을 회수할 수 없다."

120) 대법원 1998.7.10. 98다15545 판결.

121) 대법원 1997.8.22. 96다53628 판결.

으로부터 후순위권리자 및 기타 채권자보다 우선하여 보증금을 변제받을 수 있도록 하고 있다. 이를 확정일자부 임차인의 우선변제권이라 한다.

1) 확정일자 부여방법

임대차계약서상의 확정일자란 그 날짜 현재에 그 문서가 존재하고 있었다는 사실을 증명하기 위하여 계약서의 여백에, 장부(확정일자부 등)에 기입하는 순번을 기입하고 확정일자인(印)을 찍어주는 것을 말한다.

확정일자는 공증인사무소, 법무법인 공증인가 합동법률사무소 등에서 임대차계약서를 공정증서로 작성하거나, 임대차계약서에 공증기관이나 법원 · 등기소, 동사무소의 공무원으로부터 확정일자 인(印)을 받으면 된다.

임대차 계약서를 공증인사무소 등 공증기관에서 공정증서로 작성하였거나 사서증서의 인증절차를 거쳤다면 공증인의 확정일자 있는 사문서에 해당한다.

대법원 판례에 의하면 확정일자를 부여받은 임대차계약서를 분실 또는 멸실하였다 하여 우선변제권이 없어지는 것은 아니며 확정일자를 발급받은 사실은 확정일자 발급대장에 의하여 입증할 수 있다고 판시하였다.[122)]

2) 우선변제권 판단기준

확정일자부 임차인과 담보권자의 우선순위는 대항요건과 확정일자를 모두 구비한 최종 시점(대항요건+확정일자, 이 중 늦은 날)과 담보권설정등기 시점을 기준으로 판단한다.

경매신청기입등기가 마쳐진 후에 임대차계약을 체결하고 대항요건을 갖춘 후 확정일자를 받은 경우에도 별도의 확정판결 기타 이에 준하는 집행권원 없이 배당요구를 할 수 있고, 후순위 담보권자나 기타 일반채권자보다 우선하여 배당받을 수 있다.[123)]

확정일자일과 저당권설정등기일이 같은 날짜인 경우 저당권자와 같은 순위에

122) 대법원 1996.6.25. 96다12474 판결.

123) 경매개시결정 후 그 주택을 임차한 자는 가장임차인이 대부분이므로 경매실무에서는 매각대금으로 배당에 참가한 채권자 모두를 변제하기에 충분한 경우가 아닌 한 일단 배당에서 제외하고 배당이의 등의 방법으로 진실한 임차인임이 인정된 경우에 한하여 배당을 하는 것이 일반적이다(최광수, 앞의 책, 273-274면).

서 채권액에 비례하여 평등하게 배당받는다. 확정일자일과 같은 날짜에 수 개의 저당권이 설정된 경우에는 먼저 임차인의 임대보증금액과 각 저당권자의 피담보 채권의 총액에 비례하여 평등 배당을 하고, 저당권자 상호간에는 선순위 저당권자가 그 채권액을 만족할 때까지 후순위 저당권자의 배당액을 다 가져가게 된다.

3) 우선변제권의 적용범위

확정일자부 임차인의 우선변제권은 임차주택의 소유권이 민사집행법에 의한 경매 또는 국세징수법에 의한 공매에 의하여 변경된 경우에만 적용되고, 매매 · 증여 등 법률행위에 의하여 양도된 경우에는 인정되지 아니한다(제3조의2 제2항).

4) 우선변제권의 행사절차

(1) 배당요구신청

법률에 의하여 우선변제청구권이 있는 채권자는 배당요구종기까지 배당요구를 하여야 배당받을 수 있다.

임차인은 확정일자부 임대차계약서사본, 주민등록표등본 및 연체된 차임이 있을 때에는 이를 공제한 보증금 잔액에 관한 계산서를 첨부하여 경매법원에 배당요구종기일까지 배당요구신청서를 제출해야 한다.

(2) 임차주택의 명도

우선변제권 있는 확정일자부 주택임차인이 경매법원으로부터 배당금을 실제로 수령하기 위하여는 임차주택을 명도 받았다는 매수인의 명도확인서를 경매법원에 제출해야 한다.

다만, 대항력 있는 임차인이 우선변제권을 동시에 보유하여 보증금 중 일부만 배당받은 경우에는 명도확인서의 제출을 요하지 아니한다.

5) 우선변제 대상

우선변제권은 대지를 포함한 주택의 환가대금 전부에서 보증금의 우선변제를 받을 수 있고, 이 때 보증금의 액수 제한도 없다.

그러나 전세권은 건물 부분에 대하여만 배당받을 수 있고, 소액임차인의 최우선변제권은 주택가액(대지 포함)의 2분의 1 한도 내에서만 배당을 받을 수 있다.

5. 소액임차인의 최우선변제권

1) 의의

소액임차인의 최우선변제권이라 함은 소액보증금 중 일정액에 관하여는 선순위 담보권자보다도 우선하여 임차주택(대지 포함) 가액의 2분의 1의 범위 안에서 배당을 받을 수 있는 권리를 말한다.

2) 소액임차인의 범위와 보증금 중 최우선변제액

보증금 중 일부를 우선변제 받을 수 있는 소액임차인의 범위(보증금액)와 보증금 중 우선변제 받을 수 있는 금액에 관하여는 주택임대차보호법시행령으로 정하는데(제8조 제3항), 시행령은 다음과 같이 화폐가치, 부동산가격의 변동 등 사회 · 경제적 여건의 변화에 따라 여러 차례 개정되었다(시행령 3조, 4조).

현행법상 임대보증금이 소액인 경우(2010. 7. 26.부터: 서울은 7,500만원, 수도권 중 과밀억제권역은 6,500만원 이하, 군 지역 · 인천을 제외한 광역시는 5,500만원 이하, 기타 지역은 4,000만원 이하) 임차주택이 경매되더라도 임차주택(대지 포함) 가액의 1/2의 범위 안에서 일정 금액(현재 서울은 2,500만원, 수도권 중 과밀억제권역은 2,200만원, 군지역 · 인천을 제외한 광역시는 1,900만원, 기타 지역은 1,400만원)까지는 다른 모든 담보물권자보다도 최우선하여 변제받을 권리가 있다(제8조, 시행령 3조, 4조)

그러나 이러한 보호를 받기 위하여는 임차주택에 대하여 경매신청의 기입등기가 이루어지기 전까지 대항요건(입주+전입신고)을 갖추고, 배당요구종기일까지 배당요구를 하여야 한다.

3) 최우선변제의 요건

소액임차인이 보증금의 일정액을 우선변제 받기 위해서는 보증금이 법률이 정한 일정액 이하이어야 하며, 경매개시결정 기입등기 전까지 대항요건(주택의 인도 및 주민등록)을 갖추고 이를 배당요구종기일[124] 또는 임차권 등기시까지 계속 유지하고, 배당요구종기일까지 배당요구신청을 하여야 하며, 임차주택이 경매 또는 공매에 의하여 매각되는 경우라야 한다.

4) 소액임차인의 판단기준

소액보증금 임차인에 해당하는지의 여부는 경매신청기입등기일 현재의 보증금의 액수가 최우선변제금의 지급기준이 되는 담보물권의 설정 당시 주택임대차보호법 시행령에서 정한 일정액 이하에 해당하여야 한다.

5) 소액전차인의 최우선변제권

임차인으로부터 임대인의 동의를 받아 전차하여 주택을 인도받고 주민등록까지 마친 경우에는 원래의 임차인(전대인)이 소액임차인에 해당하여야만 그로부터 임차한 전차인도 소액임차인으로서 보호를 받을 수 있으며 전대인이 소액임차인에 해당하지 않으면 전차인은 소액임차인으로의 보호 대상이 아니다.

6) 임차권등기 이후에 임차한 소액임차인

임차권등기명령이나 민법의 규정에 의한 임차권등기가 마쳐진 주택(임대차의 목적이 주택의 일부분인 경우에는 해당부분에 한한다)을 등기된 이후에 임차한 임차인은 그 보증금액이 소액에 해당한다 하여도 최우선변제의 보호를 받지 못한다.

6. 주택임차인의 경매신청에 대한 특례

주택임차인이 임차보증금 반환채권의 확정판결 기타 이에 준하는 집행권원에 기하여 경매신청을 하는 경우에는 임차인이 주택을 인도하지 아니하고도 경매신청을 할 수 있다.

---

124) 대법원 2007.6.14. 2007다17475 판결.

7. 임차권등기명령

임대차가 종료된 후 보증금을 반환받지 못한 임차인이 법원에 임차권등기명령을 신청하여 임차권등기가 마쳐지면 등기와 동시에 대항력 또는 우선변제권을 취득하도록 하고, 만일 이미 대항력과 우선변제권을 취득한 자인 경우에는 등기후 점유를 상실하더라도 종전에 가지고 있던 대항력과 우선변제권이 유지되도록 함으로써 임차권등기의 효력을 강화하고 임차인이 자유롭게 주거를 이전할 수 있도록 하였다.

참고로 임차권등기명령의 집행에 의해 임차권등기가 경료된 주택에 다른 임차인이 임차한 경우 비록 그 보증금이 소액일지라도 보호받지 못한다.

제 2 절 상가임대차

1. 상가건물임대차보호법

상가건물의 임대차에서 임차인들의 경제생활의 안정을 도모하기 위하여 임대료 인상, 해지권 남용, 임대보증금의 미반환 문제, 임차건물에 대한 등기의 이력 등에 대하여 민법에 대한 특례를 규정하려는 것으로 2001년 12월 29일 제정 · 공포되고 2002년 11월 1일부터 시행되었다.

1) 적용범위

상가건물임대차보호법은 법률에 의해 세무서에 사업자등록의 대상이 되는 상가 · 사무실 · 공장 · 창고 등 영업용 건물(이하 '상가건물'이라 함, 임대차 목적물의 주된 부분이 영업용으로 사용되는 경우에 한하여 인정)의 임대차에 한하여 적용된다.

따라서 사업자등록의 대상이 되지 않는 동창회 사무실, 교회 등의 비영리단체의 건물은 이 법의 적용을 받지 않으며, 일시사용을 위한 임대차임이 명백한 경우에는 이 법이 적용되지 않는다(상가임대차보호법 제16조).

만약 건물의 일부가 비영업용으로 사용되는 경우라도 주된 부분을 영업용으로 사용하는 경우에는 본 법의 적용대상이 될 수 있다.

주택임차인은 주택임대차보호법의 적용에 있어서 임차보증금의 상한에 제한이 없다. 그러나 상가건물의 경우에는 그 상한에 제한이 있어 보증금이 대통령령이 정하는 아래 금액 이하인 임대차만이 보호대상이 된다. 따라서 그 상한을 넘는 경우에는 처음부터 본 법의 적용대상이 아니다.

보증금 외에 차임이 있는 경우에는 그 차임액에 100을 곱한 금액을 보증금에 합산해야 한다. 즉 환산보증금 = 보증금 + 월세 × 100이다.

2) 보호대상

상가건물임대차보호법의 경우에는 주택임대차보호법과는 달리 자연인은 물론 법인까지도 보호대상이다.

3) 보호내용

(1) 대항력

임차인이 건물의 인도와 부가가치세법 제5조, 소득세법 제168조 또는 법인세법 제111조의 규정에 의한 사업자등록[125]을 신청한 때에는 그 다음 날부터 제3자에 대하여 대항력이 생긴다.

대항력이 생기려면 임대차계약서상 내용이 사업자등록사항과 일치하고 임대차 계약서상 임대차 목적물이 등기부등본 등 공부와 일치하여야 한다.

건물의 점유와 사업자등록은 대항력의 취득요건이자 동시에 존속요건이므로, 대항력의 유지를 위해서는 건물의 점유와 사업자등록은 계속 존속하여야 한다.[126]

사업자등록이 폐업신고에 의해 말소된 경우와 관할세무서장이 직권말소한 경우에는 그 말소가 부적법한 경우가 아닌 한 그때부터 대항력을 상실한다고 보아야 할 것이다.

---

125) 사업자등록이란 과세업무를 효율적으로 처리하기 위하여 납세의무자의 사업에 관한 일련의 사항을 사업장소재지 관할세무관서의 사업자등록부에 등재하는 것을 말한다.

126) 대법원 2006.1.13. 2005다64002 판결.

또한 상가건물을 임차하고 사업자등록을 마친 사업자가 폐업신고를 하였다가 다시 같은 상호 및 등록번호로 사업자등록을 하였다고 하더라도 대항력 및 우선변제권이 그 대로 존속한다고 할 수 없다.[127)]

사업자등록신청은 신규사업자의 경우 '사업자등록신청서'에 사업허가증 · 등록증 · 신고필증 사본(사업의 허가 · 등록이나 신고 전에 등록을 하는 때에는 사업허가신청서 사본, 사업등록신청서 사본, 사업신고서 사본이나 사업계획서 사본), 임대차계약서 원본, 건물의 일부를 임차한 경우 해당 부분의 도면, 신분증을 첨부하여 관할 세무서에 제출하여야 한다(부가가치법시행령 제7조).

임대인의 인적사항, 보증금, 차임, 임대차 기간, 면적, 임대차 목적물, 건물 일부 임차시 해당 도면 등이 변경되는 경우에는 사업자등록정정신고를 하여야 한다(동 시행령 11조 1항).

상가건물임대차보호법의 시행(2002년 11월 1일) 전에 이미 물권을 취득한 제3자에 대하여는 그 효력이 없다(동법 부칙 제1항, 2항).

(2) 우선변제권

대항요건을 갖추고 관할 세무서장으로부터 임대차계약서상의 확정일자를 받은 경우에는 경매나 공매시 임차건물의 환가대금에서 후순위권리자 또는 그 밖의 채권자보다 우선하여 보증금을 변제받는다. 단, 이 법 시행(2002. 11. 1.)전에 이미 물권을 취득한 자에 대하여는 그 효력이 없다.

우선변제력을 행사하기 위해서는 인도, 사업자등록, 확정일자라는 요건을 배당요구종기까지 존속시켜야 하며, 배당요구종기까지 배당요구를 하여야 배당이 이루어진다.

(3) 최우선변제권

소액임차인의 최우선변제권은 그 상가건물가액의 3분의 1의 범위 안에서 보증금(차임의 환산보증금 합산)이 일정 금액 이하인 경우(최우선변제를 받을 임차인의 범위)에 한하여 일정액의 범위(최우선변제를 받을 금액) 내에서 다른 담보물권자, 국세, 지방세보다 우선하여 인정된다(동법 제14조, 시행령 제6조, 제7조).

---

127) 대법원 2006.10.13. 2006다56299 판결.

단, 2002년 11월 1일 이전에 담보물권을 취득한 자에 대하여는 효력이 없다(동법 부칙 2조). 기타 최우선변제권의 요건과 효과에 관하여도 주택임차인과 기본적인 부분에서는 같다.

2. 등록사항 등의 열람 · 제공

상가건물의 임대차에 이해관계가 있는 자는 건물의 소재지 관할 세무서장에게 일정한 자료의 열람 또는 제공을 요청할 수 있으며, 이 때 관할 세무서장은 정당한 사유 없이 이를 거부할 수 없다(동법 제4조).

열람 또는 제공의 요청방법은 본인 신분증과 이해관계인임을 증명하는 서류를 첨부하고, '등록사항 등의 열람 · 제공 요청서'를 작성 · 제출하는 것에 의한다.

3. 전대차 관계에 대한 적용

전차인은 전대인에게 계약갱신요구권, 차임 등의 증감청구권, 월차임 전환시 산정율의 제한의 권리를 주장할 수 있다.

다만, 임대인의 동의를 받고 전대차계약을 체결한 전차인은 임차인의 계약갱신요구권 행사기간 범위 내에서 임차인을 대위하여 임대인에게 계약갱신요구권을 행사할 수 있다(동법 제13조 제2항).

전차인은 전대인에 대하여 권리를 행사할 수 있을 뿐이며 임대인에게는 그 권리를 주장할 수 없다.

4. 상가임대차보호법과 경매

상가건물의 입찰에 참가하고자 하는 자는 주택임대차와 마찬가지로, 우선 상가건물에 대항력 있는 임차인이 있는지, 배당요구를 하였는지, 보증금전액을 배당받을 수 있는지 분석하여야 한다.

주택임대차와는 달리 상가임대차의 경우 사실상 그 적용대상이 상당히 좁다. 따라서 그에 대한 분석을 게을리할 수 있다. 그러나 그 효과는 주택임대차와 대동소이(大同小異)하므로 대항력 있는 임차인의 인수와 말소여부를 면밀히 살펴야 한다.

특히, 인수되는 임차권이 존재하는 경우 계약갱신요구권의 행사로 5년의 임대차기간을 보장해야 되는 경우도 발생할 수 있다.

제 3 절 가압류(假押留)

1. 가압류의 의의

금전채권이나 금전으로 환산할 수 있는 채권의 집행을 보전하기 위하여 미리 채무자의 일반재산을 동결시켜 현상을 유지하는 것을 목적으로 하는 보전처분이다[128].

가압류 후 금전의 지급을 명하는 확정판결이 있게 되면 가압류는 본 압류로 이전되어 가압류된 재산에 대한 금전채권의 강제집행절차를 진행하게 된다.

가압류는 채무자의 일반재산의 감소를 방지하고자 하는 것으로서 금전채권이나 금전채권으로 환산할 수 있는 채권에 대한 보전수단이라는 점에서, 다툼의 대상에 대한 청구권보전을 위해 그 현상의 변경을 금지하는 가처분과 구별된다.[129]

2. 가압류집행의 효력

가압류명령의 집행은 가압류의 목적물에 대하여 채무자가 매매·증여·담보권 설정 그 밖의 일체의 처분을 금지하는 효력을 생기게 한다.

채무자가 처분금지를 위반하여 일정한 처분행위를 한 경우, 그 처분행위가 절대적으로 무효로 되는 것이 아니다. 처분행위의 당사자, 즉 채무자와 제3취득자(소유권 또는 담보권 등을 취득한 자) 사이에서는 그들 사이의 거래행위가 전적으로 유효하다. 다만 그것을 가압류채권자 또는 가압류에 기한 집행절차에 참가하는 다른 채권자에 대하여 주장할 수 없음에 그치는 것이다.[130]

128) 민사집행법 제276조.
129) 최광수, 앞의 책, 127-128면.
130) 대법원 1994.11.29, 94마417 결정.

가압류는 금전채권의 집행을 보전할 목적으로 하는 임시적인 처분이므로 가압류채권자가 확정판결 등의 집행권원을 얻어 강제집행을 할 수 있게 되면 보전처분인 가압류는 그대로 본 집행으로 이전된다. 즉, 가압류의 목적물이 부동산인 경우에는 강제경매개시결정을 함으로써 본 압류로 이전된다.

첫 경매개시결정등기(현재 존속중인 경매사건 중 가장 먼저 개시 결정등기 된 사건) 전에 등기된 가압류채권자는 배당요구를 하지 않더라도 배당을 받을 수 있다.[131] 따라서 첫 경매개시결정등기 전에 가압류집행을 한 채권자는 그가 채권계산서를 제출하지 않았다 하여 배당에서 제외하여서는 아니 된다.[132] 반면에 첫 경매개시결정등기 후에 가압류한 채권자는 경매신청인에게 대항할 수 없고 집행법원도 가압류사실을 알 수 없으므로 배당요구의 종기까지 배당요구를 하여야만 배당받을 수 있다.

가압류의 피보전채권이 확정되지 아니한 경우에는 배당액을 공탁하여야 하고,[133] 가압류채권자가 본안소송에서 승소하여 집행력 있는 판결정본 등의 집행권원을 취득하여 이를 제출하면 배당법원은 그 배당액을 지급하여야 한다. 그러나 피보전채권의 부존재가 본안의 확정판결에 의하여 확정되거나 가압류집행이 취소된 때에는 그 공탁금은 다른 채권자에게 추가로 배당하여야 하고,[134] 다른 채권자가 없는 경우에는 채무자 등에게 지급하여야 한다.[135]

3. 부동산 경매와 가압류

가압류 등기는 말소기준에 해당하므로 원칙적으로 매각으로 인하여 소멸한다. 특히 가압류등기가 최선순위인 경우 말소기준이 되는데, 가압류등기 이전에 설정된 제한물권은 매수인이 인수하여야 하며, 가압류등기 이후에 경료 된 제한물권의 등기는 말소대상이 된다.[136]

131) 민사집행법 제148조 제3호.
132) 대법원 1995.7.28. 94다57718 판결.
133) 민사집행법 제160조 제1항 제2호.
134) 민사집행법 제161조 제2항 제1호.
135) 대법원 2004.4.9. 2003다32681 판결.
136) 대법원 1996.12.23. 94다51819 판결.

4. 전소유자에 대한 가압류등기[137)]

가압류와 관련하여 가장 큰 논란이 되고 있는 것은 부동산 가압류 후 소유권이 제3자에게 이전되고 그 후 제3취득자의 채권자가 경매를 신청하여 매각된 경우 전소유자에 대한 가압류가 매수인에게 인수되는가 아니면 말소촉탁의 대상인가 하는 것이다.

판례(판단기준)에 의하면 전소유자에 대한 가압류등기가 말소촉탁의 대상이 되는지 여부에 관하여 「구체적인 매각절차를 살펴 집행법원이 위 가압류 등기의 부담을 매수인이 인수하는 것을 전제로 하여 매각절차를 진행하였는가 여부에 따라 위 가압류 효력의 소멸여부를 판단하여야 한다.」고 판시하고 있다.[138)]

1) 말소촉탁의 대상인 경우

부동산에 대한 가압류 집행 후 가압류 목적물의 소유권이 제3자에게 이전된 경우 제3취득자의 채권자가 신청한 경매절차에서 종전 소유자에 대한 가압류채권자는 당해가압류목적물의 매각대금에서 가압류결정 당시의 청구금액을 한도로 하여 배당을 받을 수 있고,[139)] 제3취득자의 채권자는 위 매각대금 중 가압류의 처분금지적 효력이 미치는 범위의 금액에 대하여는 배당을 받을 수 없다.

이 경우 종전 소유자를 채무자로 한 가압류는 말소촉탁의 대상이 된다.

2) 인수대상인 경우

집행법원이 종전 소유자를 채무자로 하는 가압류 등기의 부담을 매수인이 인수하는 것을 전제로 하여 위 가압류 채권자를 배당절차에서 배제하고 매각절차를 진행시킨 경우에는 위 가압류의 효력이 소멸되지 아니하며 집행법원의 말소촉탁의 대상이 될 수 없으므로 위 가압류등기는 매수인에게 인수된다.

137) 최동홍, 앞의 책, 232-233면.
138) 대법원 2007.4.13. 2005다8682 판결.
139) 대법원 2006.7.28. 2006다19986 판결.

3) 전 소유자에 대한 가압류등기의 인수여부를 판단하는 기준

집행법원이 전 소유자를 대상으로 하는 가압류등기의 부담을 매수인이 인수하는 것을 전제로 하여 매각절차를 진행하였는가에 관하여 여러 사정을 종합하여 판단하여야 한다.

매각으로 효력을 잃지 아니하는 부동산 위의 권리 또는 가처분의 경우 매각물건명세서에 매수인에게 인수되는 것으로서 기재하도록 규정하고 있으므로(민사집행법 105조 3호). 이에 대하여 매각물건명세서에 인수되는 것으로 기재되어 있으면 더 이상 문제는 없다.

그러나 전소유자에 대한 경매절차가 아닌 제3취득자의 채권자에 의한 제3취득자에 대한 경매절차라는 점에서 전소유자에 대한 가압류가 법률이 정한 기재대상인지도 명확하지 않으므로 이에 대한 기재가 없다 하여 매각으로 소멸된다고 단정할 수는 없다(대상판결의 사건의 경우도 이에 대한 기재 여부가 불분명함).

따라서 입찰참가자들로서는 일단 매각물건명세서의 전소유자에 대한 가압류가 매각으로 효력을 잃지 아니하는 것으로서 기재되어 있는지를 반드시 확인해야 할 것이다.

그러나 입찰참가자는 경매사건기록의 열람을 할 수도 없으므로 경매법원이 전 소유자에 대한 가압류등기의 부담을 매수인이 인수하는 것을 전제로 하여 매각절차를 진행하였는가에 관한 여러 사정을 파악할 수 없다.

따라서 매각물건명세서에 종전 소유자를 채무자로 하는 가압류등기의 부담을 매수인이 인수하는 것으로 하는 기재가 되어 있지 않은 경우에는 대상판결의 예시 중 입찰참가자들이 고려할 수 있는 사정이란 등기부의 기재내용 뿐일 것이다.

그러나 사실 등기부에도 전소유자에 대한 가압류의 기재 외에 인수여부에 관하여 확인할 수 있는 기재내용을 발견하기란 결코 쉽지 않다.

대법원 판례는 매각절차에서 전소유자에 대한 가압류의 소멸 여부는 구체적인 매각절차를 살펴 집행법원이 매수인이 인수하는 것을 전제로 하여 매각절차를 진행하였는가의 여부에 따라 판단해야 한다는 취지이다.

실무에서는 전소유자에 대한 가압류는 말소되어야 하고 다만 그 가압류권자에 대한 배당액은 공탁되어야 한다고 한다.[140)]

제 4 절 가처분(假處分)

1. 가처분의 의의와 종류

1) 의의

가처분이란 금전 채권 이외의 권리 또는 법률관계에 관한 확정판결의 강제집행을 보전하기 위한 집행보전제도를 말한다.[141)]

가처분 후 본안에 관한 확정판결이 있게 되면 가처분상태에서 그대로 본 집행으로 이전하는 것이 아니고, 가처분 상태에서 별도로 확정판결에 의한 강제집행을 하게 된다.

2) 종류

가처분은 크게 계쟁물(다툼의 대상)에 관한 가처분(법 제300조 제1항)과 임시의 지위를 정하는 가처분(법 제300조 제2항)으로 분류할 수 있다.

계쟁물(다툼의 대상)에 관한 가처분은 현상변경을 금지하는 방법이 천태만상이어서 그 형식도 다양한데 부동산에 관한 것에는 처분금지가처분과 점유이전금지가처분 등이 있다.

임시의 지위를 정하는 가처분은 확정판결이 있기까지 현상을 방치한다면 후일 확정판결을 받더라도 그 목적을 달성하기 어려운 경우에 잠정적으로 권리자에게 임시의 지위를 부여하여 손해나 위험을 피할 수 있도록 하는 보전처분으로 부동산에 관한 것으로는 건물명도, 철거단행가처분 등이 있다.

---

140) 황경진, 앞의 책, 416면.
141) 최광수, 앞의 책, 143면.

2. 처분금지가처분

1) 의의

처분금지가처분이란 채무자로 하여금 계쟁물에 대한 소유권이전, 저당권, 전세권, 임차권의 설정 그 밖의 일체의 처분행위를 금지하고자 하는 가처분으로 등기부에 기입된다.

처분금지가처분이 집행된 경우 가처분채무자는 해당 부동산에 대해 매매, 증여, 저당권, 전세권, 임차권의 설정 및 일체의 처분을 해서는 안 된다. 처분금지가처분등기 후의 처분이 있는 경우 본안에서 가처분권리자의 권리가 확정될 때까지는 허용되나 가처분권자가 본안에서 승소한 경우 채무자의 처분행위는 그 효력이 부정된다.

2) 말소기준과 가처분

처분금지가처분등기가 말소기준보다 선순위인 경우에는 목적물이 매각되더라도 가처분등기는 말소되지 않고 매수인에게 인수되며, 처분금지가처분등기가 말소기준보다 후 순위인 경우에는 매각으로 소멸하는 것이 원칙이다.

말소기준 이후에 등기된 처분금지가처분은 토지소유자가 그 지상 건물의 소유자를 상대로 건물철거 및 토지인도청구권을 보전하기 위해 건물에 대한 처분금지가처분을 한 경우를 제외하고는 매각으로 소멸된다.

그러나 말소기준등기보다 앞서 등기된 가처분과 토지소유자가 그 지상 건물소유자를 상대로 건물철거 및 토지인도를 구하기 위하여 한 가처분은 말소기준권리 이후에 등기되었어도 매각으로 소멸하지 않고 매수인(경락인)에게 인수되므로 가처분채권자가 승소할 경우 매수인은 소유권을 잃게 되거나 건물이 철거될 수 있다.[142] 실무에서는 이러한 경우 경매개시결정기입등기를 마치고 경매절차를 사실상 중지한 후 가처분 결과에 따라 처리하는 것이 일반적이라 한다.[143]

한편 토지의 저당권자가 저당권 설정 이후에 건축된 건물까지 일괄매각청구

142) 윤 경, 『민사집행(부동산경매)의 실무』, 육법사, 2008. 1091면.
143) 박용석, 앞의 책, 258면; 최광수 앞의 책, 146-147면.

(민법 제365조)에 의하여 진행된 경매절차에서 임의경매개시결정 기입등기 이전에 등기된 건물만에 대한 처분금지가처분은 이에 앞선 말소기준등기가 없는 한 매각으로 소멸되지 않는다.[144)]

3) 3년 경과된 가처분의 취소신청

가처분채권자가 가처분 집행 후 3년간 본안소송을 제기하지 않으면, 채무자나 이해관계인(제3취득자 등)이 사정변경에 의한 가처분취소신청을 할 수 있다.

3. 점유이전금지가처분

부동산에 대한 인도, 명도청구권을 보전하기 위하여 목적물의 현상변경이나 점유이전을 금지하는 보전처분이다.[145)]

이는 인도명령이나 명도청구 등의 본안소송 중 부동산의 점유가 이전되면 새로이 그 제3자를 상대로 하여야 하므로 미리 점유이전금지가처분을 하여 당사자를 항정시키고, 목적물의 현상변경을 금지시켜 채무자가 목적물에 변경을 가하고 비용상환청구권에 의한 유치권의 항변 등을 하는 것을 방지시킬 수 있게 된다.

제 5 절 환매 등기

1. 의 의

환매란 매도인이 매매계약과 동시에 특약으로 환매할 권리를 유보한 경우에 그 환매권을 일정한 기간 내에 행사함으로써 매매의 목적물인 부동산을 다시 사오는 것을 의미한다.[146)]즉, 매매계약에 있어 매도인은 환매매수인이 되고, 매수인은 환매매도인의 지위를 가지게 되는 것이다.

환매는 매매의 형식을 취하고 있으나, 부동산을 담보로 금전을 차용하는 채권

---

144) 윤 경, 앞의 책, 1091면.
145) 이승주, 앞의 책, 106면.
146) 민법 제590조 제1항.

담보의 실질이 대부분이다. 다시 말해 소유권이전 형식으로 부동산을 담보로 제공하고, 채무를 변제하면 소유권을 다시 찾아오는 채권담보의 수단으로 이용되고 있는 것이다.

2. 환매특약등기

환매의 특약은 매매계약과 동시에 해야 하며, 환매특약등기를 하여야 제3자에게 대항할 수 있다.[147] 환매특약의 등기는 매매에 의한 이전등기에 부기등기의 형식으로 한다.[148] 환매특약을 한 경우에 환매권자, 환매금액, 환매기간을 등기하여야만 제3자에게 대하여 대항할 수 있다.

민법은 환매권의 유보를 등기사항으로 규정하고 있는데 이를 환매특약등기(환매권등기)라고 하며, 매도인은 환매권을 행사하여 매매목적물에 대하여 환매를 원인으로 한 소유권이전등기를 신청할 수 있는데, 이를 환매등기라고 한다.

환매특약의 등기는 매수인의 권리취득의 등기에 부기하고, 이 등기는 환매에 의한 권리취득의 등기를 한 때에는 이를 말소하도록 되어 있다. 환매에 의한 권리취득의 등기는 이전등기의 방법으로 하여야 한다.

3. 환매기간

환매기간은 환매권자가 환매권을 행사할 수 있는 기간으로서 부동산의 경우 5년을 초과할 수 없으며 5년 이상의 약정은 5년으로 단축된다. 이는 강행규정으로서 환매기간이 지나면 환매권자는 환매권을 행사할 수 없게 된다.[149] 또한 일단 환매기간을 정한 때에는 이를 다시 연장하지 못한다.

4. 환매권의 행사

환매권은 환매기간 내에 행사하여야 한다. 환매권을 행사하기 위해서는 환매권자(채무자)는 특약에서 정한 환매대금을 제공하고, 환매를 원인으로 한 권리의

147) 민법 제592조.
148) 부동산등기법 제64조의2 제1항.
149) 민법 제591조 제1항.

취득등기를 하여야 한다. 이 때 종전의 환매특약등기는 말소한다.

5. 부동산경매와 환매

말소기준보다 먼저 환매특약의 등기가 된 때에는 그 후 목적물을 매각에 의해 취득했다 하더라도 환매기간[150] 이내라면 환매권자의 환매권[151] 행사로 소유권을 상실할 수 있다.

그러나 환매특약의 등기가 말소기준권리보다 후순위이거나 환매기간이 지난 경우에는 그러하지 아니하다. 즉, 매수인이 인수하지 않는다는 것이다.

이 경우 등기부상 환매기간 경과 여부를 확인할 수 있는데, 환매기간의 기산일은 등기를 한 날이 아닌 환매특약이 성립한 날의 다음 날이 될 것이다.[152]

환매권부 매매의 목적 부동산이 환매특약의 등기 후 양도된 경우에는 그 전득자(경매의 경우 매수인)가 등기의무자가 된다(등기예규 845호).

따라서 최선순위의 환매특약의 등기가 있는 부동산을 경매로 매수하여 소유권이전을 하였으나 환매권자가 환매기간 내에 환매권을 행사하는 경우 매수인은 환매등기의 등기의무자가 된다. 즉 소유권을 잃게 되는 경우가 있다.

그러므로 최선순위 환매등기가 있는 부동산의 경우 낙찰대금과 환매대금을 비교하여 환매대금보다 낙찰금액을 적게 한다면 매수인(경락인)은 그 차액만큼 이득을 볼 수도 있다.

---

150) 민법 제591조(환매기간) ① 환매기간은 부동산은 5년, 동산은 3년을 넘지 못한다. ② 환매기간을 정한 때는 다시 이를 연장하지 못한다. ③ 환매기간을 정하지 아니한 때에는 부동산은 5년, 동산은 3년으로 한다.

151) 일종의 형성권인 매매완결권 내지 예약완결권이다.

152) 민법 제157조

제 4 장

기타 관련 문제

제 1 절 가등기(假登記)

1. 의의와 종류

가등기란 종국등기를 할 수 있는 실체적 또는 절차적 요건이 구비되지 않은 경우 장래 그 요건이 완비된 후에 할 본등기의 순위를 보전하기 위하여 미리 하는 예비등기를 의미한다.[153)]

가등기에는 '청구권 보전의 가등기'와 채권담보의 목적으로 하는 '담보가등기'의 두 가지가 있다.

청구권 보전의 가등기는 소유권, 지상권, 지역권, 전세권, 저당권, 권리질권, 임차권의 설정, 이전, 변경 또는 소멸의 청구권을 보전하려 할 때, 혹은 기타 장래에 있어서 확정될 것인 때에 그 본등기의 순위보전을 위하여 하는 예비등기이다(부동산등기법 제3조).

청구권 보전의 가등기를 한 경우에는 가등기에 기한 본등기의 순위는 가등기의 순위에 의하므로(같은 법 제6조 제2항) '순위보전을 위한 가등기'라고도 한다. 이는 가등기 자체만으로는 물권변동을 일으키는 효력은 없고, 본등기를 한 때에

153) 법원행정처, 『부동산 등기 실무 Ⅱ』, 2007, 53면.

비로소 순위보전의 효력을 가질 뿐이다.

담보가등기는 소유권 이전을 목적으로 하는 것이 아니라 채무변제의 담보를 목적으로 하는 일종의 담보물권의 성질을 갖는 가등기를 의미한다.

담보가등기는 그 담보가등기 권리를 저당권으로 취급하여 경매청구권(가등기담보 등에 관한 법률 12조), 우선변제청구권(같은 법률 13조) 등의 효력이 주어져 있다.

가등기가 청구권보전을 위한 가등기인지 담보가등기인지의 여부는 가등기가 소유권 등의 이전을 위한 것인지 또는 실제 채권담보를 목적으로 한 것인지의 여부에 따라 결정되며, 등기부상 원인이 매매예약으로 기재되어 있는지 아니면 대물변제예약으로 기재되어 있는가 하는 형식적 기재에 의하여 결정되는 것이 아니다.[154)]

종래에는 청구권 보전의 가등기나 담보가등기 모두 '소유권이전청구권가등기'로 표시되어 그 실체를 파악하는데 어려움이 있었다. 그러나 최근에는 소유권이전청구권보전가등기는 '소유권이전청구권가등기'로 표시 되고 등기원인은 '매매예약'으로 표시되고, 담보가등기는 '소유권이전담보가등기'로 표시되고 등기원인은 '대물반환예약'으로 표시된다.[155)]

2. 경매와 가등기

담보가등기는 저당권과 동일하게 취급되어 최선순위의 경우 말소기준이 되며, 순서와 관계없이 모두 말소된다. 그러나 청구권보전을 위한 가등기의 경우 최선순위인 경우에는 말소되지 않는다. 말소기준 이후에 등기된 경우 매각으로 소멸한다. 그러나 문제는 최근까지도 가등기의 실체에 대해 등기의 내용만 으로는 파악할 수 없었다는 것이다.

154) 대법원 1998.10.7. 98마1333 결정.

155) 박용석, 『부동산경매 권리분석 실전』, 위즈덤하우스, 2008, 266-267면.

3. 담보가등기

1) 의의

담보가등기란 채권, 특히 금전채권을 담보할 목적으로[156] 채권자와 채무자 사이에서 대물변제예약 또는 매매예약 등을 하고, 동시에 채무자의 채무불이행이 있는 경우에 채권자가 그의 예약완결권을 행사하여 그 목적물의 소유권을 확보할 수 있도록 하는 가등기의 담보형식을 말한다.[157]

2) 가등기권자에 대한 최고

최근까지 등기부에는 담보목적의 가등기인 취지가 기재되어 있지 않고, 소유권이전청구권보전을 위한 가등기라고만 기재되어 있어 등기부의 기재만으로는 담보가등기인지를 알 수 없다.

따라서 소유권이전청구권보전을 위한 가등기가 되어 있는 부동산에 대하여 경매개시결정이 있는 경우에는 집행법원은 가등기권리자에 대하여 그 가등기가 담보가등기인 때에는 그 내용 및 채권의 존부 · 원인 및 액수를, 담보가등기가 아닌 경우에는 그 내용을 법원에 신고할 것을 상당한 기간(배당요구종기일까지)을 정하여 최고하여야 한다.[158]

4. 매각으로 인한 소멸과 인수

1) 소멸되는 경우

배당요구종기일까지 담보가등기임을 신고한 경우에는 그 담보가등기권리를 저당권으로 보기 때문에(같은 법률 13조) 담보가등기는 그 부동산의 매각에 의하여 소멸한다.

압류등기 전에 마쳐진 담보가등기권리가 매각에 의하여 소멸된 때에는 위의

---

156) 판례는 소비대차가 아닌 다른 원인에 의한 채권에 대하여 가등기담보등에 관한 법률을 적용하는 것은 부정하는 경향이다(대법원 2001.3.23. 2000다29356 판결).

157) 김형배, 앞의 책, 853면.

158) 가등기담보에 관한 법률 제16조 제1항.

신고를 한 때에 한하여 가등기권자는 매각대금으로부터 배당을 받을 수 있다.

2) 인수되는 경우

등기부상으로는 소유권 이전에 관한 가등기로 되어 있는 경우가 대부분이므로 그 실질을 파악하기가 어렵다. 따라서 배당요구종기일까지 권리신고를 최고하는데, 이에 대한 신고가 되지 않아 집행법원이 담보가등기인지 알 수 없는 경우에는 소유권이전청구권보전을 위한 가등기로 보아 그 가등기가 최선순위이면 매각으로 소멸되지 않고 매수인에게 인수된다.159)

4. 가등기에 기한 소유권이전등기청구권의 시효소멸 여부

가등기가 보전하는 청구권은 채권적 청구권이므로 이는 행사할 수 있는 때인 매매예약완결일로부터 10년의 시효완성으로 소멸된다.

따라서 선순위 가등기에 기한 소유권이전등기청구권이 시효의 완성으로 소멸되었다면, 그 가등기 이후에 그 부동산을 취득한 매수인은 그 가등기권리자에 대하여 본등기청구권의 소멸시효를 주장하여 그 가등기의 말소를 구할 수 있다.160)

5. 최선순위의 용익물권 및 임차권설정등기청구권 보전의 가등기

최선순위의 용익물권 및 임차권설정등기청구권 보전의 가등기는 매각으로 소멸되지 않고 매수인에게 인수된다.

그러나 이러한 가등기 후 본등기 전에 이루어진 소유권이전등기 및 소유권청구권보전을 위한 가등기, 가압류 및 가처분 등 처분제한의 등기, 경매개시결정등기 및 체납처분에 의한 압류등기 및 예고등기, 저당권설정등기 등은 위 가등기에 기한 본등기를 한 때에도 서로 아무런 영향을 받지 아니하므로 직권말소 되지 아니한다.

159) 가등기의 실질이 담보가등기인 경우 그 권리자는 '채권계산서'나 '배당요구서' 등을 제출한다.

160) 대법원 1991.3.12. 90다카27570 판결.

제 2 절 대지권 미등기

1. 대지사용권

대지사용권은 구분건물의 소유자가 전유부분을 소유하기 위하여 건물의 대지에 대하여 가지는 권리를 말한다.[161]

대지사용권은 통상 소유권이지만 지상권, 전세권, 임차권, 무상사용권 등도 대지사용권이 될 수 있다. 판례에 의하면 대지사용권은 단순한 점유권과는 차원을 달리하는 본권이다.[162] 즉, 대지소유자에 대한 집합건물의 계속적인 존속을 유지할 수 있는 권리라고도 할 수 있다.

대지사용권은 규약이나 공정증서로서 분리 처분할 수 있다고 별도로 정한 경우를 제외하고는 그가 가지는 전유부분과 분리하여 처분할 수 없다.[163]

2. 대지권

1) 의 의

대지사용권이 등기법의 규정에 의해 등기되었을 때 이를 대지권이라 한다. 따라서 대지권이라는 용어는 실체법상의 용어가 아니라 절차법(등기법)상의 개념이라 할 수 있다.

구분건물에 대한 소유권과 대지사용권이 어느 시점에서든지 동일인에게 1회 동시에 존재하면 그 시점에서 대지권이 성립하고, 그 이후에는 대지권은 구분건물에 대한 종된 권리로서 구분건물의 처분에 따라 함께 이전된다.[164]

분리처분할 수 있도록 하는 규약이나 공정증서가 존재하지 아니하면, 대지권은 구분 소유자가 대지사용권을 취득한 때에 당연히 취득된다고 볼 수 있다.

---

161) 집합건물의 소유 및 관리에 관한 법률 제2조 제6호.
162) 대법원 2002.11.16. 98다45652, 45669 전원합의체 판결; 대법원 2006.3.10. 2004다742 판결.
163) 집합건물의 소유 및 관리에 관한 법률 제20조 제2항, 제4항, 제3조 제3항.
164) 최동홍, 앞의 책, 274면.

2) 대지권 표시 등기

구분건물의 등기부 중 1동 건물의 표제부에 "대지권의 목적인 토지의 표시"를, 구분건물의 표제부에 "대지권의 표시"를 기재한다.

대지권등기가 되면 전유부분과 대지사용권을 분리 처분할 수 없고, 대지권인 취지는 등기를 하지 아니하면 선의의 제3자에게 대항할 수 없다.[165] 대지권에 별도의 등기가 없다면 문제될 바가 없다.

3. 대지권 미등기

1) 의 의

대지권의 미등기는 집합건물이 완공되고 등기부는 작성되었으나 아직 등기부에 대지권이 기재되지 않은 상태를 말한다.

2) 발생의 이유

대지권미등기의 대표적인 원인은 대지사용권은 이미 취득하고, 구분건물의 등기는 먼저 이루어졌으나 해당대지의 분필과 합필의 번잡함이나 절차의 지연, 대지권지분확정의 어려움 등으로 지연되는 경우와 대지에 대한 권리를 처음부터 가지지 못한 경우라 할 수 있다.

그러나 대부분의 경우 대지사용권은 확보된 상태라 할 수 있다.

3) 구분건물의 전유부분만 경매신청이 있는 경우

집행법원은 대지권이 미등기인 상태이면 대지권의 유무를 조사하여야 할 책임이 있다.

구분건물에 대한 경매에서 경매신청서에 대지사용권에 관하여 아무런 표시가 없는 경우 에도 집행법원으로서는 대지사용권이 있는지, 그 전유부분과 분리처분이 가능한 규약이나 공정증서가 있는지 등에 관하여 집행관에게 현황 조사할 때에 조사하도록 하는 한편, 그 스스로도 관련자를 심문하는 등의 가능한 방법으로

165) 집합건물의 소유 및 관리에 관한 법률 제20조 제3항.

필요한 자료를 수집하여 대지권의 존재 여부를 확인하여야 한다.[166)]

그 결과 전유부분과 일체로서 경매의 대상이 되어야 할 대지사용권의 존재가 밝혀진 때에는 이를 경매 목적물의 일부로서 포함시켜야 할 뿐만 아니라, 매각기일의 공고와 매각물건명세서의 작성에 있어서도 그 존재를 표시해야 한다.[167)]

대지권이 미등기일지라도 사실상 대지사용권을 가지는 경우에는 경매법원은 대지사용권을 평가하여 감정가액에 포함시키고 있고, 이런 경우 매수인이 대지사용권을 취득하므로 대지권등기에 필요한 절차와 비용에 따르는 노력이 필요한 외에는 문제가 없다.[168)]

따라서 경매에 참가하려는 자는 감정평가서에 대지에 대한 평가가 되어 있는지, 또 그것이 감정평가액에 포함되어 있는지 확인하여야 한다.

166) 대법원 1997.6.10. 자 97마814 결정.

167) 대법원 2006.3.27. 자 2004마978 결정.

168) 매각이후 대지권의 등기를 하는 경우 매수인은 경매 당시의 소유자명의로 등기한 후 다시 자신에게로 이전등기 하여야 한다.

참고문헌

곽윤직, 『물권법』, 박영사, 2001.

구　근 외 4인 편저, 『민법 및 민사특별법』, 고시연구원, 2007.

김길태, 『경매, 실전에서 강해지는 비법』, 리츠옥션, 2007.

김창식, 『부동산 경매 백서』, 동아일보사, 2008.

김형배, 『민법학 강의』, 신조사, 2007.

남우현, 『부동산경매 -무작정따라하기-』, 길벗, 2008.

______, 『부동산공법』, 길벗, 2006.

박갑현·권정, 『부동산 경매 교과서』, 미래지식, 2010.

박용석, 『부동산 경매 실전』, 위즈덤하우스, 2008.

______, 『부동산경매 권리분석 실전』, 위즈덤하우스, 2008.

______, 『부동산경매실전』, 위즈덤하우스, 2008.

박준영 외 편저, 『부동산공시법』, EBS, 2009.

백영록, 『부동산 상식사전』, 길벗, 2009.

법원행정처, 『법원실무제요, 민사집행(Ⅲ)』, 2003.

_________, 『부동산 등기 실무Ⅱ』, 2007.

변동식, 『부동산공법의 실무와 이해』, 부연사, 2009.

서진형 외 4인, 『부동산 경매 이론과 실무(Ⅰ)』, 한국공인중개사협회, 2006.

송영곤, 『민법기본강의』, 유스티니아누스, 2004.

송정욱 외 편저, 『민법 및 민사특별법』, EBS, 2009.

신창용, 『부동산 경매실무 119』, 다산북스, 2005.

윤　경, 『민사집행(부동산경매)의 실무』, 육법사, 2008.

이승길, 『부동산 경매론』, 법문사, 2008.

이승길·박정희, 『부동산 경매·공매 플러스 민간경매 완전정복』, 책과사람들, 2009.

이승주, 『나는 아내보다 권리분석이 좋다』, 다산북스, 2010.

이원준, 『부동산학 원론』, 박영사, 2002.

이창석, 『부동산학개론』, 형설출판사, 2000.

조영석, 『토지투자의 모든 것』, 원앤원북스, 2010.

최광수, 『경매부동산의 권리분석』, 중외, 2008.

최동홍, 『부동산경매강의 -이론과 실제-』, 부연사, 2009.

최문진, 『누드경매』, 박문각, 2007.
한국자산관리공사, 『KAMCO경매』, 2008.
황경진, 『부동산경매 권리분석과 실전 노하우』, 신아사, 2009.

찾아보기

[저자 소개]

•최 준

경상대학교 대학원 법학박사

법무부 법교육 강사

(법무법인) 이레 고문

국립경상대학교, 한국국제대학교, 한국방송통신대학교, 진주보건대학 출강

현 국립경상대학교 평생교육원

부동산 권리분석사

채권관리사 양성과정 강사

부동산경매와 권리분석

2018년 2월 20일 중판인쇄

2018년 2월 25일 중판발행

저 자 최 준

발행인 유 성 열

발행처

서울특별시 영등포구 신길로 40길 20

전화 (02) 849-6157(代) · 2820

FAX (02) 849-0817

등록 제318-1994-000090호

파본은 바꾸어 드립니다. 값 20,000원

http : //www.chongmok.co.kr

ISBN 978-89-5565-375-5